"九五"国家重点图书

国际工程管理教学丛书
INTERNATIONAL PROJECT MANAGEMENT TEXTBOOK SERIES

国际工程合同与合同管理

International Project Contract and Contract Management

何伯森 主编

中国建筑工业出版社

图书在版编目（CIP）数据

国际工程合同与合同管理/何伯森主编．-北京：中国建筑工业出版社，1999
（国际工程管理教学丛书）
ISBN 978-7-112-03918-0

Ⅰ.国… Ⅱ.何… Ⅲ.合同-概论 Ⅳ.D913

中国版本图书馆 CIP 数据核字（1999）第 20012 号

　　本书介绍了在国际上通用的和近年来流行的十几种项目管理模式以及合同模式，国际合同法的基本原理；比较详细地介绍了世界银行的工程采购、货物采购和咨询服务的标准文本以及我国财政部相应的范本；系统地介绍了 FIDIC 的四种合同条件（"红皮书"、"桔皮书"、"分包合同"、"白皮书"）以及 ICE 和 AIA 的合同条件；比较详细地介绍了国际工程中常用到的联营体合同、租赁合同、劳务合同、技术转让合同和代理协议。最后从业主和承包商各方的角度，全面地讨论了各方的合同管理，包括风险管理和索赔管理，并讨论了对"团队精神"的理解。

　　本书可作为高等院校国际工程管理或工程管理专业的专业课教材和研究生教材，也可供各对外工程承包和咨询公司、工程建设单位研究签订合同和进行合同管理时参阅，并可作为工程公司经理、项目经理、合同管理人员、物资管理人员、咨询监理人员、财会人员等的学习资料。

* * *

责任编辑　朱首明

国际工程管理教学丛书
INTERNATIONAL PROJECT MANAGEMENT TEXTBOOK SERIES
国际工程合同与合同管理
International Project Contract and Contract Management
何伯森　主编

*

中国建筑工业出版社出版、发行(北京西郊百万庄)
各地新华书店、建筑书店经销
北京建筑工业印刷厂印刷

*

开本：787×1092毫米　1/16　印张：21¼　字数：511千字
1999年9月第一版　2008年6月第十次印刷
印数：14701—15700册　定价：29.00元
ISBN 978-7-112-03918-0
（14989）

版权所有　翻印必究
如有印装质量问题，可寄本社退换
（邮政编码 100037）

国际工程管理教学丛书编写委员会成员名单

主 任 委 员
  王西陶　中国国际经济合作学会会长

副主任委员（按姓氏笔画排列）
  朱传礼　国家教育委员会高等教育司副司长
  陈永才　对外贸易经济合作部国外经济合作司原司长
     中国对外承包工程商会会长
     中国国际工程咨询协会会长
  何伯森　天津大学管理工程系原系主任，教授（常务副主任委员）
  姚　兵　建设部建筑业司、建设监理司司长
  施何求　对外贸易经济合作部国外经济合作司司长

委　　员（按姓氏笔画排列）
  于俊年　对外经济贸易大学国际经济合作系主任，教授
  王世文　中国水利电力对外公司原副总经理，教授级高工
  王伍仁　中国建筑工程总公司海外业务部副总经理，高工
  王西陶　中国国际经济合作学会会长
  王硕豪　中国水利电力对外公司总经理，高级会计师，国家级专家
  王燕民　中国建筑工程总公司培训中心副主任，高工
  刘允延　北京建筑工程学院土木系副教授
  汤礼智　中国冶金建设总公司原副总经理、总工程师，教授级高工
  朱传礼　国家教育委员会高等教育司副司长
  朱宏亮　清华大学土木工程系教授，律师
  朱象清　中国建筑工业出版社总编辑，编审
  陆大同　中国土木工程公司原总工程师，教授级高工
  杜　训　全国高等学校建筑与房地产管理学科专业指导委员会副主任，东南大学教授
  陈永才　对外贸易经济合作部国外经济合作司原司长

中国对外承包工程商会会长
中国国际工程咨询协会会长

何伯森 天津大学管理工程系原系主任，教授
吴　燕 国家教育委员会高等教育司综合改革处副处长
张守健 哈尔滨建筑大学管理工程系教授
张远林 重庆建筑大学副校长，副教授
张鸿文 中国港湾建设总公司海外本部综合部副主任，高工
范运林 天津大学管理学院国际工程管理系系主任，教授
姚　兵 建设部建筑业司、建设监理司司长
赵　琦 建设部人事教育劳动司高教处副处长，工程师
黄如宝 上海城市建设学院国际工程营造与估价系副教授，博士
梁　镒 中国水利电力对外公司原副总经理，教授级高工
程　坚 对外贸易经济合作部人事教育劳动司学校教育处副处长
雷胜强 中国交远国际经济技术合作公司工程、劳务部经理，高工
潘　文 中国公路桥梁建设总公司原总工程师，教授级高工
戴庆高 中国国际工程咨询公司培训中心主任，高级经济师

秘　　书（按姓氏笔画排列）

吕文学 天津大学管理学院国际工程管理系讲师
朱首明 中国建筑工业出版社副编审
李长燕 天津大学管理学院国际工程管理系副系主任，副教授
董继峰 中国对外承包工程商会对外联络处国际商务师

序

对外贸易经济合作部部长　吴　仪

欣闻由有关部委的单位、学会、商会、高校和对外公司组成的编委会编写的"国际工程管理教学丛书"即将出版，我很高兴向广大读者推荐这套教学丛书。这套教学丛书体例完整、内容丰富，相信它的出版能对国际工程咨询和承包的教学、研究、学习与实务工作有所裨益。

对外承包工程与劳务合作是我国对外经济贸易事业的重要组成部分。改革开放以来，这项事业从无到有、从小到大，有了很大发展。特别是近些年贯彻"一业为主，多种经营"和"实业化、集团化、国际化"的方针以来，我国相当一部分从事国际工程承包与劳务合作的公司在国际市场上站稳了脚跟，对外承包工程与劳务合作步入了良性循环的发展轨道。截止到1995年底，我国从事国际工程承包、劳务合作和国际工程咨询的公司已有578家，先后在157个国家和地区开展业务，累计签订合同金额达500.6亿美元，完成营业额321.4亿美元，派出劳务人员共计110.4万人次。在亚洲与非洲市场，我国承包公司已成为一支有较强竞争能力的队伍，部分公司陆续获得一些大型、超大型项目的总包权，承揽项目的技术含量不断提高。1995年，我国有23家公司被列入美国《工程新闻记录》杂志评出的国际最大225家承包商，并有2家设计院首次被列入国际最大200家咨询公司。但是，从我国现代化建设和对外经济贸易发展的需要来看，对外承包工程的发展尚显不足。一是总体实力还不太强，在融资能力、管理水平、技术水平、企业规模、市场占有率等方面，与国际大承包商相比有明显的差距。如，1995年入选国际最大225家承包商行列的23家中国公司的总营业额为30.07亿美元，仅占这225家最大承包商总营业额的3.25%；二是我国的承包市场过分集中于亚非地区，不利于我国国际工程咨询和承包事业的长远发展；三是国际工程承包和劳务市场竞争日趋激烈，对咨询公司、承包公司的技术水平、管理水平提出了更高的要求，而我国一些大公司的内部运行机制尚不适应国际市场激烈竞争的要求。

商业竞争说到底是人才竞争，国际工程咨询和承包行业也不例外。只有下大力气，培养出更多的优秀人才，特别是外向型、复合型、开拓型管理人才，才能从根本上提高我国公司的素质和竞争力。为此，我们既要对现有从事国际工程承包工作的人员继续进行教育和提高，也要抓紧培养这方面的后备力量。经国家教委批准，1993年，天津大学首先设立了国际工程管理专业，目前已有近

10所高校采用不同形式培养国际工程管理人才，但该领域始终没有一套比较系统的教材。令人高兴的是，最近由该编委会组织编写的这套"国际工程管理教学丛书"填补了这一空白。这套教学丛书总结了我国十几年国际工程承包的经验，反映了该领域的国际最新管理水平，内容丰富，系统性强，适应面广。

我相信，这套教学丛书的出版将对我国国际工程管理人才的培养起到重要的促进作用。有了雄厚的人才基础，我国国际工程承包事业必将日新月异，更快地发展。

1996年6月

前　　言

　　自1979年我国公司开拓国际工程市场至今,已有近二十年的历史了。在西方各大公司垄断的这个大市场中,我国公司披荆斩棘、奋勇开拓,取得了巨大的成绩。1995年以来,每年都有20多家对外公司进入225家大承包商的行列,我国的工程咨询公司也开始步入国际工程咨询市场。但和发达国家公司相比,我们的差距还很大。主要的原因之一是缺少国际工程管理人才,特别是缺少一大批能够开拓国际工程市场的企业家,缺少一大批善于投标得到项目而又能管好工程、取得良好经济效益的项目经理和一大批精于国际工程合同管理的专家。

　　合同管理是项目管理的核心。无论业主、承包商,或是从事咨询、监理工作的工程师,不熟悉掌握合同,不会运用合同是绝对管不好项目的。目前我们国内有一些涉外工程,常常面对外国承包商的大量索赔,主要原因之一就是我们作为业主方不会编制合同文件,不会在项目实施过程中管理合同。我们去国外承包工程,往往工程质量和进度管理都能令业主满意,但合同款和索赔款却都要迟迟要不回来,项目不能盈利,主要的问题也在于对合同的理解不深和管理不当。外国工程师说"合同是圣经",意思是说"合同一字值千金",这很值得我们深思。

　　学习研究国际上各类有代表性的、权威性的合同文件,寻找其中的规律性,洞察合同条款中隐含的深层次的含意,从而才能在国际工程承包和咨询过程中灵活运用合同,做到能依据合同保护自己的权益。努力培养一批我国的国际工程合同管理专家,这是摆在我们每一个对外公司领导和每一位正在和将要从事国际工程事业的人员面前的极为重要的任务。

　　本书写作的基本构思是介绍国际上最通用、影响最大的各种合同范本,包括应用最广泛的几种合同条件。国际上编制的各种合同文本程序和文字都十分严谨,但往往语句很不好读,我们试图在本书中用比较简练的语言,使读者花费较少的时间,能够学习掌握这些文本的基本内容。在有关各章中,基本上采用英文文本的原有顺序,注明条款编号,以便读者在学习完本书后能更容易、更方便地去理解和应用正式的合同文本。

　　书中共介绍了十几种项目管理模式、八类合同文本和六种合同条件,信息量十分丰富。

　　全书共分十章。第1章的内容为国际上传统的和近年来流行的一些项目管理模式以及合同模式。第3章对这些模式在西方各国以及香港地区的应用情况和特点作了介绍。第2章讲述了国际合同法的基本原理。世界银行的各类采购模式是国际上最为通用的传统采购模式,也是在国际上(包括中国)的各类世界银行贷款项目必须采用的模式,我们在国外和国内经常会遇到,因此在4、5、6三章重点介绍了世界银行贷款项目的工程采购、货物采购和咨询服务的标准文本以及财政部相应的范本。本书还对国际上最通行的三类(六种)合同条件作了较详细的介绍:第7章介绍了FIDIC的"红皮书"、"分包合同条件"、"桔皮书"和"白皮书";第8章介绍了在英联邦国家和过去的英殖民地国家影响很大的英国土木工程学会的 ICE 合同条件以及在美洲广泛应用的美国建筑师协会的 AIA 合同条件。学习研究了这三类合同条件就可以对在世界各地遇到的合同条件的基本思路、操作程序和如何合理分担风险有一个全面的了解。在国际工程中，围绕主合同，还需要签订一系列的其他合同，能否很好地签订和实施这些合同必将影响主合同的实施，第 9 章中介绍了联营体合同、劳务合同、租赁合同、技术转让合同以及代理协议。最后一章全面地讨论了国际工程的合同管理问题，分别从业主和承包商各自的角度论述了在合同管理中各方的主要职责，包括各层次的监理工程师的职责，比较详细地讨论了各方的风险管理和索赔管理。最后讨论了工程合同中争端产生的原因，对"团队精神"和"伙伴关系"的理解以及各方应该如何正确地对待产生的矛盾和解决争端。

本书由何伯森主编，各章的作者如下：第 1、4、7、10 章，何伯森；第 2 章，李长燕；第 3 章，廖美薇（香港大学房地产与建设系）；第 5 章，鹿丽宁；第 6 章，常军红（财政部世界银行司）；第 8 章，卢欢庆；第 9 章，吕文学。除在括号中注明单位者外，其余作者单位均为天津大学管理学院。第 3 章原稿为英文，由李丹（中国冶金建设集团）翻译。

在编写本书过程中，承蒙潘文、雷胜强、王伍仁等同志提供宝贵的参考资料；还得到洪柔嘉、张水波、孔德泉、王辉、刘雯、蔡耿谦等同志的大力支持与帮助，在此一并表示衷心的感谢。

从编写大纲、收集资料到全书完稿，历时近 3 年，除去平日的教学科研工作之外，一直在努力学习和研究国际上有关工程合同和合同管理的最新资料，力图向从事国际工程合同管理的同志们奉献一本有一定实用价值的书。但这只是笔者们的主观愿望，能不能达到这个目的，还要等待读者的评价。热诚欢迎大家多提宝贵意见，以便再版时改进。谢谢。

目 录

第1章　绪论 …………………… 1
　第1节　国际工程 ……………… 1
　第2节　各种项目管理模式 …… 3
　第3节　项目各方 ……………… 12
　第4节　国际工程合同类型 …… 14
第2章　国际合同法基本原理 … 19
　第1节　合同与合同法 ………… 19
　第2节　合同的订立 …………… 21
　第3节　合同的履行 …………… 28
　第4节　合同的转让及终止 …… 35
　第5节　合同争议的解决 ……… 37
第3章　西方国家及香港地区的工程采购方法 …………… 52
　第1节　引言 …………………… 52
　第2节　英国的建筑采购 ……… 54
　第3节　香港的建筑采购 ……… 64
　第4节　美国的建筑采购 ……… 66
　第5节　日本的建筑采购 ……… 71
　第6节　法国的建筑采购 ……… 74
第4章　世界银行贷款项目的工程采购合同 ……………… 79
　第1节　概述 …………………… 79
　第2节　世界银行贷款项目工程采购标准招标文件 …… 86
　第3节　我国利用世界银行贷款项目的工程采购 ……… 116
　第4节　工程采购招标文件中的几个问题 ……………… 118
　第5节　开标、评标、决标 …… 126
第5章　世界银行贷款项目的货物采购合同 ……………… 130
　第1节　货物采购概述 ………… 130
　第2节　世界银行贷款项目货物采购招标文件 ………… 131
　第3节　我国利用世界银行贷款项目货物采购方法 …… 142
第6章　世界银行贷款项目的咨询服务合同 ……………… 150
　第1节　概述 …………………… 150
　第2节　咨询合同 ……………… 153
　第3节　世界银行贷款项目工程咨询合同标准格式 …… 155
　第4节　个人咨询专家咨询服务协议标准格式 ………… 162
第7章　FIDIC的各类合同条件 … 165
　第1节　国际咨询工程师联合会简介 …………… 165
　第2节　FIDIC《土木工程施工合同条件》（1987年第4版 1988年订正 1992年再次修订版）内容简介 ……………………… 167
　第3节　FIDIC《土木工程施工分包合同条件》（1994年第1版）简介 ……… 184
　第4节　FIDIC《设计—建造与交钥匙工程合同条件》（1995年第1版）简介 …………………… 192
　第5节　FIDIC业主/咨询工程师标准服务协议书简介（1990年版）………… 211
第8章　ICE与AIA编制的合同条件 …………………… 218
　第1节　ICE合同条件 ………… 218
　第2节　AIA合同条件 ………… 228

第9章 国际工程相关的部分
　　　　合同 …………………… 248
　第1节 联营体合同 …………… 248
　第2节 租赁合同 ……………… 259
　第3节 国际劳务合同 ………… 269
　第4节 国际技术转让合同 …… 276
　第5节 代理协议 ……………… 281
第10章 国际工程项目的合同
　　　　管理 …………………… 286
　第1节 合同管理概论 ………… 286
　第2节 业主方的合同管理 …… 287
　第3节 承包商的合同管理 …… 305
　第4节 项目实施阶段合同
　　　　有关各方的关系 ……… 321
参考文献 ………………………… 326
跋 ………………………………… 327

第1章 绪 论

本章首先介绍了国际工程及国际工程合同的定义、概念和特点;然后介绍国际上工程项目的建设程序、国际工程项目管理模式、合同各方的职责;最后介绍按支付方式分类的合同类型和方式以及选用的原则。

第1节 国 际 工 程

一、国际工程的概念和特点

(一) 国际工程的概念和内容

国际工程就是一个工程项目从咨询、融资、采购、承包、管理以及培训等各个阶段的参与者来自不止一个国家,并且按照国际上通用的工程项目管理模式进行管理的工程。

根据这个定义,我们可以从两个方面去更广义地理解国际工程的概念和内容。

1. 国际工程包含国内和国外两个市场

国际工程既包括我国公司去海外参与投资和实施的各项工程,又包括国际组织和国外的公司到中国来投资和实施的工程。我国目前是一个开放的市场,随着加入世界贸易组织(WTO)日期的临近,工程项目市场会更加对外开放,在国内也会遇到大量国内习惯称之为"涉外工程"的国际工程。所以我们研究国际工程不仅是走向海外的需要,也是巩固和占领国内市场的需要,同时还是我国建筑业的管理加快与国际接轨的需要。

2. 国际工程包括咨询和承包两大行业

(1) 国际工程咨询:包括对工程项目前期的投资机会研究、预可行性研究、可行性研究、项目评估、勘测、设计、招标文件编制、监理、管理、后评价等。是以高水平的智力劳动为主的行业,一般都是为建设单位——业主一方服务的,也可应承包商聘请为其进行施工管理、成本管理等。

(2) 国际工程承包:包括对工程项目进行投标、施工、设备采购及安装调试、分包、提供劳务等。按照业主的要求,有时也做施工详图设计和部分永久工程的设计。

目前国际上的大型项目,正在发展一些新的模式,如将设计——建造统一交由一家公司去实施的模式。又如"交钥匙工程",即将咨询的部分内容和施工、设备采购安装一并发包。此外还发展着一些管理承包类型的模式。

综上所述可以看出,国际工程涵盖着一个广阔的领域,各国际组织、国际金融机构等投资方,各咨询公司和工程承包公司等在本国以外地区参与投资和建设的工程的总和,就组成了全世界的国际工程。各个行业、各种专业都会涉及到国际工程。

(二) 国际工程的特点

(1) 跨多个学科的系统工程:国际工程不但是一个跨多个专业和多个学科的新学科,而且是一个不断发展和创新的学科,从事国际工程的人员既要求掌握某一个专业领域的技术知识，又要求掌握涉及到法律、合同、金融、外贸、保险、财会等多方面的其他专业的知识。从工程项目准备到项目实施，整个项目管理过程十分复杂，因而国际工程是跨多个学科的，对人才素质有很高要求的复杂的系统工程。

（2）跨国的经济活动：国际工程是一项跨国的经济活动，涉及到不同的国家，不同的民族，不同的政治和经济背景，不同参与单位的经济利益，因而合同中各方不容易相互理解，常常产生矛盾和纠纷。

（3）严格的合同管理：由于不止一个国家的单位参与，不可能依靠行政管理的方法，而必须采用国际上多年来业已形成惯例的、行之有效的一整套合同管理方法。采用这套办法要求从前期招标文件的准备到招标、投标、评标花费比较多的时间，但却为以后订好合同，从而在实施阶段严格按照合同进行项目管理打下一个良好的基础。

（4）风险与利润并存：国际工程是一个充满风险的事业，每年国际上都有一批工程公司倒闭，又有一批新的公司成长起来。一项国际工程如果订好合同、管理得当也会获得一定的利润，因此一个公司要能在这个市场中竞争并生存，就需要努力提高公司和成员的素质。

（5）发达国家垄断：国际工程市场是从西方发达国家许多年前到国外去投资、咨询和承包开始的，他们凭借雄厚的资本、先进的技术、高水平的管理和多年的经验，占有绝大部分国际工程市场，我们要想进入这个市场就需要付出加倍的努力。

（6）国际工程市场总体上是一个持续稳定的市场：国际工程市场遍布五大洲，虽然每个地区的政治形势和经济形势不一定十分稳定，但就全球来说，只要不发生世界大战，尽管国际资金流向可能有所变动。但很大一笔投资是用于建设的，因而可以说国际工程市场总体来说是稳定的。从事国际工程的公司必须加强调查研究，善于分析市场形势，捕捉市场信息，不断适应市场变化形势，才能立于不败之地。

二、国际工程合同的特点

（一）国际工程合同

国际工程合同是指不同国家的有关法人之间为了实现在某个工程项目中的特定目的而签订的确定相互权利和义务的协议。

由于国际工程是跨国的经济活动，因而国际工程合同远比一般国内的合同复杂。

（二）国际工程合同的特点

（1）国际工程的合同管理是工程项目管理的核心。国际工程合同从前期准备（指编制招标文件）、招投标、谈判、修改、签订到实施，都是国际工程中十分重要的环节。合同有关任何一方都不能粗心大意。只有订立一个好的合同才能保证项目的顺利实施。

（2）国际工程合同文件内容全面，包括合同协议书、投标书、中标函、合同条件、技术规范、图纸、工程量表等多个文件。编制合同文件时，各部分的论述都应力求详尽具体，以便在实施中减少矛盾和争论。

（3）国际工程咨询和承包在国际上已有上百年历史，经过不断地总结经验，在国际上已经有了一批比较完善的合同范本，这些范本还在不断地修订和完善，可供我们学习和借鉴。

（4）每个工程项目都有各自的特点，"项目"本身就是不重复的、一次性的活动，国际工程项目由于处于不同的国家和地区、不同的工程类型、不同的资金条件、不同的合同模式、不同的业主和咨询工程师、不同的承包商,因而可以说每个项目都是不相同的。研究国际工程合同管理时,既要研究其共性,更要研究其特性。

(5) 国际工程合同制定时间长,实施时间更长。一个合同实施期短则1～2年,长则20～30年(如BOT项目)。因而合同中的任何一方都必须十分重视合同的订立和实施。依靠合同来保护自己的权益。

(6) 一个国际工程项目往往是一个综合性的商务活动,实施一个工程除主合同外,还可能需要签订多个合同,如融资贷款合同、各类货物采购合同、分包合同、劳务合同、联营体合同、技术转让合同、设备租赁合同等等。其他合同均是围绕主合同,为主合同服务的,但每一个合同的订立和管理都会影响到主合同的实施。

综上所述,我们可以看出合同的制定和管理是搞好国际工程项目的关键,工程项目管理包括进度管理、质量管理与造价管理,而这些管理均是以合同要求和规定为依据。项目任何一方都应配备得力人员认真研究合同,管好用好合同。每一个企业都应尽早地主动培养一批合同专家,以满足在日益对外开放的国内市场和走向国际市场实施国际工程项目时的需要。

第2节 各种项目管理模式

本节中首先简单介绍国际上一般工程项目的建设程序,然后再介绍各种国际工程项目管理模式和合同各方之间的关系。

一、国际工程项目的建设程序

各国的工程项目建设程序、政府的和私人的项目都有一些不同,但大型工程项目建设过程一般包括的程序和阶段划分如图1-1所示。

图1-1 工程项目建设程序和阶段的划分

(一) 机会研究 (Opportunity Study)

有时也称投资机会研究,是进行可行性研究之前的预备性调研,是花费比较短的时间(约1～2个月)和较少的经费(约占总投资1‰～2‰),将项目设想变成初步的项目投资建议。机会研究又分为一般机会研究(鉴定某一地区或部门的投资机会)和特定项目的机会研究。

(二) 可行性研究

包括以下内容:

(1) 预可行性研究 (Pre-feasibility Study)

也称初步可行性研究。目的是对机会研究阶段提出的项目方案通过技术和经济分析做出鉴别和估价,判断投资建议是否可行,项目是否有必要进行详细的可行性研究。一般预可行性研究需花费2～3个月,费用约占总投资的1.25‰～2.5‰,投资估算精确度约在

20%左右。

(2) 可行性研究 (Feasibility Study)

也称详细可行性研究。是对预可行性研究确定的项目进行全面深入的技术经济论证,为投资决策提供扎实的基础。其主要内容与预可行性研究基本相同(包括对技术、组织体制、财务、经济、环境影响、社会影响等可行性的评估),但它使用的数据更准确,调查的范围更广泛和详细,还需进行多种方案的分析比较,以提出最具有经济效益的推荐方案。

可行性研究报告是业主投资决策、筹措资金和申请贷款的依据,是下一步编制设计文件的依据,是业主设计、施工、设备订货等有关合同或协议的依据。

(3) 辅助研究 (Auxiliary Study)

它是大型投资项目在可行性研究阶段中进行的专题研究,如市场、原材料供应、项目规模、设备选择等专题。辅助研究可以在可行性研究工作之前或同时进行。

(三) 项目评估立项

当完成可行性研究报告之后,一般都要委托另一家咨询公司对上述报告进行评估。不同的业主对评估的内容可能有不同的要求,如政府部门可能侧重项目的国民经济效益,而商业银行则更注重项目财务效益和还贷能力的评估。一般项目评估包括以下内容:项目目标、资源、项目实施条件(包括组织机构)以及效果和效益的评估(包括生产规模、财务和国民经济评价)。

根据评估报告,业主才能最后确定某个项目是否立项及立项之后开始的各项实施工作。

(四) 项目实施准备

包括组建项目实施机构,筹集资金,选定项目地址,确定项目进度要求,工程设计等。

在设计工作开始后一段时间,由咨询设计单位协助业主进行工程施工招标(包括招标文件准备,资格预审,招标,评标等)、谈判和签订合同等工作。

(五) 工程设计

它是项目实施准备的一项重要内容,国外一般包括3个阶段。

(1) 概念设计 (Conceptual Design)

即初步设计,也有的叫规划设计或方案设计。主要包括项目的设计依据,基础资料,工程总体布置,主要建筑物和设备选型,环保措施,技术经济分析,价格估算和方案比较、评价。

(2) 基本设计 (Basic Design)

根据对概念设计的审查意见和要求编制,其内容与概念设计大体相同,但应就已确定的方案进行深入的分析和计算,对图纸和技术要求进一步深入研究和细化。

(3) 详细设计 (Detailed Design)

即施工详图设计,这部分设计在国外多半由承包商负责设计,由监理工程师批准即可用于施工。

国外有时只做初步设计,即开始招标,签合同后将施工详图交给承包商做,目的是早开工、早投产。

(六) 工程施工与设备采购安装

工程施工与设备采购安装是在实施阶段同时进行的工作,一般都通过招标到市场上去采购,所以世界银行、亚洲开发银行文件均称之为工程采购 (Procurement of Works) 及货物采购（Procurement of Goods）。有时可以由一家总承包商同时承担这两项工作，有时由业主分开招标，由供应商负责设备的供货、安装和调试。

（七）竣工验收及投产

二、国际上工程项目的各种管理模式

工程项目建设无论对各国政府或私营机构都是一笔很大的投资，提高项目管理的水平，可以创造巨大的经济效益，因而多年来各国及一些国际组织都对工程项目的管理模式和方法进行不断地研究、创新和完善。下面我们除介绍国际上传统的项目管理模式外，还介绍近年来新发展起来的一些项目管理模式。

（一）传统的（通用的）项目管理模式

这种项目管理模式在国际上最为通用，世界银行、亚洲开发银行贷款项目和采用国际咨询工程师联合会（FIDIC）土木工程施工合同条件的项目均采用这种模式。这种模式的各方关系如图1-2所示。

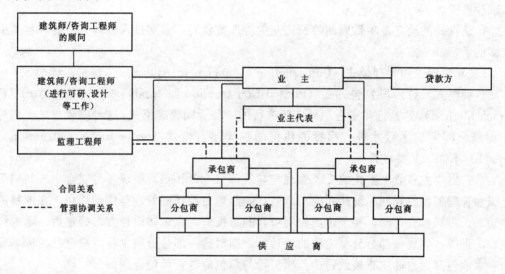

图1-2 国际上传统的项目管理模式

这种模式由业主委托建筑师和/或咨询工程师进行前期的各项有关工作（如进行机会研究、可行性研究等），待项目评估立项后再进行设计，在设计阶段进行施工招标文件准备，随后通过招标选择承包商。业主和承包商订立工程施工合同，有关工程部位的分包和设备、材料的采购一般都由承包商与分包商和供应商单独订立合同并组织实施。业主单位一般指派业主代表（可由本单位选派，或由其他公司聘用）与咨询方和承包商联系，负责有关的项目管理工作，但在国外大部分项目实施阶段有关管理工作均授权建筑师/咨询工程师（我国叫监理工程师）进行。建筑师/咨询工程师（以下用建筑师/工程师）和承包商没有合同关系，但承担业主委托的管理和协调工作，业主、咨询工程师和承包商在项目实施阶段的职责、义务和权限在第10章中详述。

传统模式项目实施过程见图1-3所示。

传统模式的优点是由于这种模式长期的、广泛的在世界各地采用，因而管理方法较成熟，各方都对有关程序熟悉；业主可自由选择咨询设计人员，对设计要求可控制；可自由

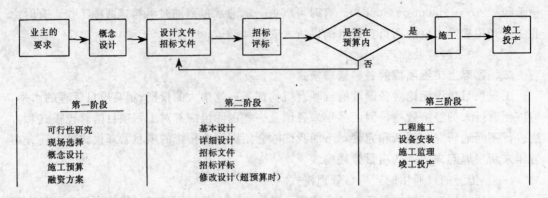

图 1-3 传统模式项目实施过程

选择监理人员监理工程；可采用各方均熟悉的标准合同文本，有利于合同管理、风险管理和减少投资。

传统模式的缺点是项目周期较长；业主管理费较高，前期投入较高；变更时容易引起较多的索赔。

（二）建筑工程管理模式（Construction Management Approach，简称 CM 模式）

这种模式又称阶段发包方式（Phased Construction Method）或快速轨道方式（Fast Track Method），这是近年来在国外广泛流行的一种合同管理模式，这种模式与过去那种设计图纸全部完成之后才进行招标的传统的连续建设模式（Sequential Construction Approach）不同，其特点是：

（1）由业主和业主委托的 CM 经理与建筑师（Architect）组成一个联合小组共同负责组织和管理工程的规划、设计和施工，但 CM 经理对设计的管理是协调作用。在项目的总体规划、布局和设计时，要考虑到控制项目的总投资，在主体设计方案确定后，随着设计工作的进展，完成一部分分项工程的设计后，即对这一部分分项工程组织进行招标，发包给一家承包商，由业主直接就每个分项工程与承包商签订承包合同。

传统的连续建设模式的发包方式与阶段发包方式的比较见图 1-4。

（2）要挑选精明强干，懂工程、懂经济、又懂管理的人材来担任 CM 经理。他负责工程的监督、协调及管理工作，在施工阶段的主要任务是定期与承包商会晤，对成本、质量和进度进行监督，并预测和监控成本和进度的变化。CM 经理的聘用方法详见第 10 章第 2 节。

业主与各个承包商、设计单位、设备供应商、安装单位、运输单位签订合同，是合同关系。业主与 CM 经理、建筑师之间也是合同关系，而业主任命的 CM 经理与各个施工、设计、设备供应、安装、运输等承包商之间则是业务上的管理和协调关系。

（3）阶段发包方式的最大优点即是可以缩短工程从规划、设计到竣工的周期，节约建设投资，减少投资风险，可以比较早地取得收益。即一方面整个工程可以提前投产，另一方面减少了由于通货膨胀等不利因素造成的影响。例如购买土地从事房地产业，用此方式可以节省投资贷款的利息，由于设计时可听取 CM 经理的建议，可以预先考虑施工因素，运用价值工程以节省投资。设计一部分，招标一部分并及时施工，因而设计变更较少。这种方式的缺点是分项招标可能导致承包费用较高，因而要做好分析比较，研究项目分项的多

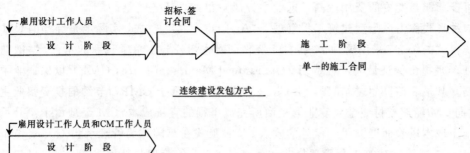

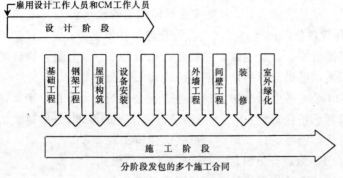

图 1-4 连续建设发包方式和阶段发包方式对比图

少，选定一个最优的结合点。

CM 模式可以有多种组织方式，下面介绍常用的两种形式，见图 1-5。

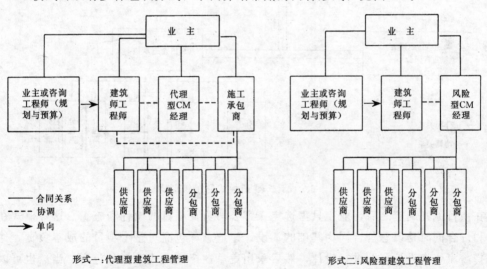

图 1-5 建筑工程管理模式的两种实现形式

第一种形式为代理型建筑工程管理（"Agency" CM）模式，采用这种较为传统的形式时，CM 经理是业主的咨询和代理，业主和 CM 经理的服务合同是以固定酬金加管理费办法，业主在各施工阶段和承包商签订工程施工合同。业主采用这种形式的优点是：业主可自由选定建筑师/工程师；在招标前可确定完整的工作范围和项目原则；可以有完善的管理与技术支持。缺点是在明确整个项目的成本之前，投入较大；CM 经理不对进度和成本作出保证；可能索赔与变更的费用较高，即业主方风险很大，任务较重。

第二种形式称为风险型建筑工程管理（"At-Risk"CM）模式，实际上是纯粹的CM模式与传统模式的结合。采用这种形式，CM经理同时也担任施工总承包商的角色，一般业主要求CM经理提出保证最大工程费用（Guaranteed Maximum Price, GMP）以保证业主的投资控制，如最后结算超过GMP，由CM公司赔偿，如低于GMP，节约的投资归业主所有。业主向CM经理支付佣金及专业承包商所完成工程的直接成本，CM经理由于额外承担了保证施工成本风险而能够得到额外的收入。这种形式在英国称为管理承包（Management Contracting）。风险型建筑工程管理模式的优点是：完善的管理与技术支持；在项目初期选定项目组的成员；可提前开工提前竣工，业主方任务较轻，风险较小。缺点是：保证的成本中包含设计和投标的不定因素，可供选择的高水平的风险型CM公司较少。

能够进行风险型管理的CM公司通常是从过去的大型工程公司演化而来的。来自咨询设计公司的CM经理则往往只能承担代理型CM。目前为了适应市场的要求，许多建筑工程管理公司已形成独立的公司机构，能够进行任何一种形式的建筑工程管理。

（三）设计—建造（Design-Build）与交钥匙（Turnkey）工程模式

设计—建造模式是一种简练的项目管理模式，组织形式见图1-6。

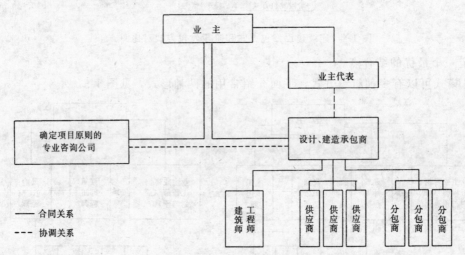

图1-6　设计—建造模式的组织形式

在项目原则确定之后，业主只需选定一家公司负责项目的设计和施工。这种模式在投标时和订合同时是以总价合同为基础的，设计建造总承包商对整个项目的成本负责，他首先选择一家咨询设计公司进行设计，然后采用竞争性招标方式选择分包商，当然也可以利用本公司的设计和施工力量完成一部分工程。近年来这种模式在国外比较流行，主要由于可以对分包采用阶段发包方式，因而项目可以提早投产；同时由于设计与施工可以比较紧密地搭接，业主能从包干报价费用和时间方面的节约以及承包商对整个工程承担责任得到好处。

在这种方式下业主方首先招聘一家专业咨询公司代他研究拟定拟建项目的基本要求，授权一个具有专业知识和管理能力的管理专家为业主代表，与设计—建造总承包商联系。

在选择设计—建造总承包商时，如果是政府的公共项目，则必须采用资格预审，用公开竞争性招标办法；如果是私营项目，业主可以用邀请招标方式选定。

在国际上对"交钥匙"还没有公认的定义。"交钥匙"模式可以说是具有特殊含义的设计—建造方式，即承包商根据合同规定为业主提供包括项目融资、设计、施工、设备采购、安装和调试直至竣工移交的全套服务，1995年FIDIC出版了一本书即"设计—建造与交钥匙工程合同条件"，把这二种方式放在一起编制合同条件。

设计—建造及"交钥匙"模式是一种项目组方式。业主和设计—建造承包商密切合作，完成项目的规划、设计、成本控制、进度安排等工作，甚至负责项目融资。使用一个承包商对整个项目负责，避免了设计和施工的矛盾，可显著减少项目的成本和工期。同时，在选定承包商时，把设计方案的优劣做为主要的评标因素，可保证业主得到高质量的工程项目。

设计—建造模式的主要优点是：在项目初期选定项目组成员，连续性好，项目责任单一、早期的成本保证；可采用CM模式，可减少管理费用、减少利息及价格上涨的影响；在项目初期预先考虑施工因素可减少由于设计错误、疏忽引起的变更。

主要缺点主要是：业主无法参与建筑师/工程师的选择；业主对最终设计和细节的控制能力降低，工程设计可能会受施工者的利益影响。

（四）设计—管理模式（Design-Manage）

设计—管理合同通常是指一种类似CM模式但更为复杂的、由同一实体向业主提供设计和施工管理服务的工程管理方式，在通常的CM模式中，业主分别就设计和专业施工过程管理服务签订合同。采用设计—管理合同时，业主只签订一份既包括设计也包括类似CM服务在内的合同。在这种情况下，设计师与管理机构是同一实体。这一实体常常是设计机构与施工管理企业的联合体。

设计—管理模式的实现可以有两种形式（如图1-7）：一是业主与设计—管理公司和施工总承包商分别签订合同，由设计—管理公司负责设计并对项目实施进行管理；另一种是业主只与设计—管理公司签订合同，由设计公司分别与各个单独的分包商和供应商签订合同，由他们施工和供货。这种方式可看作是CM与设计—建造二种模式相结合的产物，这种方式也常常采用对分包商阶段发包方式以加快工程进度。

（五）BOT模式

BOT（Build-Operate-Transfer）即建造—运营—移交模式。这种模式是80年代在国外兴起的依靠国外私人资本进行基础设施建设的一种融资和建造的项目管理方式，或者说是基础设施国有项目民营化。它是指东道国政府开放本国基础设施建设和运营市场，吸收国外资金，授给项目公司以特许权，由该公司负责融资和组织建设，建成后负责运营及偿还贷款。在特许期满时将工程移交给东道国政府。

在世界上还有多种由BOT演变出来的类似的模式；如

BOOT（Build-Own-Operate-Transfer）建设—拥有—运营—移交；BOO（Build-Own-Operate）建设—拥有—运营；BOS（Build-Operate-Sell）建设—运营—出售；ROT（Rehabilitate-Operate-Transfer）修复—运营—移交等等。这些模式的基本原则、思路和结构与BOT并无实质差别，下面只介绍BOT有关内容。

目前在世界上许多国家都在研究或已开始采用BOT方式。最早是1972年完工的香港第一海底隧道工程，其他如菲律宾和巴基斯坦的电厂项目，泰国和马来西亚的高速公路，英

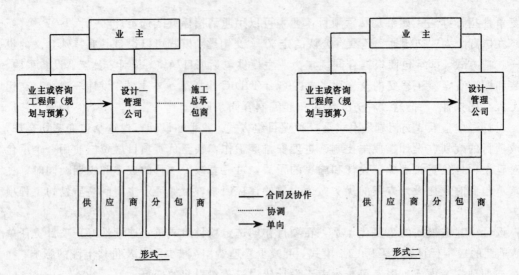

图 1-7 设计—管理模式的两种实现形式

法海底隧道和澳大利亚的悉尼隧道等数十个 BOT 项目在建或运营。在中国，第一个参照 BOT 模式建成运营的是深圳沙头角电厂B厂，国家计委1995年颁布了"试办外商投资特许权协议项目审批管理有关问题的通知"，目前批准的广西来宾电厂B厂、湖南长沙电厂和成都水处理厂等三个项目已开始试点。

下面对 BOT 模式的结构框架、运作程序及项目主要参与方的职责和义务作一简介。

1. BOT 模式的结构框架和运作程序

图 1-8 是 BOT 模式的典型结构框架。

（1）项目的提出与招标

拟采用 BOT 模式建设的基础设施项目，大型项目由中央政府部门审批，一般项目均由地方政府审批，往往委托一家咨询公司对项目进行了初步的可行性研究，随后，颁布特许意向，准备招标文件，公开招标。BOT 模式的招标程序与一般项目招标程序相同，包括资格预审、招标、评标和通知中标。

（2）项目发起人组织投标

发起人往往是强有力的咨询公司和大型的工程公司的联合体，它们申请资格预审并在通过资格预审后购买招标文件进行投标。BOT 项目的投标显然要比一般工程项目的投标复杂的多，需要对 BOT 项目进行深入的技术和财务的可行性分析，才有可能向政府提出有关实施方案。BOT 项目的资金一般来自两个方面：一方面是项目公司股东的股本金，大约占整个资金的 10%~30%；余下的 90%~70% 则向金融机构融资，因而事先要与金融机构接洽，使自己的实施方案，特别是融资方案得到金融机构的认可，才可正式递交投标书。在这个过程中，项目发起人常常要聘用各种专业咨询机构（包括法律、金融、财会等）协助编制投标文件，要花费一大笔投标费用。

（3）成立项目公司，签署各种合同与协议

中标的项目发起人往往就是项目公司的组织者。项目公司参与各方一般包括项目发起人、大型承包商、设备材料供应商、东道国国营企业等。在国外有时当地政府也入股。此外，还有一些不直接参加项目公司经营管理的独立股东，如保险公司、金融机构等。我国

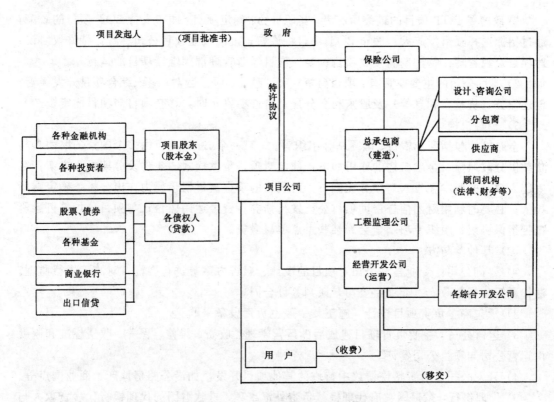

图 1-8 BOT 模式典型结构框架

目前在 BOT 试点阶段,国家计委规定:一律以外方独资模式组建项目公司。

项目发起人一般要提供组建项目公司的可行性报告,经过股东讨论,签订股东协议和公司章程,同时向当地政府工商管理和税收部门注册。

项目发起人首先和政府谈判、草签特许权协议,然后组建项目公司,完成融资交割,最后项目公司与政府正式签署特许权协议。

然后项目公司与各个参与方谈判签订总承包合同、运营养护合同、保险合同、工程监理合同和各类专业咨询合同等,有时需独立签订设备供货合同。

(4) 项目建设和运营

这一阶段项目公司主要任务是委托工程监理公司对总承包商的工作进行监理,保证项目的顺利实施和资金支付。有的工程(如发电厂、高速公路等),在完成一部分之后即可交由运营公司开始运营,以早日回收资金。同时,还要组建综合性的开发公司进行综合项目开发服务以便从多方面赢利。

在项目部分或全部投入运营后,即应按照原定协议优先向金融机构归还贷款和利息。同时也考虑向股东分红。

(5) 项目移交

在特许期满之前,应做好必要的维修以及资产评估等工作,以便按时将 BOT 项目移交政府运行。政府可以仍旧聘用原有的运营公司或另组运营公司来运行项目。

2. BOT 项目有关各方的职责和义务

(1) 主要参与方:政府、项目公司、金融机构

1) 政府是 BOT 项目的最终所有者,其职责为:确定项目,颁布支持 BOT 项目的政策;通过招标选择项目发起人;颁布 BOT 项目特许权;批准成立项目公司;签订特许权协议;对项目宏观管理;特许期满接收项目;委托项目经营管理部门继续项目的运行。

2) 项目公司的主要职责有:项目融资;项目建设;项目运营;组织综合项目开发经营;偿还债务(贷款、利息等)及股东利润分配;特许期终止时,移交项目与项目固定资产。

3) 金融机构

金融机构包括商业银行、国际基金组织等。一般一个 BOT 项目由多个国家的财团参与贷款以分散风险。金融机构的作用如下:确定对项目贷款模式、条件及分期投入方案;在发起人拟定的股本金投入与债务比例下,对项目的现金流量偿债能力作出分析,确定财团投入;必要时利用财团信誉帮助项目公司发行债券;资金运用监督;与项目公司签订融资抵押担保协议;组织专项基金会为某些重点项目融资。

(2) 其他参与方

1) 咨询公司:专业咨询公司对项目的设计、融资方案等进行咨询,对施工进行监理。法律顾问公司替政府(或项目公司)谈判签订合同。

2) 承包商:负责项目设计—施工,一般也负责设备采购。

3) 运营公司:主要负责项目建成后的运营管理、收费、维修、保养。收费标准和制度由运营公司与项目公司签订。

4) 开发公司:负责特许协议中特许的其他项目开发,如沿公路房地产、商业网点等。

5) 代理银行:东道国政府代理银行负责外汇事项。贷款财团的代理银行代表贷款人与项目公司办理融资、债务、清偿、抵押等事项。

6) 保险公司:为各个参与方提供保险,担保特许协议无法预计的其他风险。

7) 供应商:负责供应材料、设备等。

第3节 项 目 各 方

在第 2 节中介绍了各种项目管理模式,本节中着重介绍和讨论项目各方。

一、业主(Owner)

业主是工程项目的提出者、组织论证立项者、投资决策者、资金筹集者、项目实施的组织者,也是项目的产权所有者,并负责项目生产、经营和偿还贷款。业主机构可以是政府部门、社会法人、国有企业、股份公司、私人公司以及个人。

业主的性质影响到项目实施的各个方面,许多国家制定了专门的规定以约束公共部门业主的行为,尤其是工程采购方面,相对而言,私营业主在决策时有更多的自由。

英文中 Employer(雇主)、Client(委托人)、Promoter(发起人,创办人)在工程合同中均可理解为业主。开发房地产的业主称为发展商(Developer)。

二、承包商(Contractor)

承包商通常指承担工程项目施工及设备采购的公司、个人和他们的联合体。如果业主将一个工程分为若干的独立的合同(Seperate Contract),并分别与几个承包商签订合同,凡直接与业主签订承包合同的都叫承包商,如果一家公司与业主签订合同将整个工程承包下来则叫总承包商(General Contractor, Main Contractor, Prime Contractor)。

在国外还有一种工程公司（Engineering Company），系指可以提供投资前咨询、设计到设备采购、施工等贯彻项目建设全过程服务的承包公司。这种公司多半拥有自己的设计部门，规模较大，技术先进，在特殊项目中，这类大型公司有时甚至可以提供融资服务。由以上介绍可知，总承包商又分为两类：一类是施工总承包商，一类是能进行设计和施工的总承包商。

三、建筑师/工程师（Architect/Engineer）

建筑师/工程师均指不同领域和阶段负责咨询或设计的专业公司和专业人员，他们的专业领域不同，在不同国家和不同性质的工作中担任的角色可能不一致，如在英国，建筑师负责建筑设计，而工程师则负责土木工程的结构设计。在美国也大体相似，建筑师在概念设计阶段负责项目的总体规划、布置、综合性能要求和外观，而由结构工程师和设备工程师来完成设计以保证建筑物的安全。但是在工程项目管理中建筑师或工程师担任的角色和承担的责任是近似的。在各国不同的合同条件中可能称该角色为建筑师，或工程师，或咨询工程师（详见第3章）。各国均有严格的建筑师/工程师的资格认证及注册制度，作为专业人员必须通过相应专业协会的资格认证，而有关公司或事务所必须在政府有关部门注册。

咨询工程师一般简称工程师，指的是为业主提供有偿技术服务的独立的专业工程师。服务内容可以涉及到各自专长的不同专业。

建筑师/工程师提供的服务内容很广泛，一般包括：项目的调查、规划与可行性研究、工程各阶段的设计、工程监理、参与竣工验收、试车和培训、项目后评价以及各类专题咨询。在国外对建筑师/工程师的职业道德和行为准则都有很高的要求，主要包括：努力提高专业水平，使用自己的才能为委托人提供高质量的服务；按照法律和合同处理问题；保持独立和公正；不得接受业主支付的酬金之外的任何报酬，特别是不得与承包商、制造商、供应商有业务合伙和经济关系；禁止不正当竞争，为委托人保密等。

建筑师/工程师虽然本身就是专业人员，是专家，但是由于在工程项目管理中涉及的知识领域十分广阔，因而建筑师/工程师在工作中也常常要雇用其他的咨询专家作为顾问（如图1-2所示），以弥补自己知识的不足，使工作更加完善。

四、分包商（Subcontractor）

分包商是指那些直接与承包商签订合同，分担一部分承包商与业主签订合同中的任务的公司。业主和工程师不直接管理分包商，他们对分包商的工作有要求时，一般通过承包商处理。

国外有许多专业承包商和小型承包商，专业承包商在某些领域有特长，在成本、质量、工期控制等方面有优势，数量上占优势的是大批小承包商。如在英国，大多数小公司人数在15人以下，而占总数不足1％的大公司却承包工程总量的70％，宏观看来，大小并存、专业分工的局面有利于提高工程项目建设的效率。专业承包商和小承包商在大工程中都是分包商的角色。

分包商在国内也称二包商，下面还有分包商，在国内称之三包商（Sub-subcontractor）及四包商（Sub-sub-subcontractor）等。指定分包商（Nominated Subcontractor）是业主方在招标文件中或在开工后指定的分包商或供应商，指定分包商仍应与承包商签订分包合同。

广义的分包商包括供应商与设计分包。

五、供应商（Suppliers）

供应商是指为工程实施提供工程设备、材料和建筑机械的公司和个人。一般供应商不参与工程的施工，但是有一些设备供应商由于设备安装要求比较高，往往既承担供货，又承担安装和调试工作，如电梯、大型发电机组等。

供应商既可以与业主直接签订供货合同，也可以直接与承包商或分包商签订供货合同，视合同类型而定。

六、工料测量师（Quantity Surveyor）

工料测量师是英国、英联邦国家以及香港对工程经济管理人员的称谓，在美国叫造价工程师(Cost Engineer)或成本咨询工程师(Cost Consultant)，在日本叫建筑测量师(Building Surveyor)。

工料测量师的主要任务是为委托人（Client）（一般是业主，也可以是承包商）进行工程造价管理，协助委托人将工程成本控制在预定目标之内。工料测量师既可以受雇于业主，协助业主编制工程的成本计划，建议采用的合同类型，在招标阶段编制工程量表及计算标底，也可在工程实施阶段进行支付控制，以至编制竣工决算报表。工料测量师受雇于承包商时可为承包商估算工程量，确定投标报价或在工程实施阶段进行造价管理。

以上介绍的是工程项目实施的主要参与方，随着不同的合同类型，不同的项目管理模式有不同的参与方，即使是同一个参与方（如建筑师），也可能在不同合同类型和不同的实施阶段中，承担不同的职责，在第3章中及以后各章中将详细讨论。

第4节 国际工程合同类型

国际工程合同的形式和类别非常之多，有许多分类方法，如：

按工作内容分类可分为工程咨询服务合同（包含设计合同、监理合同等）、勘察合同、工程施工合同、货物采购合同（包含各类机械设备采购、材料采购等）、安装合同等。

按承包范围分类可分为设计—建造合同、交钥匙合同、施工总承包合同、分包合同、劳务合同、设计—管理合同、CM合同等等。

本章中主要介绍按合同支付方式分类，一般分为总价合同、单价合同和成本补偿合同三大类，下面进行比较详细的介绍和讨论。

一、总价合同（Lump Sum Contract）

总价合同有时称为约定总价合同（Stipulated Sum Contracts），或称包干合同。这种合同一般要求投标人按照招标文件要求报一个总价，在这个价格下完成合同规定的全部项目。

总价合同一般有以下4种方式：

(1) 固定总价合同（Firm Lump Sum Contract）。承包商的报价以详细的设计图纸及计算为基础，并考虑到一些费用的上升因素，如图纸及工程要求不变动则总价固定，但当施工中图纸或工程质量要求有变更，或工期要求提前，则总价也应改变。这种合同适用于工期较短（一般不超过1年），对工程项目要求十分明确的项目。承包商将承担全部风险，将为许多不可预见的因素付出代价，因之一般报价较高。

(2) 调价总价合同（Escalation Lump Sum Contract）。在报价及订合同时，以招标文件的要求及当时的物价计算总价合同。但在合同条款中双方商定：如果在执行合同中由于通货膨胀引起工料成本增加达到某一限度时,合同总价应相应调整。这种合同业主承担了通货膨胀这一不可预见的费用因素(Unpredicatable Cost Elements)的风险,承包商承担其他风险。一般工期较长(如1年以上),采用这种形式。

(3) 固定工程量总价合同(Lump Sum on Firm Bill of Quantities Contract)。即业主要求投标人在投标时按单价合同办法分别填报分项工程单价,从而计算出工程总价,据之签订合同。原定工程项目全部完成后,根据合同总价付款给承包商。如果改变设计或增加新项目,则用合同中已确定的单价来计算新的工程量和调整总价,这种方式适用于工程量变化不大的项目。

这种方式对业主有利,一是可以了解投标人投标时的总价是如何计算得来的,便于业主审查投标价,特别是对投标人过度的不平衡报价,可以在合同谈判时压价;二是在物价上涨情况下,增加新项目时可利用已确定的单价。

(4) 管理费总价合同(Management Fee Lump Sum Contract)。业主雇用某一公司的管理专家对发包合同的工程项目进行管理和协调,由业主付给一笔总的管理费用。

采用这种合同时要明确具体工作范畴。

对于各种总价合同,在投标时投标人必须报出各单项工程价格,在合同执行过程中,对很小的单项工程,在完工后一次支付;对较大的单项工程则按施工过程分阶段支付或按完成的工程量百分比支付。

总价合同的适用范围一般在两类工程中:一是在房屋建筑(包括住宅和楼宇)中使用,在这类工程中,招标时要求全面而详细地准备好设计图纸,一般要求做到施工详图;还应准备详细的规范和说明,以便投标人能详细地计算工程量。工程技术不太复杂,风险不太大,工期不太长,一般在1年以内,同时要给予承包商各种方便。这类工程对业主来说由于设计花费时间长,有时和施工期相同,因而开工期晚,开工后的变更容易带来索赔,而且在设计过程中也难以吸收承包商的建议,但是控制投资和工期比较方便,总的风险较小。对承包商来说,由于总价固定,如果在订合同时不能争取到一些合理的承诺(如物价波动、地基条件恶劣时如何处理等)则风险比较大,投标时应考虑足够的风险费,但承包商对整个工程的组织管理有很大的控制权,因而可以通过高效率的组织实施工程和节约成本来获取更多的利润。

总价合同应用的第二个领域就是设计—建造与交钥匙项目。这时业主可以比较早地将设计与建造工作一并承包给一个总承包商,而总承包商则承担着更大的责任与风险。

二、单价合同(Unit Price Contract, Schedule of Rate Contract)

当准备发包的工程项目的内容和设计指标一时不能十分确定时,或是工程量可能出入较大,则采用单价合同形式为宜。

单价合同又分为以下3种形式:

(1) 估计工程量单价合同(Bill of Approximate Quantities Contract)。业主在准备此类合同的招标文件时,委托咨询单位按分部分项工程列出工程量表并填入估算的工程量,承包商投标时在工程量表中填入各项的单价,据之计算出总价作为投标报价之用。但在每月结帐时,以实际完成的工程量结算。在工程全部完成时以竣工图最终结算工程的总价格。

有的合同上规定,当某一单项工程的实际工程量比招标文件上的工程量相差一定百分比(一般为±15%到±30%)时,双方可以讨论改变单价,但单价调整的方法和比例最好在订合同时即写明，以免以后发生纠纷。为了减少由于单项工程工程量增减经常引起的争论，FIDIC 在其"土木工程施工合同条件"中提倡工程结束时总体结算超过±15%时再调整的方法，详见第 7 章。

(2) 纯单价合同 (Straight Unit Price Contract)。在设计单位还来不及提供施工详图，或虽有施工图但由于某些原因不能比较准确地计算工程量时采用这种合同。招标文件只向投标人给出各分项工程内的工作项目一览表、工程范围及必要的说明，而不提供工程量，承包商只要给出表中各项目的单价即可，将来施工时按实际工程量计算。有时也可由业主一方在招标文件中列出单价，而投标一方提出修正意见，双方磋商后确定最后的承包单价。

(3) 单价与包干混合式合同 (Unit Price and Lump Sum Items Contract)。以单价合同为基础，但对其中某些不易计算工程量的分项工程（如施工导流，小型设备购置与安装调试）采用包干办法，而对能用某种单位计算工程量的，均要求报单价，按实际完成工程量及合同上的单价结账。很多大型土木工程都采用这种方式。

对业主方而言，单价合同的主要优点是可以减少招标准备工作，缩短招标准备时间，能鼓励承包商通过提高工效等手段从成本节约中提高利润，业主只按工程量表的项目开支，可减少意外开支，只需对少量遗漏的项目在执行合同过程中再报价，结算程序比较简单，但业主方存在的风险也在于工程的总造价一直到工程结束前都是个未知数，特别是当设计师对工程量的估算偏低，或是遇到了一个有经验的善于运用不平衡报价的承包商时，风险就会更大，因而设计师比较正确地估算工程量和减少项目实施中的变更可为业主避免大量的风险。对承包商而言，这种合同避免了总价合同中的许多风险因素，比总价合同风险小。

三、成本补偿合同 (Cost Reimbursement Contract, Cost Plus Fee Contract)

成本补偿合同也称成本加酬金合同，简称 CPF 合同，即业主向承包商支付实际工程成本中的直接费（一般包括人工、材料及机械设备费），按事先协议好的某一种方式支付管理费及利润的一种合同方式。对工程内容及其技术经济指标尚未完全确定而又急于上马的工程，旧建筑物维修、翻新的工程，或是完全崭新的工程以及施工风险很大的工程可采用这种合同。其缺点是发包单位对工程总造价不易控制，而承包商在施工中也不注意精打细算，因为是按照一定比例提取管理费及利润，往往成本越高，管理费及利润也越高。

成本补偿合同有多种形式，现介绍部分形式如下：

(1) 成本加固定费用合同 (Cost Plus Fixed Fee Contract)。根据双方讨论同意的工程规模、估计工期、技术要求、工作性质及复杂性、所涉及的风险等来考虑确定一笔固定数目的报酬金额作为管理费及利润。对人工、材料、机械台班费等直接成本则实报实销。如果设计变更或增加新项目，即直接费用超过原定估算成本的 10% 左右时，固定的报酬费也要增加。在工程总成本一开始估计不准，可能变化较大的情况下，可采用此合同形式，有时可分几个阶段谈判付给固定报酬。这种方式虽不能鼓励承包商关心降低成本，但为了尽快得到酬金，承包商会关心缩短工期。有时也可在固定费用之外根据工程质量、工期和节约成本等因素，给承包商另加奖金，以鼓励承包商积极工作。

(2) 成本加定比费用合同 (Cost Plus Percentage Fee Contract)。工程成本中的直接费加一定比例的报酬费，报酬部分的比例在签订合同时由双方确定。

这种方式报酬费随成本加大而增加，不利于缩短工期和降低成本，往往在工程初期很难描述工作范围和性质，或工期急迫、无法按常规编制招标文件招标时采用，在国外，除特殊情况外，一般公共项目不采用此方式。

（3）成本加奖金合同（Cost Plus Incentive Fee Contract）。奖金是根据报价书中成本概算指标制定的。合同中对这个概算指标规定了一个"底点"（Floor）（约为工程成本概算的60%～75%）和一个"顶点"（Ceiling）（约为工程成本概算的110%～135%）。承包商在概算指标的"顶点"之下完成工程则可得到奖金，超过"顶点"则要对超出部分支付罚款。如果成本控制在"底点"之下，则可加大酬金值或酬金百分比。采用这种方式通常规定，当实际成本超过"顶点"对承包商罚款时，最大罚款限额不超过原先议定的最高酬金值。

当招标前设计图纸、规范等准备不充分，不能据以确定合同价格，而仅能制定一个概算指标时，可采用这种形式。

（4）成本加保证最大酬金合同（Cost Plus Guaranteed Maximum Contract），即成本加固定奖合同。订合同时，双方协商一个保证最大酬金额，施工过程中及完工后，业主偿付给承包商花费在工程中的直接成本（包含人工、材料等）管理费及利润。但最大限度不得超过成本加保证最大酬金。如实施过程中工程范围或设计有较大变更，双方可协商新的保证最大酬金。这种合同适用于设计已达到一定深度，工作范围已明确的工程。

（5）最大成本加费用合同（Maximum Cost Plus Fee Contract）

这种方式简称 MCPF 合同，是在工程成本总价合同基础上加上固定酬金费用的方式，即当设计深度已达到可以报总价的深度，投标人报一个工程成本总价，再报一个固定的酬金（包括各项管理费、风险费和利润）。合同规定，若实际成本超过合同中的工程成本总价，由承包商承担所有的额外费用；若是承包商在实际施工中节约了工程成本，节约的部分由业主和承包商分享（其比例可以是业主75%，承包商25%；或各50%），在订合同时将节约分成比例谈定。

（6）工时及材料补偿合同（Time and Material Reimbursement Contract）。用一个综合的工时费率（包括基本工资、保险、纳税、工具、监督管理、现场及办公室各项开支以及利润等），来计算支付人员费用，材料则以实际支付材料费为准支付费用。

这种形式一般用于招标聘请专家或管理代理人等。

在签订成本补偿合同时，业主和承包商应该注意以下问题：

（1）必须有一个明确的如何向承包商支付酬金的条款，包括支付时间和金额百分比。如果发生变更或其他变化，酬金支付规定应相应调整。

虽然已有了一些 CPF 合同的范本，但在每个项目的合同中列出"可补偿的费用"的准确定义对业主和承包商双方都是至关重要的。因为有一些 CPF 合同中"可补偿的费用"甚至包括了各项管理费以及设计的费用，此时承包商投标时的酬金仅仅考虑利润就可以了。

（2）应列出工程费用清单，要规定一整套详细的工地现场有关的数据记录、信息存储甚至记账的格式和方法，以便对工地实际发生的人工、机时和材料消耗等数据认真而及时地记录，防止事后在数据统计上的不一致和纠纷。业主一方不仅在支付时，并且在税收、保险等方面也需要这些数据。

（3）应在承包商和业主之间建立起相互信任的关系，有时在合同中往往写上这一条。因为即使业主雇用专职现场监理，也很难详细准确地核查每一项应支付的成本。这种合作形式下，承包商的酬金已有保证，他就应该高效而经济地实施工程，工作中仅使用必要的人员和机械，以竞争性的价格去采购材料，而业主方则应及时地提供资料和进行支付。

CPF 合同对业主而言，最大的优点是能在设计资料不完整时使工程早开工，并且可采用 CM 模式，完成阶段设计后阶段发包，从而使项目早日完工，节约时间和尽早收回投资。但业主要承担很大的风险，主要是不知道最后的总成本，因而可能最终支付很高的合同价格。为了减少风险，可采用 MCPF 合同方式。

CPF 合同对承包商而言，其优点是有一个比较有保证的酬金，风险较小，而主要缺点是合同的不确定性，由于设计未完成，不知道合同的终止时间，有时很难计划安排其他的工程。

一项工程招标前，选用恰当的合同形式是建设单位制定发包策略及发包计划的一个重要组成部分。招标一般不属于设计的一个阶段，它仅仅作为设计完成后或与设计平行进行的一项专门工作，这项工作主要是复核工程计划和技术规范，进行全面施工规划，进行工程估价和编制招标文件。招标文件一般由业主委托设计单位或咨询公司编制。

采用何种合同支付形式往往与设计的阶段和深度分不开。如果设计只作到概念设计阶段，则只能采用成本补偿合同方式招标和实施。如果设计进行到基本设计阶段，则有可能采用单价合同。如果设计进行到详细设计阶段则可采用总价合同或单价合同。

思 考 题

1. 国际工程的定义是什么？有什么特点？
2. 国际工程合同有哪些特点？
3. 国际工程的建设程序如何划分？
4. 试分析比较传统的项目管理模式、CM 模式和设计—建造模式的优缺点和应用条件。
5. 试分析 BOT 模式中各方的职责。
6. 试比较分析按工程支付方式分类的三大类合同形式的特点和适用条件。

第2章 国际合同法基本原理

学习和掌握有关合同法方面的知识,是进行国际工程合同管理的基础。而在合同方面的立法,各国有许多差异。本章结合一些有代表性国家的合同法和我国合同法的规定,介绍了合同的概念、合同的订立、合同的履行、合同的转让与终止等内容,并对合同争议的解决也作了较详细的介绍。

第1节 合同与合同法

一、合同的概念

(一) 合同定义

合同是现代社会进行各种经济活动的基本法律形式,它通过对当事人权利、义务的规定,起着维护并保障经济交往顺利进行的作用,然而世界各国对合同所作的定义并不完全相同。法国民法典规定"合同是一人或数人对另一人或数人承担给付某物、作或不作某事的义务的一种合意。"这里所谓合意就是指当事人之间意思表示一致,即只有当事人间意思表示一致,合同才可以成立。美国《合同法重述》对合同作了如下定义:"合同是一个许诺或一系列许诺,对于违反这种许诺,法律给予救济。"这个定义充分体现了诺言是英美合同法实行法律强制的依据,其中不足之处,没有指明合同是两个当事人之间的相互行为,也没有包含合同的其他特征。美国法院在贾斯蒂斯诉兰格一案中所下的定义,受到了广泛的注意,即:"合同是两个或两个以上有缔结合同能力的人以有效的对价按照自愿达成的交易或协议,去执行或者不去执行某个合法的行为。"

我国《合同法》把合同定义为:"合同是平等主体的自然人、法人、其他组织之间设立、变更、终止民事权利义务关系的协议。"概括各国的规定,我们可以给合同作这样一个定义:"合同是两个或两个以上当事人依法达成的明确相互权利义务关系的具有法律约束力的协议。"合同具有以下特征:

(1) 合同是当事人之间自愿协商所达成的协议,是双方或多方的民事法律行为。
(2) 合同当事人的法律地位平等。
(3) 合同具有法律约束力。
(4) 合同必须合法。

(二) 合同的分类

社会经济活动和财产流转方式是多种多样的,当事人订立合同有着不同的经济目的,而不同的经济关系在法律上的表现形式也是不同的,这就决定了合同的多样性。按照不同的标准,可将合同作不同的分类。各国法律既没有明确的分类标准,也没有统一的类别划分。从理论上,根据不同的法律意义,合同的主要分类有如下几种:

1. 双务合同和单务合同

双务合同是指合同当事人双方相互享有权利，相互负有义务的合同，如买卖合同。单务合同是指合同当事人一方只负担义务而不享有权利，另一方则只享有权利而不负担义务的合同，如借用合同。

2. 诺成性合同和实践性合同

诺成性合同是指当事人意思表示一致即可成立的合同。实践性合同又称为要物性合同，是指除当事人意思表示一致外，还须实际交付标的物才能成立的合同。

3. 明示合同和默示合同。

在明示合同中，当事人要用语言或文字明确表示他们缔结合同的意图，而默示合同则只能从当事人的行动或当时的环境推断出他们缔结合同的意图。从法律观点来看，明示默示仅仅是表达诺言的方式不同，其法律效果则是相同的，在它们之间并没有实质上的区别。

4. 正式合同与简式合同

正式合同就是签字蜡封的合同，单凭这种形式，无须对价，甚至无须将合同交到对方手中，就能取得法律上的效力。目前，在英国只有极少数的合同仍然需要签字蜡封，美国多数州认为，如无对价、签字蜡封的合同也不能取得法律效力。签字蜡封合同以外的一切合同，都是简式合同，简式合同可以是口头的，也可以是书面的。本书所讨论的都是简式合同。

二、世界各国合同法简介

(一) 西方国家合同法概况

西方国家的合同法主要分为两个法律体系，即大陆法系和英美法系，虽然两个合同法律体系都是建立在生产资料私有制的基础之上，然而，两个法系在合同法的形式、编制体例以及某些具体的法律原则方面，又有各自的特点。

大陆法系国家的民法理论把合同作为债的发生根据之一，称为合同之债，将合同法律规范与有关侵权行为、不当得利、无因管理等法律规范合并在一起，作为民法典的一部分，称为债务关系法、债权法或债法。法国民法典将合同法规范安排在民法典的第三卷，其内容包括合同有效成立的条件、债的效果、债的种类、债的消灭等，这些都是合同法的一般原则，进而对各种具体合同作出规定，包括买卖、互易、合伙、借贷、委托、保证及和解合同等。德国民法典设有"总则"一篇，用法律行为这一概念，把有关合同成立的共性问题加以规定，而第二篇即是"债务关系法"，对因合同而产生的债的关系、债的消灭、债权让与、债务承担、多数债务人与多数债权人以及各种债务关系等作了规定。其中各种债务关系一章，实际上是合同法各论，分别对买卖、互易、赠予、使用租赁、使用借贷、消费借贷、雇佣、承揽、居间、委托、寄托、旅店寄托、合伙、终身定期金、赌戏及赌博、保证、和解等十八种合同作了具体的规定。比较而言，德国民法典对合同的规定比较系统，逻辑性较强，结构也较严谨。

英美法系有关合同的法律规范独自构成一个完整的体系，称为合同法，它是由为数很多的判例和一些制定法组成的汇编。这种汇编的目的在于给法官、律师和法科学生提供方便。英美法系的合同法主要是判例法，合同法的许多基本原则，如合同的成立，合同的形式和条款，有碍合同效力的因素，第三方在合同中的权利与义务，合同的消灭与违约的救济等各项规则，须按照判例所确定的规则来处理。

在西方国家，合同自由原则是近代合同法的基本原则，其主要表现是：其一、订立合同的自由，合同订立与否，任凭当事人的自由。其二、选择合同对方的自由，任何人没有必须与某一特定人订立合同的义务。其三、决定合同内容的自由，合同的内容，除了很少的例外情况下，由双方当事人自由商定。当然，各国通过关于"普通合同条款"的立法，关于反垄断的立法以及关于保护消费者的立法对合同自由实现了国家干预。

（二）我国的合同法

1999年3月15日第九届全国人民代表大会第二次会议通过了《中华人民共和国合同法》（以下简称《合同法》。该法共计四百二十八条，分总则和分则两个部分。其中总则部分包括一般规定、合同的订立、合同的效力、合同的履行、合同的变更和转让、合同的权利义务终止、违约责任及其他规定等内容；分则部分分别对买卖合同、供用电、水、气、热力合同、赠与合同、借款合同、租赁合同、融资租赁合同、承揽合同、建设工程合同、运输合同、技术合同、保管合同、仓储合同、委托合同、行纪合同及居间合同进行了专门规定。自1999年10月1日起，《中华人民共和国合同法》开始施行，同时《中华人民共和国经济合同法》、《中华人民共和国涉外经济合同法》、《中华人民共和国技术合同法》废止。

（三）国际统一商事合同法

由于各国合同法的内容不统一，使各国在进行国际经济贸易往来时遇到诸多的不便，因此，一些国际组织着手制订在国际上统一适用的合同法，其步骤是，首先从制订某种特定合同的统一法入手，（如国际货物买卖合同公约），在此基础上进而制定一部统一的国际商事合同法。《国际商事合同通则》就是由国际私法协会于1994年制订并通过的一套准则，其内容包括：总则，合同的成立，合同的解释，错误、诈欺、胁迫及极不相称，合同的履行，不履行合同及其补救方法等。

第2节 合同的订立

一、合同成立的要件

尽管各国对合同有效成立的具体规定不完全相同，但都要求合同的有效成立须具备一定条件，即所谓合同有效成立的要件。这些条件主要有以下几项：第一，当事人应通过要约与承诺达成协议；第二，当事人必须具有签订合同的能力；第三，合同的标的和内容必须合法；第四，合同必须有对价或合法的约因；第五，当事人意思表示必须真实；第六，合同的形式必须符合合法要求。

（一）要约与承诺

要缔结合同，当事人之间必须经过协商达成协议，而要达成协议，则必须由一方提出要约，另一方表示承诺，因此，要约与承诺是订立合同所必经的两个不可缺少的步骤。

1. 要约（Offer）

要约是一方当事人向另一方当事人作出的以缔结合同为目的的意思表示。提出要约的一方称为要约人（Offerer），另一方称为受要约人（Offeree）。要约可以是口头的，也可以是书面的。

（1）要约的要件

根据各国法律和《联合国国际货物买卖合同公约》的有关规定，一项有效的要约必须具备以下条件：

1) 要约人必须向受要约人表明愿意按照要约中指出的条件订立合同的愿望和建议。要约的目的在于订立合同，因此凡不是以订立合同为目的的意思表示，就不能称之为要约。这也是要约与报价单、价目表或商品目录的区别所在，后者的目的则在于引诱邀请或吸引对方，使其提出要约。

对于商品的标价陈列，各国法律略有分歧。英国法认为，把商品标价陈列的行为并不是要约，而是要约引诱，而瑞士法则认为是要约。至于要约是否必须向特定人发出，能否向非特定人发出的问题，各国法律也有差异。北欧国家的法律认为，要约必须向一个或一个以上的特定人发出，英美法则认为，要约既可以向特定人发出，也可以向公众甚至向全世界发出。罗马统一国际私法研究所制订的《国际商事合同通则（草案）》中规定，凡不是向一个或一个以上特定人发出的订立合同的建议，应视为要约引诱，除非发出该建议的一方另有明确的相应表示。

2) 要约的内容必须明确、肯定，即应该包括拟将签订的合同的主要条件，一旦受要约人表示承诺，就足以成立一项对双方当事人均有约束力的合同。按照大多数国家法律的规定，要约人不必在要约中详细载明合同的全部内容，而只要达到足以确定合同内容的程度即可，至于某些条件，可以留待日后确定，如《联合国国际货物买卖合同公约》中规定："一个建议如果写明货物并且明示或暗示地规定数量和价格或如何确定数量和价格，即为十分确定。"如果要约中要约人附有保留条件，则不能算是有效的要约。

3) 要约必须传达受要约人才能生效。要约是一种意思表示，必须于到达受要约人时方能生效，因为受要约人只有在得知要约的内容后，才可能决定是否予以承诺。要约的传达方式，可以是口头，也可以是书面。

(2) 要约的效力

要约的效力包含两个方面的含义：一是指对要约人的拘束力，二是指对受要约人的拘束力。

一般来说，要约对于受要约人是没有拘束力的。受要约人接到要约只是在法律上取得了承诺的权利，并不受要约的拘束，并不因此承担了必须承诺的义务。不仅如此，在通常情况下，即使受要约人不予承诺，也没有通知要约人的义务。

要约对要约人的拘束力是指要约人送达要约之后在对方承诺之前能否反悔，能否把要约的内容予以更改，或把要约撤销。对此各国法律规定有所不同。《德国民法典》规定，如果要约人在要约中规定了有效期限，则在有效期限内不得撤回或更改要约。如果没有规定有效期，则依通常可望得到答复的期限前，不得撤回或更改要约。英美法则认为，要约原则上对要约人无约束力，要约人可以在受要约人承诺以前随时撤回或更改其要约的内容。只有当要约是有对价的，或在要约的文件上有签字蜡封的情况下，才对要约人具有约束力。按照《联合国国际货物买卖合同公约》的规定，要约在其被受要约人接受之前，原则上可以撤销，但有下列情况之一者则不能撤销：

1) 要约写明承诺的期限，或以其他方式表示要约是不可撤销的；

2) 受要约人有理由信赖该项要约是不可撤销的，并已本着对该项要约的信赖行事。

(3) 要约的消灭

要约的消灭是指要约失去效力，无论是要约人或受要约人均不再受要约的拘束。要约失效的情况一般有以下几种：

1）要约因期限已过而失效。如果要约规定有承诺期限，该期限终了时自行失效，如果未规定承诺期限，则在超过"合理时间"（英美法规定）或超过"依通常情形可期待承诺到达的期间"（大陆法的规定），要约即失效。

2）要约因要约人撤回失效。撤回要约是指要约人发出要约后在其送达受要约人之前，将要约收回，使其不生效。因此，要约人撤回要约时，撤回通知必须先于要约或与要约同时到达受要约人，否则不产生撤回要约的效力。

3）要约因受要约人的拒绝而失效。拒绝要约是指受要约人把拒绝要约的意思表示通知要约人的行为。如果受要约人在答复中对要约的条款作了扩充、限制或变更，其效果也视同对要约的拒绝，在法律上等于受要约人向要约人发出的一项反要约，须经原要约人承诺后，合同才能成立。

4）要约因受要约人或要约人死亡而失效。

2. 承诺（Accept）

承诺是指受要约人按照要约所指定的方式，对要约的内容表示完全同意的意思表示，要约一经承诺，合同就告成立。

（1）承诺的要件

1）承诺必须由受要约人作出。受要约人包括其本人及其授权的代理人。除此之外，任何第三者即使知道要约的内容并对此作出同意的意思表示，也不能算作承诺。

2）承诺必须与要约的内容一致。如果受要约人在承诺中将要约的内容加以扩充、限制或变更，从原则上说不是承诺而是一项反要约，它是对原要约的拒绝，不能发生承诺的效力。但《美国统一商法典》规定，在商人之间，如果受要约人在承诺中附加了某些条款，承诺仍可有效，这些附加条款可视为合同的组成部分。但如有下列情况，则承诺无效：要约中已明确规定承诺时不得附加任何条件；附加条款对要约构成了重大修改；要约人已在合理时间内对该附加条款的承诺发出了拒绝的通知。《联合国国际货物买卖合同公约》中也规定：对要约的承诺如有所添加、限制或修改，应视为对要约的拒绝，并构成反要约；但对要约的答复如所载的添加或不同条件在实质上并不变更该项要约的条件，除要约人在不过分迟延的时间内表示反对外，仍构成承诺，如果要约人不表示反对，合同的条件就以要约的条件以及承诺内所载的更改为准。凡是对货物的价格、付款、交货地点与时间、货物质量与数量、一方当事人对另一方当事人的赔偿责任范围或解决争端等的添加或不同条件，均视为实质上变更要约的条件。

3）承诺必须在要约规定的有效期内作出。如果要约规定了有效期，则必须在该期限内承诺；如果要约未规定有效期，则必须在"依照通常情形可期待得到承诺的期间内"（大陆法）或在"合理的时间内"（英美法）承诺。

4）承诺的传递方式必须符合要约所提出的要求。要约人在要约中可对承诺的传递方式作出具体规定，在这种情况下，受要约人在承诺时就必须按照规定的传递方式办理；如果要约人在要约中对承诺的传递方式没有作出具体的规定，承诺人在发出承诺通知时，一般应按要约采用的传递方式办理，但承诺人采用比要约所指定的或要约所采用的传递方式更为快捷的通讯方式作出承诺时，要约人不能因此予以拒绝。

（2）承诺的生效

关于承诺的生效时间，各国法律规定不尽一致。在大陆法国家采用到达主义原则，如德国法规定,必须当要约人收到承诺时,承诺才生效,合同也因此而成立。如果承诺信件或电报中途丢失,不能传达到要约人,则合同不能成立。英美法则采用投邮主义原则,只要受要约人将信件投邮或把电报交电报局时,承诺就生效,合同因而成立。即使信件、电报在传递中丢失,那也应由要约人负责,与受要约人无关,不得影响合同的成立。

《联合国国际货物买卖合同公约》规定,承诺于表示承诺的通知送达要约人时生效。但也有例外,即如果按照要约的要求或依照当事人间确认的习惯做法或惯例,受要约人可以用某种行为方式表示承诺,象发送货物或支付货款等,则在发生该行为时合同生效。

(3) 承诺的撤回

撤回承诺是承诺人阻止承诺发生效力的一种意思表示。承诺必须在生效以前才能撤回,一旦生效,合同即告成立,承诺人就不得撤回承诺。按照英美法国家的审判实践,由于其认为承诺的函电一经投邮就告生效,因此,受要约人发出承诺通知后,就不能撤回其承诺。但根据德国法规定,受要约人在发出承诺通知后,原则上仍可把承诺撤回,但撤回的通知必须与承诺的通知同时或先于到达要约人,才能把承诺撤回。《联合国国际货物买卖合同公约》也有类似的规定。

国际工程承包合同一般经过招投标程序订立,其中投标人投交投标书是要约,业主中标通知是承诺。正因为各国对要约效力的规定不同,故在投标时业主往往要求投标人在提交投标书时,应提供投标保证。

(二) 当事人订立合同的能力

为了使合同在法律上有效,合同双方都必须在法律上具有缔结合同的能力,这是一切合同所必备的又一个要件。依照各国法律的规定,并不是任何人都具有订立合同的能力。所以,为了保证所订立的合同有效,必须了解对方有无订立合同的能力。

1. 自然人订立合同的能力

各国法律对于哪些人具有订立合同的行为能力,哪些人没有订立合同的行为能力,都有具体规定。一般地说,未成年人和精神病患者没有订立合同的能力或者受到一定的限制,这些人所订立的合同,根据不同的情况,有的是无效的,有的是可以撤销的,其目的,是为保护未成年人或精神病人的利益。成年人除法律另有规定外,都具有订立合同的能力。

2. 法人的行为能力

法人具有订立合同的能力,但法人的订约能力不得超出法律或法人章程所规定的范围,例如,英国公司法规定,公司的订约能力须受公司章程的支配,不得超出公司章程规定的范围。如果公司订立的合同超出了公司章程规定的目的,即属于越权行为,这种合同在法律上是无效的。法人由其法定代表人授权的代理人以法人的名义签订合同,由此产生的权利义务直接由法人承担。

(三) 合同必须合法

1. 合同的内容必须合法

无论是大陆法国家还是英美法国家都承认"契约自由"和"意思自主",合同自由原则,是合同法的基本原则,即任何有订约能力的人,都可以按照他们的意思自由地订立合同。但与此同时,各国的法律对合同自由都加以一定的限制,都要求当事人所订立的合同必须合法,凡是违反法律、违反善良风俗与公共秩序的合同一律无效。

大陆法各国都在民法典中对合同违法、违反公共秩序和善良风俗的情况及其后果作出明确规定。按照法国法，构成合同非法的情况主要有两种：一种是交易的标的物是法律不允许进行交易的物品，另一种是合同所追求的目的不合法。而德国法则着重于法律行为和整个合同的内容是否违法，德国民法典中规定："法律行为违反法律上的禁止者，无效。"并规定，违反善良风俗的法律行为亦无效。这些规定不仅适用于合同也适于合同以外的其他法律行为。

英美法认为，一个有效的合同必须具有合法的目的，凡是没有合法目的的合同就是非法的，因而是无效的。在英美法中，违法的合同有两种情况：一种是成文法所禁止的合同，另一种是违反普通法的合同。具体包括三类：①违反公共政策的合同；②不道德的合同；③违法的合同。

2. 合同的形式必须合法

从订立合同的形式的角度看，合同可以分为要式合同和不要式合同的两种。要式合同是指必须按照法定的形式或手续订立的合同，不要式合同是法律上不要求按特定的形式订立的合同。由于商品交换关系的高度发展，如果无论订立什么合同，都要采用一套复杂的法律形式，就会给经济活动造成人为的障碍。因此，近代各国的法律，在合同形式问题上，都采取"不要式原则"，只是对某些合同才要求必须按照法律规定的特定形式来订立。各国法律之所以对某些合同要求必须按法定的形式来订立，其目的和作用在于：或是用以作为合同生效的要件，或是用以作为证明合同存在的证据。

就大陆法国家而言，德国法律侧重于以书面形式作为合同成立的有效条件；法国法律侧重于将书面合同作为合同存在的证据，但普遍都是以不要式为原则，以要式合同为例外。至于商事行为的买卖合同，一般都不强调合同的形式，但对土地买卖合同等，则要求法定形式。

英美法将合同分为要式合同和简式合同两类。要式合同须由当事人以书面形式签字盖章交付对方当事人，简式合同必须有对价。英国法规定，凡是汇票、本票或期票、分期付款合同、海上保险合同、债务承认、卖方继续占有货物的买卖合同等，必须以书面形式订立方有效。美国法则规定，不动产买卖合同、从订约起一年内不能履行完毕的合同、为他人债务担保的合同以及超过 500 美元的货物买卖合同等，必须以书面形式订立作为依据。

在《联合国国际货物买卖合同公约》中，对于国际货物买卖合同的形式，原则上不加以任何限制。该公约第十一条明确规定：买卖合同无须以书面订立或证明，在形式方面不受任何其他条件的限制。买卖合同可以用包括证言在内的任何方法证明。中国在核准该公约时，对此提出了保留，坚持国际货物买卖合同必须采用书面形式。

（四）当事人的意思表示必须真实

合同是当事人意思表示一致的结果，各国法律一般都要求当事人意思表示必须真实。如果当事人意思表示不真实，可依法申请撤销或主张合同无效。法律上所指的意思表示不真实，主要指以下几种情况：

1. 欺诈（Fraud）

欺诈是指一方为了从他方那里图谋利益，故意使他方产生错误的行为。各国法律都认为，凡因欺诈而订立合同，蒙受欺骗的一方可以撤销合同或主张合同无效。德国和法国对此均作出了规定。按照德国法规定，欺诈的结果将导致撤销合同。法国法则规定，欺诈的结果将导致合同无效。英美法把欺诈称为"欺骗性的不正确说明"。所谓不正确说明是指一方在订立合同前，为了吸引对方订立合同而对重要事实所作的虚假说明。它既不同于一般商业上的吹嘘，也不同于普通的表示意思或看法。

2. 胁迫（Duress）

胁迫是指以现实存在的危害对方或其亲友的生命健康、名誉或财产等手段，使人产生恐怖，迫使对方接受苛刻条件而为的故意行为。在受胁迫的情况下所作的意思表示，不是自由表达的，不能产生法律上意思表示的效果。因此，各国法律均认为，凡在胁迫之下订立的合同，受胁迫的一方可以撤销合同。

3. 误解（Misunderstanding）

误解是指人的认识与客观事实不符，当事人对订立合同的意思表示有错误。为了保障交易的安全，同时又使某些非故意作出错误意思表示的当事人不致承担过重的义务，各国法律一致认为，并不是任何的误解都足以使当事人主张合同无效或撤销合同。至于在什么情况下有误解的一方可以要求撤销合同或主张合同无效，各国法律则有不同的规定和要求。法国法规定，只有当误解涉及合同标的物的本质时，才能构成合同无效的原因。德国法则规定下列三种误解，可以产生撤销合同的后果：意思表示内容的错误、意思表示传达的误解、对人或物的属性误解。英美法系将误解区分为单方的误解和共同误解。当事人单方面的误解，原则上不能影响合同的有效性。如果对一个重要事实，缔约双方存在共同的错误，即可以使合同无效。

根据我国有关涉外经济合同的规定，对于合同的订立出于对合同内容有重大误解，一方当事人有权请求人民法院予以撤销。

（五）对价与约因

有些国家的法律规定，合同的有效成立除了具备上述要件外，还须具备另一个要件，对此，英美法称之为"对价"（Consideration），法国法称之为"约因"。对价在英美合同法中虽然有很大的作用，但由于法律对于对价的有效性作了种种限制性的规定和解释，目前对价的原则正在演变中。约因是某些大陆法国家的概念，法国法把约因作为合同有效成立的要素之一，在民法典中对约因的作用有具体规定。德国法与法国法不同，德国法不以有无约因作为合同成立的要件，但约因这一概念在其他方面仍然有一定的作用。

我国《合同法》在第2章合同的订立及第3章合同的效力中，对有关合同成立的要件作出了相应的规定。

二、合同的基本条款

合同的基本条款即合同的主要内容，依照合同类型的不同而有所不同。合同作为一种法律关系来说，其内容就是当事人享有的权利和承担的义务；合同作为一种法律文书来说，其内容是指合同的各项条款。这里所说的合同内容就是指据以确定当事人权利义务和责任的合同条款。根据我国的规定及实践，合同的基本条款可分为两大部分，即合同的必备条款和合同的选用条款。

（一）合同的必备条款

合同的必备条款指一项合同必须具备的条款，若合同中缺少这类条款，或这类条款不明确，合同就很难履行，甚至导致合同本身不成立。概括各类合同而言，下列条款一般是必备条款：

（1）关于合同当事人的名称或姓名、国籍、住所的条款：这些条款可确定当事人的情况、确定其是否具有签订合同的资格。

(2) 关于签约日期、地点的条款：合同成立日期是确定合同有效期的起点，签约地点是日后确定司法管辖权和选择适用法律的根据之一。

(3) 关于合同标的种类、范围、技术条件、质量、标准、数量的条款：这几项是合同中的实质性问题，规定得越明确越好。任何合同都是为了一定的标的而设立的，没有标的或标的不明确的合同是没有实际意义的，也是无法执行的。签订合同时，当事人对合同的标的必须取得一致的协议，标的的种类、范围、技术条件、质量、标准、规格、数量是明确合同标的具体条件，也是这一标的同另一标的相区别的具体特征。

(4) 关于价格条件、支付金额、支付方式和各种附带费用的条款：这是当事人一方向交付标的方支付的表现为货币的代价，在此，计价单位，价格条款等要明确规定。为了实现价款的支付，在合同中还应明确当事人的开户银行、帐户、名称、帐号等。

(5) 关于合同履行的期限、地点和方式的条款：这类条款是实现合同权利、承担合同义务的具体要求，直接关系到合同能否顺利履行。这类条款欠缺或不明确、不具体，往往导致合同不能履行或履行结果不符合当事人的意愿。

(6) 关于违反合同的赔偿和其他责任的条款：合同依法成立后，不按照合同规定履行可能有多种原因。合同中规定违约责任条款，可维护合同的严肃性，督促当事人切实履行合同，这类条款应明确当事人承担违约责任的方式。

(二) 合同的选用条款

(1) 关于合同能否转让或合同转让的条件：各国合同法一般都不限制合同的转让，当事人按照自己的意图可以约定不能转让，也可以约定可以转让及转让的条件，即在何种情况下可以转让、如何转让。但经特定程序成立的合同，如经批准成立的合同，转让时还应经原特定程序。

(2) 关于合同发生争议时的解决方法以及所适用的法律：合同发生争议时，及时解决合同争议可有效地维护当事人的合同利益。当事人可以在合同中约定解决争议的办法，即约定在协商调解不成时，或是不经协商调解解决，是通过仲裁，还是通过诉讼来解决纠纷，以及争议的解决所适用的哪个国家的法律。

(3) 关于合同使用的文字及其效力：如果当事人使用不同的语言文字，应明确合同使用的文字，在合同中如果使用两种或两种以上的文字书写，需要明确以哪种文本为准，以避免在执行合同过程中，因各种文本在解释上的不同而引起争议。

(4) 关于履行合同承担风险责任的界限的条款：所谓承担风险责任的界限，是指合同标的物的风险责任，何时由一方转移到另一方。各国法律对此规定不尽相同，这就需要当事人在合同中划清风险责任，明确当事人的权利、义务，约定对标的物承担风险的界限。

(5) 关于标的物保险范围及保险费由何方负担的条款：此处所说的保险范围，主要是指合同当事人对标的物在哪一个履行阶段上负责保险及投保的哪类保险。

(6) 关于合同的担保条款：合同的担保是指合同当事人一方或第三方以确保合同能够切实履行为目的，应另一方之要求，而采取的保证措施。合同的担保是通过签订担保合同或担保条款表现出来的，通常采用在合同中订立担保条款这种法律形式，来保证合同的全面履行。

(7) 关于不可抗力条款：不可抗力条款是规定不可抗力事故的范围，通告发生不可抗力事故的时限及方法，应提供的证明不可抗力的文件，负责事项以及善后处理办法等条款，由于各国对解除合同的条件有不同的规定，但对当事人合同中的不可抗力条款都予以承认，因此当事人签订不可抗力条款就显得非常重要了。

(8) 关于索赔条款：在索赔条款中，应确定解决索赔的基本原则，提出索赔的期限，提出索赔的通知方法及证明文件等。

上述条款无论是必备条款，还是选用条款，都是对一般合同而言的，对于某些合同，凡法律有特殊规定的，当事人还应依照有关的法律规定商订合同条款，以使合同条款趋于完备。此外，还有一些不必由当事人协商即成为合同内容的条款，这是指有关法律中规定的内容，就这些内容，当事人不论是否协商，是否写入合同，概不影响合同的效力，均为合同条款。

FIDIC 制定的有关合同条件，则是将必备条款和选用条款综合编纂而成，用以作为工程承包合同可以援用的范本。

(三) 合同附件的法律效力

在合同的主件之外，对合同中某些未能详尽说明的内容，一般作为合同的附件在合同中订明，附件是合同的组成部分，与合同主件具有同样的法律约束力。

不同种类的合同，附件的内容也不相同。如在技术转让合同中附件一般包括：转让技术的具体内容和技术参数、指标，提供技术资料的具体内容清单、数量和交付时间，技术参数验收方法及有关的图表。还包括供方派遣人员的规定、银行保函等。因此，合同中应订明附件的数量及其名称。

三、无效合同及可撤销合同

无效合同是指因不符合法律的具体要求或违反法律的基本原则，而不具有法律效力的合同。各国法律基本上都认为，无效合同从订立时起就无效，不受法律保护。可撤销的合同属于相对无效合同，当事人可以申请撤销，也可以不申请撤销。如经撤销，合同即属无效，自订立时起不具法律效力，如不撤销，合同仍然有效，当事人应当履行合同义务。因此，可撤销合同并非当然无效，只有当事人申请撤销，法院或仲裁机构才能作出撤销的裁决，同时对一项合同是否可撤销，不能仅凭一方的主张，而必须经法院或仲裁机构通过调查核实才能认定。

第3节 合同的履行

一、合同的履行

合同履行是指合同义务人全面地、适当地履行合同的义务。所谓全面履行，是指合同当事人应履行合同的全部义务，不能只履行部分义务。所谓适当履行，是指当事人应按照法律和合同的要求，以适当的方式、在适当的时间、适当的地点履行合同的义务。各国法律都认为，合同当事人在订立合同之后，都有履行合同的义务，否则，就要根据不同的情况，承担相应的法律责任。

法国民法典明文规定："依法成立的合同，在订立合同的当事人间具有相当于法律的效力。"这就是说，合同当事人都必须受合同的拘束履行合同所规定的义务。该法典还进一步规定：如债务人不能证明其不履行或迟延履行债务，系由于不应归于其个人外来原因时，即使在其个人并无恶意,债务人对于其不履行或迟延履行债务,也应支付损害赔偿。德国民法典也明确规定:"债务人须诚实与信用,并照顾交易惯例,履行给付"。这里的"给付",就是指履行合同的内容。

英美法认为,当事人在订立合同后,必须严格按照合同的条款履行合同。按照英美的法律和判例,如果合同中规定了履约的时间,而时间又是该合同的要素时,当事人就必须在规定的时间内履行合同,否则债权人有权解除合同并要求损害赔偿。

二、合同履行的担保

(一)履约担保的法律含义

合同的履约担保是保证合同履行的一项法律制度,其目的在于促使当事人履行合同,在更大程度上使权利人的利益得以实现。合同履行的担保是通过签订担保合同或担保条款表现出来的,这种合同担保和主合同紧密相关,但又具有自己的特征:第一,合同担保从属于合同,具有从属性。合同担保是为了保障已订立的合同能够切实履行而设立的,不能脱离合同而独立存在,合同是合同担保设立的前提,合同担保只对加强合同的效力起作用。合同变更可能会引起合同担保的变更。合同得以履行,合同的担保也就随之解除。只有提供担保的一方不履行合同且不承担应负责任时,才发生要求履行担保义务的问题。第二,合同担保一般是由当事人自愿设立的,具有自愿性。当事人可以自行约定担保的方式、担保的范围等。

(二)合同的担保方式

1. 保证 (Security)

保证是指合同当事人以外的第三人做保证人,由保证人和债权人约定当债务人(被保证人)不履行合同时,由保证人按照约定履行债务或者承担责任。保证具有以下法律特征:首先,保证属于人的担保范畴,它不是用具体的财产提供担保,而是以保证人的信用和不特定的财产为他人的债务提供担保;第二,保证人必须是主合同以外的第三人。保证必须是债权人和债务人以外的第三人为他人债务担保的,债务人不得为自己的债务作保证;第三,保证人应当具有清偿债务的能力。保证是保证人以其信用和不特定的财产来担保债务履行的,因此设定担保关系时,保证人必须有足以承担保证责任的财产,具有代为清偿能力是保证人应当具备的条件;第四,保证人和债权人可以在保证合同中约定保证方式,享有法律规定的权利,承担法律规定的义务。

保证关系是一种合同关系,保证合同一般由保证人与被担保合同的债权人订立。保证合同是从合同,被担保的合同是主合同。保证合同应当具备以下内容:

(1) 被保证的主债权种类、数额;
(2) 债务人履行债务的期限;
(3) 保证的方式;
(4) 保证担保的范围;
(5) 保证期;
(6) 双方认为需要约定的其他事项。

保证人是从债务人,当他代被保证人履行合同或者承担赔偿损失的责任后,根据代位权的原则,就成为被保证人(主债务人)的债权人,有权向被保证人追偿。

大陆法国家把保证区分为普通保证与连带保证。连带保证就是保证人与主债务人共同负连带责任,当债务人不履行债务时,债权人可以不首先向主债务人而是向保证人提出履行合同的要求。

英美法把保证分为担保和保证。这里的保证与大陆法的普通保证含义相同,担保则类似于大陆法的连带保证。

我国《担保法》把保证区分为一般保证和连带责任保证。对保证人、保证合同和保证方式、以及保证责任均作出了明确规定。

2. 抵押

抵押是指债务人或者第三人向债权人提供一定的财产作为抵押物,用以担保债务的履行,债务人不履行债务时,债权人有权依照法律的规定以抵押物折价或者从变卖抵押物的价款中优先受偿。抵押法律关系的当事人为抵押人和抵押权人,客体为抵押物,因抵押法律关系所产生的权利为抵押权。抵押权的基本特征是:第一,抵押权是一种他物权。抵押权是对他人所有物有取得利益的权利。这种取得利益的权利就是在债务人不履行债务时,债权人(抵押权人)有权依照法律以抵押物折价或者从变卖抵押物的价款中得到清偿。第二,抵押权是一种从物权。设定抵押权的目的,是为了确保债务的清偿。抵押权是随着债权的发生而发生,又随着债权的消灭而消灭,它不能脱离债权而独立存在,因而是一种从物权。第三,抵押权是一种对抵押物的优先受偿权。在偿还债务时,抵押权人的受偿权优先于其他债权人,这是抵押权的重要特征。第四,抵押权具有追及力。当抵押人将抵押物擅自转让他人时,抵押权人可追及抵押物而行使权利。抵押人在抵押财产上设立其他权利时,抵押权不受影响。在抵押权人行使抵押权,使受让人遭受损失时,只能由非法转让抵押物的抵押人承担责任。采用抵押担保时,抵押人和抵押权人,应以书面形式订立抵押合同,抵押合同的内容应包括以下内容:

(1) 被担保主债权种类、数额;
(2) 债务人履行债务的期限;
(3) 抵押物的名称、数量、质量、状况、所在地、所有权权属;
(4) 担保的范围;
(5) 当事人认为需要约定的其他事项。

世界各国对抵押担保制度均作了规定,但各国的法律规定存在着差异,有些国家把抵押担保分为抵押权与质权(Pledge)两种形式,抵押权的标的只限于不动产,其中主要是土地、房屋和企业设备,并不转移抵押物的占有;质权的标的是动产、并且转移占有。我国《担保法》中规定的抵押是抵押人不转移对抵押物的占有,抵押物也不限于不动产。

3. 定金(Earnest)

定金是双方当事人订立合同时规定由一方预先付给对方一定数额的金钱或其他有价代替物。定金的担保作用是通过定金罚则体现出来的,根据大多数国家的规定,交付定金后,交付方不履行合同时,即丧失定金;按受定金方不履行合同时,应加倍返还。但也有一些国家(如英国、法国)规定在退还定金时,无需加倍。定金作为担保的一种方式,具有以下特点:第一,定金合同的成立不仅需要双方当事人的意思表示一致,而且还必须有交付定金的行为;第二,定金担保的主合同,一般是支付金钱债务的合同。

定金与预付款有所区别,这主要表现在以下两方面:首先预付款的交付是属于履行债务的行为,没有担保的作用。其次当事人违约时,定金起着制裁违约方并补偿受损害方的作用，预付款支付后，无论哪一方违约，均不得作为制裁性的给付。

定金也不同于违约金，定金是合同的一种担保方式，而违约金是对违约的一种制裁手段，违约金并不事先给付。定金是经济活动中较常采用的一种担保方式，我国《担保法》中对定金的内容作了全面的规定。

4. 留置（Lien）

留置是指合同的当事人，依照合同约定，一方占有对方的财产，对方不按合同给付应付款项并超过约定期限的，占有人有权留置该财产，并依法律的规定，从留置财产的折价或变卖的价款中优先受偿。留置这种担保方式，常用于仓储保管合同，来料加工、来件装配、加工定做等加工承揽合同及货物运输合同。留置权具有以下特征：① 留置权是一种从权利，它以担保债权实现为目的，为担保债务人履行其合同而设定；② 留置权属于他物权，留置权人有从留置的债务人财产的价值中优先受偿的权利；③ 留置权是一种法定担保方式，它依法律规定而发生，非依当事人之间的协议而成立。

三、违约

（一）违约的含义与构成（Breach of Contract）

违约是指合同一方当事人完全没有履行或未能全部履行其合同义务的行为。根据各国法律的规定，除某些例外情况，违约的一方均应负违约责任。但在如何构成违约的问题上，大陆法与英美法存在着重大的差异，大陆法国家认为，构成违约并承担责任，债务人须有过失，如果仅仅证明债务人没有履行其合同义务，还不足以构成违约，而必须同时证明或推定债务人的上述行为有某种可归责于他的过失，才能使其承担违约的责任。与此相反，英美法认为，只要当事人没有履行其合同义务，纵使他没有任何过失，也构成违约，应承担违约的后果。

（二）违约的救济方法

违约的救济方法是指一方违约后，法律上给予受害方的补偿方法。虽然各国法律对此规定不完全相同，概括而言，主要有以下几种：

1. 解除合同（Dissolution of Contract）

解除合同是指在合同尚未全部履行的情况下，解除合同的效力，从而解除当事人约定的权利、义务关系。根据英美法的规定，当事人一方违反条件（英国）或重大违约（美国）时，对方有权要求解除合同。法国民法典规定，双务合同当事人一方不履行其约定的债务时，应视为有解除条件的约定，对方就有权要求解除合同。德国法也认为，在债务人不履行合同时，债权人有权解除合同。至于当事人应如何行使合同的解除权，各国规定也有不同。法国民法典规定：债权人解除合同，必须向法院提起起诉，但是，如果双方当事人在合同中有明示的解除条款，则无须向法院提出。德国民法典规定，主张解除合同一方当事人只须把解除合同的意思通知对方就可以，不必经过法院的判决。英美法认为，一方当事人由于对方违约行为而解除合同是一种权利，他可以宣告自己不再受合同的拘束，并认为合同已经终了，无须经过法院的判决。我国法律也有类似的规定。

关于解除合同时能否同时请求损害赔偿，各国法律的规定有所不同。法国民法典规定，在双务合同一方当事人不履行债务时，债权人得解除合同并请求损害赔偿。英美法也认为，当一方当事人违反条件或构成重大违约时，对方可以解除合同并可请求损害赔偿。但德国民法典规定，债权人只能在合同解除权和损害赔偿请求权二者间选择其一，如果债权人要求解除合同，他就不能要求损害赔偿，反之，如果要求损害赔偿，就不能解除自己应承担的合同义务。

2. 损害赔偿

损害赔偿（Damages）是指违约方就对方所受损害给予补偿的一种方法。损害赔偿涉及损害赔偿责任的成立、赔偿范围和方法等问题。

(1) 损害赔偿责任的成立

大陆法认为，损害赔偿责任的成立，必须具备下列条件：

第一，债务人须有过错。即债务人只对故意或过失所造成的损害负责。如法国民法典规定，任何人的过失使他人受损害时，因自己的过失而致行为发生的人，应对他人负有赔偿责任。

第二，必须有损害的事实。如果没有发生损害，就谈不上赔偿。受损害的一方应就其所受的损害，提供事实证明。

第三，损害行为与事实之间必须有因果关系，即损害是由于债务人的过错行为所造成。

英美法认为，只要一方当事人违约，另一方就有权起诉要求损害赔偿，而不以一方有无过失为条件，也不以是否发生实际损害为前提。即使违约结果没有造成损害，债权人仍可请求名义上的损害赔偿，即在法律上承认他的合法权利受到了侵犯。

(2) 损害赔偿的方法

根据各国的法律规定，损害赔偿的方法一般有恢复原状和金钱赔偿两种。所谓恢复原状，即恢复到损害发生前的原状。所谓金钱赔偿即以支付金钱来弥补对方所受到的损害。德国法以恢复原状为原则，以金钱赔偿为例外。法国法则以金钱赔偿为原则，恢复原状为例外。英美法一般都是判处金钱赔偿。

(3) 损害赔偿的范围

损害赔偿的范围，一般都是按合同中双方所约定的违约方法办理。如果在合同中没有规定，就按法律规定办理。德国民法典规定损害赔偿的范围包括违约所造成的实际损失和失去的利益。法国民法典规定对债权人的损害赔偿，一般应包括债权人所受的现实的损害和所失去的可获得利益。英国法对损害赔偿的范围规定了两项原则，第一这种损失必须是违约过程中直接而自然发生的损失；第二，这种损失必须是双方当事人在订约时可以合理地预见到的。美国统一商法典规定，损害赔偿的范围除包括一般的损失，还包括附带损失和间接损失。我国《合同法》规定：当事人一方违反合同的赔偿责任，应当相当于另一方因此所受到的损失，但是不得超过违反合同一方订立合同时应当预见到的因违反合同可能造成的损失。

3. 实际履行（Specific Performance）

实际履行是要求违约义务人按照合同的规定，切实履行所承担的合同义务。具体来讲，包括两种情况：一是债权人要求债务人按合同的规定履行合同，二是债权人向法院提起实际履行之诉，由法院判决强迫违约一方具体履行其合同规定的义务。实际履行是大陆法系国家对不履行合同所采取的最基本的救济方法。凡是债务人不履行全同，债权人都有权要求债务人实际履行，只有当具体履行成为不可能时，法院不作出实际履行的判决。但是，实际上，当债务人不履行合同时，债权人都选择解除合同并请求损害赔偿。只有金钱赔偿不能满足债权人所要求的目标时，才会提出实际履行的诉讼。德国民法典规定：债权人根据债务关系有向债务人请求履行债务的权利。法国民法典也规定：双方契约当事人一方不履行债务时，债权人有选择之权。或者在合同的履行尚属可能时，请求他方当事人履行合同，或者解除合同并请求损害赔偿。英美法系的国家对违约救济目前基本方法是损害赔偿，法院只对土地等不动买卖及特定物买卖等少数情况，才作出实际履行的判决。联合国《国际货物买卖合同公约》规定："如果按照本公约的规定，一方当事人有权要求另一方当事人履行其义务；法院没有义务作出判决，要求具体履行此项义务，除非法院依照其本身的法律对不属于本公约范围的类似买卖合同愿意这样做"。我国《合同法》规定："当事人一方不履行合同义务或者履行合同义务不符合约定的，在履行义务或者采取补救措施后，对方还有其他损失的，应当赔偿损失"。

4. 违约金

违约金是指以保证合同履行为目的，经合同双方当事人同意约定，任何一方违反合同义务时，应向对方支付的金钱。

德国法认为，违约金是对债务人不履行合同的一种制裁，具有惩罚性质。德国民法典规定："债务人对债权人约定在不履行债务或以不适当方法履行债务时，应支付一定金额作为违约金者，于债务人延迟时，罚其支付违约金"。法国法认为违约金的性质是属于预先约定的损害赔偿金额。法国民法典规定："违约金是对债权人因主债务不履行所受损害的赔偿"。英美法认为，对于违约只能要求赔偿，而不能予以惩罚；英美法院对于双方当事人约定的违约金，往往要区别其为罚金，还是预先约定的损害赔偿金，如认为属于罚金，则当债务人违约时，债权人不能得到此金额；如属损害赔偿金，则债权人可取得该约定的金额。至于区别的标准，全凭法院根据具体情况作出其认为适当的解释，而不听信当事人在合同中的约定。我国《合同法》规定：当事人可以在合同中约定，一方违反合同时，向另一方支付一定数额的违约金。合同中约定的违约金视为违反合同的损失赔偿。约定的违约金过分高于或者低于违反合同所造成的损失的，当事人可以请求仲裁机构或者法院予以适当减少或者增加。

5. 禁令（Injunction）

禁令是英美法采取的一种特殊的救济方法。它是指由法院作出禁令，强制执行合同所规定的某项消极的义务，即由法院判令被告不许做某种行为。法院给予禁令救济时，原则是① 采取一般损害赔偿的救济方法不足以补偿债权人所受的损失；② 禁令必须符合公平合理的原则。

（三）违约责任的免除

合同有效成立之后，如果当事人不履行合同或者不适当地履行合同，都要负违约责任。但是，如果不是由于债务人的过错，而是发生了某种非常情况或意外事故，使合同不能履行、不能完全履行或者延期履行时，则应当作为例外来处理。各国法律对这种例外情况下履行义务的免除或延期，都作了规定。例如，德国民法典规定："债务关系发生后，因不可归责于债务人的事由，以致不能给付者，债务人免除给付义务"。这里的不能给付，就是不能履行。但是，各国对违约责任免除的条件及所用的法律术语是不同的。

1. 情势变迁

情势变迁是大陆法的一项法律原则，其内容是：在法律关系成立后，作为该项法律关系的基础及情势，由于不可归责于当事人的原因，发生了非当初所能预料到的变化，如果继续履行合同，将会产生显失公平的结果，有背于诚实信用的原则，因此，应当允许变更或解除合同。

大陆法虽然承认情势变迁原则，但在民法中对于情势变迁的效力并没有作出明确的规定。因此，法院对于以情势变迁理由要求免除履行的抗辩掌握很严格，一般不容易接受。德国法院主要是针对第一次世界大战前的合同在战后应如何处理，来解释和适用情势变迁原则的，其处理办法主要有两条：第一，德国法院把所谓"经济上不可能履行"解释为民法典中的不可能履行，认为如在战争之后继续履行原合同，实质上将与合同原来规定完全不同，或其经济状况将完全不同于订约时的经济状况，即属于经济上的履行不可能，债务人可免除履行义务；第二，如按照战后的情形，要求债务人继续履行合同义务，将会引起很大困难，债务人也可以解除履约义务。法国法院的判例认为，只有发生不可归责于债务人的、不可预料的、使债务人在相当期间内不可能履行合同的障碍，才能解除债务人的履约义务。但意大利民法典对适用情势变迁原则有明确规定：第一，如合同订立后所发生的履约困难是属于合同的正常风险，则不能解除合同；第二，对方当事人可建议公平地修改合同而反对解除合同，从而对法院适用情势变迁原则进行了限制。

2. 合同落空（Frustation of Contract）

合同落空是英美法的术语，其内容是：在合同成立之后，不是由于当事人的过失而是发生了当事人不能预见的与订约时的情况根本不同的意外事件，使当事人订约时所谋求的商业目标受到挫折，造成合同的履行成为非法或不可能。在这种情况下，对于未履行的合同义务，当事人得予以免除责任。

根据英美法的判例，适用合同落空的情况有如下几种：

(1) 合同标的物的毁坏或无法利用。如果履行合同最必需的事物被毁，而且并非任何一方的过错，合同的履行自然成为不可能。例如，已承包的住所修缮工程，在修缮工程进行到一半时，该住所被飓风毁平，在此种情况下，合同的标的物既已不复存在，修缮合同显然已不可能继续履行，双方所承担的义务亦到此终结，双方均不能以违背合同为由要求对方给予赔偿。在很多情况下，合同标的物并未被毁，但却已无法利用，这也经常造成合同落空或不可能履行。例如，在劳务合同中，受雇一方的服兵役或被拘留，均可使合同落空。

(2) 法律的改变。一个合同在缔结时合法，但由于国家颁布新的法律、法令或行政命令使其成为非法，此合同应予解除。违法有各种不同的情况，对于解除合同义务来说，战争的爆发和法律的改变具有相同的效果。但是，如果法律的改变仅仅使合同的履行更加困难或推迟，并非使其违法，则所承担的合同义务不能予以解除。此外，如果法律的改变并未从根本上触及合同的目的，而仅仅要求一个合同暂时叮止履行，那么，这一合同就不应解除。

(3) 合同一方死亡或无履约能力。在提供个人服务的合同中，提供服务一方的死亡或丧失履行合同的能力，合同便解除，双方的权利与义务就此终止。当雇方死亡或丧失履约能力时，由于受雇者已失去继续提供服务的对象或者受雇方由于失去雇方的直接指导已不可能继续工作，合同显然已不可能继续履行，因而，合同应予解除。除去个人服务合同外，其他合同都不得因死亡而解除双方的权利义务。但如在合同中明文规定，在一方死亡后，合同便告解除，则应按此条款处理。

(4) 情况发生根本性的变化。合同订立后,履约时的情况与签订合同时的情况发生了不同的变化,使合同失去基础而落空。但是如何判断情况发生根本性变化,法院掌握得非常严格,当事人要援引合同落空的原则来摆脱自己的责任,是很不容易取得成功的。

3. 不可抗力(Force Majure) 不可抗力是指在合同签订后,不是任何一方当事人的过错所造成的,而是由于发生了当事人不能预见、无法避免、无法预防的意外事故,致使合同不能履行或不能完全履行的情况。不可抗力事故引起的法律后果,主要有两种情况:一种是解除合同,一种是延迟履行合同。

在签订合同之后,如果发生意外事故,根据法律要判断合同是否落空,或要援引情势变迁原则而解除合同通常是很困难的。当事人通过在合同中规定:发生不可抗力事故后,可以延迟履行或解除履行合同义务,任何一方不能请求损害赔偿,即依据不可抗力条款来免除部分或全部的责任,各国法律都承认这种规定的合法性和有效性。不可抗力条款应包括下述内容:①不可抗力的范围;②事故发生后当事人一方通知另一方的期限;③出具事故证明的机构及证明的内容;④事故发生后合同的处置等。

第4节 合同的转让及终止

一、合同的转让

(一) 合同转让的含义

合同的转让(Assignation of Contract),是指当事人一方将合同的权利和义务转让给第三人,由第三人直接享受权利和承担义务的法律行为。

当事人一方将合同的部分权利和义务转让给第三方时,称为合同的部分转让。其后果是:一方面在当事人另一方与第三人之间形成新的权利义务关系,另一方面未转让的那部分权利和义务对原合同当事人仍然有效,双方仍应履行。

当事人一方将合同的权利义务全部转让给第三方,称为合同的全部转让。合同的全部转让,实际上是合同一方当事人的变更,即主体的变更,而原合同约定的权利和义务依然存在,并未变动,随着合同的全部转让,原合同当事人之间的权利和义务关系消灭,与此同时又在未转让一方当事人与第三方之间形成新的权利义务关系,即由第三方代替转让方享受权利和承担义务。

根据各国的法律规定,合同的转让有两种情况:一种是债权让与,一种是债务承担。我国《合同法》规定:债务人将合同的义务全部或部分转让给第三人的,应当取得债权人的同意。债权人可以将合同的权利全部或者部分转让给第三人,但有下列情形之一的除外:(一)根据合同性质不得转让;(二)按照当事人约定不得转让;(三)依照法律规定不得转让。

二、合同的终止

合同的终止(Termination of Contract)又称合同的消灭,它是指合同关系由于某种原因而不复存在。大陆法系国家把合同的终止包括在债的消灭的范畴之内,而没有就合同的终止作出专门规定。英美法系国家有合同法和侵权行为法之分,因此有合同的消灭的法例。

(一) 大陆法国家有关债的消灭的规定

大陆法国家对债的消灭及有关规定,虽然有一些差异,但基本是大同小异。债的消灭

主要有以下情形:

1. 清偿 (Discharge)

清偿就是债务人向债权人履行债务的内容,其结果使债的关系归于消灭。清偿一般是由债务人向债权人履行合同义务,清偿的标的物一般应当是合同规定的标的物。关于清偿的费用,如当事人在合同中没有规定,一般应由债务人负担。

2. 提存 (Despoit)

提存是指在债务人履行债务时,由于债权人受领迟延,债务人有权把应付的金钱或其他物品提交某场所代以清偿,从而使债的关系归于消灭的一种行为。提存必须满足债权人受领迟延或不能确定谁是债权人的条件。提存的场所有的是由法律规定的,有的是由法院指定的。债务一经提存,即产生与清偿的同等的效力,债务人免除责任,在提存期间,提存物的风险和费用均由债权人承担,债务人要在提存后,应即时将有关情况通知债权人,除非其因实际困难不能通知,否则,债务人应承担责任。

3. 抵销 (Set off)

抵销是指双方当事人相互所负的债务在同种给付的情况下,当清偿期届满时,任何一方以其债务与对方的债务在数额的范围内归于消灭,抵销作为债的消灭的方式之一有两个方面的主要优点:一是手续方便,可以避免交换履行;二是当一方当事人破产时,可以避免交换履行所引起的不公平的结果。抵销可具体分为法定抵销、以当事人单方面的意思表示抵销和约定抵销三种。

4. 免除 (Release)

免除指债权人免除债务人的债务,即债权人抛弃债权。德国和法国均认为免除是双方的法律行为,须经债务人同意方可有效。也有一些国家认为,免除是一种单方行为,只需债权人表示即生效。

5. 混合 (Merger)

混合是指债权与债务同归一人而使债的关系消灭。例如:作为债权人的公司与作为债务人的公司合并。

(二) 英美法有关合同消灭的法例

英美法有关合同消灭有以下几种方式:

1. 合同因双方当事人的协议而消灭

英美法认为,合同是依照双方当事人的协议而成立,因此,也可以按照双方当事人之间的协议而终止。具体作法又有不同:

(1) 以新的合同代替原合同;
(2) 更新合同;
(3) 依照合同自身规定的条件而解除合同;
(4) 弃权。

2. 合同因履行而消灭

履行是合同终止的主要原因,合同一经履行,当事人的合同权利和义务得以实现,合同即告终止。

3. 合同因违约而消灭

英美法认为,由于一方违约,有时会使对方取得解除合同的权利,因而把违约作为合同消灭的原因之一。当然只有一方违约行为涉及"合同的根基",受害方才有权解除合同,并可请求损害赔偿。

4. 依法使合同归于消灭

在英美法中,有些规定可以使合同在某些情况下归于消灭,比如破产、合并等。

(三)我国的法律规定

根据我国《合同法》的规定,有下列情况之一的,合同的权利义务终止:

(1) 债务已经按照约定履行;
(2) 合同解除;
(3) 债务相互抵销;
(4) 债务人依法将标的物提存;
(5) 债权人免除债务;
(6) 债权债务同归于一人;
(7) 法律规定或者当事人约定终止的其他情形。

第5节 合同争议的解决

一、概述

在国际经济交往中,当事人之间订立的合同是多样而复杂的,从而因合同引起相互间权利和义务的争议是在所难免的。选择适当的解决方式,及时解决合同争议,不仅关系到维护当事人的合同权益和避免损失的扩大,而且对国际经济合作的发展也产生直接的影响。从实践上看,合同争议的解决方式主要有协商、调解、仲裁和诉讼等。

(一)协商

协商,是争议当事人,依据有关的法律规定和合同约定,在互谅互让的基础上,经过谈判或磋商,自愿对争议事项达成一致意见,从而解决合同争议的一种办法。协商应以合法、自愿和平等为原则。协商特点在于无须第三者的介入,简便易行,能及时解决争议,并有利于双方的协作和合同的继续履行。但由于协商必须以双方自愿为前提,因此,当双方分歧严重,及一方或双方不愿协商解决争议时,此种方式往往受到局限。

《FIDIC 土木工程施工合同条件》将协商(友好解决)规定为争端提交仲裁前的必经程序。

(二)调解

调解,是争议当事人在第三方的主持下,通过其劝说引导,在互谅互让的基础上自愿达成协议,以解决合同争议的一种方法。调解的原则也是以合法、自愿和平等为原则。实践中,依调解人的不同,合同争议的调解有民间调解、仲裁机构调解和法庭调解三种。

民间调解是指当事人临时选任的社会组织或个人作为调解人对合同争议进行调解。通过调解人的调解,当事人达成协议,并制作调解协议书由双方签署。调解协议书对当事人具有与合同一样的法律约束力。

仲裁机构调解是指在仲裁机构进行的调解。具体又有两种作法。一种是当事人将其争议提交仲裁后,经当事人同意,将调解纳入仲裁程序中,由仲裁庭主持进行。仲裁庭调解成功,制作调解书,由双方签字,只有调解不成或当事人不愿调解的,才进行仲裁。另一种是仲裁机构分别订有调解规则和仲裁规则,当事人申请调解的,仲裁机构按照调解规则组成调解委员会,调解委员会主持调解,调解成功,制作调解书,由双方签字;调解不成功,需要仲裁的,再按仲裁规则,重新组成仲裁庭进行仲裁。无论哪种调解,调解书一般与裁决书具有同等的效力。

法庭调解,是指由法院主持进行的调解。当事人将其争议提起诉讼后,可以请求法庭调解,调解成功的,法院制作调解书。调解书经双方当事人签收后,与生效的判决书具有同等的效力。

调解解决合同争议,可以不伤和气,使双方当事人互相谅解,有利于促进合作,维护当事人的合法权益,但这种方法受到当事人自愿的局限,如果当事人不愿调解,或调解不成功时,则应采取仲裁或诉讼解决。

(三) 仲裁

仲裁(Arbitration)也称公断,是双方当事人通过协议自愿将争议提交第三者作出裁决,并负有自动履行裁决义务的一种解决争议的方式。

仲裁作为解决合同争议的方法之一,具有如下特点:

(1) 从受案依据看,仲裁机构,一般是社会团体,它受理案件的依据是以双方当事人的仲裁协议为基础,在仲裁协议中,当事人可对仲裁事项的范围、仲裁机构、仲裁地点、解决争议适用的法律等作出约定,并且当事人也可选任仲裁员,因此具有一定的自治性。

(2) 从办案速度看,合同争议往往涉及许多专业性或技术性的问题,需要有专门知识才能解决,仲裁机构的仲裁员,一般都是各个领域和行业的专家或知名人士,具有相应的专业知识,对有关的业务熟悉,能迅速处理问题,并且仲裁裁决一般都是终局的,从而有利于迅速解决争议,节省时间和费用。

此外,仲裁还具有中立性和非公开性,所有这些特点都使得仲裁更具有吸引力。

(四) 诉讼

诉讼作为一种合同争议解决的方法,是指因当事人相互间发生争议而在一国法院进行诉讼活动,在诉讼过程中,法院始终居于主导地位,代表国家行使审判权,是解决争议案件的主持者和审判者,而当事人则各自基于诉讼法所赋予的权利,在法院的主持下为维护自己的合法权益而活动。诉讼不同于仲裁的主要特点在于:它不必以当事人的相互同意为依据,只要不存在有效的仲裁协议,任何一方都可向有管辖权的法院起诉。由于合同争议往往具有法律性质,涉及到当事人的切身利益,争议的解决必须适用合同的准据法,通过诉讼,当事人的权利可得到法律的严格保护。尤其是在当事人不能通过协商或调解解决争议,而又缺少或达不成仲裁协议的情况下,诉讼也就成了必不可少的补救手段。

除了上述四种主要的合同争议解决方法外,在国际工程承包合同中,又出现了一些新的解决方法。比如在《FIDIC 土木工程施工合同条件》中有关"工程师的决定"的规定。按照该条件通用条件的第 67.1 款规定,业主和承包商之间发生的任何争端,均应首先提交工程师处理。工程师对争端的处理决定,通知双方后,在规定的期限内,双方均未发出仲裁意向通知,则工程师的决定即被视为最后的决定并对业主和承包商双方产生拘束力。又比如在《FIDIC 设计——建造与交钥匙工程合同条件》的第一部分中,规定了雇主和承包商之间产生的任何争端应首先以书面形式提交由合同双方共同任命的争端审议委员会(DRB)(详见第四章)裁定。争端审议委员会对争端作出决定并通知雇主和承包商后,在规定的期限内，双方中的任何一方未将其不满事宜通知对方的话，则该决定应视为最终决定并对双方具有约束力。不论是工程师的决定，还是争端审议委员会的决定，与合同具有同等的约束力，任何一方不执行决定，另一方即可将此不执行决定行为提交仲裁解决。显然，这种方法，即不同于调解，因其决定不是争端双方达成的协议，也不同于仲裁，一是决定的效力不同于仲裁裁决的效力，二是身份不同，工程师和争端审议委员会只能以专家身份作出决定，而不能以仲裁人的身份作为裁决。尽管如此，这种方法仍不失为解决国际工程承包合同争议解决的有效方法，并普遍得到采用。

以上介绍的几种合同争议解决的方法，对各种合同争议的及时解决各有利弊，不同的争议采取不同的方式解决，往往产生不同的效果，因此，当事人应针对不同争议，善于选择不同方法，以使争议得到迅速解决，维护自己的合法权益。在实践中仲裁和诉讼是两种最终解决争议的具有互补作用的重要方法，下面分别加以介绍。

二、仲裁

通过仲裁方式解决合同争议时，需要了解以下几个方面的知识：

（一）仲裁机构

1. 仲裁机构的组织形式

目前国际上处理对外经济贸易和海事争议的仲裁机构，根据组织形式的不同，可分为临时仲裁庭和常设仲裁机构。

（1）临时仲裁庭：它是为临时仲裁任务而设立的，根据双方当事人的仲裁协议，在发生争议后，由双方选任仲裁员自行组织仲裁庭审理争议，仲裁程序的规则由双方当事人自己制定或选择，也可委托仲裁庭制订或选择。审理终结后，仲裁庭即告解散。

（2）常设仲裁机构：它是指具有固定组织形式，有专门仲裁规则，备有仲裁人员名册的永久性机构。目前，国际经济交往中的争议大多都是提交常设仲裁机构进行仲裁。

2. 常设仲裁机构的种类

常设仲裁机构依其成立依据不同，可分成以下几种：

（1）国际性的常设仲裁机构。例如在国际商会下设立的"国际商会仲裁院"，在世界银行下设立的"解决投资争议国际中心"，都属于国际性的常设仲裁机构。

（2）地区性常设仲裁机构。例如由美洲国家成立的"美洲国家商事仲裁委员会"等就属于这类常设仲裁机构。

（3）国家性的常设仲裁机构。例如"英国伦敦仲裁院"、"日本国际商事仲裁委员会"、"中国国际经济贸易仲裁委员会"及"海事仲裁委员会"等，均属于国家性的常设机构。

常设仲裁机构从其受案范围看，可分为涉外性常设仲裁机构，综合性常设仲裁机构以及行业性常设仲裁机构。

3. 国际上重要的常设仲裁机构

（1）国际商会仲裁院

国际商会仲裁院是国际商会属下的国际性的常设仲裁机构。该机构成立于1923年，地址设在法国巴黎国际商会总部之内。该仲裁院是由主席一名，副主席五名，秘书长一名，技术顾问若干名以及每个成员国各一名组成。该仲裁院受理一切与国际商事交往有联系的争议案件。国际商会仲裁院审理案件时具体由仲裁院指定或确认的仲裁员组成的仲裁庭进行，仲裁庭有权自行决定其管辖权，有权确定或确认或改变当事人选择的仲裁地点，仲裁庭在审理裁决某一案件时,应适用当事人选择适用的法律,在当事人未作出该项选择时,可适用仲裁地法,仲裁庭作出的裁决具有终局效力,有关当事人可以据此请求有关国家的法院强制执行。国际商会仲裁院的仲裁规则,是经过多次修改并于1988年1月1日生效的《国际商会调解与仲裁规则》。该仲裁规则的特点,是规定了当事人可以任选仲裁员,而不受国籍限制。

(2) 解决投资争议国际中心

解决投资争议国际中心是根据世界银行《关于解决国家与他国国民间投资争议公约》的规定,于1966年10月成立的,其地址设在美国华盛顿世界银行总部所在地。中心成立的目的在于提供解决国家和外国私人投资者之间投资争议的便利,促进相互信任,籍以鼓励私人资本的国际流动。中心下设管理委员会和秘书处,并备有一份调解员名单和一份仲裁员名单,调解员名单和仲裁员名单由有资格和有威望的人士组成。该中心根据提交的双方当事人调解或仲裁的书面协议以及一方当事人的调解或仲裁申请书实行管辖权。一旦当事人表示同意将他们之间的争议提交该中心审理,他们当中的任何人不得单方面撤销其同意。到1987年6月为止,已有97个国家在上述公约上签字,其中有89个国家正式加入了公约,从而成为中心的成员国。

(3) 瑞典斯德哥尔摩商会仲裁院

斯德哥尔摩商会仲裁院是瑞典全国性的仲裁机构,它的前身是1917年在瑞典斯德哥尔摩商会下成立的专门解决工商及航运中争议的一个专门委员会,后于1949年改组成立了斯德哥尔摩商会仲裁院,现仍隶属于瑞典斯德哥尔摩商会之下。该仲裁院的仲裁规则,是经过多次修改并于1988年1月1日起生效的《斯德哥尔摩商会仲裁院规则》。根据该仲裁规则规定,仲裁院设立自己的理事会,理事会成员由斯德哥尔摩商会执行委员会任命的三名成员组成。另外,仲裁院设立一个秘书处,办理日常事务性工作。斯德哥尔摩商会仲裁院属于国家性仲裁机构,但它受理世界上任何国家当事人提交的商事争议,当事人在指定仲裁员时可不受仲裁员名册的限制,可以指定任何国家的公民为仲裁员。另外,双方当事人还可以在仲裁协议中自行规定仲裁员人数,如双方当事人对此没有作出规定,则按三名仲裁员组成仲裁庭,由双方当事人各指定一名,另一名由仲裁院指定,并担任首席仲裁员。如双方当事人事先约定由独任仲裁员审理他们之间的争议,则该独任仲裁员要由仲裁院指定。由于瑞典在政治上处于中立地位,近年来该院已逐渐发展成为国际贸易仲裁中心,许多东西方国家的贸易合同都规定在斯德哥尔摩仲裁院进行仲裁。

(4) 瑞士苏黎世商会仲裁院

瑞士苏黎世商会仲裁院是瑞士商会于1911年为本会成员成立的,属于该商会的一部分,是一个全国性的常设仲裁机构。在第二次世界大战以前,该仲裁院只受理其商会会员之间的争议。第二次世界大战以后,特别是自50年代以后,该院逐渐受理了许多外国当事人之间的争议案件,并由于瑞士的中立地位,使得苏黎世商会仲裁院的公正仲裁较易为各方面的国家和当事人所接受,从而使苏黎世商会仲裁院成了处理国际商贸纠纷的一个重要的中心。该院现行的仲裁规则,是经过多次修改而于1977年1月1日生效的《瑞士苏黎世商会调解与仲裁规则》。根据该仲裁规则的规定,在仲裁院的管辖范围方面,不存在任何地域上和国籍上的限制。如果双方当事人愿意将他们之间的争议提交该仲裁院调解时,由商会会长指定一名合适的、公正的人为调解员进行调解。在双方当事人的请求下,商会会长也可以亲自担任调解员。如果双方当事人将他们之间的争议提交该仲裁院仲裁时，商会会长有权指定首席仲裁员、独任仲裁员和其他仲裁员。

（5）英国伦敦仲裁院

伦敦仲裁院是英国最重要的常设仲裁机构之一，它成立于1892年，其行政管理属于英国伦敦商会。该仲裁院备有仲裁员名单，供当事人选用，而且为了适应国际性仲裁的需要，于1978年又设立了"伦敦国际仲裁员名单"，这个名单由来自30多个国家且具有丰富经验的仲裁员组成。伦敦仲裁院是国际社会成立最早、影响最大的常设仲裁机构之一，特别是它的海事仲裁在国际社会享有很高的声望，世界各国的大多数海事案件都诉诸该院仲裁。

（6）美国仲裁协会

美国仲裁协会是一个独立的、非政府的和非营利的全国性综合性的常设仲裁机构，成立于1926年，总部设在纽约。该会由全美的工商及社会集团组织选举组成的理事会进行管理，并在美国其他24个主要城市设有分会，拥有一份包含6万多人的仲裁员名册。美国仲裁协会除了进行国内外商业仲裁以外，还可以受理其他工业、电影业方面的争议案件，以及审理有关人身或财产损害的请求。在国际商事仲裁方面，该协会适用的是1991年3月1日生效的《美国仲裁协会国际仲裁规则》。美国仲裁协会在国际上与其他国家的仲裁机构或商业组织，有广泛的联系，与国际商会仲裁院、国际商会以及联合国国际贸易委员会也有密切联系。

（7）日本国际商事仲裁协会

日本国际商事仲裁协会是专门调解和仲裁外贸争议的常设性仲裁机构，于1950年由日本工商联合会与其他一些大的工商组织共同建立，其总部设在东京。该协会的具体业务有：进行仲裁；促使应用仲裁条款；培训仲裁人员；与外国仲裁机构进行合作，参加国际会议；与外国仲裁机构订立仲裁协定等。日本国际商事仲裁协会的宗旨是通过仲裁、调解或和解以解决贸易争议。日本国际商事仲裁协会也积极地开展对外联系，先后与20多个国家的仲裁机构或商业组织签订了协定，因此，也是世界上重要的对外经济贸易的常设仲裁机构之一。

（8）我国的常设国际仲裁机构

我国的常设国际仲裁机构有两个，一个是"中国国际经济贸易仲裁委员会"，一个是"中国海事仲裁委员会"，两者都附设在中国国际商会内。中国国际经济贸易仲裁委员会由主席1人、副主席若干人和委员若干人组成，并备有仲裁员名册。其任务是：受理外国商号、公司或其他经济组织同中国商号、公司或其他经济组织之间有关国际贸易合同和交易中发生的争议；也受理有关中外合资经营企业、外国来华投资、合作经营、合作生产、合作开发、技术转让、金融信贷业务等各种对外经济合作方面所发生的争议。

我国的涉外常设仲裁机构的裁判制度与程序和国际惯例基本一致。纠纷双方当事人须有书面仲裁协议，仲裁机构才能受理。当事人可以选择仲裁员，实行回避、不公开审理制度，所作的裁决为终局裁决。当事人对裁决应当履行，如不履行，另一方当事人可以根据中国法律的规定，向中国法院申请执行，或根据《纽约公约》，或者根据中国缔结或参加的其他国际条约，向有管辖权的外国法院申请执行。

我国涉外仲裁机构的仲裁活动有如下特点：

第一，重视调查研究，实事求是，合理公平地解决争议的问题。

第二，仲裁与调解相结合，尽量通过调解方法解决争议，只是在调解无效时，才按仲裁程序进行审理。当然，这种调解决不是我国仲裁机构强制所为，而是以双方当事人自愿为前提。调解也不是仲裁的必经程序，不是一切案件都必须先进行调解，才能进行仲裁审理，调解与否要根据争议案件的实际情况而定。

（二）仲裁协议

1. 仲裁协议的概念

仲裁协议是指当事人各方表示愿意把他们之间已经发生的或可能发生的争议交付仲裁解决的一种书面协议。仲裁协议是仲裁机构受理争议案件的依据，大多数国家的仲裁法均明确规定，仲裁协议应当采用书面形式，口头形式无效。

仲裁协议的订立有两种方式：一种是由双方当事人在订立合同时明确的，表示愿意把将来可能发生的争议提交仲裁解决的协议，这种协议一般都包含在主合同中，作为合同的一项条款，所以通常称之为仲裁条款。另一种是由双方当事人在订立合同后，或在发生争议后订立的，表示同意把将要发生或已经发生的争议交付仲裁解决的协议，这种协议是独立于主合同的一个协议，通常称之为提交仲裁的协议。关于这两种不同方式的仲裁协议在法律上是否有所区别，特别是在合同中已经订有仲裁条款的情况下，当双方发生争议需要进行仲裁时，是否还必须另外再签订一项提交仲裁协议的问题，目前各国还存在着一些分歧。在中国国际经济贸易仲裁委员会仲裁规则中，将两种方式均视为仲裁协议，具有同样的效力。

2. 仲裁协议的作用

按照大多数国家的仲裁法的规定，仲裁协议的作用，主要有以下几个方面：

（1）双方当事人均须受仲裁协议的约束，如果发生争议，应按仲裁协议的规定，向仲裁机构申请仲裁，任何一方不得向法院提起诉讼。

（2）仲裁协议是仲裁机构受理争议案件的法律依据，使仲裁机构取得对有关争议案件的管辖权。

（3）仲裁协议排除了法院对有关争议案件的管辖权。

仲裁协议的上述作用是相互联系不可分割的。其中，最重要的一点是仲裁协议排除法院的管辖权，这就是说，只要双方当事人订立了仲裁协议，他们就不能把有关争议案件提交法院处理，如果任何一方违反仲裁协议，把他们之间的争议向法院提起诉讼，对方可根据仲裁协议要求法院停止诉讼审理，就有关争议案件向有关的仲裁机构提出申请，由仲裁庭或仲裁员进行审理。

由于大多数国家在法律上都承认仲裁协议具有排除法院司法管辖权的作用，因此，双方当事人在签订合同时，如果愿意把日后可能发生的争议提交仲裁处理，而不愿诉诸于法院，那就应在合同中事先订立一条仲裁条款，以免发生争议后，一旦双方不能达成仲裁协议而不得不把争议案件提到法院去解决。因为如果在合同中没有订立仲裁条款，则在发生争议后，由于双方处于对立地位，有时不一定能达成仲裁协议，在这种情况下，任何一方都无法将争议向仲裁机构申请仲裁，而一旦一方当事人向有管辖权的法院起诉，另一方除了应诉外，别无选择。正是由于这个缘故，在国际合同中，一般都主张在合同中订立仲裁条款，以便日后一旦发生争议时，能够及时通过仲裁方式来解决。

3. 仲裁协议的内容

如何拟订好合同的仲裁条款或仲裁协议，是合同当事人都十分关心的问题，因为仲裁协议订得适当与否，直接关系到日后发生争议时能否及时合理的解决，也关系到双方的切身利益。仲裁协议的内容繁简不一，一般地说，仲裁协议应当尽量订得具体明确，以便一旦发生争议需要仲裁时，能够有所遵循，因此，仲裁协议应包括下述内容：

（1）提交仲裁的争议事项。当事人应在仲裁协议中明确表示，他们约定提交仲裁的争议事项有何范围限制。这是有关仲裁机构行使仲裁管辖权的重要依据之一，也是当事人申请有关国家的法院承认和执行仲裁裁决时必须具备的一个重要条件。有关的仲裁机构只能对仲裁协议中约定的争议事项进行审理，如果一方当事人申请仲裁的争议事项不属于仲裁协议所约定的仲裁的争议事项范围，另一方当事人就有权对仲裁机构的管辖权提出异议，而拒绝参与仲裁，即使仲裁庭审理终结作出裁决后，当事人也有权拒绝履行该裁决所规定的义务。尤其是当事人对有些争议事项不愿通仲裁解决时，更应将其排除在仲裁协议的仲裁范围之外。另外，各国仲裁立法一般都对可以提交仲裁解决的争议事项作了较明确的规定，因此，当事人在约定争议事项的仲裁范围时，应注意它们的可仲裁性。

（2）仲裁地点。仲裁地点是仲裁协议的主要内容之一，在国际合同中，当事人各方一般都力争在本国进行仲裁，这一方面是由于当事人对自己国家的法律和仲裁机构比较了解和信任，而对外国的仲裁制度则往往不大了解，难免有所顾虑；另一方面是由于仲裁地点的确定，与仲裁所适用的程序法以及按照哪一国的冲突法来确定合同的实体法都有密切的关系，根据国际社会的习惯作法，在当事人双方没有就仲裁所适用的法律作出选择时，仲裁庭的仲裁程序适用仲裁地法，而裁决有关争议时所适用的实体法则一般由仲裁庭根据仲裁地的冲突规范加以确定，这会直接影响到仲裁的结果；此外，仲裁地点在很大程度上决定了仲裁裁决的国籍，从而影响到裁决的承认和执行。当然，当事人坚持在本国进行仲裁，也有对参与仲裁的便利和所涉及的费用大小的顾虑。因此，在商订仲裁协议时，仲裁地点往往是双方当事人争论的焦点，一般都与仲裁机构的选择联系起来考虑。

（3）仲裁机构。在仲裁协议中应明确所选择的仲裁机构。当事人可以约定将争议提交某一常设仲裁机构仲裁，也可以约定组成临时仲裁庭进行仲裁。当事人如果选择某一常设仲裁机构进行仲裁时，该仲裁机构即具有了对当事人的有关合同争议事项的管辖权。在多数情况下，仲裁机构和仲裁地点是一致的，即在仲裁机构所在地进行仲裁。当事人在仲裁协议中也可能没有确定具体的仲裁机构及仲裁地点，而是约定在有关的争议发生后，在被申诉人所在国的仲裁机构进行仲裁，如若这样的话，仲裁机构和仲裁地点只有到发生了争议，并且有一方当事人提请仲裁时，仲裁机构和仲裁地点才能确定下来。当然，这里所说的仲裁机构往往是被申诉人所在地的常设仲裁机构，而仲裁地点，一般也是该常设仲裁机构的所在地。

（4）仲裁规则。仲裁规则是指双方当事人和仲裁庭在仲裁的整个过程中所应遵循的行为准则的总和。它包括仲裁申请的提出，仲裁员的选定及仲裁庭的组成，仲裁的审理，仲裁的裁决以及裁决的效力等内容，仲裁规则是由各国的仲裁机构自行制定的。在国际上，除了各国仲裁机构制定的仲裁规则以外，还有一些国际性和地区性的仲裁规则，如联合国国际贸易法委员会仲裁规则，国际商会商事仲裁规则等。仲裁规则与仲裁机构是有密切联系的，一般来说，仲裁协议中规定在哪个仲裁机构仲裁，就按该仲裁机构制定的仲裁规则办理。但是，有些国家也允许双方当事人任意选择他们认为合适的仲裁规则，例如，仲裁条款规定,在某个国家仲裁机构进行仲裁时,可以不采用该仲裁机构制定的仲裁规则而采用其他国家的仲裁机构或国际组织所制定的仲裁规则,但以不违反仲裁地国家仲裁法中强制性规定为限。

(5) 仲裁裁决的效力。仲裁裁决的效力主要是指裁决是否具有终局性,对双方当事人有无拘束力,能否再向法院提起上诉的问题。各国法律对仲裁裁决的上诉程序都有一定的限制。有些国家原则上不允许对仲裁裁决提起上诉,有些国家虽然允许当事人上诉,但法院一般只审查程序,不审查实体,即只审查仲裁裁决在法律手续上是否完备,而不审查仲裁裁决在认定事实或适用法律方面是否正确。有些国家的仲裁法规定,如法院发现有下列情况之一的,有权撤销仲裁裁决:

1) 仲裁裁决缺乏有效的仲裁协议作为依据;
2) 仲裁员行为不当(即未按仲裁程序行事)或越权作出裁决;
3) 交付仲裁裁决的事项是属于法律规定不得提交仲裁处理的问题;
4) 仲裁裁决违反该国的公共秩序;
5) 仲裁程序不当或仲裁裁决不符合法定的要求。

为了明确仲裁裁决的效力,避免引起复杂的上诉程序,双方当事人在订立仲裁条款时一般都明确规定:仲裁裁决是终局的裁决,对双方当事人都有约束力,任何一方都不得向法院提起上诉要求予以更改。

至于仲裁的费用,一般都规定由败诉一方负担,或规定按仲裁裁决办理。

4. 我国在对外经济贸易中常用的几种仲裁条款的格式

(1) 在我国仲裁的条款

凡因执行本合同所发生的或与本合同有关的一切争议,双方应先通过友好协商解决;如经协商不能解决,应提交中国北京中国国际经济贸易仲裁委员会按照该会现行的仲裁程序规则进行仲裁。仲裁裁决是终局的,对双方均有约束力。

(2) 在被诉一方国家仲裁的条款

凡因执行本合同所发生的或与合同有关的一切争议,双方应当首先通过友好协商解决;如经协商不能解决,应提交仲裁。

仲裁在被诉方国家进行

如在中国,由中国北京中国国际经济贸易仲裁委员会按照该会现行的仲裁程序规则进行仲裁。

如在外国被诉人所属国家,由被诉一方国家常设仲裁机构按照其仲裁程序规则进行仲裁。

仲裁裁决是终局的,对双方均有约束力。

(3) 在第三国仲裁的条款

凡因执行本合同发生的或与本合同有关的一切争议,双方应首先通过友好协商解决;如经协商不能解决,应提交××国××地××仲裁机构,按照其仲裁程序规则进行仲裁,仲裁裁决是终局的,对双方均有约束力。

以上三种都是在常设仲裁机构进行仲裁的条款,如果双方当事人拟采用临时组成仲裁庭的方式,则可参照下列格式订立临时仲裁条款:

凡因执行本合同所发生的或与本合同有关的一切争议,双方应首先通过友好协商解决;

如经协商不能解决，则应提交仲裁。

仲裁在××国家××城市，按照××仲裁规则进行。

仲裁庭应由各方指定一名仲裁员，然后由被指定的两名仲裁员共同选择一名首席仲裁员组成。三名仲裁员共同审理案件，多数意见为决定性意见。

仲裁裁决是终局的，对双方均有约束力。

（三）仲裁程序

仲裁程序是指仲裁机构在进行仲裁审理过程中规定各仲裁参与者的关系以及仲裁机构、当事人和其他参与人从事仲裁活动必须遵循的程序。各仲裁机构，一般都制定自己的仲裁程序规则。根据各国仲裁程序规则的规定，仲裁活动一般包括以下程序：仲裁争议的受理；仲裁员的选任；仲裁庭的组成；仲裁争议的审理；仲裁裁决作成和执行；等等。下面以中国国际经济贸易仲裁委员会的《仲裁规则》为主，结合其他国家仲裁的规定，来说明这些问题。

1. 仲裁争议受理

仲裁者或仲裁机构受理争议是仲裁程序的开始，受理争议的标志是接受一方当事人提交的仲裁申请书。仲裁申请书是指一方当事人发生的仲裁协议中规定的争议事项提交仲裁审理的一种书面申请。它类似法院诉讼中的诉状。提出仲裁申请的一方当事人叫申请人，被申请的一方当事人叫被申请人。仲裁申请书应写明以下一些主要内容：① 申请人和被申请人的姓名或名称和地址；② 申请人所依据的仲裁协议；③ 申请人的要求及其所依据的事实和证据；④ 指定的仲裁员或者声请仲裁机构代为指定。

仲裁机构接到申请书之后，一般都要进行审查，认为对该项争议有管辖权，双方的仲裁协议是有效的，提交仲裁的争议事项确属仲裁协议所规定的范围之内的，该仲裁机构即可正式受案，并将仲裁申请书及时送达有关被申请人，被申请人在接到仲裁申请书之后，也应在规定的期限内作出答辩，仲裁程序自仲裁委员会向申请人和被申请人发出仲裁通知之日起开始。另外，被申请人对已经受理的案件，还可以提出反请求，反请求提出的程序与提出仲裁申请的程序相同。

2. 仲裁庭的组成

仲裁庭是对某项已交付仲裁的争议进行仲裁审理的组织，目前国际上的一般做法是争议案件由3人（其中1人为首席仲裁员）组成的仲裁庭，以合议方式审理。另外，也可以由一名仲裁员独任审理。前者称为合议仲裁庭，后者称为独任仲裁庭。合议庭由3名仲裁员组成，一般是由双方当事人按规定的期限和方法在仲裁机构提供的仲裁员名单中分别指定一名，或委托仲裁机构有关负责人代为指定。其余一人，即合议庭的主持者——首席仲裁员，由双方当事人共同推选一人担任，或者共同委托仲裁机构有关负责人代为指定。如在规定的限期内，双方当事人不能就首席仲裁员达成协议，仲裁机构有关负责人有权指定一人为首席仲裁员。独任仲裁员可由双方当事人共同协商推选一人担任，如双方当事人分别或共同委托仲裁机构有关负责人代为指定时，仲裁机构有关负责人有权在仲裁机构的仲裁员中指定一人为独任仲裁员。

3. 仲裁审理

仲裁审理是仲裁程序中的一个重要环节，它是指仲裁庭以一定的方式搜集证据，审核证据，最后在弄清争议是非的基础上对争议进行调解或裁决的一种活动。

(1) 仲裁审理的方式。根据各国仲裁法和规则的规定,仲裁审理方法基本上分为两种:一是书面审理方法;一是口头听证审理方法。目前许多国家的法律都主张应以口头听证方法进行审理,但同时也允许当事人在仲裁协议中规定仲裁员可以根据双方当事人的书面证据和协议进行审理,以利于仲裁早日结束。英国仲裁法规定,是否需要口头审理,取决于当事人的意愿。我国《仲裁规则》规定,仲裁庭应该开庭审理案件。但经双方当事人申请或者征得双方当事人同意,仲裁庭也认为不必开庭审理的,仲裁庭可以只凭依据书面文件进行审理并作出仲裁。

(2) 仲裁庭开庭的形式。仲裁庭开庭的形式是指仲裁庭举行口头听证是公开进行还是秘密进行。西方大多数国家的仲裁法规定,仲裁庭举行口头听证要秘密进行。仲裁庭不公开进行时,与争议或与审理无关的人一律不准参加旁听。《联合国国际贸易法委员会仲裁规则》的规定更为严格。该规则规定:"除当事人另有相反意见外,听证应秘密进行。仲裁庭在某一证人提供证明时,得要求其他证人或所有证人退庭。仲裁庭得自由决定讯问证人的方法。"我国《仲裁规则》规定,仲裁庭开庭审理案件不公开进行,如果双方当事人要求公开审理,由仲裁庭作出是否公开审理的决定。

(3) 搜集证据和审查证据。搜集证据和审查证据是仲裁审理程序的一个中心课题。因为只有搜集足够的证据,并对其作深入细致的调查分析,弄清真相,明辨是非,才会作出正确的判断,使双方当事人间的争议得到公正的解决。

(4) 仲裁审理中的保全措施。它是指仲裁庭在作出最后的裁决之前的一段时间里,依法对有关当事人的财产所作的一种临时性的强制措施,以保证胜诉一方及时获得应有的损失赔偿。各国的仲裁法一般均有保全措施的规定。

4. 调解与裁决。

调解是双方当事人一致同意按协商的办法解决他们之间的争议,对已达成和解的争议,双方当事人应签订书面和协议。调解是近年来在仲裁审理中逐渐兴起的一种解决争议的方法。我国两个仲裁委员会在仲裁审理中一贯重视调解工作。在实践中,仲裁审理开始后任何阶段,都可以就争议问题进行调解。调解争议的方法,越来越受到国际贸易界人士的欢迎。

裁决与调解不同,它是仲裁庭对争议审理之后所作的决定。独任仲裁庭的裁决,由独任仲裁员一人作成;合议仲裁庭的裁决,按合议庭成员的多数意见决定,少数仲裁员的意见存卷。在国际上多数国家的仲裁法规定,仲裁裁决必须以书面形式制作。

关于仲裁裁决是否写明理由和裁决是否终局问题,各国仲裁法的规定也不一致。英美等国的仲裁法规定,仲裁裁决不须说明理由,而法国、德国、日本仲裁法规定,仲裁裁决必须写明理由。并且一般还规定,裁决书的主文在审理终结时当庭向当事人宣读,然后在法定期限内作出附具理由的裁决书。我国《仲裁规则》规定,仲裁裁决应当写明争议事实和仲裁理由,但当事人协议不愿意写明争议事实和仲裁理由的,以及按照双方当事人和解协议内容作出裁决的,可以不写明争议事实和裁决理由。

仲裁庭的裁决效力,多数国家主张是终局的,双方当事人都不得向法院或其他机关提出变更仲裁内容的要求,而有的国家,如美国、德国、奥地利、挪威、荷兰、比利时、法国以及葡萄牙等国的仲裁法规定,可以上诉。我国《仲裁规则》规定,仲裁和裁决是终局的,对双方当事人均有约束力。任何一方当事人不得向法院起诉,也不得向其他任何机构提出变更仲裁裁决的请求。并规定，作出仲裁裁决书的日期，即为仲裁裁决发生法律效力的日期。

另外，许多国家的仲裁法规定，如果仲裁庭的审理不合仲裁程序，或者双方当事人所签订的仲裁协议的效力发生问题，或者仲裁的内容与双方当事人所订立的仲裁协议的规定内容不一致，或者仲裁员在仲裁审理过程中有"行为不当"或者其他不法行为，等等，则一方当事人可以向有关法院申请撤销裁决或者宣布裁决无效。如果当事人要对仲裁裁决表示异议，必须在法定期限内提出，德国法律规定的期限为收到裁决后的1个月，瑞典和意大利规定为60天，美国规定为3个月。当事人逾期不提出异议，仲裁裁决便发生法律效力。

（四）仲裁裁决的承认与执行

仲裁裁决的最终作用要通过承认与执行来体现。仲裁裁决的承认与执行包括以下几种情况：

（1）仲裁裁决在本国境内作出，当事人，特别是败诉方在本国境内，而败诉方又不肯自愿执行，就产生承认本国仲裁裁决的效力与对本国仲裁裁决予以强制执行的问题。

（2）裁决在本国境内作出，当事人，特别是败诉一方在外国，就产生本国仲裁裁决在外国的承认与执行问题，从该外国的角度来看，面临一个承认和执行外国裁决的问题。

（3）仲裁裁决在外国作出，当事人，特别是败诉一方在该外国境内而败诉方又不肯自愿执行，就产生对该外国仲裁裁决在其境内的承认与执行问题，从该外国角度来看，是一个承认与执行本国仲裁裁决的问题。

（4）仲裁裁决在外国作出，当事人，特别是败诉方在其本国又不肯自愿执行仲裁裁决，就产生该外国仲裁裁决在败诉方的本国的承认与执行是问题。

从国际私法上看，上述第一、三种情况涉及对本国仲裁裁决的承认与执行问题；第二、四种情况涉及对外国仲裁裁决的承认与执行问题。

所谓承认与执行仲裁裁决，实际上是指仲裁裁决在法律上被认为具有法律效力与强制力以及仲裁裁决的强制执行问题，而仲裁审理与裁决是根据当事人的自愿协议由非司法机构的仲裁机构作出的，要使仲裁裁决具有法律强制力得到强制执行，应当得到法律确认或经过国家司法机构的认可或保证。所以，根据国内立法和条约的规定，对一个具体仲裁裁决的承认和执行还往往要通过司法机构来进行。我国《仲裁规则》中规定，一方当事人不履行仲裁裁决的，另一方当事人可以根据中国法律的规定，向中国法院申请执行；或根据1958年联合国《承认及执行外国仲裁裁决公约》或者中国缔结或参加的其他国际公约，向外国有管辖权的法院申请执行。

三、诉讼

通过诉讼方式解决合同争议时，应了解以下知识：

（一）民事诉讼与民事诉讼法

民事诉讼一般是指法院在审理民事纠纷案件中同诉讼当事人（原告、被告）及诉讼参与人（证人、代理人等）所进行的活动及其形成的诉讼关系。

民事诉讼案件内容繁多，基本上可以区分为两大类：一类是财产权益方面的纠纷，另一类是婚姻家庭关系的纠纷。就对外经济贸易关系来说，一般仅涉及第一类。

民事诉讼法是调整民事诉讼活动和关系的法律规范的总称，是法院、诉讼当事人和诉讼参与人在民事诉讼中必须遵循的程序规则。在一定意义上说，程序法是保障实体法实现的前提和条件。因此，各国都重视诉讼程序的立法。

各国的民事诉讼立法，其形式与内容，虽然各有不同，但一般都规定诉讼程序需要经过审前阶段、审理阶段、上诉和判决生效阶段等程序。

(二) 涉外民事诉讼

1. 涉外民事诉讼与涉外民事诉讼规范

涉外民事诉讼是指在涉外民事法律关系中因相互间发生纠纷而进行的诉讼活动。涉外民事诉讼也是一种民事诉讼，只不过它具有涉外因素。这种具有涉外因素的民事案件称为涉外民事案件。

根据国际惯例和各国诉讼法规定，一个国家的法院审理涉外民事案件，一般都适用本国民事诉讼法律规范，但各国考虑到它毕竟与一般的民事诉讼有所不同，具有涉外因素，因此，在本国法中作出一些特别规定，或者在国际条约中作出专门的规定，这些规定，通常称为涉外民事诉讼程序规范。各国在处理涉外民事案件时，只在无涉外民事诉讼程序规范可以援引时，才适用各国民事诉讼法中的一般规定。

2. 国内立法和国际条约中对涉外民事诉讼程序的规定

各国国内法和国际条约中关于涉外民事诉讼的规定，其内容主要有以下几个方面：

(1) 外国人和外国国家的民事诉讼地位

外国人的民事诉讼地位是指一个国家是否承认外国人的诉讼活动并给予多大的保护，换言之，是外国人在某国可否进行民事案件的起诉、应诉，以及享有哪些权利，承担哪些义务的问题。这里所说的外国人，既指外国自然人，也指外国法人。

目前，关于外国人在民事诉讼中的地位，各国一般适用"国民待遇"原则，即规定外国人在本国境内可享有同本国人同样的民事权利。但这种"国民待遇"一般都是有条件的，如要求对等，或有些专门的限制，对外国人的民事诉讼地位适用这种原则，不仅有利于一国对外经济贸易的发展，同时也使本国法院审理涉外民事案件时，能够行使正常的司法管辖权。

另外，有些国家实行诉讼费用担保的制度。诉讼费用担保是指当外国人作为原告在法院起诉时，为了保证败诉时不致逃避缴纳诉讼费用的义务，要求其提供一定金额作为担保。

关于外国人的诉讼行为能力问题。外国人的诉讼行为能力就是指外国人起诉和应诉的实际能力。关于外国人的诉讼行为能力应当根据哪个国家法律确定，各国的法律与实践是很不一致的。有的国家依据"法院地法"解决（例如瑞士）；有的国家原则上适用"本国法"，但是如果外国人依其本国法无行为能力进行诉讼，而依法院地法仍然具有诉讼行为能力，则仍然被认为有诉讼行为能力。在英国，外国人的诉讼行为能力依住所地法解决，在商事案件中依契约成立地法解决。

在涉外民事法律关系中，关于外国国家的诉讼地位问题，世界各国都是根据国家主权平等原则，承认外国国家享有司法豁免权。

(2) 涉外民事案件的管辖权

司法管辖权是指法院审判诉讼案件的权限。就一般民事案件来说，法院行使审判权是根据本国法的法律规定；就涉外民事案件来说，审判权既根据本国的法律规定，又根据有关国际条约的规定。司法管辖权可区分为国内管辖权与国际管辖权。国内管辖权是指司法裁判权在国内不同地区、不同类型、不同级别法院的具体划分，即确定国内某一地区、某一类型、某一级别的法院有权审理某一案件。国际管辖权是指对某一涉外民事案件确定由某国法院进行审理。国际管辖权问题一经确定，某涉外民事案件就由某国法院审理，并要根据该国国内法的规定进行审理。

由于国际管辖权的确定是任何一国法院能否受理案件的前提，因此，对国际管辖权的原则或标准的规定，是一个相当重要的问题。在国际司法实践中，按照确定管辖权的不同标准，国际管辖权有多种分类，最常见的有以下几种：

1）属地管辖与属人管辖。属地管辖又称地域管辖。它根据当事人居住地、被告财产所在地、契约成立地或履行地，以及侵权行为地等诉讼原因发生地来确定法院的管辖权。在涉外民事案件中，只要诉讼当事人或其财产、诉讼的标的物在某国境内，或者发生争议的法律关系或法律事实在某国境内，该国法院就可能按照属地管辖的原则，主张对该案件有管辖权。属人管辖是根据法律关系人的国籍归属而行使管辖权，只要诉讼当事人一方为某国国籍时，该国法院就可能主张对该案件有管辖权。在对外贸易纠纷案件中，以国籍标准作为行使管辖权的国家不多。

2）专属管辖与选择管辖。专属管辖又称特殊管辖，它是根据诉讼案件的特定性质，规定为只能专属于法律指定的法院管辖。有些国家的民事诉讼法对以下案件规定为专属管辖：

- 不动产所发生的诉讼，由不动产所在地法院管辖；
- 登记、注册产生的诉讼，由登记、注册机关所在地法院管辖等。

凡是专属管辖案件，对外经济贸易当事人不得以他们自己协议的管辖方式而加以变更，这是各国普遍承认的。选择管辖是指同一诉讼中，原告可以从两个或两个以上的法院中选择其中任何一个法院管辖。例如，一些国家法律规定，关于船舶碰撞案件，原告可以从受害船舶最初到达地、加害船舶扣留地或船舶登记地法院中选择其中一个，向该法院起诉，受该法院管辖。

3）法定管辖和协议管辖。法定管辖是指管辖系根据国内法或国际条约中作出的规定而定，上面列举的几种管辖标准都是法定管辖。协议管辖又称约定管辖，是指除专属管辖以外，当事人可以在争议案件发生之前或之后，协议确定这一争议案由某国法院管辖。大多数国家的法律和某些国际条约都承认协议管辖具有法律效力。少数国家对协议管辖采取两种截然不同的态度，他们一方面对案件由本国法院管辖的协议，采取肯定态度，另一方面对案件（与本国有关的）归外国管辖的协议，则不承认协议有效。英国就曾有过这样的案例。

根据某些国家法律规定，除专属管辖不得另行协议外，对于协议管辖还有一些其他限制。例如，不得协议选择上诉法院；对合同争议案，只能协议选择与合同有联系的法院，比如合同成立地法院、合同履行地法院、被告或原告住所地法院等。

（3）司法委托

司法委托，系指一国法院在审理涉外民事案件的过程中，委托另一国家的法院代为进行某些诉讼行为，例如送达司法文件，传讯证人，搜集证据等。就是说，甲国法院委托乙国法院代为进行某些诉讼行为。

司法协助，系指被请求委托国家的法院，按照外国法院的请求，代为履行某些诉讼行为，如送达司法文件、传讯证人、搜集证据等。这就是说，乙国法院接受甲法院的委托代为履行某些诉讼行为。

可见，司法委托和司法协助是一件事情的两个方面，从提出请求一方来说是委托，从接受请求一方来说是协助，提出请求的法院所属国为委托国，接受委托请求的法院所属国为受托国。

司法委托和司法协助通常指送达司法文件、传讯证人、搜集证据等活动。也有的国家理解得广一些，除上述内容外，还有执行外国法院判决等事项。

司法委托的方式大致有三种：

1）通过外交部门。即委托国法院将委托书和其他有关文件交给本国外交部，外交部交给受托国外交代表，再由此外交代表交给受托国有关司法机关。这是目前普遍采用的方式。

2）通过领事机构。委托国法院将委托书交给该国驻受托国的领事，由该领事转交给受托国有关司法机关。

3）两国司法机关直接联系。即委托国法院将委托书和有关文件直接寄交给受托国法院。这种方式比较简单，但使用此种方式必须以两国间订有司法协助条约为前提。

（4）外国法院判决的承认与执行

由于涉外民事案件具有涉外因素，所以一国法院对这类案件的判决有时需要得到其他国家的承认和协助执行。但根据国家主权原则，一国法院的判决只在本国内有法律效力而无域外效力，一国不能强制他国法院执行其判决，从而就发生一国法院的判决如何取得他国的承认和协助执行的问题，这就是承认和执行外国法院的判决。

承认与执行外国法院判决是有区别有联系的两个问题，承认外国法院判决就是表示允许该外国判决在确认当事人的权利与义务方面具有与本国判决同等的效力，简单说就是确定判决的效力。承认外国判决的法律后果就是认定当事人存在判决所确定的权利义务关系。

关于承认和执行外国法院的判决，各国均采取慎重态度。各国的国内法都严格地规定了承认和执行外国法院判决的条件，有些国家也缔结了双边或多边的国际条约，对这方面的问题作了规定。根据各国内法的规定，承认与执行外国法院的判决主要有以下两种方式：

1）发执行令。即执行地国的法院对外国法院的判决进行审查，如认为符合法律所规定的条件，则发执行令，按照执行本国判决的程序执行。法国、德国及欧洲大陆的一些国家用此方式。

2）要求当事人重新起诉。即法院不直接执行外国法院判决，而是要求执行的一方当事人向执行地国法院重新起诉，在重新起诉中，原来外国法院的判决可以作证据。经重新审理后，若认为原判决不与执行地国法律抵触，就作出与原判决相同的判决予以执行。英美采取此种方式。

各国国内法和有关国际条约规定的承认和执行外国法院判决的条件多少不一，主要有：

· 判决必须是有管辖权的法院作出的；
· 判决的执行不违背执行地国的公共秩序；
· 判决中的败诉方曾被传唤出庭等。

对执行外国法院判决的条件问题，除了正面规定之外，各国法律和国际条约大量地从反面作了规定，即规定了拒绝承认和执行外国法院判决的条件，这些条件主要是：

· 判决不是有管辖权法院作出的；
· 判决是用欺诈手段取得的；

- 判决不是终局的；
- 判决的承认与执行违背执行地国的公共秩序；
- 没有及时通知不利的一方当事人参加诉讼，即该当事人未得到充分的辩护机会；
- 判决带有刑事惩罚性质；
- 在要求互惠时，不具备此条件；
- 对同一案件，执行地国已作出判决，或第三国法院作出的判决已被执行地国承认等等。

思 考 题

1. 什么是合同？其法律特征是什么？
2. 合同有效成立的要件有哪些？
3. 简述合同的基本条款？
4. 什么是履约担保？其主要方式要哪些？
5. 简述违约责任的免除。
6. 简述合同争议的解决方法。
7. 仲裁协议的作用和内容是什么？
8. 什么是要约？简述要约的要件和效力。
9. 什么是承诺？简述承诺的要件。

第3章 西方国家及香港地区的工程采购方法

本章概述了在英国、香港、日本、美国和法国的建筑惯例,讨论了每个国家工程项目不同的采购方法,分析了各参与方的责任,介绍了采用的合同文件和招标过程。

第1节 引 言

在西方国家,可使用的工程项目采购方法(Procurement Method)多种多样。传统的采购方法是指由建筑师及工程师完成设计工作后,业主才与承包商签订工程施工合同。业主与承包商之间的合同安排(contractual arrangement)可因情况不同而有所差别,如有工程量的包干合同和无工程量的包干合同。采购方法指的是获得建筑产品所采用的方式,即从工程的开始到结束,要做什么以及如何去做。因此,采购方法描述了为获得建筑产品而进行的范围广泛的活动。

例如BOT(建造—运营—移交)描述了通过允许承包商建造,然后在一有限时间段内拥有并运营工程,然后再把其所有权移交给业主,业主获得建筑产品。在这种意义上它是一种采购方法。业主和承包商之间为施工而签订的合同的类型即为合同安排,它可以是"设计—建造"的形式,也可以是"管理承包"的形式(见本章第2节)。

有时,采购方法和合同安排两个词可以替换使用。例如,在非传统的采购方法中,业主不雇用建筑师而是希望设计和施工都由承包商负责,在这种情况下,"设计—建造"既是采购方法,又是合同安排。

对于西方国家采用的众多采购方法,不同的作者经常使用不同的术语描述同一种方法,从而引起混乱,表3-1列出了七八十年代某些作者引用的采购方法名称。

我们应当意识到,任何一种采购方法,都可能会有多种变形,而有时一种变形与另外一种并无很大差别。因此,虽然表3-1列出了二十四种类型采购方法,但这些方法可以归纳为以下几种形式:

(一)设计—建造分体化
- 传统式总价(包括1,2,3,4,5,18型)
- 单独合同(包括17,21,23型)

(二)管理承包式
- 管理承包(包括11,12,13型)
- 成本补偿(包括6,7,8,22型)
- 项目管理(包括14,24型)

(三)设计建造一体化(9型)

(四)其他(包括10,15,16,19,20型)

采 购 方 法　　　　　　　　　　表 3-1

作者	各作者引用的采购方法																							
	1	2	3	4	5	6	7	8	9	10	11	12	13	14	15	16	17	18	19	20	21	22	23	24
Turner	*	*	*	*	*	*	*	*	*	*														
Ashworth	*	*		*	*				*	*	*	*	*	*	*	*	*	*						
Horgan	*	*		*	*			*	*															
Marsh		*					*	*	*	*								*	*	*				
Hancock	*	*	*	*	*	*	*	*	*	*	*					*			*	*				
Gilbreath				*	*		*	*	*	*			*								*	*		
Franks				*					*			*	*										*	*

序号　引用名称
1　　固定总价（有工程量）——工程量表（Lump sum fixed price (with quantities) -bill of quantities）
2　　固定总价（无工程量）—规范和图纸（Lump sum fixed price (without quantities) -specification and drawings）
3　　可调价的总价（Lump sum with fluctuation）
4　　近似工程量表（Bills of approximate quantities）
5　　单价表（Schedule of Rate）
6　　主要成本加定比酬金（Prime cost plus percentage fee）
7　　主要成本加固定酬金（Prime cost plus fixed fee）
8　　目标成本（Target cost）
9　　设计—建造（Design—build）
10　 协商合同（Negotiation contract）
11　 管理（Management）
12　 管理酬金（Management fee）
13　 施工管理承包（Construction management contracting）
14　 项目管理（Project management）
15　 快速轨道（Fast tracking）
16　 确定期限（Measured term）
17　 直接劳务（Direct labour）
18　 价格调整合同（Price adjustment contract）
19　 系列招标（Serial tender）
20　 延续合同（Continuation contract）
21　 少数主要（成本）（Few primes）
22　 保证最高价格（Guaranteed maximum price）
23　 单独合同（Separate contracts）
24　 BPF（英国财产联合会）系统（BPF (British Property Federation) system)）

不同类型的采购方法选自表 3-1 作者的下列著作：
TURNER D.F.，工料测量：实务与管理，London G, Godwin 1983。
MARSH P.D.V.，设计及施工项目承包，Gower Technical 1988。
ASHWORTH A.，建筑业合同程序，London Longman 1986。
HORGAN M.，工程合同要素，London Spon 1977。
HANCOCK P. 建筑成本与合同，Reading Berks CALUS 1984。
GILBREATH R.D.，管理施工合同：商业风险的运作控制，NY Wiley 1983。
FRANKS J.，建筑采购系统，CIOB 1984。

由于各英美作者给各式各样的采购方法赋予不同的名称，Marterment（1992）便提议从"设计"与"建造"两角度去理解采购形式。一端是完全分割设计与建造的功能（即由建筑师及工程师负责设计而承包商负责建造，如传统式采购方法）；另一端是将设计与建造功能一体化（即由承包商负责设计及建造，如设计－建造式采购方法）。在两端之间的便是各种类型的管理承包方式采购方法。

Matharin（1990）对设计及建造在采购方法选择过程中的功能进行了深入分析：

图3-1表明了在采购过程中有五大功能即：①项目引入；②筹资；③设计；④建造；⑤风险分配。在选择一个合适的采购方法时，应该特别注意设计与建造间的一体化程度，即从设计与建造的责任完全分开（如传统的总价合同）到设计与建造的责任完全一体化（如设计建造合同）。采购过程的五大功能将影响采购方法的选择：如选用设计建造式采购方法时，风险分配方面即由承包商承担了设计及建造两种功能的风险；如选用传统式总价合同，便必须在完成设计功能后才可招标及施工，但估计工程量总价合同可使招标及施工提前，整体设计并未全部完成，由工料测量师估计工程量，进行招标，到施工期间才按实际测量结算工程费用。

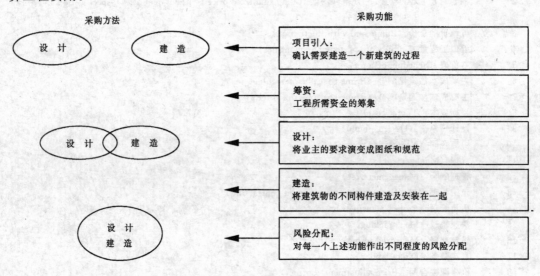

图 3-1 采购功能

第 2 节 英国的建筑采购

英国的建筑采购方法可分为两大类：传统方法和非传统方法（见表3-2）。

英国建筑业的采购方法　　　　表 3-2

传统采购方法	1. 总价	非传统采购方法	2. 设计建造一体化
			3. 成本补偿
	有工程量		4. 管理承包
	估计工程量		5. 项目管理
			6. 单独合同
	无工程量		7. BOT 及其他采购形式

一、英国的传统采购方法

传统的总价合同多使用单阶段选择性招标（Single stage selective tendering），如图 3-2。招标之后，总承包商与业主之间签订的合同可为下列任一种总价合同：

(1) 有工程量；
(2) 估计工程量；
(3) 无工程量。

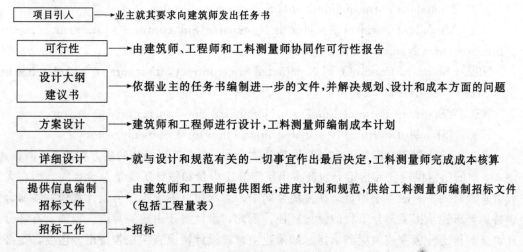

图 3-2 英国的传统采购方法

最为常用的总价方式是前二种，即有工程量合同和估计工程量合同。前者主要用于房屋建筑工程，而后者主要用于土木工程。无工程量合同大多用于小型工程或小额维修工程。

英国传统采购方法使用标准合同模式及其依据的合同文本见表 3-3。

英国传统采购方法使用的标准合同模式　　　　　表 3-3

类型	标准合同简称	备注
有工程量	JCT80	由合同审定联合会出版，有地方政府用版本（供政府使用）和私营项目用版本
	GC/WKS/1	由 JCT 出版用于所有中央政府建筑和土木工程
	ACA	由咨询建筑师协会出版，为私人开发商所偏爱
估计工程量	ICE6（第六版）	由土木工程师学会出版，用于土木工程
	JCT（估计工程量）	合同审定联合会出版，分私营及地方政府用版本
无工程量	GC/WKS/2	用于小型政府建筑工程
	JCT（无工程量）ACA（无工程量版）	都仅用于简单的小型建筑工程
其他	IFC84	由 JCT 出版，介于 JCT80 和 JCT（Minor Works）之间 适用于合同额介乎£50000 至£500000 之间的工程
	NCS/T, NSC/A, NSC/C, NSC/W, NSC/N	JCT 指定分包合同，与 JCT80 配合使用
	ACA 分包合同	与 ACA 合同配合使用
	JCT（Minor Works）	仅用于低额成本和短期合同的工程
	JCT（附有总承包商承担设计责任的附件）	允许总承包商进行部分设计

表 3-3 中标准合同：

JCT80 Joint Contracts Tribunal Standard Form of Building Contract 1980 Edition
GC/WKS/1 GC Works 1 (Government Contract)
ACA Association of Consulting Architects
ICE Institution of Civil Engineers
IFC84 Intermediate Form of Contract 1984 Edition
NSC/T Standard Form of Nominated Sub-contract Tender
NSC/A Standard Form of Articles of Nominated Sub-contract Agreement between a Contractor and a Nominated Sub-contractor
NSC/C Standard Condition of Nominated Sub-contract, incorporated by reference into Agreement NSC/A
NSC/W Standard Form of Employer/Nominated Sub-contractor Agreement
NSC/N Standard Form of Nominated Instruction for a Sub-contractor

业主与总承包商之间所签订的合同称作主合同。参予工程采购的各方如图 3-3 所描述。图 3-3 中的指定供应商和指定分包商多出现于有工程量和估计工程量总价合同。而在无工程量总价合同中一般不予指定。在传统合同中，总承包商不承担任何设计责任，除非合同中特别要求他承担某部分工程的设计责任。因此，设计责任由建筑师，工程师及有部分设计责任的指定分包商或供应商承担。如果业主想就设计错误直接控告指定分包商，他必须依赖于业主与指定分包商之间签订的副担保书（Collateral warranty）（又称保证合同），因其内容包括指定分包商的设计责任。

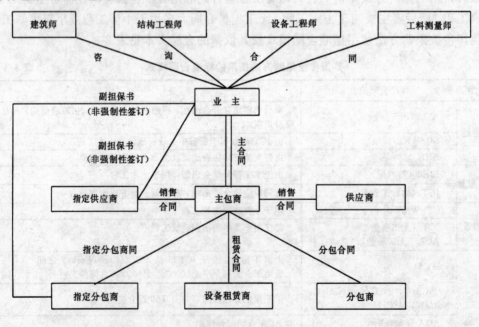

图 3-3 合同各方

二、英国的非传统采购方法

此处仅对英国建筑业的各类采购方法进行概述，详细内容参见"国际工程管理教学丛书"中由 Fellows 和 Liu 所著的《工料测量学实务》一书（也可参考 Naoum 1991，Kwakye 1991，Janssens 1991，Masterman 1992，Latham 1994）。

英国非传统采购方法使用的标准合同模式及其依据的合同文本见表 3-4。

英国非传统采购方法使用的标准合同模式　　　　表 3-4

类　型	标准合同简称	备　　　　注
设计建造	JCT81	由合同审定联合会出版
	ACA	由咨询建筑师协会出版
成本补偿	JCT 固定酬金格式	由合同审定联合会出版。向承包商支付主要成本、加酬金
项目管理	BPF/ACA	由咨询建筑师协会出版。为英国财产联合会的开发商使用；合同里指的"业主代表"实际上是项目经理的身份

（一）设计—建造（Design-Build）

该词常与"一揽子工作"和"交钥匙"（Turnkey）替换使用，且有以下特点①由总承包商承担设计和施工的双重责任；②业主仅需要找单一总承包商来负责设计与施工。"设计—建造"一词基本上抓住了此类采购方法的实质，管理模式见图 3-4。

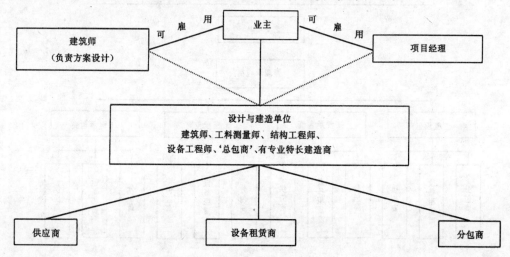

图 3-4　设计—建造管理模式

（二）成本补偿（Cost Reimbursement）

成本补偿合同用于业主按已实施工程实际成本（Actual Cost）（或称主要成本（Prime cost））进行支付的情况。这种方式适用于大型维修及翻新工程，因为此类工程较难在施工前确切估算成本，如建筑物由于多年失修，虽然施工前可作初步维修方案设计，却不可能准确估算工程量从而估算成本，而具体需维修的地方多在施工后才逐步相继出现，所以对承包商作出成本补偿再加付酬金比较合理。成本补偿合同在正常情况下对资金有限的业主不适用，因为通常这种安排在施工期间存在更大的成本增加风险。

此类合同的管理模式有以下几种形式，即：

1. 成本加固定酬金（Cost Plus Fixed Fee）

支付给承包商的是工程的主要成本加上包括其管理费、监督费及利润的一笔固定金额的管理酬金。

2. 成本加定比酬金（Cost Plus Percentage）

支付给承包商的是工程的主要成本，加上按主要成本百分比计算的管理酬金。

3. 成本加可变酬金（Cost Plus variable Fee）

支付给承包商的是工程的主要成本加上管理酬金，该管理酬金根据估算的目标成本与最终成本之间的差额按比例变化。有时也称之为目标成本合同。承包商的管理酬金按商定的目标估算成本的百分比报出。实际支付给承包商的酬金是按实际最终成本与目标估算之间节省或超出数额的商定的百分比对管理酬金予以增加或减少来决定的，如业主多节省投资，承包商酬金可按比例增加。在某些情况下，也可以根据竣工时间给予奖金或进行罚款。

（三）管理承包（Management Contracting）

管理承包商须与专业咨询顾问（如建筑师、工程师、测量师等）进行密切合作，对工程进行计划管理、协调和控制。工程的实际施工由分包商或各单独承包商承担。管理承包模式见图3-5。

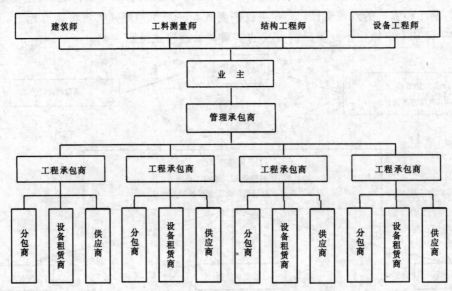

图 3-5 管理承包模式

（四）项目管理（Project Management）

如今许多工程日益复杂，特别是当一个大业主，在同一时间内有多个工程处于不同阶段实施时，所需执行的多种职能超出了建筑师以往主要承担的设计，联络和检查的范围，这就需要项目经理。项目经理的主要任务是自始至终对一个项目负责，这可能包括项目任务书的编制，预算控制、法律与行政障碍的排除、土地资金的筹集，同时使设计者、工料测量师和承包商的工作正确地分阶段地进行，在适当的时候引入指定分包商的合同和任何专业建造商的单独合同，以使业主委托的活动顺利进行。

由业主代表（即项目经理）负责项目全面管理的BPF（英国财产联合会）采购方法就是一个实例。见图3-6。

（五）单独合同（Separate Contracts）

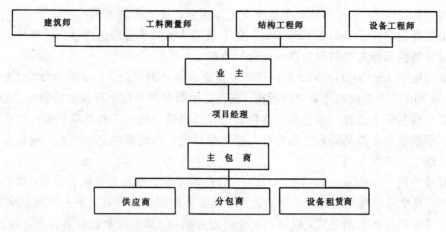

图 3-6 项目管理

按单独合同安排,建筑师设计工程以符合业主的需要,并且代表业主同多个单独的承包商进行合同安排。这种方法已不普遍,现在多由总承包商(主包商)承担起所有专业建造商和其他分包商工作的计划、组织和控制。单独合同模式见图 3-7。

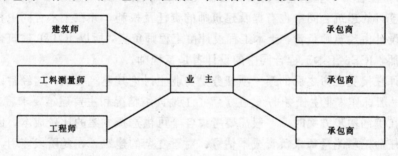

图 3-7 单独合同

(六)BOT 及其他采购形式

BOT(建造—运营—移交)、快速轨道、确定期限、协商合同、系列招标及延续合同都是有异于传统的单阶段选择性总价招标的采购方法。

BOT 这种采购方法,是业主(如政府)允许承包商建造,然后运营(如收取穿过海底隧道的收费)一段有限的时间,再把产品(隧道)的所有权移交给业主(如政府)。这种采购方法也许要求承包商(通常由联合财团支持)提供项目的部分资金,业主也通常要为项目的融资从国际货币市场取得银行财团贷款(Syndicated Loan),并由政府担保。(有这种安排是由于采用 BOT 的通常是大型的基础设施开发项目。)

"快速轨道"(Fast Tracking)一词是指通过下列方式提前工程竣工日期的非传统采购方式,例如①通过两阶段招标签订估计工程量合同,设计和建造合同或管理承包合同等,使设计与施工阶段相重叠。②通过采用全方位协调设计和构件预制以适应承包商的进度计划,提高建造可行性。

确定期限合同(Measured Term Contract)适用于不能准确预知施工范围及作出具体设计,因而无从估算成本,但业主却勒令一段期限内完成工作的情况。例如业主名下各物业的保养维修,如全年内任何物业的门窗墙壁有损,即要承包商派人前往维修。既不能预知工程量,也无从预知损毁程度。在这种情况下,承包商按费率一览表投标,在一个明确的期限内（如一年），承包商从业主处接受工作指令，按固定费率进行工作。

协商合同（Negotiation Contract）指不采用传统的单阶段选择性招标方法，而由业主不通过竞争性招标直接同承包商协商合同价格。

系列招标（Serial Tender）适用于即将实施的一系列类似工程，承包商以"主工程量表（Master Bill）"为基础进行竞争性投标。该表是根据典型规模工程编制的假设工程量表。在上述竞标的基础上选择一承包商，随后的工程都根据为每一工程精确编制的工程量表进行协商，很重要的一点是随后工程的计划应十分确定，以使承包商在就主工程量表进行投标时把后继工作考虑在内。

延续合同（Continuation Contract）一般在不可能安排系列合同时使用，如当一个工程开工时，发觉邻近地块也可投入一并发展，或准备在邻近即将开发另一相类似项目。这样，业主可考虑用延续合同方式，以第一个合同为基础，用其工程量表对第二个合同进行协商，使其成为第一个项目的延续。

三、各方的责任

（一）建筑师/工程师（Architect/Engineer）

建筑师/工程师与业主签订的咨询合同列明了他们的工作范围及责任。此外，在业主与总承包商签订的建筑合同中也有提及建筑师的责任及权利，并在土木合同中相应地提及。

建筑设计由建筑师负责，土木工程设计由工程师负责，所以JCT80建筑合同中的设计者是建筑师，ICE6土木工程合同中的设计者是工程师。

建筑师在接受任命之后的第一项任务是与业主讨论其建筑要求。这经常以需求表的形式出现，一般标作"业主任务书"。在了解了工地详细情况和主要建筑要求后，即可进行初步设计。在编制初步方案时，一般需要考虑各个可供选择方案的比较成本，因此，最好由业主直接任命工料测量师来负责成本估算，对于复杂的建筑，在此阶段应引入结构及设备咨询工程师。

此后，建筑师的工作通常按以下程序进行：

（1）编制可行性研究报告（包括建筑师的初步方案和工料测量师的估算）。

（2）业主批准后，递交计划大纲。

（3）编制计划草案，即由结构工程师进行结构设计，由设备工程师或专业分包商负责设备方案，并与工料测量师协商编制成本计划。

（4）由工料测量师编制全套招标文件，包括图纸和工程量表，并发出投标邀请书。

（5）监督施工工作，发布建筑师指令，颁发合同中列明的各种证书（包括缺陷责任期终了时完成缺陷修复的证书）及最终成本帐目的签发。

根据合同条件，承包商应把建筑师的指示视为业主的指示。但是建筑师未得到业主批准前，不应无故颁发变更令，而即使在得到批准的情况下，也不能更改合同中的实质性工作范围。建筑师在设计、施工监督和相关活动中，应按照专业人员的职业要求，对业主负责。也就是说，根据侵权法，不履行其职责的建筑师要对其职业疏忽负法律责任。

对于大型的建筑工程，一般有结构和设备咨询工程师。工程师可在编制设计、施工规范和相关资料后，在建筑师的总指挥下以"驻地工程师"身份监理现场工作。

建筑师也可能承担一些附带的责任，如对现存建筑作测量以获得规划许可、办理不属于业主律师负责的某些法律事务。对于这些职责，他应按照与业主签订的雇用合同行事。

（二）工料测量师（Quantity Surveyor）

工料测量师也称造价工程师，他的主要任务是将工程成本控制在既定的预算之内。随着建筑工程规模的扩大和日趋复杂，业主认识到雇用独立的工料测量师的优越性。有时工料测量师也被任命为项目经理，控制工程进度及成本预算，并协调建筑师，工程师，总承包商和分包商的工作。

工料测量师的职责一般包括：

1. 初步的成本建议

对一个或多个初步设计方案作成本估算，并就方案提出的材料及施工方法作出成本比较来编制成本计划。

2. 成本计划

在设计期间，如果业主改变设计方案，工料测量师要估算所涉及的成本；经常性地监控设计方案是为了尽早发现超支的风险，并迅速采取修正措施。

3. 承包方法

为某一特定项目推荐最佳的合同格式及采购方法。

4. 招标

编制招标文件，包括工程量表。通过工程量表把图纸、进度和规范说明转化为详细的工程数量，发给每个投标人，使之能在与竞争对手完全相同的基础上计算其投标价格。

5. 选择承包商

向业主推荐投标人入选名单。

6. 施工工作的估价

对进行中的工作进行估价，提交已确认的期中支付建议书，并为业主编制财务报表。竣工时做最终成本核算。

（三）工程管理员（Clerk of Works）或驻地工程师（Resident Engineer）

建筑工程合同（如 JCT80）中提到工程管理员是业主的雇员，受雇检查工程质量，他可向建筑师提出建议，但不得向承包商发出指令，不管是变更或修补缺陷的指令均由建筑师发出。应注意对其权力给予限定，以避免出现由他发出的指示随即被视为无效的情况。

GC/WKS/1 政府合同只承认监督人员（Superintending Officer）而没有工程管理员，因此，对于每个工程而言，所有的角色都在于定义和授权，且必须加以明确阐述。ICE6 土木合同规定了工程师代表（驻地工程师）常驻现场，工程师可对工程师代表进行授权。

（四）总承包商（Main Contractor）

总承包商（也称主包商）是唯一与业主有合同关系的一方。通过签订合同，他至少负有三项重要责任：

（1）进行工程的施工。

（2）对参与建造工程的众多指定分包商、分包商及专业承包商进行全面的监督、管理与协调，管理施工进度与检查质量。

（3）提供工程建设初期的资金，该资金是他在实际花费之前不能从期中付款中得到的。

总承包商的责任除合同条款中明示的之外，还有合同条款中隐含的如下责任：

（1）总承包商要对所有潜在的和明显的材料缺陷负责。

（2）总承包商要对工程的目的适合性（fitness for purpose）负责。

如在 Greaves 公司诉 Baynham Meikle 一案中，设计建造商承诺为业主修建一座仓库，其二层应适用于堆货卡车作业。承包商雇用结构工程师进行设计。在使用时，二层坍塌。法庭认为被告对设计的楼层坍塌负有赔偿责任，因为他们默示保证该楼层的设计适合仓库卡车作业的目的，在此工程中业主表明依赖承包商的设计技能及判断力，那么承包商就默示保证完成的工程应合理地适合该仓库工程的特定目的。

(3) 总承包商要对工艺（恰当的技能和细心施工）负责。

（五）业主干预的概念

业主，应该用足够的时间对项目进行招标，以便承包商算出投标价并递交工程量表和投标书，否则承包商就会报出高价以包括其未知的风险。雇主应尽可能制止随工程的进展而对原设计进行变更。此类变更经常会导致工程拖期和组织混乱，引起成本增加和承包商的索赔。业主亦应在合同附件中规定的期限内，按建筑师颁发的期中支付证书如期对承包商进行支付。

业主干预（Employer's Prevention）的概念来自合同法，合同中有一隐含的约定，即任何一方都不得干预阻延另一方执行合同，否则就是违约。即业主不得干预承包商完成工程，如业主不在合理的时间内交出工地占有权，他就不能责备承包商不按时完成工程。

（六）指定分包商和指定供应商（Nominated Subcontractors and Nominated Suppliers）

传统采购方法中，经常出现业主指定，可以是指定供应商，也可以是指定分包商，其工作量以工程量表中列明的主要成本额（Prime Cost Sums）作基础。（参见《工料测量学实务》一书对主要成本额的解释）。各方的关系如图 3-8 所示。

建筑师在众多分包商中进行竞争性招标，然后选择一家作指定分包商实施工程。主合同文件中已填入完成该指定分包工程的主要成本额的估算。选择某一指定分包商之后，建筑师应指示承包商与之签订指定分包合同，主要成本额也应据主合同内的估算和指定分包商的投标价作相应的调整。

如需指定分包商负责部分工程设计，这设计内容将影响业主选用单阶段或两阶段向分包商招标。例如，电梯安装招标可以是简单的单阶段招标，由分包商在预定的价格内进行详细设计。但复杂的机械工程安装就更适应采取两阶段招标程序，即在第一阶段多家公司进行竞争，然后选中一家在第二阶段与建筑师协议进行最终设计，并在最终设计基础上协商最终价格。

安装于工程中的产品或构件，可以在规范文件中指定或包括在工程量表的主要成本额中，在后一种情况下，建筑师应先获取有关产品的报价，并指示总承包商与某一个指定供应商签订合同。

一般而言，最好是在招标文件中对产品加以规定，并允许总承包商从他所选择的供应商处获取报价并直接与之进行供货安排。如同在指定分包商的情况下，只有由供应商负设计责任时，才需要指定供应商。凡是涉及到设计责任，不管是指定供应商或是指定分包商，设计者都应与业主签订副担保书以使设计者按合同法直接对业主负责任。

签了副担保书后，指定分包商或供应商对其工程或货物做出保证，虽然业主已使承包商与分包商或供应商签订了指定分包合同，但业主仍可以就违反该保证而引起的损失控告指定分包商或供应商。

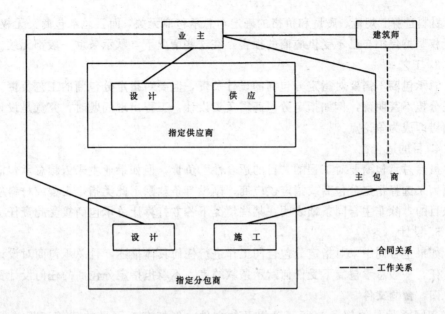

图 3-8 指定分包商/供应商

在 Shanklin 码头有限公司诉 Detel 产品一案中,原告是码头的所有者,希望对之进行修理和粉刷,并规定使用沥青涂料,为此目的雇用了一个承包商,被告(承包商)向业主保证他们的涂料很适合,涂后的表层可防锈,寿命为七至十年。出于对该保证的信赖业主指示承包商定货并使用被告的涂料代替沥青涂料。结果被告的涂料完全失败,原告因被告违反上述保证而从被告处获得赔偿。

指定供应商的权利和义务较明确,且容易纳入到主合同的条款中,但指定分包商的权利与义务就更为复杂。

承包商要对分包商(包括指定分包商)的一切行为向业主负责。但应注意以下几点:

1. 时间

总承包商要对指定分包商的工期延误负责任,除非主合同条款表明在某些情况下不包含此类责任的意图。

2. 材料

(1) 明显的缺陷 (Patent Defects)

主合同中有一默示条款,即由指定供应商提供的或由指定分包商使用的材料或货物不应存在当总承包商进行合理检查时就能发现的明显缺陷,除非主合同条款表明在某些情况下不包括此默示条款(即检查所需的标准可因合同条款和有关情况而异)

(2) 潜在的缺陷 (Latent Defects)

主合同中有一默示条款,即要求总承包商对指定供应商提供的或由指定分包商使用的材料或货物的品质向业主负责。除非主合同条款表明在某些情况下不包括此类责任的意图。这一默示条款使总承包商即使在交货或安装时运用其恰当的技能和表现了应有的细心却未能发现此类缺陷,总承包商仍需对潜在的缺陷负责。这种情况下,总承包商可向指定分包/供应商索赔。在某些情况下,总承包商无需受制于这一默示条款。例如①当建筑师指令总承包商签订的指定合同内限制了总承包商向指定供应/分包商索赔品质补偿;②构件的设计、材料选择、规范、质量和价格的确定与总承包商无关,而且总承包商又无权反对指定,或无权坚持保护自己不受供应商的损害,在这些情况下,默示条款一般都无效。

3. 工艺

总承包商不需要对指定分包商的设计负责,但要对指定分包商的工艺负责。因而有时责任分担不甚明确,例如指定分包商需负责设计,工程出现问题时,究竟是设计出错或工艺出错即成为争论点。

4. 目的适合性

虽然总承包商要对工程的"目的适合性"负责,但如果业主未依赖总承包商的技能和判断力来选择指定分包商或指定供应商,则没有条款默示此类指定工程或材料应合理地适用该目的,除非主合同条款表明在某些情况下各方打算让总承包商接受此责任。

5. 设计

如果主合同中未对指定分包合同工作进行任何具体描述,且总承包商对设计不负有明示责任,一般总承包商不受任何默示条款约束,不承担指定分包商的任何设计责任。

四、合同文件

合同文件是协议条款所明确提及的文件。例如有工程量的建筑工程总价合同(如JCT80),合同文件通常包括:

- 协议条款(Articles of Agreement)
- 合同条件(Conditions of contract)
- 合同条件附录(Appendix)
- 图纸(Drawings)
- 工程量表(Bill of Quantities)

但是也可以就其他文件,例如在有工程量的建筑工程总价合同中(如在JCT80中)纳入"标准测量方法"(SMM7),指定工程量表按此法编制。

把一些文件恰当地纳入合同是至关重要的,否则一份包含人们所依赖有工程项目信息的文件可能实际上并无法律意义。实际上只需要在合同文件的某一部分中提及或列明所涉及的文件,以及该文件拟决定或控制各方合同权利的程度即可。现在,一般标准合同格式都具体列出拟构成合同一部分的文件,并且规定由各方签字。如承包商受雇按图纸和规范工作,那么报价就与图纸和规范有关,如报价被接受,规范成为合同文件,其中包括的竣工时间就成为合同的内容。

规范的纳入尤为重要。ICE6 土木工程合同明确提到了规范(其他土木工程标准格式通常也是如此),但是在有工程量的建筑工程总价合同中却没有提及(如JCT80),工料测量师通常以把规范和工程量表装订在一起的方式把规范纳入合同文件,并在工程量表中提及规范。在无工程量的总价合同中,规范和图纸同等重要,且都被称为合同文件。

第3节 香港的建筑采购

香港采用的传统采购方法与英国类似,因此图 3-1 与表 3-2 所作的描述基本上适用于香港的建筑业,但香港在采用非传统采购方法上不如英国那么积极。作为最大的单一业主,香港政府普遍采用总价方式,近年来也曾试用其他非传统方法,特别是设计—建造法。其他政府资助机构,如教育机构在建造大学职员宿舍时就是在设计—建造的基础上发包的。Rowlinson 和 Walker(1995),Walker(1995)和 Hills(1995)都已对香港的建筑业做过详细的描述。

香港政府在采用非传统采购方法上态度谨慎,但私营机构在这方面却更具灵活性,近年来,私营机构的工程越来越多地以管理承包和设计—建造的方式进行发包。

一、香港的传统采购方法

有工程量的总价合同通常用于建筑工程。近似工程量的总价合同通常用于土木工程,在如下情况时,也用于建筑工程:①做设计的时间很短;②不可预见的分项很多;③许多设计方面的决定无法在招标前做出。在政府机构,土木工程通常是基础设施项目,在私营机构,可能是与大型开发项目相关的场地平整工程以及打桩工程。

所涉及各方的责任、指定程序、合同文件与上一部分所述的英国建筑业相同。

通常使用的标准合同模式在表 3-5 中列出。

香港的传统采购方式使用的标准合同模式 表 3-5

类型	标准合同的简称	备注
有工程量	HKIA/RICS(香港分会)合同	由香港建筑师学会和皇家特许测量师学会(香港分会)出版,被私营机构广泛使用
	香港政府建筑合同	由香港政府出版,使用于所有政府机构的建筑工程
有近似工程量	香港政府土木工程合同	由香港政府出版,使用于所有政府机构的土木工程
无工程量	RICS(香港分会)小型工程	由皇家特许测量师学会(香港分会)出版;使用于金额有限的小型工程
	香港政府建筑无工程量合同	香港政府出版,用于无工程量表的小型工程
	香港政府建筑工程期限合同(Term Contract)	由香港政府出版,用于确定期限合同(有费率一览表)
	香港政府机电工程合同	由香港政府出版,用于机电工程(以设备表、规范和图纸为基础)
其他	土木工程 ACP	由香港政府出版,用于机场核心计划工程
	建筑工程 ACP	
	香港政府分包合同	用于专业建造商工程
	香港政府指定分包合同	与香港政府合同配合使用,由主包商与指定分包商签订
	HKIA/RICS(香港分会)指定分包合同	与 HKIA/RICS(香港分会)合同配合使用,由主包商与指定分包商签订

二、香港的非传统采购方法

传统的总价合同是在香港占主导地位的采购方法,此外,虽然也有各种工程采用设计—建造,管理承包,项目管理以及 BOT 模式,但只是极少数,而且也还没有任何标准的合同模式可供香港的建筑业采用。这些非传统采购方法与前述的英国建筑业的相同。

目前香港还未出版非传统采购方法的标准合同模式。私营机构使用的是专门制定的合同以适应某些工程的需要,政府正在试验设计和建造方式,但还未出版标准合同模式。

第4节 美国的建筑采购

在美国最常见的合同安排格式皆为总价合同。美国的采购一般按线性顺序:①设计;②招标;③施工。参看表3-6。其特点是招标前招标文件已经很完整,可以通过协商或通过公开或选择性竞标确定工程价格。在美国,在招标文件中没有工料测量师编制的工程量,于是每个承包商都要根据图纸计算其工程量,并要求分包商计量分包工程量,提交分包报价来编制投标书。Clough 和 Sears(1994)对美国的合同安排做了很好的描述,Coller(1995)从合同法的角度对建筑采购进行了非常详尽的描述。

美国的采购　　　　　表3-6

阶　段	任　务	阶　段	任　务
1. 可行性研究及设计大纲	可行性报告、预算价格	4. 图纸、招标文件	a. 由专业人员或建筑师编写规范
2. 方案设计	估算建造成本		b. 合同文件
3. 详细设计	a. 建造成本规划 b. 施工方法和工期建议 c. 项目生命周期成本分析 d. 价值工程(分析成本与所获价值的关系)	5. 招标	评标
		6. 施工	a. 基于开工前达成协议的进度计划进行支付 b. 协商变更的造价 c. 协商索赔的支付(有时需要索赔律师的参与)

一、传统采购方法

主包商与业主签订合同,合同详细描述了工程的性质和各方的责任。承包商有责任严格按合同实施工程,而业主须按协议对其予以支付。对施工过程中风险的考虑,是至关重要的问题,一般的合同条件明文规定承包商或是业主承担大部分风险,但也有些合同把施工风险分配给较能管理和控制该风险的一方。

主包商可通过竞争性招标选定,业主也可以与选定的承包商进行议标或者综合使用这两种方法。美国的招标程序如图3-9。整个工程可以包括在单一的主合同中,或对工程的各具体部分使用单独的合同。合同可以包括设计以及施工(如英国的设计—建造法),或承包商的责任主要是管理(如英国的管理承包),建筑业传统的方法是"线性建造(Linear Construction)"它是指设计、招标、投标、施工的程序一步一步地按顺序进行。也可以仅以承包商管理工程的责任为主要内容。

美国体系与英国体系之间的区别在于美国的设计人员不编制工程量表。在美国没有标准的工料测量方法,但许多大型的建造商都使用和他们自己的估价系统相联系的工料测量系统。此外,如果测量数据由咨询顾问担保,分包商愿意使用由咨询顾问提供的工程量。英国的体系是,凡工程量的测量出现错误或遗漏,用工程变更令予以修正,美国与此不同,其总价招标方法不包括这种对承包商的保护措施。

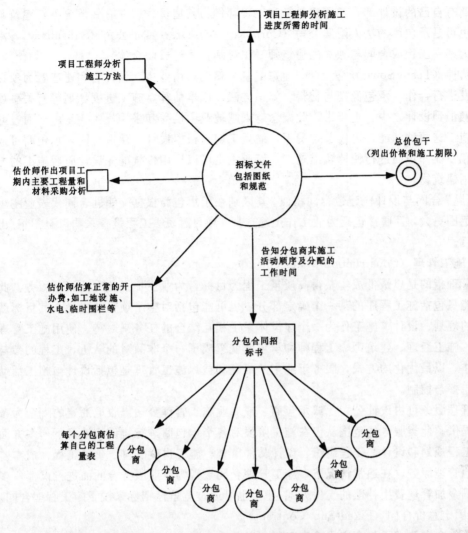

图 3-9 美国的招标程序

每个分包商按适应他自己的施工方法为其报价的工程自行编制工程量。

合同安排包括如下类型。

(一) 施工—传统的包干 (Construction-Tradition Lump Sum)

大部分合同规定承包商对业主所负的责任仅为完成施工。在此种安排中，承包商完全处于设计过程之外，他对业主的责任限于严格按照合同条件进行工程施工。

凡承包商仅提供施工服务，通常的安排是由建筑师—工程师公司与业主签订合同，这些专业设计人员在设计阶段受业主委托进行设计，在施工阶段作为业主的代理行事，并经常在施工合同管理的事务上代表业主。

在此种合同安排中，业主、建筑师—工程师以及承包商受到狭义的角色限制，使承包商与其他两方容易产生对立的关系 (Adversary Relationship)。

(二) 设计—建造 (Design-Construct)

业主就设计施工和其他采购服务与单一的公司签订合同的项目被称为"设计—建造"项目（或称 Design-Build 项目）。虽然有时也是竞争性招标，但这种合同形式大都采用议标。

通常承包商有自己的设计部,雇用建筑师和工程师作为其雇员,但在有些情况下,建筑师—工程师也可是承包商的法人附属公司(Corporate Affiliate)或子公司(Subsidiary),承包商也可为某一工程或合同与独立的建筑师—工程师公司组成联合体。

团队精神(Team Spirit)是设计—建造的基本概念,由业主、设计者和建造者为项目的整体开发进行合作。承包商把与材料、施工方法、成本估算,施工进度计划等有关事项实质性地融汇到设计之中。近年来,此概念越来越被业主接受和采用,主要是由于通过融合设计和施工这两种功能,可以节省费用,缩短工期。根据设计—建造合同,承包商可运用其经验和专业知识而进行快速轨道施工,而业主也可以比用传统的先设计而后施工的方法提早使用建筑物。

"交钥匙"合同与设计—建造合同相似。其区别在于承包商根据交钥匙合同代表业主承担的责任范围更大,且通常包括为业主作土地选择、项目融资、工程设备采购以至招租/出售竣工项目。

(三)施工管理(Construction Management)

施工管理指的是以最低成本获得高质量工程为目标,为业主提供的专业管理服务。此类服务可能只包括施工程序的某一个确定部分,也可能包括对整个项目的责任,其目标就是把工程的规划、设计、施工作为一个建设体系中相互结合的任务来对待。使用施工管理时,业主、施工经理、建筑师—工程师和承包商就组成了一个非敌对的队伍,工程的参与者共同协作,以最优化的方式,服务于业主的最高利益。施工管理是包括设计与施工活动的管理、指挥与控制。

施工管理服务可由设计公司、或承包商、或专业施工管理公司以收取商定的酬金为条件向业主提供。此类服务的范围从仅在施工阶段对各个承包商进行协调到涉及下列多方面的责任:工程规划和设计、工程组织、设计文件审查、施工进度安排、价值工程、成本监控以及其他管理服务。在通常情况下,施工管理合同被视为专业服务合同而进行议标,多采用固定酬金加管理费用补偿的支付方式。业主也可通过竞争性招标来授予施工管理合同。

(四)固定总价合同(Fixed-Sum Contract)

固定总价合同要求承包商完成确定工程,以获取合同中的一笔固定金额。如果工程的实施成本超过此金额,由承包商承担损失,业主仅有责任支付合同中规定的全部金额。

按总价包干合同,承包商同意完成规定的工程以获取一笔总金额。这种方式适于那种在合同金额确定之前,各分项工程的性质和工程量均可以确定下来的那些工作。

单价合同要求承包商按照对应于每一细部工作项目的固定价格表(费率一览表)实施某些工程,支付给承包商的总金额按合同的单价乘以实际完成的工作数量来确定。不管最终的工程量比建筑师——工程师起初估算的是多还是少,承包商都有责任按报出的单价去完成现场要求的工作量。当工程量发生大量变更时,若合同有规定,可按规定重新确定单价。单价合同特别适用于那些工程性质已明确,但在施工前却不能准确预测工程量的工程。

(五)成本加酬金合同(Cost Plus Fee Contract)

成本加酬金合同规定业主向承包商补偿全部施工直接费用并就其服务支付酬金,有几种不同的方法来确定承包商的酬金,通常规定该酬金为施工费用的固定百分比或为一固定金额。有时还包括奖励条款,通过在承包商的基本酬金上增加奖金或减去罚款来激励承包商尽可能高效地完成工作。成本加酬金合同中经常包括保证最高成本(条款),按照此格式,承包商同意严格按照合同文件建造整个工程使业主的成本不超过某一最高总限价。

二、各方的责任

（一）建筑师和工程师（Architect and Engineer）

建筑师和工程师，也被称为设计专业人员，是负责建筑或工程设计的一方或公司。许多公共机构和大型的私营机构内部都有设计人员，但一般建筑师——工程师为私人的独立设计公司，按与业主签订的合同完成设计工作，如运用设计—建造的方式，则业主与既负责设计又负责施工的公司签订合同。

（二）主包商（Prime Contractor）

主包商，也称为总承包商（General Contractor），（英国称为 Main Contractor），是与业主签订合同承担工程的公司。业主可选择与一个或多个承包商签订主包合同。在正常情况下业主把整个工程的施工授与一个主包商。主包商要协调施工过程中的一切因素。并对分包商和实施合同的其它方的履约向业主负全部责任。

当业主与多个承包商签订单独合同时，工程便不是在单一的主包商集中控制下建设，而是由几个单独的承包商为工程同时工作，各自对其指定的工程部分负责。每个承包商都独立地与业主签订合同，这些承包商之间的协调可能由业主、建筑师、工程师、项目经理来负责，也可能由某一个承包商在接受业主的支付的条件下完成某些全面管理的职责。

（三）成本咨询师（Cost Consultant）或造价工程师（Cost Engineer）

在美国没有专门的工料测量师专业，工料测量这一职能由具有不同专业头衔和技能的人员来执行。美国的建筑师（经常雇用成本咨询师）负责建筑物的初始预算的编制和施工成本的规划。他也编制规范和合同文件，并在施工过程中监控工程费用。

在设计阶段，有关成本的咨询可能来自以下三方面：

（1）机构内部雇用有承包经验的估算师，专门从事成本控制的建筑师或受过工程教育在成本方面有专长的造价工程师作为其成本咨询师。

（2）专业的成本咨询和估算机构。这些专业公司大多数都具备建筑工程成本与工期控制的专业知识。在美国通常认为成本与施工时间密不可分。业主也敏锐地认识到时间的资本价值。

（3）主包商和专业分包商愿意向建筑师提供造价资料，希望由此获得中标机会。较小的建筑师公司经常使用此种方式，承包商也希望能多获得业务上的机会，因此这种方法行之有效。

三、英美两国的差异

由于在英国使用工程量表，英国和美国的招标方法就有如下所述的差异。

（1）美国承包商把其单价视为机密信息，其惯例是不向业主公开其价格信息。

（2）在英国、工程量表使所有的投标人在相同的基础上进行报价。英国承包商是用工程细部分项来做基础计价。工程量表的每个分项都是按"标准测量法"一书的规定来计算数量。美国的建造商则依据劳务、材料、设备、管理费和利润来讨论价格。

（3）获取分包商报价的实际过程不相同。在英国主包商把工程量表中打算作为分包工程部分的各页复制下来，以便直接获取分包商的报价。因此所有分包商都是在相同的基础上进行竞争。分包商的投标书及时递交给主包商，使其有足够的时间把这些价格作为工程量表中单价的基础。在工程量表中不提及分包商。

美国的分包商由主包商邀请进行投标。分包商通过查阅存放在主包商办公室所属的分包商管理图纸来计算其工程量，或者是主包商将全套文件存放在拟建工程地区设立的中心行业办公室或计划室里，以供查阅。为避免"投标压价"（Bid Shopping）的可能性，即总包商企图以一个分包商压另一个分包商的方式压低分包的标价，有时会利用"投标书保管站"，由建筑商交流协会或行业协会管理。分包商将其工程投标书放入密封的信封里，标明致主包商，然后送到保管站。在规定的时间和日期，主包商（有时也称为主投标人）取走这些分包投标书。主包商没有采用最低价格投标的义务，但是提交的分包价格是不可进行调整的，主承包商在被授予合同之前，不必公开他拟在工程上使用的分包商的名称。但是总包服务管理局（GSA）以及一些私人业主要求主包商在投标书格式中列出拟用于所有工作部位的分包商的名称和地址。投标者有权就每一工作部位提出至多三个分包商名称。

（4）在美国，对于承包商而言，承担的与投标有关的风险要高得多。承包商总是害怕其投标书中出现漏项。英国所用的工程量表方式消除了因工程量疏忽出错而带来的风险，因为实际上是由业主承担了这一风险。

与此相关的另一个差异就是在美国建筑工程项目没有指定分包商或指定供应商，业主虽有权利授予单独的合同，但指定这一方法被视为没有必要。而恰恰与此相反的是指定分包商广泛地用于英国，使建筑师可与分包商直接联系。

在美国，工程尽可能地避免变更，因变更后，很难商定一个合理的价格，且整个行业都习惯于快速施工及利用大量预制配件。十一月至次年二月的恶劣气候，特别是在人口占全国60％的北部各州，使得在冬季之前完成建筑物的框架及外墙至关重要。在投标阶段，承包商在其进度计划中就考虑到这一点，而且绝对不鼓励业主在施工过程中进行任何变更，因为对进度计划的更改和阻碍均可能会产生严重后果。

在美国，当确实需要进行变更时，其价格由下列方式之一确定：

1) 商定的包干估算。
2) 成本加固定酬金，或成本加管理费及利润的百分比补贴。
3) 投标前或之后商定的单价。

在美国，对劳务或材料的成本变更的价格波动条款（Price Fluctuation Clauses）在私营机构工程中很少见，而在政府工程中却并非罕见。价格波动条款在英国的工程中是很普遍的（可调价的总价合同）。此类条款依据的是在全国范围公布的费用指数或商定的支付价格波动的计算方法。

在美国，承包商负责每月向建筑师递交进度付款申请。承包商在每一次提出期中付款申请之前，提交一份价值表（A Schedule of Values）作为进度付款的基础。在英国每月由工料测量师计算期中付款，只对完成了的无缺陷的部分作详细估价。英国的体系很精确，而美国的支付体系在这一点上略为欠缺。

英国的工程量表的一个重要特点就是让承包商向业主提交详细的单价，可用于合同的财务管理，也可提供因不同设计而异的基本成本资料，可用以指导未来工程的设计。在美国，分包商提供给主包商有限的投标价格分析，而承包商对业主也不能给出投标价格的详细分析。因此在美国，很少进行成本计划。虽然也可以从公布的资料以及分包商处获取某些分项的单价，但在英国，公布的成本与价格方面的资料数量多而且也更容易获取。

第 5 节 日本的建筑采购

由于日本建筑业所具有的一系列人为和文化障碍，它们抑制了外国公司在日本市场上参与竞争的能力，海外公司大多与当地的公司结成联营体。日本的国内市场也提供了良好的营业环境和条件，使日本工程公司能够进入海外建筑市场。就设计而言，日本常委任外国有名的建筑师对著名的发展项目进行概念设计，例如由法国建筑师设计的关西机场。

日本的工程建设公司通常既做设计又进行施工，特别是对私营项目而言，承包商的设计部门可有一千人之多的专业人员。大多数土木工程是由政府部门负责的，而政府部门使用自己的设计部或雇用专业咨询师为其项目进行设计。咨询师与承包商之间既有合作，也有竞争，承包商可以受邀参与咨询师的设计工作，反之亦然。(Kunishima 和 Shoji（1996）对招标及合同管理方法有详细的叙述）。

承包商由建设省或专区长官颁发执照。大多数承包商规模较小，但有六个大公司：清水公司、鹿岛公司、大成公司、竹中公司、大林和熊谷组。他们都在建筑、土木及大型工程方面提供范围广泛的服务，例如为业主寻找施工场地，协助融资，然后设计建造并维修高质量的建筑及工程项目。他们的总部都设在东京。在这些最大的承包商之下有许多小得多且能力相似的承包商。(参见 Levy（1993）有关日本最大 6 家承包商的详细叙述）

一、传统的采购方法

在政府部门，符合相应等级且有适当经验的建筑公司应邀参加投标。在选择这些受邀公司时，中央或地方政府根据以往所获的订单、营业额、财务状况及技术能力把建筑公司分级，而后合同通常授予报价最低的投标者。在私营企业中，业主可以指定某一特定的承包商，但经常是邀请数个选定的承包商进行投标。许多工程也以设计和建造方式进行，其建筑师多由承包商雇用。

日本的合同体系以信任和共识为基础。双方保持良好及长期的关系是很重要的，日本人很少带律师进行谈判——这会意味着不信任——并且诉讼只是最后诉诸的手段。业主趋于经常与一个承包商合作，而承包商多雇佣有建筑设计和施工知识的人员，由他们编制概要图纸，而建筑服务则由专业分包商负责。

两种最常使用的合同格式为由日本建筑业委员会（Construction industry Council of Japan）编制和推荐的"建筑和土木工程标准协议书格式"和"政府合同通用条款"，以及建筑合同通用条款（GCCC），它经多个建筑师与承包商协会批准，合同文件相对简短，在正常情况下由书面合同、合同条件、设计图纸和规范组成。没有工程量表，但承包商提交一份分项目的价格表（包括工程量）。如工程延误，要交损害赔偿费，砖石或混凝土建筑物保证期为两年，木制结构的保证期为一年。业主具有明确的变更工程的权利，对工期和成本通过谈判确定。很少有索赔发生。

在投标和授标阶段，一般由承包商确定合同价格，而不是让专业分包商估算其工程价格，因专业分包商信任承包商会公平地代表他们的利益。合同关系多半是以协商为基础，这意味着在支付和附加费用索赔方面不会发生冲突，即使引起争端时，也不会诉诸法律，因需要保持长久的合作关系，他们之间也经常会通过谈判达成解决办法。

合同由各种建筑师及承包商组织共同起草。标准建筑合同第一条包括了下列总则："业主和承包商应以合作、诚信和平等的关系忠实地履行本合同。"建筑师在合同中始终被称为监理（Supervisor）。由于没有定义，该合同与西方的合同有很大差别。

在国内以及在海外，承包商经常就工程进行联营。联营协议的格式多种多样，在联营体中，参与者可能多至六、七个。承包商可以独立管理自己的部分，或共同运作。也可以采取均等股的合伙的形式，其大多数雇员从成员公司借用，所有的设备由联营体拥有。

二、各方的责任

（一）专业承包商

承包建筑商业法（The Contract Construction Business Law）要求承包商取得执照才可开业。在日本几乎所有施工都是由与总包商保持着特殊关系的专业分包商承担的。在此类关系下，总包商会努力保持对其分包商的持续雇用，作为回报，每个分包商允许总包商提出合同价格，并对其资金状况和工程实施进行监控。很大的公司也不拥有永久性的工作队伍，但有一系列分包商与之松散地联系在一起。

日本的建筑业受到严格的管理，任何人进行设计或施工之前都需获得营业执照。营业执照由建设省及专区政府颁发。发放营业执照的标准很严格：公司必须具备在相关工程领域中至少五年的经验，并且具有研究生毕业后在相关工程领域有三年工作经验的，有能力的专业工程师。

日本承包建筑商业法把建筑业分成三组：

总包和专业承包商（General and Specialised Contractor）

专业分包商（Specialised Sub-contractor）

设备安装商（Equipment Installers）

这三组又进而分为28个分组，日本的总包商是建筑业占统治地位的成员。总包商又按其年营业额进一步划分为大型、中大型、中型、小型及土木工程承包商。

在日本几乎所有的建筑工程都由专业分包商承担，这些分包商与总包商之间是一种家长式的关系。他们依靠总包商以获得后续工程。许多专业分包商为特定的总包商工作若干年，而且在许多情况下，他们会只为一个总包商工作。

日本的专业承包商分为两类，首先有一批安装公司，诸如东芝、三菱和日立这些主要的电气、机械、构件及设备公司。这些公司也参与到从汽轮机到帷幕墙范围广泛的产品的设计和制造中去。其次，有规模从很小仅提供劳务的小型到大型的独立的专业承包商。大多数专门行业的工作为仅提供劳务，每个承包商都保持着核心工作队伍，当需要时，以附加的分包队伍来补充。核心工作队伍将被培训以学习新的施工技术。

（二）设计者

日本建筑设计师和施工监理都必须有执照。他们有三种类型：一级建筑师，二级建筑师和土木结构师。一级建筑师必须通过建设省举办的考试并取得执照。其他两类建筑师由专区政府办理。

建筑师、工程师及成本咨询工程师通常或是直接地或是经过某种形式的竞争之后，由业主任命。入选的最重要的条件是工作经验，而取费仅是处于第二位的因素，个人关系与推荐在私营部门有时是有用的，但在政府部门很少奏效。建设省发布的公共声明第1206号包括了任命咨询工程师的准则，专业学会公布取费标准只作参考而不是强制的。

（三）总包商

总包商被认为是全面的建设公司。他们不把自己描述成建造商(Builder)，而是描述为：
- 工程承包商；或
- 建筑师，工程师，建造商，开发商的混合体；或
- 建造工程师

建造商一词在日本没有什么地位，大多数建筑专业人员被称为工程师，甚至建筑师也被称为建筑工程师。大型公司专门承担高级的工程。例如，在隧道、地震工程、生物技术、建设机器人（Construction Robot）和混凝土技术方面大量投资。

有些总包商也参与房地产发展。所有的大型公司越来越多地参与到开发中去。熊谷组评论说："在过去，建设公司进行建设，开发商只进行开发，投资公司安排融资。我们的主要方针是把所有这些个独立的行业结合成一个。"

所有的大型总包商内部都具有广泛的多学科的设计能力。这些设计部门的规模可与日本大型的建筑工程设计咨询公司相匹敌。设计和建造是总包商工作任务的主要部分。交钥匙的运行方式对日本总包商很重要，他们要设计、监督、建造和维修建筑物，维修管理越来越重要。由日本总包商安排融资和为业主寻找土地也变得很常见。

日本总包商主要的实力之一在于他们十分关注细节及对工程方案的计划。他们在施工过程的计划方面大量投资。按期竣工对于他们是事关荣誉的事情。

日本的总包商与业主具有长期的关系。为某一业主重复修建工程被视为是深深植根于日本的企业文化之中的一部分。一旦使业主满意，建立起信任，自然而然会产生长久的业务关系，他们会发展成为"人际关系"。

每个大型总包商雇用很大的销售队伍以保持这种与业主的关系，以便当机会来临时，增加各个市场的份额。例如清水公司自己就雇用了大约一千名销售人员，负责与业主联系。日本总包商之间的竞争也非常激烈，实质性的建议书经常是免费提交给业主。

在日本，大型总包商在投机性房产开发方面的经验有限。住房工程由专业"木结构承包商（专门从事木结构建筑）"承担，而中小型承包商可获保证得到一定比例的政府部门工程。每年由政府决定这个比例，并鼓励这些承包商组成合作团体以分担风险并提高其信誉。合作团体与联合体的不同在于，它不只限于一个工程，并有多种基金和优惠贷款。例如由建设省设立的建筑业促进基金，对金融机构提供给建设合作团体的贷款进行担保。

这些汇集在一起的合作团体就象一张大大的蛛网，其中心往往是一家大型的日本商业银行。虽然每一个附属于某个利益集团的公司表面上看是独立的法人，它们非正式的合作关系结合起来组成巨大的阵势。

（四）建筑测量师

英国和香港的工料测量师，在日本实际称为建筑测量师（Building Surveyors），负责工程成本管理。日本有一个建筑测量师学会，它已加入了太平洋工料测量师协会（PAQS）。PAQS中其他的协会成员有 AIQS（澳大利亚工料测量师学会）、NZIQS（新西兰工料测量师学会）、HKIS（香港测量师学会）和 SISV（新加坡测量师和估价师学会）。

三、研究与开发

日本承包机构的特点之一就是承担大量的研究与开发工作。研究的范围非常广泛，从土壤检验到气体支持圆形屋顶及地震工程。日本人在使用机器人进行施工的研究以及智能大厦的开发方面一般被认为处于世界领先地位。最大型的建设公司每年用于研究和开发的

直接费用可能达到营业额的1%,但是他们也大量地资助公司外部的研究。所有的大型的承包商都在施工机器人的开发中投资,例如竹中公司已开发出四种不同类型的机器人以改进混凝土浇注和抹面(参见CIOB(1995)有关日本在建筑业中的研究与开发的分析资料)。

第6节 法国的建筑采购
(本节中带"*"的外文名词为法文)

在法国,地方政府通过一个三级的结构来控制大部分的建筑工程。(详见Borrie 1995)。22个地区直接选举议会和行政官员来处理文化旅游、工业发展和修建道路方面的事务。政府基金通过这些地区流入96个主要都市行政区,这些行政区有其自己选举的议会。行政区处理福利、社会服务以及基础设施方面的事务。再次一级,有约36500个小的地方行政区,这些行政区也有其自己选举的议会和市长。市长负责城镇规划、环境方案以及颁发建筑许可。

建造过程运行的方式很大程度上受到业主是政府部门或是私营机构这一因素的影响。在政府部门中,进行设计、雇用承包商和监督工程的方式严格地受到公共合同法(Code des Marches Pubics *)的控制。私营机构虽然也受到规划要求的限制及必须雇用建筑师才可获得施工许可的约束,但他们一般有更大的自由,特别是在选择承包商时。Meikle和Hillebrandt(1989)对法国的建筑业做了很好的描述,也可参见Lockewood(1991),Cooke和Walker(1994),Davis,Langdon和Everest(1995)

一、传统的采购方法

施工过程涉及的各方所起的作用与英国的不同,法国的更为复杂,采购和承包的方法也不相同,承包商和分包商通常进行大量的设计工作。国家亦要求承包商具备核准资格。

通常由业主决定采购的方法,而私营机构比政府部门有更多的灵活性。招标可以通过公开邀请或选择性招标的方式进行,但实际上,即使政府部门,也会在收到投标书后,进行大量的议标。这一点并不令人奇怪,因为承包商的标价只取决于他们各自按自己(或分包商估计)的工程量来计算的标价。

一般情况下,合同为依据图纸、规范和合同条款的固定总价包干合同,它与英国使用的主要JCT格式也没有太大差别。

在法国,给予承包商投标的期限通常很短,尤其对于政府部门的工程,业主可决定采购方法。如果把全部工程分成各小项,使用按专业分类构成单独合同的方法,大的承包商通常对所有的单独合同均进行投标以获取全部工程,或者各行业承包商组成联营体投标。(见图3-11及图3-14)。

在公开招标的情况下,业主通常把广告刊登在《指导者(Le Moniteur*)》周刊上,任何承包商都可以投标。若是选择性招标,仅有限数量的承包商受邀进行投标,承包商的数量因工程价值而异。

招标文件由建筑师或工程师与工料估算核算师(metreur-verificater*)编制。文件编制通常依据规范和方案设计进行。按这种方式,每个承包商必须确定具体设计及施工方法。投标期间,承包商要深化设计以使其在投标书中按照方案设计和规范提出具体建议。除标价外,承包商的投标书要包括他自己深化设计的图纸和规范。例如,有可能一个承包商投出的价格是以预制混凝土构件设计为基础，而其他承包商可能选择现浇混凝土或钢结构。

这一体系与英国传统使用的工程量表有很大的差异。它减轻了接受低标的趋势，现实中，投标书会涉及到不同的详细建议书，在决定工程价值方面，评标起着关键的作用。通常是在投标后进行广泛的谈判及议标之后，才授予合同。

在政府部门，下列几种情况下，议标（也称为 marches de gre a gre *）是被公共合同法允许的。

- 重复的工程
- 仅有唯一的承包商可以承担的专业工程
- 原先的招标未产生可接受的承包商

在私营机构，没有这种情况限制，如果业主愿意，即可自由进行议标。

法国的采购体系与英国有所不同。一般来讲，不要求由工料测量师作出独立的成本规划咨询及建议。

在政府部门中，业主必须遵循强制性的采购程序以获得合同。此程序因工程合同价值而异。在私营机构，对于合同安排的规定少得多，只要求业主按法规条例对工程进行规划，并雇用建筑师以获得建造许可。习惯上，可以自由商议价格并选择承包商。

总价包干合同（Marches a Forfait*）最常用。工程量复测合同（Remeasurement Contracts）也不少。若议标，各方需协商一致确定单价，若是竞争性招标，通常就按公布的合同费率一览表，作出高于或低于它的百分比报价。

（一）单独工种承包（Separate Trades Contracting）

这是在法国广泛使用的传统承包方法（图 3-10）。和英国的单独合同方法类似。包括把工程按行业分为若干个单独合同，授与每个特定的行业承包。每项单独合同也可能涉及几个专业承包商的服务。很明显，单独合同的数目因所涉及工程的复杂性而异。

采用此类方法，每个行业承包商与业主发生直接合同关系，而各单独行业承包商之间没有合同关系。全面的监督由业主代表（maitre doeuvre*）进行，多个承包商通常指定牵头人（pilote*）来协调和监控进行中的工程。

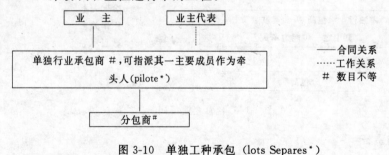

图 3-10 单独工种承包（lots Separes*）

（二）设计与建造（一揽子交易（Package Deal））

此方法包括指定一个总承包商，由他负责完成整个工程的设计与建造（图 3-11）。总承包商可以把大部分工程分包出去，一般此类总承包商自己所完成的工作不超过全部工程的 25%，其余均由分包商完成。此类方法显而易见的优点就是业主只与一方打交道，即单一责任。此外，总承包商对现场工作及所有的协调负全部责任，而这在单独合同中是由业主指定的专业机构来承担的。

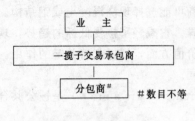

图 3-11 一揽子交易

尽管使用总承包商有明显的优点，但这种方法在法国的使用并不广泛，如果使用也是一些大公司在使用。使用承包商进行一揽子交易（交钥匙，或设计－建造的方法）时，此类承包商（ensemblier*）须与其他投标人进行竞争才被授予合同进行工程的设计和施工。

（三）总承包 (General Contracting)

业主把工程的设计工作交给一个业主代表，然后把实施工程的单独合同授予一个总承包商，由他在业主代表的控制下进行工作。见图 3-12。

（四）联营体 (Conjointes*)

联合企业集团的方法在单独行业合同的工程中经常使用（图 3-13）。任何一家承包商不对其他承包商负责。

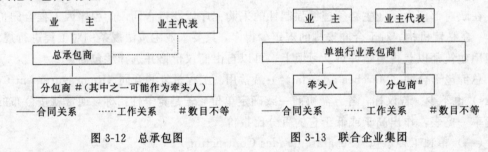

图 3-12 总承包图　　　　图 3-13 联合企业集团

（五）联合体 (Solidaires*)

合营企业集团是若干个承包商联合起来对合同共同负责的一个联合体。（图 3-14）。这种承包方式只有在风险平均分配的情况下才是可行的，而这在实际中并不常见。因此不如 Conjointes* 方法普遍。

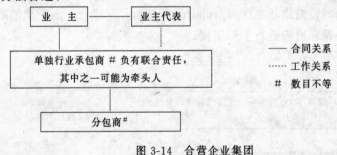

图 3-14 合营企业集团

二、各方的责任

（一）设计者

雇用专业咨询师的程序因工程的性质而异。通常首先任命设计者（concepteur*），或有时业主可以先任命业主代表，授予其执行权力并代表业主行事，此种权力与在英国授予项目经理的权力相差不大。在政府部门，如果是建筑工程，必须雇用建筑师，若是土木工程，必须雇用工程师。常常二者都要雇用。此外，也许还要包括工料估算师/核算师（类似于英国的工料测量师）以及规划师。如果业主是一个部或其他政府机构，其内部有设计能力，则设计工作不必通过竞争向外求助，但是对于中央政府的项目，凡设计由外部的咨询师负责时,程序因拟建工程的金额而异。

私营机构的程序限制得没有这么严格。但需要雇用建筑师以获取建筑许可,此许可的获得还包括提交位置规划、详细的现场规划、立面图及恰当的申请格式。

工程师是法国建筑业的主要职业,受到高度重视。在专业人员的协助下,许多工程师能够胜任的工作范围超越了英国专业领域的界限。

建筑师对于施工过程的参与一般被限制在方案设计和一些基本的详细设计。但是,如前所述,对于政府部门的工程,建筑师至关重要,因为法律上要求雇用建筑师。他们的取费亦由法律规定。在私营机构,建筑许可必须由建筑师申请。在此种情况下,虽然公布了推荐的取费比例,但取费的标准不是强制性的。

(二)工料估算师/核算师

在英国,工料测量师作为独立的专业人员提供咨询服务,但是一般在法国不是这样。由研究局编制工程量表、估价并提供其他成本建议。但提供的单价和服务因地区而异。在里昂和Rhone-Alpes及其周围地区,有专业人员从事与英国的工料测量师非常相似的工作。

他们主要被称为工料估算/核算师,可能由建筑师、工程师或承包商雇用。工料估算师(metreur*)在为工程师工作时,帮助工程师进行投标书的比较并编制成本估算和规范。当为承包商工作时,工料估算师按图纸测算工程量,协助进行估算,在现场为每月估价和分包商结帐而测量工程,并协助编制最终帐目。他也可以协助进行工程协调工作。

工料核算师(verficateur*),代表工程师等检查由承包商的工料估算师进行的工作。

但从70年代开始,出现了经济师这一称谓,它是工料估算/核算师的角色合乎逻辑的演变,其作用与英国的工料测量师区别不大。

(三)业主代表(Maitre d'oeuvre*)

业主代表的责任包括下列几项

· 财务管理及成本控制

· 施工现场组织、管理和与分包商及各方的协调

· 工程的检查

业主代表的角色可以由任何业主指定的人员担任(包括承包商),但在实际工作中经常是建筑师。在政府部门,法律要求雇用一组专业人员以保证设计令人满意。在这组专业人员中经常包括建筑师、工程师、工料估算核算师,一个研究局及其他。这一组的领导人称总咨询师(Principal Consultant)

(四)牵头人(pilote*)

对现场正在进行的施工的协调和监控由牵头人负责。此职能常由其中一个承包商承担,通常是土木承包商,特别是如果他在项目的早期即涉及其中。另外,研究局或建筑师也可以承担这一角色。牵头人需成功地规划工作以使其按时交工。但是工程的质量由业主代表负责。

牵头人对工程的财务管理无权直接控制。因此在实践中,牵头人主要依靠自己的能力有效地进行联系以发展恰当的工作关系。

(五)承包商

在法国,建筑承包商一般分为总包商(他承担结构工程,主体工程,如钢筋混凝土框架的施工)或是承担装修工程的承包商,后者的作用近年来日益显得重要。一般总包商不

承担大型工程,而更可能实施中型的公共和私人工程。大多数总包商组织机构较小,并雇用自己的工作队伍,虽然劳务分包的情况普遍。

总包商或行业承包商通常向其他分包商进行分包,但是在法国分包量比起英国来要相对小一些,这主要是由于承包体系不同。分包必须在工程之始便明确;可以由业主直接支付,否则由雇用的承包商直接支付。

一般要求各级的承包商具备国家承认的资格,并根据其实施工程的经验分级,而这又与他所雇用的人员数量和营业额相关联。有一个全国注册机构,OPQCB(建筑及附属工作资格和分类行业组织)。这个机构按地区划分。此外还有一本商业名册,"建筑行业",承包商要想列入其中,必须付款。

公共工程一般要求承包商具备恰当的资格。OPQCB 是独立的,但一直受控于建设部,它由专业代表、业主联合会以及监控局组成。

三、标准合同模式

私营机构的工程通常使用标准合同模式,它是由法国标准化协会(AFNOR)出版的通用管理条款(CCAG),但是由建筑师和其他咨询师为适应某一特定工程专门起草的合同也是常见的。

政府部门于采购过程中签订的合同受公共合同法的管制,主要的部门组织都具有并且坚持使用其自己的标准合同模式。

思 考 题

1. 试比较英国和美国的招标程序。
2. 比较英国传统的采购方法和设计-建造方法的利弊。
3. 讨论美国建筑业承包商的责任。
4. 分析英国采用指定分包商是否是一个好的方法。
5. 英国和法国的采购方法有何相似的特征?
6. 你是否认为英国建筑业中工料测量师的工作对业主十分重要?在美国、日本、法国,由谁来执行此类工作?你是否认为一位单独的工料测量师为业主提供成本咨询服务对整个建筑业也是有利的?

第4章 世界银行贷款项目的工程采购合同

本章中首先介绍了工程采购招标文件编制的原则和分标的方法,随后对世界银行、世界银行贷款项目的项目周期和世界银行编写的各种采购文件作了简介。全章重点是二、三节,较详细地介绍了世界银行贷款项目工程采购标准招标文件的10部分内容,对财政部编制的用于中国国内的范本进行了对比性的介绍。最后讨论了合同文件涉及到的价格调整、预付款的支付与偿还以及争端审议委员会(DRB)等五个问题。

第1节 概 述

世界银行(以下简称世行)贷款项目的工程采购、货物采购及咨询服务的有关招标采购文件是国际上最通用的、传统管理模式的文件,也是典型的、权威性的文件。世行的各种文件是世行近半个世纪采购经验的结晶,是高水平的国际工程合同管理文件。

本节中首先介绍了工程采购和招标的概念、招标文件的重要性、编制原则以及分标的原则。而后,对世行、世行贷款项目的"项目周期"和世行编制的各类合同文件作一简介,随后在本章、第5和第6章中再分别详细介绍世行贷款项目的工程、货物和咨询采购。由于我国的工程公司在世界各地大量参加世行贷款项目的竞争性投标,在国内,近年来世行项目每年总贷款额约为30亿美元,大部分项目为我国承包商和中外联营体中标并实施。我国的咨询、设计、监理公司参与了国内大部分世行贷款项目的有关工作,并已开始走向海外。因而学习研究世行编制的各种有关文件,对我国的工程建设队伍在项目管理方面与国际接轨并尽快走向世界有着十分重要意义。

一、工程采购招标文件编制的原则

工程采购(Procurement of Works)指业主通过招标或其他方式选择一家或数家合格的承包商来完成工程项目的全过程。工程采购中最重要的环节包括:

- 编制招标文件
- 进行招标、评标
- 谈判和签订合同
- 项目实施期间的合同管理

本章中主要介绍招标文件的编制和评标,第10章中介绍合同管理。

招标是业主对将实施的工程建设项目某一阶段特定任务的实施者采用市场采购的方式来进行选择的方法和过程,也可以说是业主对自愿参加某一特定任务的承包商或供货商的审查、评比和选用的过程。

招标对于业主一方来说,涉及到能不能选择到一个合格、胜任的承包商来完成既定的项目,能不能对工程的投资、进度和质量进行有效的控制,使项目能按时投产、顺利运行,因此工程招标对于业主来说是进行工程项目管理的极为重要的一环。而做好招标工作最重

要的即是编好招标文件,其重要性体现在以下几个方面:

对业主方面来说,一方面招标文件是提供给承包商(或供应商)的投标依据。在招标文件中应明白无误地向承包商(或供应商)介绍工程项目有关内容的实施要求、包括工程基本情况、工期要求、工程及设备质量要求、以及工程实施过程中业主方如何对项目的支付、质量和工期进行管理,对承包商实施工程的各类具体规定等,以便承包商据之投标。

另一方面招标文件是签订工程合同的基础。90%左右的招标文件的内容将成为合同的内容。尽管在招标过程中业主一方(包括咨询、监理工程师)可能会对招标文件内容和要求提出补充和修改意见,在投标和谈判过程中承包商一方也会对招标文件提出一些修改的要求和建议,但是无论如何,招标文件是业主一方对工程采购的基本要求,是不会做大的变动的,而据之签订的合同则是在整个项目实施和完成过程中最重要的文件。由此可见编好招标文件对业主一方是非常重要的。

对承包商一方而言,招标文件是业主拟定的工程采购的蓝图,如何理解和掌握招标文件的内容,是成功地投标、签订合同以及实施项目的关键。

对咨询工程师而言,受业主委托编制招标文件是最重要的工程咨询内容之一,在招标文件中既要体现业主对项目的技术和经济要求,又要体现业主对项目实施管理的要求,编制一份完善的招标文件是一件高水平的咨询文件。

对监理工程师而言,必须全面而深入地理解和掌握招标文件的内容,因为据之签订的合同中将详细而具体地规定监理工程师的职责和权限,是监理工程师进行合同管理的最重要的文件。

总之招标文件对于参予项目准备和实施的各方都是十分重要的。

(一)招标文件的编制原则

招标文件的编制必须做到系统、完整、准确、明了,使投标人一目了然。编制招标文件的依据和原则是:

(1)遵守法律和法规。应遵守国家的法律和法规,如合同法、经济法、投标招标法等多项有关的法律和法规。如招标文件的规定不符合国家的法律、法规,就有可能导致招标作废,有时业主一方还要赔偿损失。

(2)遵守国际组织规定。如果是国际组织贷款,必须遵守该组织的各项规定和要求,特别要注意各种规定的审核批准程序,应该遵守国际惯例。

(3)风险的合理分担:应注意公正地处理业主和承包商的利益。要考虑到让承包商获得合理的利润。如果不适当的将过多的风险转移给承包商一方,势必迫使承包商加大风险费,提高投标报价,最终还是业主一方增加支出。

(4)反映项目的实际情况。招标文件应该正确、详细反映项目的实际情况,以使投标人的投标能建立在可靠的基础上,这样也减少履约过程中的争议。

(5)文件内容力求统一。招标文件包括许多内容,从投标人须知,合同条件到规范、图纸、工程量表,这些内容应该力求统一,尽量减少和避免各份文件之间的矛盾。招标文件的矛盾会为承包商创造许多索赔的机会。招标文件用语应力求严谨、明确,以便在产生争端时易于根据合同文件判断解决。

(二)工程的分标

工程的分标指的是业主(以及他雇佣的咨询人员)对准备招标的工程项目分成几个部

分单独招标,即对几个部分都编写独立的招标文件进行招标。这几个部分既可同时招标,也可分批招标,可以由数家承包商分别承包,也可由一家承包商全部中标承包。

分标的原则是有利于吸引更多的投标人参与投标,以发挥各个承包商的专长,降低造价,保证质量,加快工程进度。但分标也要考虑到便于施工管理、减少施工干扰,使工程能有条不紊地进行。

分标时考虑的主要因素有:

(1) 工程特点。如果工程场地集中、工程量不大、技术上不太复杂,由一家承包商总包比较容易管理,一般不分标。但如果工地场面大、工作战线长、工程量大,有特殊技术要求,应考虑分标。如高速公路,就应该考虑到当地地形、河流、城镇和居民情况等对土建工程进行分标,而道路监控系统则又是一个分标。

(2) 对工程造价影响。一般说来,一个工程由一家承包商施工,不但干扰小,便于管理,而且由于临时工程少,人力、机械设备可以统一调度使用,因而可望得到较低的报价。但也要具体问题具体分析。如果是一个大型、复杂的工程项目(如特大型水电站),则对承包商的施工能力、施工经验、施工设备等有很高的要求,在这种情况下,如不分标就可能使有资格参加此项工程投标的承包商数量大大减少,竞争对手的减少必然导致报价的上涨,反而不能得到比较合理的报价。

(3) 有利于发挥承包商的专长,增加对承包商的吸引力,使更多的承包商来投标。如大型海港工程,既有海洋中的水工工程,又有码头后的陆域工程,还有码头上与装卸有关的工程以及轮船导航设施等,施工技术复杂。对码头工程要求承包商不但要具备丰富的码头施工经验,还要有专用施工设备,而陆域工程则相对简单得多,只要具备爆破、装卸和运输能力的公司均可投标。显然分标可以吸引更多的承包商参加竞争,有利于降低造价。

(4) 工地管理。从工地管理角度看,分标时应考虑两方面的问题,一是工程进度的衔接,二是工地现场的布置和干扰。

工程进度的衔接很重要,特别是在关键路线上的项目一定要选择施工水平高、能力强、信誉好的承包商,以防止由于这类项目施工进度影响其他承包商的进度。

从现场布置角度看,则承包商应越少越好。分标时要对几个承包商在现场的施工场地(包括现场分配、附属企业、生活营地、交通运输直至其他场地等)进行细致周密的安排。

(5) 其他因素。如资金不足时可以先部分招标,如为国际工程,外汇不足时则可将部分改为国内招标。或为了照顾本国承包商而分标,部分仅对国内招标。

总之,分标是正式编制招标文件前一项很重要的工作。必须对上述原则及因素综合考虑,有时可拟定几个方案,综合比较确定。

二、世界银行简介

世界银行以促进持续经济增长、提倡对人力资源的投资、减少贫困和提高人民生活水平为宗旨。世界银行通过提供贷款、技术援助和政策引导,协助发展中国家成员国达到这个目标。

(一) 世界银行集团 (The World Bank Group)

世界银行集团共包括五个成员组织:

(1) 国际复兴开发银行(The International Bank for Reconstruction and Development, IBRD)。成立于1944年,是中等收入发展中国家开发性贷款的最大提供者,也是帮助这些国家筹措其他来源同类资金的主要中介组织。该银行资金主要从国际资金市场筹措。

（2）国际开发协会（The International Development Association，IDA）成立于1960年，以35年至40年偿还期的无息贷款援助最贫困的国家，其资金主要来自各国政府捐款。

（3）国际金融公司（The International Financial Corporation，IFC）。以贷款、股金和各种咨询服务支持发展中国家的私营企业。

以上三个组织均为金融性机构，尽管具体任务不尽相同，但其最终目的都是通过向成员国中的发展中国家提供资金和技术援助来帮助这些国家提高生产率以促进其经济发展和社会进步。

（4）多边投资担保机构（The Multilateral Investment Guarantee Agency，MIGA）。是一个非金融性机构，旨在帮助成员国中的发展中国家创造一个良好的软投资环境，以更有效地吸引外资来促进本国经济发展，其主要业务是为在发展中国家的外国投资者提供非商业性风险担保和投资促进性咨询服务。

（5）解决投资争端国际中心（The International Center for the Settlement of Investment Disputes，ICSID）。也是一个非金融性机构，主要是通过调解和仲裁，为各国政府和外国投资者之间解决争端提供方便，以鼓励更多的国际投资流向发展中成员国。

"世界银行"一词，最初为"国际复兴开发银行"的简称，因为它是世界银行集团中成立最早的机构，现在人们通常把世界银行集团简称为"世界银行"，但在世界银行集团业务活动中，"世界银行"被用来统指国际复兴开发银行和国际开发协会，在我国国内均简称为"世行"。

（二）世行简介

（1）成员国。根据世行协定规定，任何国家不论其政治、经济、社会制度如何，凡愿意遵守世行协定，履行协定规定之义务者均可提出参加世行的申请，经世行理事会批准后参加。唯一的前提条件是，该申请国必须首先加入国际货币基金组织。

（2）投票权。成员国认缴的股份可以分期分批缴清，成员国投票权的大小取决于其实际认缴股份的多少，而非一国一票。根据世行协定规定，每一成员国均拥有基本投票权250票，每认缴一股（每股10万美元），另外增加投票权一票。世行决策的一般原则是：除非有特别规定，一切事项均由多数票决定。

（3）资金来源。国际复兴开发银行的资金主要来自五个方面：成员国实际缴纳的股金、国际金融市场筹资、贷款业务收益、贷款资金回流及将部分贷款债权转让给私人投资者。国际开发协会的资金主要来自会员国和其他资助国的捐款。

（4）组织机构。包括决策机构（即理事会和执行董事会）和行政管理机构（由行长、若干副行长和工作人员组成）。

理事会是国际复兴开发银行的最高权力机构。由每一成员国委派理事和副理事各一位组成。成员国一般都委任财政部长或中央银行行长担任理事。理事会除行使必须由其行使的职责外，将协定赋予他的一般职权委托给执行董事会代行。

执行董事会（以下简称执董会），是负责组织银行日常业务的机构，行使由理事会授予的职权。目前，执董会由24名执行董事（以下简称执董）组成。其中5人由拥有股份最多的5国（美国、日本、德国、法国、英国）政府委派，其余19人由其他成员国的理事按地区分组选举产生。执董和副执董常驻世行总部。执董会负责处理世行的全面业务，包括根据协定条款的框架决定银行的政策,以及对所有贷款建议作出决定。

世行的行政管理机构由行长、若干副行长、局长、处长和工作人员组成。行长一般均由美国人担任,由美国总统提名,由执董会以简单多数选举产生,负责世行的日常行政管理工作,任免世行的高级职员和工作人员。

(5) 业务活动。世行的最主要业务活动是向发展中国家提供长期生产性贷款,以促进其经济发展,提高人民生活水平。除贷款外,世行还积极进行技术援助、学术与政策研究等业务活动,从多方面为成员国提供发展帮助。世行的贷款按其用途及其与投资和组织机构的联系分为具体投资贷款(项目贷款)、部门贷款、结构调整贷款、技术援助贷款、紧急复兴贷款。其中项目贷款是世行贷款活动的主要组成部分,遍布农业、农村发展、教育、能源、工业、交通、城市发展和供水等各个领域。

三、世行贷款项目的"项目周期"

世行贷款项目,是指将世行贷款资金加上国内配套资金结合使用进行投资的某一固定的投资目标。世行每一笔项目贷款的发放,都要经历一个完整而较为复杂的程序,每一个世行贷款项目,都要按照该程序经历一个从开始到结束的周期性过程,也就是一个项目周期(Project Cycle)。世行贷款项目周期包括 6 个阶段,即项目选定、项目准备、项目评估、项目谈判、项目执行与监督、项目的后评价。在每个项目周期中,前一阶段是下一阶段的基础,下一阶段是上一阶段工作的延伸和补充,最后一个阶段又产生了对新项目的探讨和设想,这样形成一个完整的循环圈,周而复始。

(一) 项目选定 (Project Identification)

项目选定是项目周期的第一个阶段。在这个阶段,借款国需要确定既符合世行投资原则,又有助于借款国实现其发展计划并属于优先考虑的项目。世行将参与和协助借款国进行项目选定,收集项目基础资料,确定初步的贷款意向。在我国,与这一阶段相似的国内程序是项目的立项阶段,包括项目概念的提出、项目建议书的酝酿、提出与批准等。

(二) 项目准备 (Project Preparation)

在项目被列入世行贷款规划后,该项目便进入项目准备阶段。这一阶段一般持续 1~2 年。项目准备过程,就是通过详细而认真的研究与分析,将一个项目概念或初步设想进一步深化为一个具体而完整的项目目标,从而使借款国政府能够确定是否有必要且有可能实施这个项目,同时也让世行能够决定是否有必要对该项目进行详细的评估。

项目准备阶段的一个主要任务和要求就是对项目进行详细的可行性研究,以准备出多种可供选择的初步方案,并比较它们各自的成本和效益。世行认为,每一个项目都是一项具有长期经济生命的重大投资,为了得到最佳方案,应该不惜工本、花费大量资金和时间进行可行性研究。这样做可获得的收益将是其支出的若干倍。通过可行性研究对更有希望的方案进行更详细的调查,直至得到最佳的设计方案,并提出"项目报告(Project Report,PR)"与国内项目建设程序相比,世行项目准备阶段相当于项目可行性研究阶段。

项目准备工作,主要由借款国自己来做,但世行也直接或间接地对借款国提供帮助,目的在于加强借款国准备和实施开发项目的总体能力。在这一阶段,世行要派出有关专家和项目官员组成的项目准备团,对借款国的项目准备工作进行检查、监督和指导,随时了解项目准备工作进展情况,同时通过搜集项目有关资料,为下一步评估工作做好准备。

(三) 项目评估 (Project Appraisal)

当借款国自己所进行的项目准备工作基本结束,世行就要对项目进行全面详细的审查,开始项目评估。

对于一些大型复杂的项目,世行一般还要求对项目进行预评估(Project Pre-Appraisal)。项目预评估实际上是从项目准备到正式评估之间一个短暂过渡。它的目的是收集详细资料并进行分析,从而使正式评估工作变得既简单又可靠。预评估内容和要求与评估的内容和要求相一致。如果项目准备工作出色,预评估工作顺利,世行可根据情况作出无需再评估的决定,预评估也就成为项目的正式评估。

项目评估,是项目周期中的一个关键阶段。项目评估的目的和任务,就是要对项目前一阶段的准备工作以及项目本身的各个方面进行全面细致的审查,并为项目执行和项目后评价奠定基础。

项目评估工作,是项目周期中世行第一次全面和直接参与项目的阶段,评估工作由世行职员及聘请的专家承担。世行要在这一阶段与借款国政府及项目单位讨论项目规模、内容、项目成本、执行安排、项目融资、采购、支付及审计安排等一系列问题,并将这些内容基本确定下来。这一阶段工作一般需2~4周时间,评估内容包括技术、组织机构、经济和财务以及社会四个主要方面。

世行在完成项目评估后,其评估人员要写出一份详细的《项目评估报告》。评估报告是世行提供贷款的文件依据,也是项目实施的主要依据之一。同时,它还是世行对项目进行监测以及项目竣工时撰写《项目竣工报告》的基础,但它不是法律文件。项目评估工作的顺利结束标志着项目整个前期准备工作基本结束,项目开始向执行期过渡。与国内项目建设程序相比,世行的项目评估相当于国内项目立项批准之前的评估阶段。

(四) 项目谈判(Project Negotiation)

项目谈判是世行与借款国为保证项目成功,力求就所采取的必要措施达成协议的阶段。经过谈判所达成的协议,将作为法律性文件由双方共同履行。

项目谈判内容概括为两个方面:

(1) 贷款条件与法律条文的讨论与确认。在正式谈判前,世行都事先将贷款的法律性文件——贷款协定及项目协定草本提交给借款国,协定文本中包括了贷款金额、期限、偿还方式等内容及有关的法律条文。谈判时,双方要对这些内容进行确认,并对有关的时间安排、资金分配、项目描述及一般性法律条文进行磋商并最终加以确认。协定中的一般性法律条文属于标准条款,一般都是世行和借款国双方一致认为是顺利执行项目所必须采取的措施或双方必须履行的义务。

(2) 技术内容的谈判。包括两项内容,其一是项目本身技术方面的有关内容、数据的最终确认及评估时遗留问题的澄清与确定,包括对评估报告内容作必要的澄清与修改等。其二是双方就为保证项目的顺利执行所应采取的特殊措施,如项目培训计划的安排、技术援助的设计、项目组织机构的设置与运行安排、项目执行计划的制定及要求、项目所附带的政策条件及要求等。谈判结束时,除了形成明确规定借款国和世行双方各自法律义务的贷款协定谈判确定稿外,评估报告经过修改也将成为最后的确定本。同时,双方将签署一份谈判纪要,记载双方谈判的大致经过和有关情况以及贷款文件中未载入的有关事项。

谈判结束后,借款国政府及借款单位需对经过谈判的贷款文件加以确认,表示接受。世行方面则要将谈判后经过修改的评估报告连同行长报告和贷款文件等,一并提交其执行董事会。执行董事会在适当的时候开会讨论是否批准该项贷款业务。如果批准了这项贷款，则贷款协定就由双方代表签署。协定的签订，标志着项目正式进入执行阶段。

（五）项目的执行与监督（Project Execution and Supervision）

项目的执行，就是指通过项目资金的具体使用以及为项目提供所需的设备、材料、土建施工以及咨询服务等，将项目目标按照设计内容付诸实施的具体建设过程。执行的主要内容包括项目招标采购、贷款资金支付与配套资金提供、技术援助与培训计划的执行等。

在项目执行过程中，世行除提供必要的帮助外，还对项目执行的整个过程进行监督，监督范围涉及技术、经济、组织机构、财务、社会等各个方面，监督的依据是项目评估报告。监督方法包括审查项目进度报告，世行项目官员到借款国进行实地考察和检查等。

（六）项目的后评价（Project Post-Evaluation）

项目后评价阶段的主要目的和任务是在项目正式投产一年以后按照严格的程序，采取客观的态度，运用求实的分析方法对项目执行的全过程进行认真回顾与总结，考察并衡量项目的执行情况和执行成果，对世行和借款国双方的执行机构和项目人员在执行中的作用、表现及项目的实际效果进行客观评价，总结经验教训，为改进以后工作和新项目的实施提供参考和服务。世行对项目后评价工作的基本要求是客观而真实。首先，由项目主管人员根据实际情况在项目竣工后写出"项目竣工报告"（即"项目完成报告"），详细介绍项目执行各方面的有关情况，然后由世行独立的业务评价局对报告进行评审，并在报告基础上对项目的执行成果进行独立和全面的总结评价。

四、世行制定的各类合同文件

世行在五十多年的贷款业务中积累了丰富的合同管理经验，制定和完善了一系列合同文本，广泛用于世行的各类贷款项目中。这些文本的使用为借款人提供了极大的便利。世行颁布的各种合同文本共十几种，并根据文本的应用情况定期进行修正。目前，世行在其贷款项目采购过程中广泛推荐使用的合同文本主要有以下几种：

（1）货物采购标准招标文件（Procurement of Goods：Standard Bidding Document），1995年9月11日颁布。这个文件是在世行1986年3月颁布的货物采购文件基础上修定而成的，供借款人准备招标文件时参考，借款人可以根据项目的实际情况加以修改。本文本内容在第5章介绍。

（2）工程、大型设备和工业安装采购的标准资格预审文件（Procurement of Works，Major Equipment and Industrial Installation：Standard Prequalification Document），1993年5月1日颁布。世行规定，世行贷款的大型和专业项目，如土建工程、大型工业设备以及其他建筑项目，必须经过资格预审选择出合格的、有竞争性的投标人参与进一步的投标。这份文件被借款国广泛使用，其格式与一般的建筑合同大致相同，在关键条款后附有注解和评论，以利于使用者更好的理解。在附件部分还有对资格预审过程中经常遇到的问题的解释。

（3）小型工程合同采购的标准招标文件（Procurement of Works：Small Contracts：Standard Bidding Document），1995年11月1日颁布，适用于金额小于1000万美元的土建工程合同的采购。

（4）工程采购的标准招标文件（Procurement of Works：Standard Bidding Document），1995年1月颁布，适用于金额大于1000万美元的，采用国际竞争性招标方式，以单价计算的工程合同的采购。不适用于总价合同的采购。本文件在本章第2节中介绍。

（5）货物和工程采购的标准评标格式（Standard Bid Evaluation Form：Procurement of Goods or Works），1996年5月1日颁布。适用于采用国际竞争性招标和有限国际招标（LIB）进行采购的货物和工程合同的评标。

（6）复杂的以时间为基础的咨询服务合同的标准格式（Standard Form of Contract，Consultants' Services：Complex-Time Based Assignments），1995年11月1日颁布，适用于借款人和项目执行机构聘请咨询公司从事复杂咨询服务任务，如工程咨询、设计、监理、施工及管理服务等业务时使用。这类合同是以实际所花费的时间为基础计费的。

（7）固定总价咨询服务合同的标准格式（Standard Form of Contract，Consultants' Services：Lump Sum Remuneration），1995年7月1日颁布，适用于以总价计费的咨询服务合同。以上二个文本内容在第6章中介绍。

（8）设备提供和安装合同标准招标文件（Supply and Installation of Plant and Equipment：Standard Bidding Document），1996年4月1日颁布。适用于特殊安装工程设备的提供、安装和试运行合同。

五、财政部颁布的各类合同文件

受国务院委托，财政部代表中国政府直接负责世行对华贷款的归口管理工作。财政部根据中国利用世行贷款项目的实际需要，在世行的帮助和支持下，对世行制定的几个主要的合同文本进行了修改，于1991年出版了一套《世行贷款项目招标采购文件范本》共九种文本，包括：资格预审文件范本、货物采购国际竞争性招标文件范本、土建工程国际竞争性招标文件范本、货物采购国内竞争性招标文件、土建工程国内竞争性招标文件、生产工艺技术转让招标文件范本、咨询服务合同协议范本、大型复杂工厂与设备的供货和安装监督招标文件范本、总包合同（交钥匙工程）招标文件范本。这套范本的试用期为两年。1993年5月"范本"试用期满，财政部与世行决定根据试用的情况对其进行修订，并成立了新"范本"编写组。在文本数量上，除原有的九种外，新增加了《大宗商品国际竞争性招标文本》、《计算机系统国际竞争性招标文本》、《单个咨询专家咨询合同文本》以及《标准评标报告格式》。经过两年多的努力，编写组已完成了货物和土建工程的国际和国内竞争性招标四个文本，咨询服务合同文本和标准评标报告文本。这些文本已于1995年11月通过了世行的终审，并于1997年5月正式出版试行。其余文本正在编制之中。

第2节 世界银行贷款项目工程采购标准招标文件

世界银行工程采购的标准招标文件（Standard Bidding Documents for Works，缩写为SBDW）最新版本为1995年1月编制。我国财政部根据这个标准文本改编出版了适用于中国境内世行贷款项目招标文件范本（Model Bidding Documents，MBD）。土建工程方面为"土建工程国际竞争性招标文件"，考虑到我国工程公司和咨询公司要到外国的工程市场中去投标世行贷款项目和实施合同，所以首先在本节中介绍世行编制的SBDW，再在第3节中介绍由财政部编制的MBDS。

世行编制的工程采购的SBDW有以下规定和特点：

SBDW在全部或部分世行贷款超过1千万美元的项目中必须强制性使用。

SBDW 中的"投标人须知"和合同条件第一部分——"通用合同条件"对任何工程都是不变的,如要修改可放在"招标资料"和"专用合同条款"中。

使用本文件的所有较重要的工程均应进行资格预审,否则,经世行预先同意,可在评标时进行资格后审(Postqualification)。

对超过 5 千万美元的合同(包括不可预见费)需强制采用三人争端审议委员会(DRB)的方法而不宜由工程师来充当准司法(quasi-judicial)的角色。低于 5 千万美元的项目的争端处理办法由业主自行选择,可选择三人 DRB,一位争端审议专家(DRE)或提交工程师作决定,但工程师必须独立于业主之外。

本招标文件适用于单价合同。如欲将之用于总价合同,必须对支付方法、调价方法、工程量表、进度表等重新改编。

1995 年 1 月编制的"工程采购标准招标文件"共包括以下 14 部分内容:投标邀请书、投标人须知、招标资料、合同通用条件、合同专用条件、技术规范、投标书、投标书附录和投标保函格式、工程量表、协议书格式、履约保函格式、预付款银行保函格式、图纸、说明性注解、资格后审、争端解决程序、世行资助的采购中提供货物、土建和服务的合格性。本节中将以 SBDW 的框架和内容(包括从 1995 年 6 月至 1996 年 9 月对该文件的三次修正补充)为主线对国际工程招标文件的编制进行较详细的介绍和讨论。

一、投标邀请书(Invitation for Bids,IFB)

投标邀请书中一般包括如下内容:
(1)通知资格预审已合格,准于参加该工程的一个或多个招标项目的投标。
(2)购买招标文件的地址和费用。
(3)在投标时应当按招标文件规定的格式和金额递交投标保函。
(4)召开标前会议的时间、地点,递交投标书的时间、地点以及开标的时间和地点。
(5)要求以书面形式确认收到此函,如不参加投标也应通知业主方。

投标邀请书不属于合同文件的一部分。

二、投标人须知(Instruction to Bidders,ITB)

投标人须知一共包括六部分 39 条内容,其中的说明、要求和规定主要是告知投标人投标时有关注意事项,招标文件中这一部分内容和文字不准改动,如需改动可在"招标资料表"中改动。须知的内容应该明确、具体。本书中介绍某些问题时有时列举几种方案,但在编制招标文件时只能写明一种方案。投标人须知这一部分内容在签订合同时不属于合同的一部分。

投标人须知包括六部分:总则,招标文件,投标书的准备,投标书的递交,开标与评标,合同授予。下面分别介绍和讨论。

(一)总则(General)

1. 招标范围(Scope of Bid)

指出招标范围的详细描述在本招标文件的合同专用条件、技术规范、工程量表、图纸以及投标书附录中,要求投标人在规定的合同期限内完成工程。

在整个招标文件中,英文 bid 和 tender 及其派生词(bidder/tenderer,bid/tendered,及 bidding/tendering)都是同义词。"日"表示公历日,单数也具有复数的意义。

2. 资金来源(Source of Funds)

说明业主招标项目的资金来源,如系国际金融机构(International Financial Institution, 简称 IFI)贷款（如世行、亚行等）则应说明机构名称及贷款支付使用的限制条件。如 SBDW 中规定,如联合国安理会对某些国家有禁运决议,则不可用世行贷款对该国货物采购和支付。

3. 合格的投标人（Eligible Bidders）

SBDW 对投标人的资格做了四条规定：

(1) 投标人必须来自 IBRD 采购指南规定的合格成员国。

(2) 投标人不允许与为本项目业主服务的咨询公司和监理单位组成联营体。

(3) 必须通过业主方的资格预审。

(4) 如被世行公布有过腐败和欺诈行为的公司,不允许参加投标。

对借款国的公有企业（Publicly-owned enterprises）,除满足上述四条要求外,还必须是财务上和法律上自主的,并且不是借款人（Borrower）或转借人（Sub-borrower）隶属的机构,才有资格参加投标。

4. 合格的材料、工程设备、供货、设备和服务（Eligible Materials, Plant, Supplies, Equipment and Services）

为本合同提供的材料、工程设备、供货、设备和服务必须来源于世行《采购指南》中规定的合格的原产地国家（一般指世行成员国）。本合同下的所有支付也受上述规定的约束。

5. 投标人的资格（Qualification of the Bidder）

(1) 投标人在单独投标时应：

1) 递交一份公司法人对投标人的书面授权书。

2) 对在资格预审中提交的资料进行必要的更新,至少应包括以下内容：取得信贷额度和其他财务资源的证据；当年和今后 2 年财务预测；资格预审后取得的工程；最近的诉讼材料；可利用的关键设备情况。

(2) 如投标人为联营体（Joint Venture,以下用 JV）时,则要求

1) 投标书中应包括（1）中指明的全部材料

2) 所有 JV 成员均应在投标书和中标后的协议书上签署,并应声明对合同的实施共同地或者分别地承担责任。

3) 应推荐一家 JV 成员作为主办人,并提交 JV 全体成员的合法代表签署的授权书。主办人应有权代表 JV 全体成员承担责任、接受指示和实施合同。

(3) 投标人应提交详细的施工方法和进度安排的建议以满足技术规范和竣工时间要求。

(4) 如果国内投标人或 JV 申请评标优惠,应提供全部有关资料（详见 32 条）。

6. 一个投标人投一个标（One bid per bidder）

一个投标人或单独,或作为 JV 成员,只能以一种身份对一个标段投送一份投标文件（18 条中可递交的备选方案除外）,否则投标作废。

7. 投标费用（Cost of Bidding）

一般国际惯例规定投标人应自费支付投标过程中发生的一切费用,无论投标结果如何,业主均不负担此项费用。

8. 现场考察（Site Visit）

投标人应当按照业主的要求和规定的日期安排赴现场考察,以便了解现场实际情况。考察费用由投标人自理。考察期间所发生的一切人身伤亡及财产损失由投标人自己负责。业主可将现场考察与标前会议安排在同一时间进行。

(二) 招标文件

9. 招标文件的内容 (Contents of Bidding Documents)

招标文件包括下述文件,以及业主以补遗方式发布的对招标文件的修改:

第1章投标邀请书;

第2章投标人须知;

第3章招标资料表;

第4章合同条件第一部分——合同通用条件;

第5章合同条件第二部分——合同专用条件;

第6章技术规范;

第7章投标书、投标书附件和投标保证格式;

第8章工程量表;

第9章协议书格式、履约保证格式与预付款保函格式;

第10章图纸;

第11章说明性注解;

第12章资格后审;

第13章争端解决程序。

投标人应仔细阅读、理解招标文件,凡不满足招标文件要求的投标书均将被业主拒绝。

10. 招标文件的澄清 (Clarification of Bidding Documents)

投标人在收到招标文件时应仔细阅读和研究,如发现有遗漏、错误、词义含糊等情况,应书面向业主质询,否则后果自负。招标文件中应规定提交质询的日期限制(如投标截止日期前28天)。业主将书面答复所有质询的问题并送交全部投标人,但不指明提问人。

11. 招标文件的修改 (Amendment of Bidding Documents)。

业主有权修改招标文件规定,即不论业主一方认为必要时或根据投标人质询提出的问题,均可以在投标截止日期以前若干天以补遗书(Addendum)的方式对招标文件进行修改,如果发出修改通知太晚则业主应推迟投标截止日期。所有的修改均应以书面文件形式送交全部投标人。投标人应在收到此修改通知后立即给业主以回执。

(三) 投标书的准备

12. 投标的语言 (Language of Bid)

应在招标资料表或合同专用条件中为投标规定一种语言。正式投标文件和来往信函均以此主导语言为主,对招标文件的解释也应以此为准。由投标人提供的证明文件等(如营业执照)可以用其他语言,但是应将有关段落翻译成规定的投标语言。

13. 组成投标书的文件 (Documents Comprising the Bid)

投标人递交的投标文件应由下列文件组成:投标书及其附件,投标保证,标价的工程量表;有关资格证明;提出的备选方案以及按"投标人须知"所要求提供的其他各类文件。

投标人对一个以上的分标"合同段"投标时,应将这些投标书组成一个包(Package),可以提出如果全部中标时的价格折扣额(也可以不提),这样即可按打折扣的价格参与评标。

但如果中标时,则必须以投标时许诺的打折扣后的价格作为签订合同的价格。

14．投标报价（Bid Prices）

合同价格系指按投标人递交的单价和价格为依据,计算得出的工程总价格。

投标人应仔细填写工程量表中的有关单价和价格。如果忽视填写某些子项的单价或价格则在合同实施时业主可以不对此子项支付。

按照招标文件规定,在某一日期（如投标截止日以前28天）前,承包商按当地有关税收规定应纳的全部关税、税收等均应包括在投标报价中。

在合同实施期间,承包商可得到价格调整后的支付,但投标人在投标时应填写价格指数和权重系数等。

15．投标和支付的货币（Currencies of Bid and Payment）

在投标报价时和在以后工程实施过程中结算支付所用的货币种类可以有两种选择：

选择方案（A）：投标人报价时完全以工程所在国的货币报价。

如果预计到要在工程所在国以外的国家进行采购,可以要求支付一定百分比的世行成员国的货币,但外币不能超过3种（包括欧洲货币单位,ECU）,然后在投标书附录中标明外币名称和汇率,其汇率应以工程所在国业主指定的银行在投标截止日期前若干天（一般为28天或30天）的该外币的卖价为准。此汇率适用于整个合同履行期间的支付,这样可以减少承包商承担的汇率风险。如果业主指定的银行没有规定该种外币的汇率,则可由投标人自行确定该项汇率并向业主说明来源。

业主可要求投标人澄清其外币需求并递交详细的外币需求明细表。

如果在合同实施过程中,根据工程需要对未结算的外币部分进行调整,应由业主和承包商协商一致同意。

选择方案（B）：投标人以当地货币和外币报价,即对于在工程所在国应支付的费用,如当地劳务、当地材料、设备、运输等费用以当地货币报价,而对工程所在国以外采购所需费用则以外币报价。这样就要求投标人在工程量表的"费率"一栏中分别填入当地货币和外币。对于外币币种、汇率以及其他规定和上一种方式相同。

在填写"外币需求估算表"时,一般在此表的附录中要求投标人对外币的使用内容进行分解说明,如：工程雇用外籍人员使用的外币（包括工资、社会福利、海外津贴、保险、医疗费用、差旅费等）；工程所需的进口材料,无论是用于永久工程还是临时工程、工程所需的各类施工机械设备（包括备件,轮胎等）需说明其用途和新旧程度、进口材料和机械设备（包括配件）的境外运输费和保险费；工程所在国境外的上级单位管理费、杂费、利润等。

16．投标有效性（Bid Validity）。

投标有效期（Bid Validity Period）即从投标截止日期起到公布中标日为止的一段时间,按照国际惯例,一般为90～120天,通常不应超过182天。在此期间内,全部投标均应保持有效,投标人不得修改或撤销其投标。有效期长短根据工程大小,繁简而定,即要保证招标单位有足够的时间对全部投标进行比较和评价。如为世行贷款项目尚需报世行审批,还应考虑报送领导机关批准的时间。

如果业主要求延长投标有效期,应在有效期终止前征求所有投标人意见并通知世行,投标人有权同意或拒绝延长投标有效期,业主不能因此而没收其投标保证金。

同意延长投标有效期的投标人不得要求在此期间修改其投标书,而且投标人必须同时延长其投标保证金的有效期,对投标保证金的各种有关规定的在延长期内同样有效。

当合同价格为不调价的固定价格合同时,如果投标有效期的延长超过8周时,则应按招标资料表或要求延长函中规定,凡延长超过8周的期限时,对当地货币和外币进行调价。但评标仍以投标价为依据。

17. 投标保证 (Bid Security)

投标保证是为了保护业主利益的一项措施,即由投标人选定世行合格成员国有信誉的银行,采用投标文件中规定的格式或业主批准的格式开具的保付支票(Certified Check)、信用证 (Letter of Credit) 或银行保函 (Bank Guarantee)。

投标保证的有效期为投标有效期(或加上延长期)后的28天内。投标保证的金额通常为投标总额的1%至3%。一般超过1亿美元的工程可选百分之一左右,小型合同可选百分之三左右。比较好的办法是业主规定一个固定金额作为所有投标人的投标保证金额,以避免一些投标人探听对手的投标保证金额,从而估计其投标报价。投标保证金额不宜太高,否则将会使许多合格的投标人望而却步。联营体应以联营体的名义提交投标保证金。

设置这一要求的目的是为了防止投标人在投标有效期间随意撤回投标,或拒绝改正在评标时发现的投标价中的计算错误,或拒绝签署正式合同协议,或不提交履约保证等,一旦发生上述任一情况,业主便可没收投标保证金以弥补因此而蒙受的损失。

未按规定递交投标保证的投标书,业主可视为不合格的投标而予以拒绝。宣布中标人以后,中标人应在签约时递交履约保函换回投标保函。对未中标的投标人的投标保函应在中标人签约并提交履约保函后尽快退还,但最迟不应超过投标有效期满后的28天。

18. 投标人的备选方案建议 (Alternative Proposal by Bidders)

业主的招标文件中允许投标人提出自己的备选方案(也叫替代方案)。备选方案是在满足原工程项目基本设计要求的基础上,对工程的布置,设计和技术要求进行局部的以至全局的改动,以得到优化的方案,有利于提前竣工、降低造价和改善使用条件。如果要求投标人提出竣工时间的备选方案,应在招标资料表中说明,并规定对不同工期的评审方法。

投标人首先应当对业主招标文件中的设计递交投标报价,然后再提备选方案的建议。此建议应包括业主评标时所需的全部资料,如图纸、计算书、技术规范、价格分析、建议的施工方案及其他细节。只有符合技术要求且评标价最低的投标人的备选方案才有可能中标。如果允许投标人对工程的某些指定部分提供备选方案,则应在技术规范中说明。一般规定只允许提一个备选方案,以减少评标时的工作量。备选方案应单独装订成册。

19. 标前会议 (Pre-bid Meeting)

召开会议的目的是业主为了澄清投标人对招标文件的质询,回答提出的各种问题。

一般较复杂的大型工程合同才安排召开此会议,且往往与组织投标人考察现场结合进行,应在"投标邀请书"中规定好会议的日期、时间和地点。投标人可指定代表参加。

如果投标人有问题要提出,应在召开标前会议一周前以书面或传真形式发出。业主应用书面形式对提出的问题以及标前会议纪要发给每一位投标人。但如果要将标前会议有关的内容作为正式招标文件的一部分,业主应以补遗书 (Addendum) 的形式通知投标人。

20. 投标文件的格式和签署 (Format and Signing of Bid)

招标文件中应规定投标需提供的正本 (Original) 和副本 (Copy) 的份数。正本是指投标人填写所购买招标文件的表格以及"投标人须知"中所要求提交的全部文件和资料,包括投标书格式和投标书附录。副本即正本的复印件。正本和副本如有不一致的地方以正本为准。

正本、副本的每一页均应由投标人正式授权人的全权代表签署确认。授权证书应一并递交业主。如果对错误进行增删或修改,同样要原签署人进行小签（Initialing）。

（四）投标文件的递交

21. 投标文件的密封和印记（sealing and Marking of Bid）

投标文件的正本和每一份副本都应分别用内、外两层信封包装密封。外信封上写明送达的业主地址,注明投标的合同名称和合同号以及开标的日期前不得启封等字样,但不写投标人及地址。内信封是准备将投标文件退还投标人用的,所以要写上投标人的地址和姓名。

如果未按规定书写和密封,业主对由此引起的一切后果概不负责。

22. 投标截止日期（Deadline for Submission of Bids）

应规定投标文件递交的截止日期和时刻。如果由于业主修改招标文件而延误,则业主应适当顺延递交投标书的截止日期。双方的权利、义务将按顺延后的截止日期为准履行。

23. 迟到的投标文件（Late Bids）

在规定的投标截止日期之后递交的任何投标文件,将被原封不动的退还投标人。

24. 投标文件的修改、替代和撤销（Modification, Substitution and Withdrawal of Bids）

投标人在投标文件截止日期以前,可以通过书面形式向业主提出修改或撤销已提交的投标文件。要求修改投标文件的信函应该按照递交投标文件的有关规定编制、密封、标记和发送。撤销通知书可以通过电传或电报发送,然后再及时向业主提交一份具有投标人签字确认的证明信,业主方收到日期不得晚于投标截止日期。任何替代或撤销的投标书应在内、外信封上注明"修改"、"替代"和"撤销"字样。在投标截止日到投标有效期终止日期间,投标人不得撤销或修改投标书,否则,业主有权没收其投标保证金。

（五）开标与评标

25. 开标（Bid Opening）

业主将按照投标邀请书规定的时间和地点举行开标会议,在投标人代表在场情况下公开开标。同时应检查投标文件的密封、签署和完整性,是否递交了投标保函等。对注明"修改"和"替代"的投标书将首先开封并宣布投标人名称。标明"撤回"的投标书将不被开封。

26. 过程保密（Process to be Confidential）

开标之后,宣布中标之前,在评标过程中应对与此工作无关的人员和投标人严格保密。任何投标人如果企图对评标施加影响,将会导致投标书被拒绝。

27. 投标文件的澄清及同业主的接触（Clarification of Bids and Contacting the Employer）

在必要时,业主有权个别邀请投标人澄清其投标文件,包括单价分析,但澄清时不得修改投标文件及价格。对要求澄清的问题及其答复均应用书面公函或电报、电传形式进行。

从开标到授予合同期间,投标人不应同业主就投标有关问题进行接触,但投标人可书面向业主提供信息。

28. 投标书的检查和符合性的确定(Examination of Bids and Determination of Responsiveness)

在评标之前，业主将首先确定每份投标文件是否完全符合招标文件要求，包括符合世行合格性标准、是否按要求签署、提交投标保函及要求的各种文件以及对招标文件实质上响应，而且对招标文件不能有重大修改和保留。

所谓对招标文件的重大修改和保留，指投标人对合同指定的工程，在其范围、质量、完整性、工期等方面有重大改变，或对业主的权利和投标人的义务有重大限制。如果业主接受了有重大修改和保留条件的投标文件，将影响其他投标人的合理竞争地位。

不符合招标文件要求的投标文件不被业主接受，也不允许投标人进行修改。

29. 错误的修正（Correction of Errors）

对于符合招标文件要求而且有竞争力的投标，业主将对其计算和累加方面的数字错误进行审核或修改。其中：如数字金额与文字表示的金额不符，则以文字表示的金额为准，如单价乘工程量之和不等于总价时，一般以单价乘工程量之和为准，除非业主认为明显的是由价格小数点定位错误造成的，则以总价为准。

修改后的投标报价须经投标人正式书面确认才对其投标具有约束力，如果投标人不接受修正，则投标文件将被拒绝，投标保证金也将被没收。

30. 折算成一种货币（Conversion to Single Currency）

(1) 选择方案1 (Option 1)：与投标人须知第15条选择方案A共同使用。

为了比较投标，应：

1) 按投标人在投标书附录中填写的外币品种、百分比和相关汇率，将投标价分解为不同支付币种的相应金额。

2) 业主将各种货币相应金额（不含暂定金额，但包含有竞争性的计日工）换算为以下任一种货币以便评标。

a. 业主所在国货币：用招标资料表中规定日期和指定机构卖出价汇率。

b. 按招标资料表中规定的刊物上的汇率，将外币及业主所在国货币换算为国际贸易中广泛使用的货币（如美元）。（这种规定主要是防止投标时和评标时的汇率波动）

(2) 选择方案2 (Option 2)：与投标人须知第15条选择方案B共同使用。具体规定同选择方案1中的2。

31. 投标文件的评审和比较 (Evaluation and Comparision of Bids)。

业主只对那些符合招标文件要求的投标书才能进行评审和比较。在评审和比较时，业主将参照以下各点对投标价格进行调整以确定每一份投标书的评标价格 (Evaluated Bid Price)。

(1) 按投标人须知第29条，修改报价计算中的错误；

(2) 扣除暂定金额和不可预见费（如有时），但应包括具有竞争性标价的计日工；

(3) 将（1）、（2）的金额换算为单一货币；

(4) 对任何其他可量化、可接受的更改、偏离或备选方案的报价，当具有满意的的技术和/或财务效果时，可进行适当的调整；

(5) 对投标人报的不同工期进行工期折价（具体方法应在"招标资料表"中说明）；

（6）如果投标人投了一个以上的标段时，则应将他投标时许诺的折扣计入评标价。

业主保留接受或拒绝任何变更、偏离和备选方案报价的权利。

评标时不考虑价格调整条款的预期影响。

如果评标时发现最低评标价的投标书中出现严重的不平衡报价（Unbalanced Bids）和前重后轻法（Front Loaded），业主可要求投标人对工程量表的任何或所有项目提供详细的价格分析。经分析后业主有权要求投标人自费提高履约保证的数额，以保护业主的利益。

32. 本国投标人的优惠（Preference for Domestic Bidders）。

本国投标人应提供所有必要的证明文件，以便在符合下列所有条件时，在与其他投标人按照投标报价安排评标顺序时，可享受7.5%的优惠差额（Margin of Preference）。

（1）在工程所在国国内注册的；

（2）工程所在国公民所有权占大多数者；

（3）分包给外国公司的工程量不大于合同总价（减去暂定金额）的50%者；

（4）满足"招标资料表"中其他规定。

对于工程所在国承包商与外国承包商组成的联营体（JV），在具备以下条件时，也可享受7.5%的优惠。

（1）工程所在国国内的每一个合作者已单独满足了上述四个条件。

（2）通过JV协议中有关利润和损失分配等条款证明国内合作者的收益不少于50%。

（3）本国承包商有资格并应实施50%以上的合同（不包括暂定金额）工程量。（不包括国内承包商拟进口的材料及工程设备）。

（4）满足"招标资料表"中其他规定。

评标时，将投标人分为享受优惠与不享受优惠两类，在不享受优惠的投标人的投标报价上加上7.5%，再统一排队、比较。

备选方案的报价均按18条规定单独评审，同时也按本条规定决定是否享受国内优惠。

（六）授予合同

33. 授予合同（award）。

业主将把合同授予投标文件完整且实质上响应招标文件要求，经评审认为有足够能力和资产来完成合同，满足前述各项要求而投标报价最低的投标人。

如果投标人投了一个以上的分标"合同段"时，则应与其他"合同段"一并考虑投标人对投标价格打折扣的许诺，再确定最低评标价。

34. 业主有权接受任何投标和拒绝任何或所有投标（Employer's Right to Accept Any Bid and to Reject Any or All Bids）。

业主在签订合同前，有权接受或拒绝任何投标，宣布投标程序无效或拒绝所有投标。对因此而受到影响的投标人不负任何责任，也没有义务向投标人说明原因。

35. 授予合同的通知（Notification of Award）。

在投标有效期期满之前，业主应以电报或电传通知中标人，并用挂号信寄出正式的中标函。中标函中应明确合同价格。中标函将成为合同的组成部分。

36. 签订协议（Signing the Agreement）。

业主向中标人寄发中标函的同时，也应寄去招标文件中所提供的合同协议书格式。中标人应在收到上述文件后在规定时间（如28天）内派出全权代表与业主签署合同协议书，并提交履约保证。

当中标人与业主签订了合同,并提交了履约保证之后,业主应迅速通知其他未中标的投标人,并应尽快退还他们的投标保函。

37. 履约保证(Performance Security)。

按合同规定,中标人在收到中标通知后的一段时间(如28天)内应向业主提交一份履约保证。履约保证的格式可采用招标文件中所附的格式或业主同意的其他格式。

提供履约保函的银行或提供履约担保的公司均须经业主同意。

如果中标人未能按业主的规定提交履约保证,则业主有权取消其中标资格,没收其投标保证金,而考虑与另一投标人签订合同或重新招标。

38. 争端审查委员会(Disputes Review Board,DRB)。

在"招标资料表"中规定了争端解决的办法。如采用DRB或争端审议专家(Dispute Review Expert,DRE),业主方指定的人选将在"招标资料表"中明确,如投标人不同意,可在投标书中指出。如双方不能就最初的两个委员的任命达成一致,则任一方可要求专用合同条件中指定的"任命机构(Appointing Authority)"作出此项任命。

39. 腐败或欺诈行为(Corrupt or Fraudulent)。

世行要求世行贷款合同下的借款人(包括受益人(Beneficiaries))、投标人、供货人及承包商在合同采购及实施过程中保持最高的道德标准。

(1) 银行为以下术语定义:

1) 腐败行为:指在采购或合同实施过程中引诱性地提供、给予、接受或索取任何有价值的物品及影响公务人员的行为。

2) 欺诈行为:指为影响采购或合同实施而隐瞒事实,包括投标人之间相互串通以使投标价格没有竞争性,从而损害借款人利益的行为。

(2) 如世行认定被推荐的投标人介入了腐败或欺诈行为,则将拒绝授予合同。

世行将宣布此类公司在一个无限期或定期期限内为不合格的公司。

三、招标资料表(Bidding Data)

招标资料表将由业主方在发售招标文件之前对应投标人须知中有关各条进行编写,为投标人提供具体资料、数据、要求和规定。

投标人须知的文字和规定是不允许修改的,业主方只能在招标资料表中对之进行补充和修改。招标资料表中的内容与投标人须知不一致则以招标资料表为准。

招 标 资 料 表　　　　　　表 4-1

投标人须知中各条序号	内　　　　容
1.1	工程概述(填入工程简介,本项目同其他合同关系,如该工程分为几个标段招标,应介绍所包括的所有标段)
1.1	业主的名称和地址
1.2	竣工期限
2.1	借款人名称(说明借款人同业主关系,填写内容须与投标邀请书一致)
2.1	项目名称及描述,世行贷款金额及类型
5.1	需更新的(以前提供的)资格预审资料
12.1	投标语言

续表

投标人须知中各条序号	内容
13.2	说明本合同是否与其他分标标段以"组合标"(Slice and Package)形式同时招标
14.4	说明本合同是否进行价格调整（工期超过18月必须进行调价）
15.1	说明投标货币是采用第15条的选择方案A或B
15.2	业主国别
15.2	业主国币种
16.1	投标有效期
16.3	外币部分调价的年百分比（以预计的国际价格年上涨幅度为基础） 当地币部分调价的年百分比（以业主国在所涉及的期限内项目的物价涨幅为基础）
17.1	投标保函金额
18.1	投标时施工工期可在至少＿＿＿天和最多＿＿＿天之间选择，评标办法见（本表中）31.2（e）。中标人提出的竣工期应为合同竣工期
19.1	标前会议及组织现场考察的地点、时间和日期
20.1	投标书副本的份数
21.2	递交投标书的地点
21.2	合同编号
22.1	投标截止日期
25.1	开标的地点、时间和日期
30.2	为换算为通用货币而选择的货币（或当地币，或一种可兑换货币，如美元）。汇率来源（如通用货币为当地币以外的一种货币（如美元），应指明一种国际刊物（如金融时报），以报上的汇率作为换算外币汇率；如通用货币选择当地币，应明确业主国中央银行或商业银行） 汇率日期（在投标截止日前第28天和投标有效期截止日之间选择）
31.2（e）	选择竣工期的报价评审方法（如评标时考虑不同竣工期，应在此说明评审方法。例如可规定一个"标准"或最迟竣工期，给出每延长一周工期的金额。但该金额不应超过投标书附录中规定的误期损害赔偿费金额）
32.1	说明评标时国内承包商是否享受优惠
37	业主可接受的履约保函的格式和金额
38	争端解决方式（如为"争端审议委员会"或"争端审议专家"，填入业主方建议人员名单及个人简历）

四、合同条件第一部分——合同通用条件

合同条件一般也称合同条款，但他是合同各方必须遵守的"条件"，故称为合同条件较好。他是合同中商务条款的重要组成部分。合同条件主要是论述在合同执行过程中，当事人双方的职责范围、权利和义务，监理工程师的职责和授权范围，遇到各类问题（如工期、

进度、质量、检验、支付、索赔、争议、仲裁等)时,各方应遵守的原则及采取的措施等。

目前在国际上,由于承发包双方的需要,根据多年积累的经验,已编写了许多合同条件,在这些合同条件中有许多通用条件几乎已经标准化、国际化,不论在何处施工,都能适应承发包双方的需要。

国际上通用的合同条件一般分为两大部分,即"通用条件(General Conditions)"和"专用条件(Conditions for Particular Application)"。前者不分具体工程项目,不论项目所在国别均可使用,具有国际普遍适应性;而后者则是针对某一特定工程项目合同的有关具体规定,用以将通用条件加以具体化,对通用条件进行某些修改和补充。这种将合同条件分为两部分的做法,既可以节省招标人编写招标文件的工作量,又方便投标人投标,因为投标人一般都对通用条件比较熟悉,对其中规定的各方的权利、义务、风险、责任都有所了解,因而投标时只需重点研究"专用条件"即可以了。

国际上最通用的土木工程施工合同条件的标准形式有三种:

英国"土木工程师协会(Institution of Civil Engineers,简称ICE)"编写的合同条件(ICE Conditions of Contract)。

美国建筑师协会(The American Institute of Architects,简称AIA)编写的"施工合同通用条件(General Conditions of The Contract for Construction AIA Document A201)"。

国际咨询工程师联合会(FIDIC)编写的"土木工程施工合同条件"(Conditions of Contract for Works of Civil Engineering Construction)。国际上通称"红皮书"。这个合同条件脱胎于ICE合同条件,曾吸收许多国际承包商协会参与讨论修改,为世界各国所普遍采用,世行、亚行、非行等金融组织也都采用。关于FIDIC的组织,FIDIC编制的各类合同条件将在第7章中详细介绍。ICE和AIA合同条件将在第8章中详细介绍。

世行工程采购标准招标文件中全文采用FIDIC"红皮书"的通用条件,不允许作任何修改。需修改处应全部放在合同专用条件中。

采用国际通用的合同条件的主要好处是能够比较好地平衡业主和承包商之间的权利和义务,条款易为各方接受,节省投标准备和投标审查费用,从而创造更多的经济效益。

五、合同条件第二部分——合同专用条件

(一) 概述

合同专用条件是针对某一具体工程项目的需要,业主方对合同通用条件进行具体化、修改和补充,以使整个合同条件更加完整、具体和适用。

在世行1995年的SBDW中对合同专用条件中列出的各种条件分为两类三个层次:

两类,即:WB——指世行编制的条件

F——指FIDIC"红皮书"第4版1992年版中条件

三个层次,即:(-M)强制性;(-R)建议性;(-O)选择性

限于篇幅,本书中主要介绍和讨论WB-M条件中的规定和少量WB-R、WB-O以及FIDIC条件中的内容。FIDIC"红皮书"第二部分中还包括有许多适用的建议性范例条款,需要时可查原著,本书中不一一介绍。

(二) 对合同通用条件的修改

以下各条所介绍的内容均是用以替代或补充合同通用条件原条款号中的内容。

1. 合同文件的优先次序 (5.2) (WB-M)

(1) 合同协议书（如完成的话）；

(2) 中标函；

(3) 投标书和投标书附录；

(4) 合同条件第二部分；

(5) 合同条件第一部分；

(6) 技术规范；

(7) 图纸；

(8) 标价的工程量表，和

(9) 投标书附录中所列的其他文件。

2. 履约保证（10.1、10.2、10.3、10.4）（WB—M）

(1) 如履约保证（Performance Security）为银行保函（Bank Guarantee）可由业主国的银行或由一家外国银行通过业主所在国的往来银行开具，或由业主同意的外国银行直接开具。如履约保证为履约担保（Performance Bond），则应由业主同意的担保公司或保险公司开具。

(2) 如由于成本和/或立法变化或变更，使工程师同意的合同价格增加超过原合同价格的 25%，承包商应尽快提高履约保证中有关货币的相应百分比。

JV 的履约保证应以 JV 的名义开具。

(3) 如用银行保函的形式，有效期持续到颁发移交证书后第 28 天，如用履约担保形式，有效期持续到颁发移交证书后的一年。在履约保证到期后 14 天内应将之退还承包商。

(4) 世行强烈建议删去合同通用条件中关于有条件银行保函的规定。

3. 当地人员的雇用

鼓励承包商雇用投标书附录中规定的业主国国内的雇员和工人。

说明：世行不接受含有对雇员和工人（非熟练工除外）来源作出限制的招标或合同条件。

4. 业主的风险（16.4）（F—O）

主要有以下几点限定：

(1) 将"战争……直到暴乱、骚乱"这一类风险限定在"工程所在国家，直接影响工程的因素"。

(2) 对一个有经验的承包商无法预测和防范的自然力的作用。

1) 限定在"发生在工地现场"；

2) 有经验的承包商或不能合理预见，或能合理预见但不能合理采取措施避免财产损失或投保。

5. 保险范围（21.1）（WB—M）

(1) 将 21.1（a）"从现场开始工作"改为"从开工后第 1 个工作日"。

(2) 增加"承包商有责任向工程性质与范围的任何变化通知保险公司以确保在整个合同执行期间有足够的保险范围"。

6. 保险来源（Source of Insurance）（25.5）（WB—M）

承包商有权就与本合同有关的保险向业主认可的世行贷款采购指南所规定的任何合格会员国的承包人进行投保。

说明：本款为新增条款，即选择投标的保险公司可以不限于业主国家国内保险公司。

7. 材料、工程设备、供应和工艺质量（36.1）（WB—O）

增加"鼓励承包商使用投标书附录中所述的业主国的材料、承包商的设备、工程设备和供应。"

说明：世行不接受含有对材料、承包商设备、工程设备和供应来源作出限制的招标或合同条件。投标人/承包商应有权从合格货源国提供所有的工程投入。

8. 提前竣工奖金（Bonus for Early Completion）（47.3）（WB—O）

如承包商提前完成工程或某区段，业主应按移交证书中规定的竣工日期和实际竣工日期之间的每一个日历日支付投标书附录中规定的金额作为提前竣工奖金，此金额不应超过投标书附录中规定的限额。

9. 变更的估价（52.1、52.2、52.3）（WB—M）

如合同中规定用一种以上的货币进行支付时，应明确规定各种适用货币的金额和比例，但此时应考虑变更后的实际投入的货币比例而不受投标书附录中原订货币比例的限制。

10. 证书与支付（60 条）（WB—R）

在此条中世行文件给出了两组可选择的条款，即：(1) 合同价完全以当地货币表示，并具有一种或多种外币支付的比例；(2) 合同价以当地货币和外币金额表示。

下面主要介绍合同价以当地货币表示并具有一种或多种外币支付的比例的方案。

(1) 月报表（60.1）（WB—R）

与合同通用条件不同之处主要是将以下内容单列一项：

1）变更；

2）计日工；

3）反映成本和立法变化的金额；

4）扣除的保留金额及预付款（此二项原在 60.2 款中）。

(2) 月支付（60.2）（WB—R）

工程师应根据 60.1 款。在收到月报表 14 天内确定该月应付给承包商的金额，并向业主和承包商发送期中支付证书，用以证明应付给承包商的金额。

(3) 用于永久工程的材料和设备（60.3）（WB—R）

对于承包商运到施工现场用于永久工程的材料和设备，承包商应：

1）收到运到施工现场的这些材料和设备的一笔预支款；并且

2）将这些材料和设备的预支款在材料或设备用于永久性工程的当月予以扣还。

但工程师有权要求满足以下各点，否则可不提供预支款。

1）材料和设备符合永久工程的规范要求；

2）材料和设备已送至工地并妥善保存；

3）承包商有关要求、定单、收据和材料与设备的使用记录，应使用工程师批准的格式，并可供工程师检查；

4）承包商提交了询价、运费说明和证明文件；

5）材料和设备原产地和支付货币符合投标书附录规定；

6）材料将在一合理时间内使用。

预支额为工程师审定的上述第4)项中合理费用的75%。扣款额应等于预支金额。预支及扣还有关货币由工程师决定。

(4) 保留金的支付 (60.6) (F—R)

承包商可用业主可接受的见票即付(On-demand)银行保函代替颁发移交证书并发还一半保留金后留下另一半保留金。(其余规定同通用条件)。

(5) 预付款 (60.7)

详见本章第4节中的讨论。

(6) 支付期和利息 (60.8) (WB—M)

1) 期中支付证书。业主应按60.1款规定,在承包商向工程师递交月报表后42天内,按工程师审核的金额向承包方支付。但若

a. 在承包商向工程师递交月报表后42天内,工程师未能向业主和承包商发出工程师的期中证书,或

b. 如果在承包商递交月报表后14天内,世行的贷款或信贷被暂停,而工程师也未能在此14天内颁发工程师的期中证书,

则业主应按承包商递交的月报表中的金额向承包方支付,如有任何出入,在下个月的支付证书中多退少补。

2) 最终支付证书

a. 业主应在承包商向工程师递交最终报表和书面结清单后84天内支付。

b. 如承包商在世行贷款或信贷被暂停时递交最终报表,上述a中支付款项应在暂停通知发出60天后支付,若工程师未能在上述60天内签发最终支付证书,则业主应对最终报表中无争议的金额予以支付。

3) 如业主未能在规定的期限内支付,则应按投标书附录中规定的月利率支付未付款额的利息,付息货币应与支付货币相同。

11. 腐败和欺诈行为

如果根据业主的判断,承包商在竞争和实施本合同过程中有腐败或欺诈行为,则业主在向承包商发出通知14天之后,可终止本合同下对承包商的雇用并将其驱逐出现场。如果此项驱逐是根据63.1款(承包商的违约)作出的,第63条有关规定均适用。

12. 争端的解决

关于争端的解决,世行SBDW中有三种方案,由业主根据以下情况选定:

(1) 方案1:争端审议委员会(DRB),该委员由三位专家组成。凡世行贷款项目超过5000万美元的合同,必须强制性地采用方案1。

(2) 方案2:将各方争议提交一位独立的争端审查专家(DRE)。

(3) 方案3:采用FIDIC"红皮书"中通用条件67条中工程师作为第一公断人的办法。但是,强调指出工程师必须独立于业主,世行才接受这一方案。

对于合同额介于1000万美元到5000万美元之间的合同,业主可选择上述方案中的任何一个。对于合同小于1000万美元的合同,一般应采用世行《小型合同工程采购标准招标文件》。关于DRB和争端审查专家的组成、聘用、工作程序等详见本章第4节。

13. 费用和法规的变更(70)

(1) 世行强制规定,如合同期超过18个月(或时间虽短但通货膨胀率高)时,必须在

合同中包括价格调整规定。世行不鼓励采用"文件票据法",只有在不能获得官方指数且不能确定替代指数时采用,此时需编制不同的合同条件。且应细心地和不断地审查承包商提供的基本价格凭证和实际发票。

关于调价公式的讨论详见本章第 4 节。

(2) 货币需求的实质性改变(72.4)(WB—M)

合同价格中外币及当地货币的比例应随承包商在施工期间需求变化,且根据业主与承包商的协议加以改变,但

1) 凡可能出现此种性质改变时,承包商应通知业主和工程师

2) 如工程师判断证明合同项下的材料、设备和服务的国别发生变化从而导致外汇需求的实质性变化,工程师可建议对此外汇需求进行审查。

14. 税收

(1) 境外税(Foreign Taxation)(73.1)(WB—M)

承包商的投标价中应包括所有本合同项下的在业主国境外发生的对承包商的设备、工程设备、材料和供应的生产、制造、销售、运输及服务而征收的税金、关税及其他费用。

(2) 当地税(Local Taxation)(73.2)(WB—M)

承包商的投标价格中应包括所有本合同项下的,在投标书递交截止日期前第 28 天在业主国内有关的法律法规规定的对承包商的设备、工程设备、材料、供应应征收的关税、进口税、商业税、所得税等各种税费。

(3) 雇员的个人所得税(73.3)(WB—M)

承包商应根据业主所在国有关法律、法规代扣和代交其雇员和劳务的个人所得税。

(4) 对承包商的设备征收关税

尽管有 73.2 款规定,但对承包商的设备可按以下方式处理税收:

1) 暂时免除承包商为实施合同而进口的设备及零配件的初始进口税。

2) 但承包商应向海关出示已批准的出口担保(Expert Bond)或出口银行保函(Expert Bank Guarantee),其有效期应持续到合同期满后六个月内,担保金额等于进口设备及零配件金额应支付的进口税金。当合同到期后如设备未从业主国出口,则应追回应交纳税额。

3) 承包商的单项设备及零配件进口后,他应向业主提供一份有海关当局背书的担保或银行保函的副本。

4) 当承包商的单项设备及零配件出口时,或完成合同后,主承包商应考虑折旧率(Depreciation Scale)及海关有关规定对他的准备出口的设备及零配件的残值(Resident Value)进行评估并报海关批准。

5) 承包商应根据以下情况向海关缴纳进口税:

a. 承包商的设备及零配件的初始进口值同残值之间的差别;以及

b. 合同完成后,留在业主国内的承包商的设备和零配件的初始进口值。

根据上述费用缴纳情况,在开具发票后 28 天内,应相应减小或取消出口担保或出口银行保函的担保值。否则应没收担保或保函的全部金额。

15. 合格性限制(Restriction on Eligibility)(76.1)(WB—M)

按照世行采购指南等规定,投入本工程的任何设备、材料、服务、承包商的设备和其

他供应均来源于合格货源国和地区的原产地。"原产地"指开采、种植、生产和制造材料和设备和提供服务的地点。

六、技术规范（Technical Specifications）

技术规范也叫技术规程或简称规范（以下用规范）。每一类工程（如房屋建筑、水利、港口、铁道等）都有专门的技术要求，而每一个项目又有其特定的技术规定。规范和图纸两者均为招标文件中非常重要的组成部分，反映了招标单位对工程项目的技术要求，严格地按规范和图纸施工与验收才能保证最终获得一项合格的工程。

规范、图纸和工程量表三者同时又是投标人在投标时必不可少的资料。因为依据这些资料，投标人能拟定施工规划，包括施工方案、施工进度、施工工艺等，并据之进行工程估价和确定投标报价。因此业主及其咨询工程师在拟定规范时，既要满足设计和施工要求，保证工程质量，又不能过于苛刻，因为太苛刻的技术要求必然导致投标人提高投标价格。对国际工程而言，过于苛刻的技术要求往往会影响本国的承包商参加投标的兴趣和竞争力。

编写规范时一般可引用本国有关各部门正式颁布的规范。国际工程也可引用国际上权威性的外国规范，但一定要结合本工程项目的具体环境和要求选用，同时往往还要由咨询工程师再编制一部分具体适用于本工程的技术要求和规定。合同签定之后，承包商必须遵循合同中的规范要求施工。监理工程师也应按订入合同中的要求来检查和验收承包商的工作质量。如在施工过程中承包商建议采用某些实质上等同或优于合同规范规定的一些规范或标准，必须得到工程师批准。编写规范时应做到用语准确而清晰，这样不仅有利于承包商响应招标文件的要求，平等地竞标，也有利于评标。如果业主方提供工程设备或材料也应有明确的技术说明。

规范一般包含下列六个方面内容：工程的全面描述；工程所采用材料的技术要求；施工质量要求；工程记录；计量方法；验收标准和规定；其他不可预见因素的规定。规范可分为总体规定和技术规范两部分。

（一）总体规定

总体规定（General specifications）通常包括工程范围及说明，水文气象条件，工地内外交通，承包商提供的材料质量要求，技术标准，工地内供水、排水，临建工程，安全，测量工作，环境卫生，仓库及车间等。下面就某些内容作一些说明。

（1）工程范围和说明。包括工程总体介绍，分标情况，本合同工作范围，其他承包商完成的工作范围。分配给各承包商使用的施工场地，生活区和交通道路等。

（2）技术标准。即已选定适用于本工程的技术规范。在总体规定中应列出编制规范的部门或是选用国外规范的国家、机构和规范代号。如美国材料实验学会（ASTM）；英国国家标准（BS）等。一般应尽量选用公制。要注意的是，在国内涉外工程中如采用国外标准时一定要与我国实际情况和条件相结合。如鲁布革工程中采用了美国有关标准，这些标准大都采用英制，如混凝土骨料，砂子筛分及混凝土强度均用英制，而且用的是圆筛孔，但我国采用公制和方筛孔，只有由承包商引进实验设备，工程师参加实验，以监督保证质量。

（3）一般现场设施。如施工现场道路的等级，对外交通，桥梁设计；工地供电电压范围和供电质量；供水；生活及服务设施；工地保卫，照明通讯，环保要求等。应明确业主提供的条件及承包商负责的工作，并应规定现场某些设施（如供电、供水等）的收费标准。

(4) 安全防护设施。明确工地安全应由承包商负责。对承包商在工地应采取的安全措施做出具体规定，安全措施包括安全规程的考核和执行，安全拦网的设置，防火、照明、信号等有关安全措施以及对安全管理人员的要求等。

(5) 水土保持与环境。由于工程的大量土石方开挖，破坏了植被，影响了环境的美化，为此应提出有关水土保持和环境保护的要求。

(6) 测量。工程师应向承包商提供水准基点、测量基线以及适当比例的地形图等，并应对这些资料的正确性负责。日常测量、放样均由承包商承担，承包商应对现场测量放样精度、现场控制点的设置与保护、人员、设备配备等负责。说明有关测量的费用不单独支付，应包括在合同价内。

(7) 试验室与试验设备，按照国际惯例，土建工程的试验工作（包括材料试验等）多由承包商承担，因此在规范中对要求进行试验的项目、内容及要求等应做出明确的规定。并对试验室的仪器设备等提出要求，以便投标人在投标报价中考虑到这一笔费用。

试验地点一般在工地承包商的试验室，某些有特殊要求的试验，可指定其他单位的实验室。

(二) 技术规范

工程技术规范大体上相当于我国的施工技术规范的内容，由咨询工程师参照国家的规范和国际上通用规范并结合每一个具体工程项目的自然地理条件和使用要求来拟定，因而也可以说他体现了设计意图和施工要求，更加具体化，针对性更强。

根据设计要求，技术规范应对工程每一个部位和工种的材料和施工工艺提出明确的要求。

技术规范一般按照施工工种内容和性质来划分，例如一般土建工程包括土方工程、基础处理、模板、钢筋、混凝土工程、砌体结构、金属结构、装修工程等；水利工程还包括施工导流、灌浆、隧洞开挖等；港口工程则有基床工程、沉箱预制、板桩工程等。

技术规范中应对计量要求做出明确规定，以避免和减少在实施阶段计算工程量与支付时的争议。

(三) 备选的技术建议 (Alternative technical proposals)

在"投标人须知"中提到投标人可提出备选的技术建议，为便于业主进行全面评价，这些技术建议均应包含详细的技术资料，如图纸、计算书，规范，价格分析以及施工方案等。

七、投标书格式，投标书附录和投标保函

投标书格式、投标书附录和投标保函这三个文件是投标阶段的重要文件，其中的投标书附录不仅是投标人在投标时要首先认真阅读的文件，而且对整个合同实施期都有约束和指导作用，因而应该仔细研究和填写。下面分别介绍和讨论这三个文件。

(一) 投标书格式 (Form of Bid)

投标书格式是业主在招标文件中为投标人拟定好的统一固定格式的以投标人名义写给业主的一封信，其目的是避免投标人在单独编写投标书时漏掉重要内容和承诺，并防止投标人采用一些含糊的用语，因而导致事后容易产生歧义和争端。

在此要提请注意的是："投标书"(Bid 或 Tender) 不等于投标人的全部投标报价资料。"投标书"被认为是正式合同文件之一，而投标人的投标报价资料，除合同协议书中列明者外，均不属于合同文件。世行拟定的投标书格式见表 4-2。

表 4-2

投 标 书 格 式

合同名称：_____

致：_____（填入业主名称）

先生们：

1. 根据实施上述工程的合同条件、规范、图纸、工程量表以及第____号补遗，我们，（以下的签字人）将遵照合同条件、规范、图纸、工程量表及各项补遗去建造和安装此工程，并修补其中的任何缺陷，我们的报价为_____【以数字和文字填入金额】_____【以投标书附录中说明的或根据合同条件确定的其他金额】。

2. 我们确认投标书附录构成投标书的一部分。

3. 如果我们的投标书被接受，我们保证在收到工程师的开工通知后尽快开工，并在投标书附录规定的时间内完成合同规定的全部工程。

4. 我们同意在_____（填入日期）之前遵循本投标书的各项条件，在该日期之前，投标书对我们一直有约束力并且我方可随时接受中标。

5. 在正式的协议书签署和实施之前，本投标书连同你方的书面中标函将构成我们双方之间的有约束力的合同。

6. 我们理解，你方没有义务接受所收到的报价最低的投标书或任何投标书。

7. 如果我方被授予合同，下面列出我方向本投标书与合同实施有关的代理人已支付或须支付的佣金或赏金（如果有）（如没有，填写无）

代理人名称地址金额和货币佣金或赏金目的

_____

_____

日期：____年____月____日

以_____资格，经授权并代表_____签署投标书。（以正体大写字母填写或打印）

地址：_____

证人：_____

地址：_____

职务：_____

（二）投标书附录（Appendix to Bid）

投标书附录是一个十分重要的合同文件，业主对承包商的许多要求和规定都列在此附录中，还有一部分内容要求承包商填写，投标书附录上面的要求、规定和填入的内容，一经合同双方签字后即在整个合同实施期中有约束力。

下面分别介绍投标书附录中业主填写有关要求和规定的部分以及要求投标人填写的部分（填写天数时要求填入 7 的倍数）。内中合同条款号均指 FIDIC "红皮书"（1987 年第 4 版 1992 年订正版）。在右半页"内容"中（ ）内为说明。

1. 投标书附录（业主填写有关要求和规定的部分）

见表 4-3

表 4-3

项 目	合同条款号	内 容
定义	1.1 (a), 69.6	"银行"和/或"世界银行"包括 IBRD、IDA
	1.1 (a) (i)	业主____（填写名称）
	1.1 (a) (iv)	工程师____（填写名称）
工程师发出变更的权限	2.1 (d) (ii)	合同价的百分比____

续表

项 目	合同条款号	内 容
语言和法律	5.1 (a)	语言为＿＿＿＿＿（英语、法语或西班牙语）
	5.1 (b)	有效法律为＿＿＿＿＿（填写国家名称）的法律
履约保证	10.1	履约保证的形式＿＿＿＿＿（填写"有条件银行保函"或"无条件银行保函"、或"履约担保"），其金额为合同价的百分之＿＿＿＿＿（填入相应数字）
现场考查	11.1	根据11.1款规定，业主提供的资料在：＿＿＿＿＿（填入地址）
须提交的施工进度计划	14.1	＿＿＿＿＿天（一般为中标通知后14到15天）
现金流量估算	14.3	＿＿＿＿＿天（一般为中标通知后14到15天）
业主所属国	16.4	业主所属国（填入国家名称）
第三方保险的最低金额	23.2	每次＿＿＿＿＿，次数不限
发出开工令的时间	41.1	＿＿＿＿＿天
竣工时间	43.1 48.2 (a)	＿＿＿＿＿天（或填入日期） （如有区段竣工时要求，可列入）
误期损害赔偿费	47.1	每天＿＿＿＿＿（如工程分区段时，可填入各区段误期损害赔偿费）
误期损害赔偿费限额	47.1	最终合同价的百分比＿＿＿＿＿
提前竣工奖金	47.3	每天＿＿＿＿＿（如专用条件有此规定时）
奖金限额	47.3	合同价的百分之＿＿＿＿＿
缺陷责任期	49.1	＿＿＿＿＿天（或＿＿＿＿＿年）
期中支付证书最低金额	60.2	
保留金	60.5	期中支付证书的百分之＿＿＿＿＿（通常为5%～10%）
预付款的最大金额	60.7	合同价的百分之＿＿＿＿＿（通常为合同价的10%～15%，特殊情况可高达20%）
开始偿还预付款	60.7	在支付百分之＿＿＿＿＿的合同价之后（通常金额为20%左右）
预付款月偿还	60.7	月期中付款证书金额的百分之＿＿＿＿＿（应计算月预付款偿还占每个月期中付款证书金额的百分比，以便在完成支付80%的合同价之前，收回全部预付款）
竣工报表份数	60.10	＿＿＿＿＿份
争端解决程序	67 67.1	争端解决程序是＿＿＿＿＿（填入解决方案） 任命机构是＿＿＿＿＿ （如采用FIDIC第67款，删除此款）
给业主和工程师的通知	68.2	业主的地址为：＿＿＿＿＿ 工程师的地址为：＿＿＿＿＿

2. 投标书附录（要求投标人在投标时填写的部分）

见表4-4。

表4-4

项　目	合同条款号	内　　　容
月支付所需货币比率	60.1 72.2	分别按方案A或方案B填入有关外币及其汇率
材料和工程设备的原产地	60.3 (a) (v) 60.3 (d)	
业主未按时付款时的利率	60.8	当地货币为百分之＿＿＿，其他外币按伦敦同业银行拆借利率（LIBOR）加上2%
用于价格调整的权重和指数	70.3 70.4	在业主给出权重范围内填写当地货币和外币的有关指数来源和权重

关于价格调整公式及有关指数、权重的详细介绍在第4节。

投标人还需填写"分包商一览表"，包括分包项目名称、分包项目估计金额、分包商名称、地址以及该分包商施工过的同类工程的介绍。

3. 投标保函格式

见表4-5

表4-5

投标保证格式（银行保函）

鉴于：＿＿＿＿＿＿＿（投标人名称，以下称"投标人"）于＿＿＿＿＿＿＿（日期）为实施＿＿＿＿＿＿＿（合同名称）提交了投标书（以下称"投标书"）。

兹宣布，我们，即：在＿＿＿＿＿＿＿地点设有注册办公室的＿＿＿＿＿＿＿（国家名称）的＿＿＿＿＿＿＿（银行名称，以下称为"银行"）向＿＿＿＿＿＿＿（业主的名称，以下称"业主"）负责，立约担保支付＿＿＿＿＿＿＿（以文字和数字填写保证金额）的保证金。银行保证自己、其继任者和受让人根据本文件向业主完全真诚地支付这笔款项。

于＿＿＿年＿＿＿月＿＿＿日银行加盖其公章

遵循本支付义务的条件如下：
(1) 如果投标人在投标书格式中规定的投标有效期内撤回其投标书；或
(2) 如果投标人拒绝接受对其投标书中错误的更正；或
(3) 如果业主在投标有效期内已通知投标人中标，而投标人
(a) 在被要求时没有或拒绝按照投标人须知签署协议书格式，或
(b) 没有或拒绝按照投标人须知提交履约保证；

则，在收到业主的第一次书面要求时，我们即支付给业主上述金额，业主不必为其要求提供任何理由。但是，业主须在他的要求中注明，他要求应付给他的金额是由于发生上述一种或两种情况，并将发生的情况详细说明。

本投标保函的有效期截止到提交投标书的截止日期之后的第28天（包括第28天当天），提交投标书的截止日期按投标人须知中的规定*，业主可对该有效期延长，并不必将延期通知给银行。将有关本保证书的索付要求通知给银行的时间不得迟于上述日期。

日期＿＿＿＿＿＿＿　　　　　　银行签字＿＿＿＿＿＿＿

证人＿＿＿＿＿＿＿　　　　　　盖章＿＿＿＿＿＿＿

【签字、姓名和地址】

---

* 笔者认为原文此处有错，应改为"投标保函有效期截止到投标有效期的截止日期之后第28天（包括第28天当天），投标有效期的截止日期按投标人须知中的规定……"。（可参见投标人须知17.2条）

八、工程量表（Bill of Quantities）

工程量表（可简写为 BOQ）就是对合同规定要实施的工程的全部项目和内容按工程部位、性质或工序列在一系列表内。每个表中既有工程部位和该部位需实施的各个项目，又有每个项目的工程量和计价要求，以及每个项目的报价和每个表的总计等，后两个栏目留给投标人投标时去填写。

BOQ 的用途之一是为投标人（承包商或分包商）报价用，为所有投标人提供了一个共同的竞争性投标的基础。投标人根据施工图纸和技术规范的要求以及拟定的施工方法，通过单价分析并参照本公司以往的经验，对表中各栏目进行报价，并逐项汇总为各部位以及整个工程的投标报价；用途之二是在工程实施过程中，每月结算时可按照表中序号、已实施的项目、单价或价格来计算应付给承包商的款项；用途之三是在工程变更增加新项目时或处理索赔时，可以选用或参照工程量表中的单价来确定新项目或索赔项目的单价和价格。

BOQ 和招标文件中的图纸一样，是随着设计进度和深度的不同而有粗细程度的不同，当施工详图已完成时，就可以编得比较细致。

BOQ 中的计价办法一般分为两类：一类是按"单价"（Unit Price 或 Rate）计价的项目，如模板每平方米多少钱，土方开挖每立方米多少钱等。另一类是按"项"（Item）总价包干（Sum 或 Lump sum）计价的项目，如工程保险费，竣工时场地清理费等，也有将某一项设备的采购和安装作为一"项"计价的。如闸门采购与安装（包括闸门的采购与运输、预埋件、启闭设备、电气操纵设备及仪表等的采购、安装和调试）。编写这类项目时要在括号内把有关项目写全，最好将所采用的图纸号也注明，以方便投标人报价。

BOQ 一般包括：前言；工作项目；计日工表和汇总表。

（一）前言

前言中应说明下述有关问题：

(1) 应将工程量表与投标人须知、合同条件、技术规范、图纸等资料综合起来阅读。

(2) 工程量表中的工程量是估算的，只能作为投标报价时的依据，付款的依据是实际完成的工程量和订合同时工程量表中最后确定的费率。

(3) 除合同另有规定外，工程量表中提供的单价必须包括全部施工设备、劳力、管理、燃料、材料、运输、安装、维修、保险、利润、税收以及风险费等，所有上述费用均应分摊入单价内。

(4) 每一行的项目内容中，不论写入工程数量与否，投标人均应填入单价或价格，如果漏填，则认为此项目的单价或价格已被包含在其他项目之中。

(5) 规范和图纸上有关工程和材料的说明一般不必在工程量表中重复和强调。当计算工程量表中每个项目的价格时应参考合同文件中有关章节对有关项目的描述，但也有的招标文件在工程量表的总则中对计算各类工程量（如土方开挖、回填、混凝土、模板、钢结构、油漆等）时应包含什么内容和注意什么问题进行了说明，以避免日后的纠纷。

(6) 测量已完成的工程数量用以计算价格时，应根据业主选定的工程测量标准计量方法或以工程量表前所规定的计量方法为准。所有计价支付的工程量均为完工后测量的净值。

(7) BOQ 中的暂定金额，为业主方的备用金，按照合同条件的规定使用和支付。

(8) 计量单位。建议使用表 4-6 所示计量单位和缩写词（除非在业主所属国有强制性的标准）。

计量单位和缩写词　　　　　　　　　表 4-6

单　位	缩　写　词	单　位	缩　写　词
立方米	m^3 或 cum	毫米	mm
公顷	ha	月	mon
小时	h	数目	nr
千克	kg	平方米	m^2 或 sqm
总价	sum	平方毫米	mm^2 或 sqmm
米	m	周	wk
公制吨（1000kg）	t		

（二）立项的原则

编制工程量表时要注意将不同等级要求的工程区分开；将同一性质但不属于同一部位的工作区分开；将情况不同，可能要进行不同报价的项目区分开。

编制工程量表划分"项目"时要做到简单明了，善于概括。使表中所列的项目既具有高度的概括性，条目简明，又不漏掉项目和应该计价的内容。例如港口工程中的沉箱预制，是一件混凝土方量很大的项目，在沉箱预制中有一些小的预埋件，如小块铁板、塑料管等，在编工程量表时不须单列，而应包含在混凝土中，如沉箱混凝土浇注（包含××号图纸中列举的所有预埋件）。一份善于概括的工程量表既不影响报价和结算，又大大地节省了编制工程量表，计算标底、投标报价、复核报价书，特别是工程实施过程中每月结算和最终工程结算时的工作量。

（三）工程量表示例

工程量表有两种方式：使用较多的是以作业内容来列表的，叫作业顺序工程量表（Operational BOQ），如下面示例；另一种是以工种内容列表，叫工种工程量表（Trade BOQ），使用较少。

下面给出工程量表（一般项目）（表 4-7）和一个工程（土方工程）的工程量表（表4-8）示例。

工　程　量　表（一般项目）　　　　　　表 4-7

序号	内　　容	单位	数量	费率	总额
101	履约保证	总价	项		
102	工程保险	总价	项		
103	施工设备保险	总价	项		
104	第三方保险	总价	项		
105	竣工后 12 个月的工程维修费	月	12		
106	其他				
112	提供工程师办公室和配备设施	个	2		
113	维修工程师办公室和服务	月	24		
114	其他				
121	提供分支道路	总价	项		
122	分支道路交通管理及维修	月	24		
123	其他				
132	竣工时进行现场管理	总价	项		
	合　　计				

工 程 量 表（土方工程） 表 4-8

序 号	内　　　　容	单 位	数 量	费 率	总 额
201	开挖表土（最深 25cm）废弃不用	m³	50000		
202	开挖表土（25～50cm）储存备用，最远运距 1km	m³	45000		
206	从批准的取土场开挖土料用于回填，最远运距 1km	m³	258000		
207	岩石开挖（任何深度），弃渣	m³	15000		
208	其他				

（四）计日工（Day Work）

计日工也称为按日计工，是指在工程实施过程中，业主有一些临时性的或新增加的项目需要按计日（或计时）使用劳务、材料或施工设备时，按承包商投标时在表中填写的费率计价。在招标文件中一般列有劳务、材料和施工设备三个计日工表。在工程实施过程中任何项目如需采用计日工计价，必须依据工程师的书面指令。

按照有关合同条款规定，计日工一般均由暂定金额（Provisional Sums）中开支，暂定金额是业主的备用金，暂定金额的开支又分为两类：一类叫"规定的暂定金额"（Specified provisional sums），即某些明确规定由暂定金额开支的项目单列在一张表中并加以小计，然后和工程量表汇总在一起；另一类叫"用于不可预见用款的暂定金额"（provisional sums for contingency allowance）。

有的招标文件不将计日工价格计入总价，这样承包商可以将计日工价格填得很高，一旦使用计日工时，业主需支付高昂的代价。因此，最好在编制计日工表时，估计一下使用劳务、材料和施工机构的数量。这个估计的数量称为"名义工程量"（Nominal Quantity），投标人在填入计日工单价后再乘以"名义工程量"，然后将汇总的计日工总价加入投标总报价中，以限制投标人随意提高计日工价。项目实施过程中支付计日工的数量根据实际使用数量商定，不受名义工程量的限制。这样就使计日工表的填写也符合竞争性投标的要求。

下面分别讨论一下三类计日工表

1. 劳务计日工表

在编制劳务计日工表时需对这个表中的工作费用应该包含哪些内容，以及如何计算时间做出说明和规定。例如劳务工时计算是由到达工作地点开始指定的工作算起至回到出发地点为止的时间，但不包括用餐和工间休息时间。

劳务计日工费用包括两部分：

（1）劳务的基本费率（Basic Rates），包括承包商应向劳务直接支付的工资、路途时间和工作时间补助、生活补助以及根据当地法律应支付的社会福利补贴。基本费率只能用当地货币支付。

（2）承包商还有权按基本费率的某一百分比得到承包商的利润、上级管理费、劳务监管费、保险费以及各项杂费等费用，这些费用可要求用外币及当地货币支付。有时计日工表中利润、上级管理费等不单列，而统一包含在各工种的费率之中。下面列出一份劳务的计日工表，见表 4-9。

2. 材料计日工表

材料计日工费用包括两部分：

（1）材料的基本费率是根据发票的价格加上运费（运至现场仓库）、保险费、装卸费、损耗费等。用当地货币报价，但也可依据票据的实际情况用多种货币支付。

（2）按照某一百分比得到利润、上级管理费等费用。用当地货币支付，对以计日工支付的工地内运送材料费用项目，按劳务与施工设备的计日工表支付。

3. 施工设备计日工表

（1）施工设备计日工表中的费率包括设备的折旧费、利息、保险、维修及燃料等消耗品以及有关上级管理费、利润等费用，但机械驾驶员和其助手应依劳务计日工表中的费率单独计价。

计 日 工 表（劳务） 表 4-9

项目编号	说　　明	单　位	名义工作量	费　率	总　额
D100	工长	h	500		
D101	普工	h	5000		
D102	砌砖工	h	500		
D103	抹灰工	h	500		
D104	木工	h	500		
D113	10t 卡车司机	h	1000		
D115	推土机或松土机司机	h	500		
D122	承包商的上级管理费、利润等（为总计的百分率）				
合　计					

（2）一般施工设备是按在现场实际工作的工时数支付。如工程师同意，施工设备由存放处到工地现场的往返时间也可计入支付的工时数内。

对施工设备的基本租赁费率应用当地货币说明，但可以用多种货币支付。

（五）汇总表（Grand summary）

将各个区段分部工程中的各类施工项目的工程量表的合计加以汇总就是整个工程项目总报价。投标人在汇总时应将"规定的暂定金额"与"用于不可预见用款的暂定金额"均计入总报价。投标人在中标并签订合同后，合同价中自然也包括这两类暂定金额。

九、协议书、履约保证和预付款保函的格式

（一）协议书（Agreement）

投标人接到中标函后应及时与业主谈判，并随后签署协议书。协议书签署时应要求承包商提交履约保证，这时即完成了全部立约手续。也有的国家规定投标人投标书和业主发给他的中标函二者即构成合同，不需另签协议书。但世行贷款项目一般要求签协议书。

协议书的格式均由业主拟定好并附在招标文件中，表 4-10 是协议书的格式。

另外，合同协议书中还应列入一项"合同协议书附件"（Addendum）；有时也叫备忘录（Memorandum）。可以在合同协议书中增加"合同协议书附件"这一文件。因为在签订协议书之前的谈判中，双方都可能提出对合同文件中的某些内容进行补充和修改，这些双方协商一致同意的补充和修改意见应该整理成附件形式附在协议书后，有的合同文件中也叫"谅解备忘录"（Memorandum of Understanding，MOU）。由于附件是对原有文件的补充和修改，所以应该注明附件中的哪一条是对原有文件第几卷第几章哪一条的补充和修改，以后遇到矛盾时，则以合同协议书附件为准。

表 4-10

协 议 书

本协议书于____年____月____日由_____（以下称为"业主"）为一方与作为另一方的_____（以下称为"承包商"）签订。

鉴于业主欲委托承包商实施一项工程，即：_____，并已接受了承包商为承担该项工程的实施、竣工及其缺陷的维修而提交的投标。

兹就以下事项达成本协议：

1. 本协议书中的措词和用语具有的含义与下文提及的合同条件中分别赋予给它们的含义相同。
2. 下列文件被认为构成本协议书的一部分，并应作为其组成部分来阅读和理解：
   (a) 中标函；
   (b) 投标书和投标书附录；
   (c) 合同条件（第二部分）；
   (d) 合同条件（第一部分）；
   (e) 规范；
   (f) 图纸；
   (g) 标价的工程量表；
   (h) 投标书附录中所列的其他文件。
3. 鉴于业主向承包商支付下文提及的各笔款项，承包商特立此约向业主保证，在各个方面均按照合同的规定来进行工程的实施、竣工及其缺陷的维修。
4. 鉴于承包商进行的工程实施、竣工及其缺陷的维修，业主特此立约保证，按合同规定的时间和方式向承包商支付合同价格或其他应付金额。

为此，于本协议书文首所载日期，双方签署本协议书。

在_____在场的情况下盖_____的公章

或

在_____在场的情况下，由上述_____签字、盖章并交送。

业主有约束力的签字_____
承包商有约束力的签字_____

（二）履约保证（Performance Security）

履约保证是承包商向业主提出的保证认真履行合同的一种经济担保，一般有两种形式，即银行保函（Bank Guarantee），或叫履约保函（Performance Guarantee）以及履约担保（Performance Bond）。我国向世界银行贷款的项目一般规定，履约保函金额为合同总价的10%，履约担保金额则为合同总价的30%。

保函或担保中的"保证金额"由保证人根据投标书附录中规定的合同价百分数折成金额填写，采用合同中的货币或业主可接受的自由兑换货币表示。

采用何种履约保证形式，各国际组织和各国的习惯有所不同。美洲习惯于采用履约担保，欧洲则采用银行保函。只有世界银行贷款项目列入了上述两种保证形式，由投标人自由选择采用其中任一种形式。亚洲开发银行则规定只用银行保函。在编制国际工程的招标文件时应注意这一背景。

1. 银行履约保函

银行保函又分为两种形式：一种是无条件（Unconditional 或 on Demand）银行保函；另一种是有条件（Conditional）银行保函。对于无条件银行保函，银行见票即付，不须业主提供任何证据。业主在任何时候提出声明，认为承包商违约，而且提出的索赔的日期和金额在保函有效期和保证金额的限额之内，银行即无条件履行保证，进行支付，承包商不能要求银行止付。当然业主也要承担由此行动引起的争端、仲裁或法律程序裁决的法律后果。对银行而言，他们愿意承担这种保函，既不承担风险，又不卷入合同双方的争端。

有条件银行保函即是银行在支付之前，业主必须提出理由，指出承包商执行合同失败、不能履行其义务或违约，并由业主和（或）工程师出示证据，提供所受损失的计算数值等，但一般来讲，银行不愿意承担这种保函，业主也不喜欢这种保函。

表 4-11、表 4-12 为两种履约保函格式。

表 4-11

履 约 保 函（无条件）

致：_____（业主名称）
　　_____（业主地址）

鉴于：_____（承包商的名称、地址，以下称"承包商"）根据_____（签约日期）签署的编号为_____的合同已保证实施_____（合同名称及工程简述，以下称为"合同"）；

又鉴于：你方在上述合同中规定，承包商应向你方提交一份由被认可的银行开具的银行保函，按规定的金额作为履行其在合同中的义务的保证；

又鉴于：我们已同意为承包商开具此类银行保函；

在此我们确认：作为保证人，我们代表承包商向你方负责，保证金额最高为_____（用数字表示）_____（用文字表示）。支付这笔金额时，将采用支付合同价格所使用的货币种类和比例。一旦收到你方的第一次书面索付，我们即无争议地向你方支付总额不超过上述（保证金额）的一笔或数笔金额，你方不必为索付该笔金额给出任何证据和理由。

我们在此不要求你方在向我们提出索付之前必须首先向承包商提出该笔债款。

我们进一步同意，合同条款、依据合同条款执行的工程、或你方与承包商可能签订的任何合同文件的变动、增加、或修正，均不解除我们在本保证书中的责任。我们在此不要求你们将此类变动、增加或修正通知我们。

本保证书有效期截止到移交证书签发之后的第二十八天当天。

保证人签字、盖章银行名称_____
_____地址_____
日期_____

表 4-12

履 约 保 函（有条件）

本协议于＿＿＿＿年＿＿＿＿月＿＿＿＿日由位于＿＿＿＿（银行地址）的＿＿＿＿（银行名称，以下称为"保证人"）作为一方与位于＿＿＿＿（业主的地址）、作为另一方的＿＿＿＿（业主的名称）共同签署。

鉴于：

(1) 本协议是位于＿＿＿＿（承包商地址）的＿＿＿＿（承包商名称，以下称为"承包商"）作为一方与位于＿＿＿＿（业主的地址）、作为另一方的业主所签署的合同的补充。根据该合同，承包商同意并保证实施＿＿＿＿（合同名称及工程简述）的工程，合同价格为＿＿＿＿（填入以合同货币表示的金额）；

(2) 保证人同意保证合同按下述方式恰当地履行。

因此，保证人特在此与业主达成如下协议：

(a) 如果承包商在任一方面没有实施合同或没有履行其在合同中的义务，除非按照合同的某条款、法令或具有裁决资格的法庭的裁决承包商被免除履约，否则，保证人应赔偿并支付＿＿＿＿（保证金额，用数字表示）＿＿＿＿（用文字表示）的一笔金额。支付这笔金额使用的货币种类与比例与支付合同价格使用的货币种类与比例相同。但这一做法的条件是，业主或其授权的代表已将具体情况通知给保证人，并在缺陷责任证书签发之前已向保证人提出了索赔。

(b) 不管保证人许可与否，也不管是在付款、时间、履约或其他方面，承包商与业主之间的某项安排、承包商义务的变动、承包商一方给予的任何宽让均不解除保证人在保函中的责任，在此明确规定，保证人不要求你们将任何此类安排、变动或宽让通知我们。

本保证书的有效期截止到移交证书签发日期之后的第二十八天当天。

兹于本保证书文首所载日期签署本保证书。

在＿＿＿＿（证人）在场在＿＿＿＿（证人）在场

的情况下由＿＿＿＿的情况下由＿＿＿＿代

代表保证人签字代表业主签字

2. 履约担保的格式

履约担保一般是由担保公司、保险公司或信托公司开出的保函。担保公司要保证整个合同的忠实履行。一旦承包商违约，业主在要求担保公司承担责任之前，必须证实承包商确已违约。这时担保公司可以采取以下措施之一：

(1) 根据原合同要求完成合同；

(2) 为了按原合同条件完成合同，可以另选承包商与业主另签合同完成此工程，在原定合同价以外所增加的费用由担保公司承担，但不能超过规定的担保金额；

(3) 按业主要求支付给业主款额，用以完成原订合同。但款额不超过规定的担保金额。

表 4-13 为履约担保格式。

表 4-13

履 约 担 保 书

本担保书规定,作为委托人的_____(承包商的名称和地址,以下称为"承包商")与作为担保人的(担保人、担保公司或保险公司的名称、法定资格、地址)坚定地向权利人_____(业主的名称和地址,以下称为"业主")立约担保,担保金额为_____(担保金额,用数字表示)_____(用文字表示)。承包商和担保人严格依据本文件,保证他们自己、各自的继承人、遗嘱执行人、遗产管理人、继任者和受让人以支付合同价格的货币类型和比例完全准确地支付这笔款项,并且各方负有连带责任。

鉴于:根据构成合同各部分的有关文件、计划、规范及其修正内容(以下统称"合同"),承包商与业主于_____年_____月_____日已为_____(合同名称)签订了协议书。

因此,特在此规定,上述支付义务的条件是:如果承包商迅速真诚地履行了上述合同(包括其任何修正内容),本义务即告终止,否则,它将保持完全有效。一旦承包商违约或业主宣称其违约,则在业主履行了自己在合同中的义务之后,担保人应立即补偿此违约,或立即:

(1) 根据合同条件完成合同;或

(2) 为了按照合同条件完成合同,从合格的投标人中获取一份或几份投标,提交给业主;在业主和担保人共同确定了符合要求的最低标价的投标人之后,担保人安排该投标人与业主签订一份合同,并随着工程的进展(尽管按本段安排的一份或几份合同完成的过程中有可能出现一次或多次违约)提供足够的资金来支付合同价格余额之外的完成合同的费用;该笔费用(包括担保人可能负担的其他费用和赔偿费)不得超过本担保书第一段中规定的金额。本段中使用的"合同价格余额"一术语系指业主按照合同应支付承包商的全部金额减去业主已合理支付给承包商的款项后所得之余额;或

(3) 支付业主根据合同条件完成合同所需的费用,但总额不得超过本担保书规定的金额。

担保人对大于本担保书规定的赔偿费不承担责任。

本担保书下的任何索付要求必须在移交证书签发日期之后的一年内提出。

除指定的业主、其继承人、遗嘱执行人、遗产管理人、继任者和受让人之外的任何人或公司均不享有依据本担保书或对使用本担保书进行索付的权利。

为昭信守起见,于_____年_____月_____日,承包商在此签字盖章,担保人对此文件盖其公章,并由其法定代表签字,以兹证明。

在_____在场的情况下,以_____在_____在场的情况下,以_____的资格,代表_____签字的资格,代表_____签字

(三) 预付款保函格式

在国际招标的工程项目中,除去少数资金匮乏的业主外,大部分业主均对中标的承包商提供预付款,这是为了缓解承包商开工时需要垫付大量资金的困难。预付款额度在投标书附录中规定,一般是合同总价的10%,如果合同中机电设备采购量大则可能达到(15~20)%。

承包商在签订合同后,应及时到业主同意的银行开一封预付款保函,业主收到此保函后才会支付预付款。关于预付款的偿还方法在本章第 4 节中讨论。表 4-14 为预付款保函格式。

表 4-14

预 付 款 银 行 保 函

致：_____【业主名称】
　　　_____【业主地址】
　　　_____【合同名称】

先生们：

根据上述合同的合同条件第 60.7 款（预付款）的规定，_____（承包商的名称和地址）应向_____（业主的名称）提交一份银行保函，以保证承包商恰当忠实地履行合同中上述条款的规定，保证金额为_____（保证金额，用数字表示）_____（用文字表示）。

我们，_____（银行或金融机构），按承包商的指示，作为主要义务人而不是仅仅作为担保人，无条件地且不反悔地同意保证，在接到业主的第一次要求时，不提出任何反对理由而向_____（业主的名称）支付一笔款项，但不得超过_____（保证金额，以文字表示），本金额将随着你方从合同款项中逐渐收回有关金额而依次减少。

我们进一步同意，合同条款、依据合同条款实施的工程、以及（业主的名称）与承包商的可能签订的任何合同文件的变动、增加或修正均不解除我们在本保函中的责任。我们在此不要求你们将此类变动、增加或修正通知我们。

在我们收到你方的书面通知，并告知我们上述的预付款金额已支付给承包商之前，你方不得支取本保函中的任何金额。

本保函从根据合同支付预付款日期开始，到_____（业主的名称）从承包商处收回全部预付款为止的这段时间内一直保持有效。

你忠实的，
签字盖章：_____
银行或金融机构名称：_____
地址：_____
日期：_____

十、图纸

图纸（Drawings）是招标文件和合同的重要组成部分，是投标人在拟定施工方案，确定施工方法、选用施工机械以至提出备选方案，计算投标报价必不可少的资料。

招标文件应该提供大尺寸的图纸。如把图纸缩的太小、细节看不清楚，将影响投标人投标，特别对大型复杂的工程尤应注意。图纸的详细程度取决于设计的深度与合同的类型。详细的设计图纸能使投标人比较准确地计算报价。但实际上，常常在工程实施过程中需要陆续补充和修改图纸，这些补充和修改的图纸均须经工程师签字后正式下达，才能作为施工及结算的依据。

在国际招标项目中图纸往往都比较简单。仅仅相当于初步设计，从业主方来说，这样既可以提前招标又可以减少开工后在图纸细节上变更，可以减少承包商索赔的机会，把施工详图交给承包商去设计还可以利用承包商的经验。当然这样做必须有高水平的监理工程师把关，对图纸进行认真的检查，以防引起造价增加过多。

业主方提供的图纸中所包括的地质钻孔柱状图、探坑展视图等均为投标人的参考资料，他提供的水文、气象资料也属于参考资料。业主和工程师应对这些资料的正确性负责。而投标人应根据上述资料做出自己的分析与判断,据之拟定施工方案,确定施工方法,业主和工程师对这类分析与判断不负责任。

第3节 我国利用世界银行贷款项目的工程采购

一、财政部"世行贷款项目招标文件范本"的特点:

财政部于1997年5月正式出版发行的各类"世行贷款项目招标文件范本"(Model Bidding Documents,以下用MBD)有以下主要特点:

(一)标准化——与国际接轨

MBD体现了世行新版SBDW规定的经济性、效率性与增加透明度的原则。保留了SDBW中"投标人须知"和"合同通用条件",这样就保证了业主和承包商、买方与卖方之间利益与风险的平衡,增加了采购工作的透明度,对国内承包商、咨询公司及制造商熟悉了解国际惯例,参与国际市场竞争可以起到积极的推动作用。

(二)规范化

MBD中"投标人须知"、"合同通用条件"和财政部统一编制的"标准合同专用条件"是不允许变动的。招标代理机构和项目业主单位只允许根据项目具体情况,按照MBD的格式,编写"招标资料表"、"投标书附录"等附表,以及"合同特殊条件"。这样就对中国境内的世行贷款项目招标文件的编制起到一个规范作用。自行编制的部分在向投标人发售前应按规定报国内有关部门和世行审查,但MBD的标准合同专用条件则不必报批。

(三)结合中国实际情况

MBD结合我国实际情况修改和增加了部分条款,如履约保函、装运条件、保险、质量保证、支付、索赔、不可抗力、税费、争端解决等,而且各个文本中的履约保证、不可抗力、税费和争端解决等条款都是一致的(这些内容将分别在本节中及以下各节中介绍)。MBD还规定国际招标时中国承包商如果中标可以签订中文合同。

(四)专业化

MBD比以前的范本更加专业化,如咨询服务合同包括了四个合同文本以适应不同情况的需要。

二、MBD土建工程国际竞争性招标文件

MBD土建工程国际竞争性招标文件是基于世行SBDW文件编制的,世行要求谈判执行的条款和规定一律保留,但经协商、结合中国情况对某些条款和规定作了补充和修改。下面将首先介绍MBD土建工程国际竞争性招标文件的总体轮廓,再较详细地介绍主要的修改和补充。

(一)MBD土建工程国际竞争性招标文件的总体轮廓

这个范本包括以下四卷11章

第Ⅰ卷

  第1章 投标邀请书

  第2章 投标人须知

    A 总则

    B 招标文件

    C 投标书的编制
    D 投标书的递交
    E 开标与评标
    F 合同授予
  第3章 招标资料表
  第4章 合同通用条件
  第5章 合同专用条件
  A 标准合同专用条件
  B 项目专用条件
  第Ⅱ卷
  第6章 技术规范
  第Ⅲ卷
  第7章 投标书、投标书附录和投标保函的格式
  第8章 工程量表
  第9章 协议书格式、履约保函格式及预付款保函格式
  第10章 世行资助的采购中提供货物、土建和服务的合格性
  第Ⅳ卷
  第11章 图纸

其中第1、2、4、7、9、10各章均与世行的SBDW一致。第3、6、8、11各章是要结合每一个工程项目的特点来编制的，编制的原则和要求也与世行的SBDW基本一致，这些内容前面已有详细介绍，在此不再赘述。

  (二)MBD土建工程国际竞争性招标文件与世行的工程采购SBDW的不同之处

  MBD对SBDW进行的修改主要是合同条件部分，MBD将合同条件分为三个部分：

  (1)合同通用条件：和SBDW一样，全文采用FIDIC"红皮书"(1992年订正版)。

  (2)合同专用条件(Special Conditions of Contract)：分为二类：

  ①标准合同专用条件(Standard Special Conditions of Contract)：是专门用于中国的世行贷款土建工程采购的，是对合同通用条件的修改、补充和具体化。这一部分内容各贷款项目均须遵守、无权改动，如其中内容与通用合同条件有矛盾时，以专用条件为准。

  ②项目专用条件(Conditions of Particular Application)。这一部分是针对每一个具体的工程项目，由项目单位或招标公司编制。项目专用条件可对上述二种条款进行补充和具体化，可对合同通用条件进行改动，但不能与标准合同专用条件矛盾。

  下面介绍标准合同专用条件结合中国情况对合同通用条件的主要修改和补充之处（以下各部分标题为标准合同通用条件标题及条款号）：

  1)定义(1.1)：业主可指定一家采购代理（如招标公司）作为其在合同中的代表。采购代理的名称和业主对其授权范围应在投标书附录中列明。但采购代理不是买方，更不是业主。

  2)语言和法律(5.1)：国内投标人（中外联营体除外）签订的合同可采用中文，并用以作为合同的主导语言。

  3)由承包商设计的永久工程(7.2)：工程师在收到承包商递交的设计后35天内应给

予批准或提出意见，承包商应据之修改后再提交。

4）履约保证（10.1）：规定了在中国的履约保证只采用银行履约保函（无条件的）这一种方式，且此履约保函应由在中国注册并营业的银行或业主同意的外国银行通过中国的银行开具。

5）进度计划的修订（14.2）：承包商应每三个月对进度计划进行一次修订，包括待完成的主要工作量的月计划及预计支付计划。如工程实际进度拖后，工程师可要求承包商修订进度计划。

6）业主的风险（20.4），作了如下限定：

a. 对"战争…，直到暴动，骚乱"这类风险，限定在永久工程所在地中华人民共和国，直接影响工程实施的因素。

b. 对"任何自然界力量的作用"，也限定"发生在工地现场或中华人民共和国境内，且对合同履行有直接影响的其他地点"。

7）当地运输服务（30.6）：鼓励承包商在运输购料过程中最大限度地使用当地的装卸运输服务，且只应同在中国合法建立的运输组织签订合同。

8）劳力及工作人员的雇用（34.1）：鼓励在中华人民共和国雇用各类工人。承包商不应从为业主或工程师服务的人员中招募劳务或工作人员。此外，还参照 FIDIC "红皮书"合同专用条件补充增加了"承包商的外籍劳务"、"当地劳务的获得"、"工地规则"、"酒精饮料或毒品"等 14 款有关劳务管理的规定。

9）临时工程用地（42.4）：承包商应在投标书附录中，"临时工程用地表"中列出需要的用地面积，由业主批准免费提供。但未经业主批准的额外用地由承包商自费安排。

10）仲裁（67.3）：

a. 如果争端的双方发生在业主和国内承包商之间，则最终按照双方同意的国内仲裁委员会并按其规则和程序予以解决；

b. 如果争端发生在业主和外国承包商之间，则最终由中国国际经济贸易仲裁委员会（CIETAC）按其规程在北京或中国其他地点仲裁，除非投标人在投标时要求按照联合国国际贸易法仲裁委员会（UNCITRAL）的规则予以仲裁。

仲裁结果是最终的，对双方均有约束力，仲裁费一般由败诉方承担。

第 4 节　工程采购招标文件中的几个问题

一般国际工程的招标文件中均涉及到如下几个问题：价格调整问题；期中付款证书的最低金额的确定；材料和设备采购之后的支付方式；预付款的支付和偿还问题；争端审议委员会（DRB）等，这些问题将在本节中介绍和讨论。

一、价格调整问题：

工程建设的周期往往都比较长，较高层的房屋建筑需要 2~3 年，大型工业建筑项目、港口工程、高速公路往往需要 3~5 年，而大型水电站工程需要 5~10 年。在这样一个比较长的建设周期中，考虑工程造价时，都必须考虑与工程有关的各种价格的波动，主要是价格上涨，所以下面均从价格上涨角度来讨论，价格下跌时也可同样计算。

在工程招标承包时，施工期限一年左右的项目和实行固定总价合同的项目，一般均不考虑价格调整问题，以签订合同时的单价和总价为准，物价上涨的风险全部由承包商承担，但是对于建设周期比较长的工程项目，则均应考虑下列因素引起的价格变化问题：

(1) 劳务工资以及材料费用的上涨；
(2) 其他影响工程造价的因素，如运输费，燃料费，电力等价格的变化。
(3) 外币汇率的不稳定；
(4) 国家或省、市立法的改变引起的工程费用的上涨。

业主方在招标时，一方面在编制工程概（预）算，筹集资金以及考虑备用金额时，均应考虑价格变化问题。另一方面对工期较长、较大型的工程，在编制招标文件的合同条件中应明确地规定出各类费用变化的补偿办法，（一般对前两类因素用调价公式，后两类因素编制相应的条款）以使承包商在投标报价时不计入价格波动因素，这样便于业主在评标时对所有承包商的报价可在同一基准线上进行比较，从而优选出最理想的承包商。

（一）价格变化的计算公式

价格变化的计算公式，一般说来有两种类型，第一类公式主要用于预估在今后若干年内由于物价上涨引起的工程费用上涨值；第二类是由业主方编入招标文件，由工程师与承包商在结算时采用的公式。现分述如下：

1. 第一类公式

$$D = \sum_{i=1}^{n}[d_i(1+R_i)^{t_i/2} - d_i] \tag{4-1}$$

式中　D——工程价格上涨总费用估算值；
　　　d_i——标价中各分项费用调价前值；
　　　R_i——标价中各分项费用年平均上涨率；
　　　t_i——标价中各分项（如材料等）的使用期或按实际情况确定的时间；
　　　n——分项费用项目数；
　　　i——1，2…n。

式(4-1)主要在业主一方编制（预）算时使用，可以取工资及主要材料、设备的历年上涨率，并假定工程实施期间物价也保持同样上涨率，估算出在工程实施期间工程价格总的上涨费用，以便在筹集资金时考虑到这一不利因素。要特别指明的是，业主一方在计算价格上涨时，使用期不仅指施工期，而应该由编制概（预）算时到预计工程完工的总时间段。

式(4-1)同时也可用于当招标文件规定在工程实施期间，每月结算不考虑调价时，或总价包干合同时，承包商在投标报价时用以估算工程实施期间工程价格总的上涨费用，以便在各分项报价中加以考虑，减少或避免由于物价上涨等因素引起的风险。公式中 $(1+R_i)^{t_i/2}$ 一项，承包商可用以在投标报价，进行各个项目的单价分析时，把物价上涨因素考虑进去。但如果业主的招标文件明确规定允许月结算调价时，则绝不能再用此公式，以免导致报价过高。

2. 第二类公式　这类公式是业主或受业主聘用的咨询工程师在准备招标时即编入招标文件的。运用这类公式可以在施工过程中每月结算时将物价上涨因素考虑进去。

这类公式又可分别应用于工程施工时：用工程所在国当地货币结算，用外币结算和订购设备三种情况，现分述如下。

(1) 国内用人民币或工程所在国用当地货币支付部分的价格调整公式如下：

$$P_1 = P_0 \left[a + b \frac{L(1+C_s)}{L_0(1+C_{s0})} + c \frac{PL}{PL_0} + d \frac{T}{T_0} + e \frac{M_1}{M_{10}} + f \frac{M_2}{M_{20}} + \cdots + r \frac{M_n}{M_{n0}} \right] \quad (4-2)$$

式中　　　　P_0——按合同价格结算应付给承包商的结算月份工程结算款总额的当地货币部分；

P_1——价格调整后应付给承包商的结算月份工程结算款总额的当地货币部分；

L_0——工程所在国订合同时劳务工资的基本价格指数（Base Price Index）或每小时工资；

L——工程所在国结算月份劳务工资的现行价格指数（Current Price Index）或每小时工资；

C_{s0}——订合同时工程所在国公布的社会负担系数；

C_s——结算月份公布的现行社会负担系数；

PL_0——订合同时施工设备的基本价格指数或价格；

PL——结算月份施工设备的现行价格指数或价格；

T_0——订合同时每辆卡车的吨公里运输价；

T——结算月份每辆卡车的吨公里运输价；

$M_{10}, M_{20}, \cdots, M_{n0}$——订合同时各种主要材料的基本价格指数或价格；

$M_1, M_2, \cdots, M_n$——结算月份各种主要材料的现行价格指数或价格；

a——固定系数，代表合同支付中不能调整的部分，如管理费、利润以及预计承包商以固定开支的部分；

$b, c, d, e, f\cdots r$——权重系数（Weightings），代表各类费用（工资，设备，运输，各种材料……）在合同总价当地货币中所占比例的估计值

$a+b+c+d+e+f+\cdots+r=1$。

式（4-2）中方括弧[ ]内计算出的数值即是价格调整系数。

式（4-2）是业主每月为承包商结算工程支付款时，用工程所在国当地货币结算时采用的。使用的指数或价格为由业主指定的当地官方权威机关或商会发布的指数。

订合同时的基本指数或价格是指递送投标书截止日前 m 天的数值，而工程结算月份的现行价格指数或价格是指结算月份结算日前 m 天的数值。一般规定 m 为 28~50 天。如在上述时间当地政府机关或商会未发布有关指数或价格，则可由工程师来决定暂时采用的指数或价格，待有关的政府机关或商会发布指数或价格时，再修正支付的金额。承包商既不得索取，也不支付此修正支付金额的利息。

劳务工资系指工程所在国当地政府公布的标准基本工资。不考虑各种附加成分的工资，如加班费、奖金、津贴等。如果工程所在国没有官方价格指数，则由工程师根据工程所在国劳务费用、社会福利费以及有关法律、法规的变更，定期决定劳务的费用指数，进行调价。

固定系数 a 正常的变动幅度为 10%~20%。权重系数在许多招标文件中由业主规定一个允许范围，要求承包商在投标时即确定，并在价格分析中予以论证。但也有的是由业主一方在招标文件中即规定了固定数值。为了减少结算的繁琐计算，对设备和材料，一般应

选取主要设备和大宗的、价值较高的材料。如钢材、木材、水泥、砖石等。

世行 SBDW 有关条款中提出的调价公式与式 (4-2) 基本相同。对于变更和计日工不再另行调价（变更时应该用当月价格计算）。

(2) 用外币支付部分的价格调整公式如下：

$$P'_1 = P'_0 \left[a' + b' \frac{L'}{L'_0} + c' \frac{PL'}{PL'_0} + d' \frac{T'_m}{T'_{m0}} + e' \frac{M'_1}{M'_{10}} + \cdots + r' \frac{M'_n}{M'_{n0}} \right] \quad (4-3)$$

式中
P'_0 ——按合同价格结算应付给承包商的结算月份工程结算款总额的外币部分；

P'_1 ——价格调整后应付给承包商的结算月份工程结算款总额的外币部分；

L'_0 ——订合同时的外国劳务工资基本价格指数或每小时工资；

L' ——结算月份外国劳务工资的现行价格指数或每小时工资；

PL'_0 ——订合同时进口施工设备的基本价格指数或价格；

PL' ——结算月份进口施工设备的现行价格指数或价格；

T'_{m0} ——订合同时国际海运费用的基本价格指数；

T'_m ——结算月份国际海运费用的现行价格指数；

$M'_{10}, M'_{20}, \cdots, M'_{n0}$ ——订合同时各种主要进口材料的基本价格指数或价格；

$M'_1, M'_2, \cdots, M'_n$ ——结算月份各种主要进口材料的现行价格指数或价格；

a' ——含义同式 (4-2) 中的 a；

$b', c', d', \cdots, r'$ ——加权系数，代表与外币支付有关的费用在合同总价（外币部分）中所占比例的估计值，$a' + b' + c' + \cdots + r' = 1$。

式 (4-3) 是当承包商每月向业主结算工程支付款时，用工程所在国以外的外币支付时调整价格使用的。因此外籍人员的工资指数要参照外国承包商总公司所在国有关工程技术人员及工人工资费用的官方指数。

承包商应在投标书附录中提出各种外币的权重系数和价格指数来源，报工程师批准。如果由于工程实施、变更或工程设备、材料采购来源有变化等原因，工程师认为原先提出的权重系数不合理时，他可提出调整。基本价格指数和现行价格指数的计算日期规定同式 (4-2)

设备价格指数系指进口设备生产国及其主要部件生产国的官方价格指数。材料也是指进口材料出售国的有关官方价格指数。

如果承包商未从他在投标时在投标书有关表格中开列的国家采购设备、部件或材料，而且工程师认为这种改变没有充分的理由，则由工程师选择对业主有利的价格指数。

海运费用的价格指数应为航运工会的价格指数。如果承包商愿意选用其他海运公司运输，则在调价时选取二者中对业主有利的海运费用价格调整指数。

如果合同价格的外币部分不同于采用价格指数的那个国家的外币，则应按照合同文件中经业主批准的指定的兑换率，将合同价格的外币部分折换成实际支出所用外币。

如果有关国家颁布的价格指数不止一个或者价格指数不是由被正式认可的代理机构颁布，则这种价格指数需经业主批准。

(3) 用于大型设备订货时的价格调整公式如下：

$$P''_1 = P''_0 \left[a'' + b'' \frac{L''}{L''_0} + c'' \frac{M''}{M''_0} \right] \tag{4-4}$$

式中 P''_1 ——应付给供货人的价格;

P''_0 ——合同价格;

L''_0 ——特定设备加工工业人工成本的基本价格指数;

L'' ——合同执行期间相应人工成本的现行价格指数;

M''_0 ——主要原材料的基本价格指数;

M'' ——主要原材料现行价格指数;

a'' ——固定系数;

b'', c'' ——分别为劳务及材料的加权系数, $a''+b''+c''=1$。

一般在设备订货时多采用固定价格合同。由供货人承担物价风险,但对专门定制的大型成套设备或交货期一年以上的大型成套设备,有时可以允许进行价格调整,公式(4-4)即是为此目的而设的,式中基本价格指数的计算日期规定同(4-2)式,但现行价格指数则是采用合同中规定的货物装运前 3 个月时的指数或货物制造期间的平均价格指数,在招标文件中应明确规定。如有几种主要材料时可增加材料项数。

在订合同时应将上述公式中的有关系数确定下来以免结算时发生纠纷。如鲁布革水电站工程 CI 合同,对使用外币支付项目调价公式的加权系数范围作了如下规定,外籍人员工资:0.10~0.20;水泥:0.10~0.16;钢材:0.09~0.13;设备:0.35~0.48;海上运输:0.04~0.08;固定系数:0.17,并规定允许投标人在上述范围内选用加权系数。济南——青岛高速公路则在招标文件中给出固定的加权系数,固定系数 0.15;外籍人员工资 0.15;设备 0.30;沥青 0.10;水泥 0.08;木材 0.06;钢材 0.10;海上运输 0.06。价格调整公式一般不应该规定调价最高上限。

对大型工程而言,调价开始日期,一般在开工一年以后,当物价变动大时可考虑适当提前。工程如由于承包商方面的原因而延期,则在原合同规定竣工日期以后的施工期限可在原定竣工日的指数或价格和现行指数或价格中选择对业主有利者进行调价。如由于业主方面的原因使工程延期,则在延长的施工期内仍应按原有规定进行调价。

在大型工程合同中,咨询工程师在编制招标文件时应按下述步骤编制价格调整公式:①分析施工中各项成本投入,包括国内和国外投入,以决定选用一个或几个公式;②选择能代表主要投入的因素;③确定调价公式中固定系数和不同投入因素的加权系数的范围;④详细规定公式的应用范围和注意事项。

(二) 文件证明法

在一些发展中国家,有时难以得到官方的确实可靠的物价指数,则无法利用调价公式。有时这些国家的劳务工资和材料价格均由政府明令规定,在这种情况下,合同价格可以根据实际的证明文件来调价。

文件证明法一般包括下列各点:

(1) 投标时报价单上的单价是以工程所在国有关地区的工资、有关津贴和开支、材料设备等的基本价格为基础的,这些基本价格均应明确地填入投标书中的有关表格之中。在合同实施过程中,由于政府规定的改变、物价涨落因素的影响,则应按照有关部门发布的现行价格的有关证明文件来调整各月的支付。

(2) 如果在投标书递交截止日期前若干天内（一般规定 28 天），在工程所在国，由于国颁或省颁的法令、法规、法律或有关规章及细则发生了变更，导致承包商实施合同时所需支付的各项费用有所增加或减少，则工程师在与业主和承包商协商后，在对承包商的支付中加上或减去这部分金额。

文件证明法属于实报实销性质。为了避免副作用，合同文件中应规定业主和工程师有权指令承包商选择更廉价的供应来源。

二、对支付条款（60 条）和投标书附录中几个问题的讨论

（一）期中支付证书的最低金额（60.2）

此项规定的目的是为了督促承包商每个月必须达到一定的工程量，否则不予支付。可以规定一个合同总价的百分比，也可以规定一个具体金额。业主方在投标书附录中确定此最低金额时应宽严适度，一般可参照下列公式计算确定。

$$最低金额数 = \frac{合同总价}{工期月数} \times (0.3 \sim 0.6) \qquad (4-5)$$

（二）用于永久工程的材料和工程设备款项的支付（60.3）

在国际上，对用于永久工程的材料和工程设备（指承包商负责的工程设备的定货、运输和安装）款项的支付。由于业主方的资金等原因，在合同条款和投标书附录中的规定大体可归纳为以下三种情况：

（1）工程设备订货后凭形式发票（Proforma invoice）支付 40% 左右设备款，运到工地经工程师检查验收后支付 30% 左右设备款，待工程设备安装、调试后支付其余款项。

（2）工程设备或材料订货时不支付，运达工地经工程师检查验收后以预支款方式支付 70% 左右的款额，但这笔款在工程设备或材料用于工程时当月扣还（因此时工程设备和材料已成为永久工程的一部分，已由工程量表中有关项目支付），世行 SBDW 即采用这种支付方式。也有的合同在支付后的几个月内即扣回。

（3）工程设备或材料运达工地并安装或成为永久工程的一部分时，按工程量表支付。在此之前，不进行任何支付。

不同的支付方式可反映出业主的资金情况和合同条件的宽严程度。

（三）预付款的支付与偿还

在国际上，一般情况下，业主都在合同签订后向承包商提供一笔无息预付款作为工程开工动员费。预付款金额在投标书附录中规定，一般为合同额的 (10~15)%，特殊情况（如工程设备订货采购数量大时）可为 20%、甚至更高，取决于业主的资金情况。

1. 预付款的支付

在承包商满足下列全部三个条件时，预付款支付证书由工程师及时（一般 14 天内）发出。

（1）已签署合同协议书；以及

（2）已提交了履约保证；以及

（3）已由业主同意的银行按指定格式开出了无条件预付款保函。在预付款全部回收前此保函一直有效，但其中担保金额随承包商的逐步偿还而持续递减。

在合同条件中应明确业主在收到预付款支付证书后的支付期限。有些大型工程的总价合同，预付款也可分期支付，但都要在招标文件中说明。

2. 预付款的回收

预付款回收的原则是从开工后一定期限后开始到工程竣工期前的一定期限，按此间的月数平均回收，从每月向承包商的支付款中扣回，不计利息。具体的回收方式有以下三种：

(1) 由开工后的某个月份（如第 4 个月）到竣工前的某个月份（如竣工前 3 个月），以其间月数除以预付款总额求出每月平均回收金额。一般工程合同额不大、工期不长的项目可采用此法。

(2) 由开工后累计支付额达到合同总价的某一百分数（如 20%）的下一个月份开始扣还，到竣工期前的某个月份扣完。这种方式不知道开始扣还日期，只能在工程实施过程中，当承包商的支付达到合同价的某一百分数时，计算由下一个月到规定的扣完月份之间的月数，每月平均扣还。

(3) 由开工后累计支付额达到合同总价的某一百分数（如 20%）的月份开始扣还，一直扣到累计支付额达到合同总价的另一百分数（如 80%）扣完。用这种方法在开工时无法知道扣完的日期，此时可采用下列公式计算（式中各项金额均不包含调价金额，合同总价均减去暂定金额）

$$R = \frac{(a-c)}{(b-c)} \times A \qquad (4\text{-}6)$$

式中　R——第 n 个月月进度付款中累计扣除的预付款总金额；

　　　A——预付款总金额；

　　　a——第 n 个月累计月进度支付金额占合同总价的百分比；

　　　b——预付款扣款结束时，累计月进度支付金额占合同总价的百分比；

　　　c——预付款扣款开始时，累计月进度支付金额占合同总价的百分比。

三、争端审议委员会

争端审议委员会（Dispute Review Board，以下用 DRB）最早是在美国采用的一种解决争端的办法，由于在不少工程中取得成功，所以世行 SBDW1995 年 1 月版中正式将之列为世行贷款工程项目 5000 万美元以上的工程必须采用的争端解决办法，1000 万～5000 万美元的工程可由业主和承包商商定采用下述三个方案中的任一个：方案一，DRB；方案二，争端审议专家（Dispute Review Expert，以下用 DRE）；或方案三．采用 FIDIC "红皮书" 中由工程师解决争端的方法。

世行 SBDW 的第 13 章 "争端解决程序" 中将 DRB 和 DRE 的规则和程序作了详细的规定，在业主方招标时如欲采用 DRB 或 DRE，则应将有关方案的合同条款及相应的规则和程序正式列入 "合同专用条件"。由于 DRB 和 DRE 的规则和程序绝大部分相同，下面仅对采用 DRB 的合同条款内容、规则和程序作一综合性简介。

(一) 采用 DRB 解决争端的程序

1. 审议委员的推选、批准和 "接受声明"

如果业主和承包商之间由于合同或工程实施产生争端（包括任一方对工程师的决定有异议）时，应首先将争端提交 DRB。

DRB 由三位在同一类工程建设和合同文件解释方面具有经验的专家组成。业主和承包商在中标通知书签发后 28 天内各推选一名审议委员（Board Member）并征得对方批准，再由这二位委员推选第三名委员作为 DRB 的主席，但必须征得双方批准。如果在中标通知后规定时间内上述任一位委员未能被推选出或批准，则应由投标书附录中规定的权威机构来选定。由于任何原因需要更换委员时，也基本按照上述办法。

审议委员在被推选并批准后，每人均应签署一份"接受声明"（Declaration of acceptance）。主要声明二点：一是愿意为 DRB 服务并遵守有关合同条件及附件的约束；二是声明自己与业主、承包商、工程师中任一方没有经济利益和雇佣关系。实质上是对自己身份"清白"的声明和保证。审议委员应是独立的订约人（Independent Contractor）而不是业主或承包商的雇员或代理。审议委员不能将自己的工作转让或分包给他人。

2. 争端的提交和审议程序

（1）争端的提交：如果合同一方对另一方或工程师的决定持有反对意见，则可向另一方提出一份书面的"争端通知"，详细地说明争端的缘由，并抄送工程师。收到"争端通知"的另一方应对此加以考虑，并于收到之日的 14 天内书面给予回复。若收到此回复的一方 7 天内未以书面方式提出反对意见，则此回复将是对此事项最终、决定性的解决方式。鼓励合同双方采取进一步的努力以解决此争端。若双方仍有较大分歧，则任一方均可以书面"建议书申请报告"方式将此争端提交 DRB 全体委员、合同另一方和工程师。

（2）听证会和审议：当争端交至 DRB，DRB 应决定何时举行听证会，并要求双方在听证会前将书面文件和论点交给各委员。

在听证会期间，承包商、业主和工程师应分别有足够的机会申诉和提供证明。听证会通常在现场或其他方便的地点举行，业主、工程师和承包商的代表应有机会参加所有的听证会。听证会期间，任何审议委员不能就任一方论点的正确与否发表意见。

（3）解决争端的建议书（以下简称建议书）：听证会结束后，DRB 将单独开会并制定其建议书，会上所有审议委员的个人观点应严格保密。建议书应在 DRB 主席收到"建议书申请报告"后 56 天内尽快以书面形式交给业主、承包商和工程师。建议书的制定应以相关的合同条款、适用的法律、法规以及与争端相关的事实为基础。DRB 应尽力达成一个一致通过的建议书。如果不可能，多数方将做出决定，持有异议的委员可准备一份书面报告交给合同各方和工程师。

（4）双方收到 DRB 建议书后 14 天内，如均未提出要求仲裁的通知，则此建议书即成为对合同双方均有约束力的最终决定。如合同任一方既未提出要求仲裁的通知而又不执行建议书的有关建议，则另一方可要求仲裁。如合同任一方对建议书不满，或 DRB 主席收到申请报告后 56 天内未能签发建议书时，合同任一方均可在此后 14 天内向另一方提出争端仲裁意向通知书并通知工程师，否则不能予以仲裁。

只要合同未被解除或终止，承包商均应认真努力地进行施工。

（5）仲裁：当任何 DRB 的建议书未能成为最终决定和具有约束力时，则应采用仲裁解决争端。

1）如争端发生在业主和工程所在国承包商之间时，可以按双方同意的并在合同中写明的仲裁委员会及其规则和程序解决；

2）如发生在业主和外国承包商之间时，应依据联合国国际贸易法委员会（UNCITRAL）的仲裁条例，选择国际仲裁机构进行裁决。仲裁机构名称、仲裁地点、仲裁语言等均应在投标书附录中注明。合同中任一方及工程师在仲裁过程中均不受以前向 DRB 提供证据的限制。仲裁过程中，审议委员均可作为证人或提供证据。仲裁可在工程竣工之前或之后进行，但在工程进行过程中，业主、承包商、工程师和DRB各自的义务不得因仲裁而改变。仲裁裁决对合同双方都是最终裁决，一般仲裁费由败诉方承担。

（二）有关DRB的其他规定

1. 报酬

（1）月聘请费：等于"解决投资争端国际中心（ICSID）管理和财务规则"不定期制定的仲裁员日薪的三倍，或业主和承包商以书面形式商定的其他聘请费。此聘请费包括出席听证会，参加现场考察和会议以及办公费等。

（2）日薪（Daily fee）：等于ICSID仲裁员日薪或业主和承包商可能书面商定的日薪。此日薪仅指由审议委员住地到现场或会议地点的日程（单程不超过二天）以及在现场或开会的日期应按日计付的薪金。

（3）其他：如必要合理的旅行费、通讯费等均凭发票报销，超过25美元均应提供收据。

（4）税金：偿付工程所在国对审议委员的收入征收的所有税费。

审议委员的薪金是固定的、不受物价波动影响。业主和承包商将平均承担审议委员的费用。如任一方未能支付，另一方有权代表违约方支付，并从违约方收回。任一方不按协议对审议委员支付均将构成对合同的违约。

2. 现场考察

评审委员应定期地，在施工关键时刻应合同一方书面要求进行现场考察并与各方会晤，但每12个月不得少于三次。现场考察将包括一次对施工状况的非正式讨论，一次工程视察和对"建议书申请报告"进行审查。考察结束应写一份报告抄送合同双方及工程师。

第5节　开标、评标、决标

一、开标

开标（Bid Opening）指在规定的日期、时间、地点当众宣布所有投标文件中的投标人名称和报价，使全体投标人了解各家投标价和自己在其中的顺序。招标单位当场只宣读投标价（包括投标人信函中有关报价内容及备选方案报价），但不解答任何问题。

对包含设备安装和土建工程的招标，或是对大型成套设备的采购和安装，有时分两个阶段开标。即投标文件同时递交，但分两包包装，一包为技术标，另一包为商务标。只有在对技术实施方案的审查通过之后才开商务标，技术标通不过的则商务标将被原封退回。

开标后任何投标人都不允许更改他的投标内容和报价，也不允许再增加优惠条件，但在业主需要时可以作一般性说明和疑点澄清。开标后即转入秘密评标阶段，这阶段工作要严格对投标人以及任何不参与评标工作的人保密。

对未按规定日期寄到的投标书，原则上均应视为废标而予以原封退回，但如果迟到日期不长，延误并非由于投标人的过失（如邮政、罢工等原因），招标单位也可以考虑接受该迟到的投标书。

二、评标

（一）评标组织

评标（Bid Evaluation）委员会一般由招标单位负责组织。为了保证评标工作的科学性和公正性，评标委员会必须具有权威性。一般均由建设单位、咨询设计单位、工程监理单位、资金提供单位、上级领导单位以及邀请的各有关方面（技术、经济、法律、合同等）的专家组成。评标委员会的成员不代表各自的单位或组织，也不应受任何个人或单位的干扰。

另一种评标组织的工作方式是由建设单位下属各职能部门对投标书提出评论意见，然后汇总讨论，提出决标意见。一般应按第一种方式评标。

（二）土建工程项目的评标

土建工程的评标一般可分为审查投标文件和正式评标两个步骤。

1. 对投标文件的初步审核

主要包括投标文件的符合性检验和投标报价的核对。

所谓符合性检验（Substantial Responsiveness），有时也叫实质性响应。即是要检查投标文件是否符合招标文件的要求。一般包括下列内容：①投标书是否按要求填写上报；②对投标书附件有无实质性修改；③是否按规定的格式和数额提交了投标保证金；④是否提交了承包商的法人资格证书及对投标负责人的授权委托证书；⑤如是联营体，是否提交了合格的联营体协议书以及对投标负责人的授权委托证书；⑥是否提交了外汇需求表；⑦是否提交了已标价的工程量表；⑧如招标文件有要求时，是否提供了单价分析表；⑨是否提交了计日工表；⑩投标文件是否齐全，并按规定签了名；⑪当前有无介入诉讼案件；⑫是否提出了招标单位无法接受的或违背招标文件的保留条件等。

上述有关要求均在招标文件的"投标人须知"中作出了明确的规定，如果投标文件的内容及实质与招标文件不符，或者某些特殊要求和保留条款事先未得到招标单位的同意，则这类投标书将被视作废标。

对投标人的投标报价在评标时应进行认真细致的核对，当数字金额与大写金额有差异时，以大写金额为准；当单价与数量相乘的总和与投标书的总价不符时，以单价乘数量的总和为准（除非评标小组确认是由于小数点错误所致）。所有发现的计算错误均应通知投标人，并以投标人书面确认的投标价为准。如果投标人不接受经校核后的正确投标价格，则其投标书可被拒绝，并可没收其投标保证金。

2. 正式评标

如果由于某些原因，事先未进行资格预审，则在评标时同时要进行资格后审，内容包括财务状况、以往经验与履约情况等。

评标内容一般包含下面五个方面：

（1）价格比较。既要比较总价，也要分析单价、计日工单价等。

对于国际招标，首先要按"投标人须知"中的规定将投标货币折成同一种货币，即对每份投标文件的报价，按某一选择方案规定的办法和招标资料表中规定的汇率日期折算成一种货币，来进行比较。

世界银行贷款项目规定如果公开招标的土木工程是将工程分为几段同时招标，而投标人又通过了这几段工程的资格预审，则可以投其中的几段或全部，即组合投标（Combinations of Bids）。这时投标人可能会许诺有条件的折扣（如所投的三个标全中标时可降价3%），谓之交叉折扣（Cross discounts），这时，业主方在评标时除了要注意投标人的能力等因素外，应以总合同包成本最低的原则选择授标的最佳组合。如果投标人是本国公司或者是与本国公司联营的公司，并符合有关规定，还可以享受到7.5%的优惠。把各种货币折算成当地货币或某种外币，并将享受优惠的"评标价"计算出来之后，即可按照"评标价"排队，对于"评标价"最低的3～5家进行评标。

世行评标文件中还提出一个偏差折价（Priced Deviations），即虽然投标文件总体符合招标文件要求，但在个别地方有不合理要求（如要求推迟竣工日期），但业主方还可以考虑接受，对此偏差应在评标时折价计入评标价。

（2）施工方案比较。对每一份投标文件所叙述的施工方法、技术特点，施工设备和施工进度等进行评议，对所列的施工设备清单进行审核，审查其施工设备的数量是否满足施工进度的要求，以及施工方法是否先进、合理，施工进度是否符合招标文件要求等。

（3）对该项目主要管理人员及工程技术人员的数量及其经历的比较。拥有一定数量有资历、有丰富工程经验的管理人员和技术人员，是中标的一个重要因素。至于投标人的经历和财力，因在资格预审时已获通过，故在评标时一般可不作为评比的条件。

（4）商务、法律方面。评判在此方面是否符合招标文件中合同条件、支付条件、外汇兑换条件等方面的要求。

（5）有关优惠条件等其他条件。如软贷款、施工设备赠给、技术协作、专利转让，以及雇用当地劳务等。

在根据以上各点进行评标过程中，必然会发现投标人在其投标文件中有许多问题没有阐述清楚，评标委员会可分别约见每一个投标人，要求予以澄清。并在评标委员会规定时间内提交书面的、正式的答复，澄清和确认的问题必须由授权代表正式签字，并应声明这个书面的正式答复将作为投标文件的正式组成部分。但澄清问题的书面文件不允许对原投标文件作实质上的修改，也不允许变更投标价格。澄清时一般只限于提问和回答，评标委员在会上不宜对投标人的回答作任何评论或表态。

在以上工作的基础上，即可最后评定中标者，评定的方法既可采用讨论协商的方法，也可以采用评分的方法。评分的方法即是由评标委员会事先拟定一个评分标准，在对有关投标文件分析、讨论和澄清问题的基础上，由每一个委员采用不记名打分，最后统计打分结果的方式得出中标者。用评分法评标时，评分的项目一般包括：投标价、工期、采用的施工方案、对业主动员预付款的要求等。

世行贷款项目的评标不允许采用在标底上下定一个范围，入围者才能中标的办法。

三、决标与废标

（一）决标（Award of Contract）

决标即最后决定将合同授于某一个投标人。评标委员会作出授标决定后，还要与中标者进行合同谈判。合同谈判以招标文件为基础，双方提出的修改补充意见均应写入合同协议书备忘录并作为正式的合同文件。

双方在合同协议书上签字，同时承包商应提交履约保证，至此招标工作方告一段落。业主应及时通知所有未中标的投标人，并退还所有的投标保证。

（二）废标（Rejection of all Bids）

在招标文件中一般均规定业主方有权废标，一般在下列三种情况下才考虑废标：

（1）所有的投标文件都不符合招标文件要求。

（2）所有的投标报价与概算相比，都高的不合理。

（3）所有的投标人均不合格。

但按国际惯例，不允许为了压低报价而废标。如要重新招标，应对招标文件有关内容如合同范围、合同条件、设计、图纸、规范等重新审订修改后才能重新招标。

思 考 题

1. 为什么要重视研究招标文件？它与合同文件有什么关系？
2. 工程分标的原则是什么？要考虑那些因素？
3. 世界银行集团五个成员组织的职能是什么？
4. 世行贷款项目的"项目周期"的特点是什么？
5. 世行贷款项目工程采购标准招标文件包含的10个部分的要点是什么？
6. "投标人须知"是不是合同文件的一部分？在什么文件中可以对"投标人须知"进行补充和修改？
7. 世行标准招标文件的合同专用条件对合同通用条件有那些重大的修改？
8. 为什么说投标书附录是一个重要的合同文件？
9. 什么形式的计日工表符合竞争性投标要求？
10. 履约保证有几种形式？各有何特点？
11. 财政部编制的招标文件范本有那些特殊要求和规定？
12. 使用公式（4-2）时应注意什么问题？
13. 从投标书附录内用于永久工程的材料和工程设备款项支付的规定中可以看出什么问题？
14. 争端审议委员会（DRB）有什么优点？在什么条件下采用？采用DRB解决争端的程序是什么？
15. 工程采购评标的内容有哪些？什么是中标的关键因素？

第5章 世界银行贷款项目的货物采购合同

本章主要介绍世界银行贷款项目的货物采购的基本内容，世界银行有关货物采购的标准及我国货物采购的基本方式和新标准文件范本。

第1节 货物采购概述

货物采购（Procement of Goods）是指业主或购货方（Buyer）通过招标的形式选择合格的供货商（Supplier）购买工程项目建设需要的投入物。它包含了货物的获得及其整个获取方式和过程。其业务范围包括确定所要采购的货物的性能和数量；供求市场的调查分析；合同的谈判与签订及监督实施；在合同执行过程中，对存在问题采取必要的措施；合同支付及纠纷处理等。

货物采购在项目实施中具有举足轻重的位置，是项目建设成败的关键因素之一。对于一个工程项目，货物采购所花费的经费往往要占整个合同价的50%以上，因而采购能否有效地进行，既影响项目成本；也影响项目的经济效益能否充分发挥。按照世界银行的规定，采购的货物应具有良好的品质，合理的价格以及在合同规定时间内交货，即将经济性和有效性完美的结合。为达到上述目的，购货方在货物采购中应做好以下几项工作。

一、准备工作

货物采购是一项复杂的工作，要把采购工作做好，购货方首先应清楚地了解所需采购货物的各种类目、性能规格、质量、数量要求及投入使用的时间，要了解国内外市场价格，供求情况，货物来源，外汇市场，支付方式以及国际贸易惯例等。因此，有必要建立一个完善的市场信息机制，并制定一个完整的货物采购清单和计划。

世界银行贷款项目的货物采购大部分或部分是在国外市场获得。因此，要对国外相关货物的市场进行广泛的调查和分析，掌握拟采购货物的最新国内、国际行情，了解采购货物的来源，价格，货物和设备的性能参数及可靠性等，建立记录不同供货方所能供应货物的技术指标的货物来源档案；建立同一类目货物的价格目录，并提出切实可行的采购清单和计划，为采购方式的选择和分标提供比较可靠的依据。

一般来说，货物采购计划应考虑以下几方面的因素：

- 采购货物的种类、数量、具体的技术规格、性能要求。要尽量根据数目的需要选用国标通用的标准和规格。
- 所采购货物预计投入使用时间，要考虑贷款成本，集中采购与分批采购的利弊等因素。
- 要根据市场结构，供货能力以及竞争性确定采购的批量安排及如何分标，分几个标，每个标中包含哪些内容。
- 采购工作的协调。协调管理多批，多项、不同性质、不同品目的采购是一项复杂的系统工程，要建立强有力的管理机构。分标的基本原则应是吸引更多的投标者参加投标，以发挥各供货商的专长，降低货物价格，保证供货时间和质量。

二、采购方式的选择

世行贷款项目的货物采购方式主要有国际竞争性招标和国内竞争性招标等。选择合适的采购方式对于节省投资、节省外汇，加快采购速度至关重要，因此应慎重选择合适的采购方式。

一般来说，世行贷款项目中，凡属世行支付部分，都要求通过国际竞争性招标程序进行，以体现经济性、有效性和公平竞争的原则，目前经常使用的是国际竞争性招标和国内竞争性招标。国际竞争性招标并不是在任何情况下都是最经济、最有效的采购方式，在货物数量太小或者不便于长途运输时，选用国内竞争性招标或其他方式可能会更为经济可行。

第2节 世界银行贷款项目货物采购招标文件

根据1995年1月世行贷款项目货物采购国际竞争性招标文件规定，货物采购的招标程序一般为：编制投标文件、发布招标公告、出售招标文件、接受投标、公开开标、评标、定标、发中标函、合同谈判及签订合同、提交履约保证、合同生效。

货物采购招标文件编制的主要准备工作如下：

1）工程设计，一般要求达到初步设计深度或相当于技术设计深度，才能确定货物采购要求。

2）分标和分包，按照设计要求确定是单纯货物采购，按工程项目进行综合采购还是按交钥匙工程要求进行采购，从而决定如何分标和分包。

3）确定要求进行技术服务的项目以便列入招标要求，这些技术服务的项目包括培训，赴生产厂审查设计及质量检查，安装监督调试等。

4）确定资金来源。

5）确定交货进度要求，交货地点以及考虑有关运输。

6）确定对供货商进行资格预审还是资格后审。

招标文件不但是投标和评标的依据，还是构成合同的重要组成部分。合同中买卖双方的权利、义务、合同价格都在招标文件中作出明确规定，不容更改。因此，招标文件构成了合同的基本构架，此外，完善的招标文件还可以加快采购进度，降低成本，否则会给招标、评标和签订合同造成困难，给购货人造成经济损失，因此，应高度重视招标文件的编制，货物采购招标文件一般包含9个方面的内容：投标邀请书、投标者须知、投标资料表、专用合同条件、通用合同条件、货物需求一览表、技术规格、格式样本、世行贷款条件下采购货物、服务的合格条件。

一、投标邀请书

投标邀请书是购货方向投标者发出的投标邀请，号召供货商对项目所需的货物进行密封式投标（Sealed Bid）。

投标邀请书中一般明确所附的全部投标文件，购货方回答投标者质询的地址、电传、传真，标书送交地点，截止日期和时刻，开标时间和地点。此外，购货方应在邀请书中申明投标者须知和通用合同条件系采用世行货物采购招标标准文件的条款。

二、投标者须知

本须知是根据购货人要求向投标人提供的必要信息，但不包括与供货人履约、支付、当事人权利、义务以及风险有关的事项。

投标者须知主要包括以下内容：

（一）前言

（1）资金来源，说明购货方的资金数额、来源、贷款机构名称及支付使用的限制条件。

（2）合格的投标者（Eligible Bidder）。对投标者的资格提出要求和限制，即所有符合1995年1月国际复兴开发银行（IBRD）和国际开发协会（IDA）采购指南中规定的合格来源国的供货方。但投标人不得直接或间接地参与或参与过招标人拟招标采购货物的咨询服务活动。此外国有企业的投标人应为财务自主的独立法人。

（3）合格货物及服务。（Eligible Goods and Service）为本合同提供的所有货物或辅助服务，其原产地应符合IBRD采购指南中规定的国家或地区。原产地系指货物开采、生长或生产地，或提供辅助服务的来源地。货物指制造、加工或用主要元件装配而成的货物。其基本性能应与一般商业公认的原配件有实质性的区别。

（4）招标费用。由投标人承担有关准备和递交标书的费用。

（二）招标文件

（5）招标文件。该文件规定所需货物，招标程序和合同条件，招标文件包括：

1）投标者须知（Instructions to Bidders）

2）资料表（Bid Data Sheet）

3）一般合同条款（General Condition of Contract）

4）专用合同条款（Special Condition of Contract）

5）需要量表（Schedule of Requirements）

6）技术规格（Technical Specification）

7）投标格式和报价表（Bid Form and Price Schedule）

8）投标担保书格式（Bid Security Form）

9）合同格式（Contract Form）

10）履约保证书格式（Performance Security Form）

11）预付款银行担保格式（Bank Guarantee for Advance Payment）

12）制造厂家授权资格证书（Manufacture's Authorization Form）

投标者应仔细阅读招标文件的全部内容，并按其要求进行投标，否则投标人承担一切风险，并导致投标书遭拒绝。

（6）招标文件的澄清。投标人如有疑问，要求澄清招标文件，可以电报（电传或传真）寄至投标者须知中写明的购货方地址，购货人有义务对投标截止期满30天以前收到的任何上述要求给予书面答复。

（7）招标文件的修改。购货人对招标文件的修改应以修正案方式书面或电报通知所有收到招标文件的投标人并对其产生约束力。

（三）投标文件的编写

（8）投标语言。投标书应使用投标资料表中规定的语言。

（9）组成投标书的文件，投标人准备的投标文件应包括：根据投标者须知规定

①要求填写的投标书格式和价格表；

②投标人资格和能力的证明文件；

③证明投标人提供的货物或辅助服务是符合招标文件要求的文件。

④投标担保。

(10) 投标书格式（Bid Form）。投标人应按照招标文件规定的投标书格式及适用的价格表填报投标书，注明货物的名称、货物简介、原产地、数量及价格。为了给予国内优惠，购货人将投标文件分为 A、B、C 三个组。

A 组为向购货人提供购货人所在国生产制造的货物，其中购货人所在国的劳动力和原材料价值应占出厂价的 30% 以上，并且用于制造或组装的生产设备至少应在投标书截止日期时就已经开始用于生产该货物。

B 组为所有其他的从购货人本国购货的投标。

C 组指购货人直接，或通过当地代理人进口的原产国外的货物。

投标书不会由于投标人错填投标价格表而遭拒绝。购货人会将其重新归入适当的投标组中去。

(11) 投标报价。投标人应在价格表中填写货物的详价和总价。如果单价与总价有出入，以单价为准。

投标人要根据上述不同的情况填写价格表

1) 对于供货人提供的购货人国内生产货物，按出厂价报价的货物，其价格应①包括原材料和部件已缴或应缴的所有关税和其他税费。包括原产国外的已进口货物已缴或应缴的所有关税和其他税费；②若授予合同，应缴付的营业税和其他税收；③内陆运，保费；④招标数据清单内规定的各种服务费等。

2) 对于国外提供的货物按清单规定，可报

CIF（成本加运费加保险费）价

CIB（运费、保险费付至指定目的地）价

FOB（装运港船上交货）价

CFR（成本加运费）价

CPT（运费付至指定目的地）价

世行规定，除非投标资料表另有规定，投标人所报价格在履约期间应是固定不变的，不得以任何理由修改。

(12) 投标货币（Bid Currency）：在投标书格式和投标价格表中，凡由购货人国内供应的货物或服务，投标人应以购货人所属国家货币报价，除非清单另有规定，凡由购货人的所属国以外供应的货物和服务，可以世行任一成员国货币报价。如果投标者希望用多种货币报价，其投标货币种类不得超过 3 个。

(13) 证明投标者合格及资格的文件（Documents Establishing Bidder's Eligible and Qualification）投标者应提交证明其有资格进行投标和有能力履行合同的文件，作为投标文件的一部分。该文件应能充分证明：

1) 投标者系来自符合规定的合格来源国。

2) 证明如投标书被接受，投标人具有履行合同资格的文件，如证明：

a. 向购货方所在国提供非投标人生产的货物，投标者必得到货物生产商的充分授权；

b. 投标者具有履行合同的财务,技术和生产能力。

如投标人不在购货方所在地,应让代理人履行合同条件规定的,由供货方承担各种服务性(如维修保养、修理,零备件供应等)义务。

(14) 货物合格并符合招标文件规定的证明文件。投标人应出具证明其所提供货物和服务的合格性并符合招标文件的要求的文件。说明货物及服务的原产国,并出具确认其合格性的装运时签发的原产地证明书。

证明文件可以以文字资料,图纸或数据表形式,应包括货物主要技术和特点的详细描述,包括使货物在规定时间内正常和连续工作所需的有零备件,特殊工具的货源和价格情况的清单及技术偏离表(Specification Deviation Form)。购货方在技术规格书中规定的工艺、材料、设备标准商标或样本、目录号码等不应为限制性的,允许投标人提出替代标准品牌和样本目录号码,但该替代标准应符合购货方的要求,并基本上相当于技术规格中的规定。

(15) 投标保证金。为保障购货方不致因投标人行为不当产生的风险,投标者应按数据清单中规定的金额交保证金。金额可规定为投标价的一定百分比,以投标货币或其他可自由兑换货币提交。保证金的方式可为下列之一者:①银行保函,或不可撤销信用证;②现金或保付支票。

未中标人的投标保证金应至投标有效期后30天内归还,中标者用履约保证金换回投标保证金,如果投标者在投标有效期内撤销其投标,或中标时拒签合同,或不在规定的时间内提交履约保函,购货方有权没收其保证金。

(16) 投标有效期。所有投标者的投标从开标之日起,在有效期均有效。如果购货方要求延长有效期,则投标者有权选择或是退出投标或是接受延长投标有效期,如果退出,购货方应归还其保证金。如果投标者同意延长投标有效期,其保证金的有效期亦应相应延长,但不得修改其投标文件。在固定价格条件下,若授予合同的时间迟于投标有效期30天,则合同价格可根据延期要求中所列条件加以调整。

(17) 投标文件格式。与工程采购招标文件相同。

(四) 投标文件的递交

(18) 投标文件的密封和标记,基本要求与工程采购招标文件相同。

(19) 投标文件递交截止日期基本要求与工程采购招标文件相同。

(20) 逾期投标文件基本要求与工程采购招标文件相同。

(21) 投标文件的修改和撤销基本要求与工程采购招标文件相同。

(五) 开标与评标

(22) 购货人开标。开标应按照投标资料表中规定的时间、地点公开进行,并邀请投标商或委派的代表参加。开标时,购货人要当众宣布投标商名称,投标价格,有无撤标或有无提交合格的投标保证金以及购货人认为其他合适的内容,开标后不得对投标做任何实质性的修改。同时根据投标者须知第(20)条规定,将逾期投标文件不拆封退还投标人。此外,无论在任何情况下,评标时对于在开标过程中未开封和未宣读的投标文件将不再予以考虑。

(23) 标书的澄清。为便于标书的审查和评比,购货人可斟情要求投标人澄清其标书,但不得修改或改变标书内容。

(24) 对投标文件的初审和确定其符合性。初审主要是购货人根据招标文件内容审查投标文件是否完整，有无计算上的错误，是否提交了合格的投标保证金，文件签署是否符合要求，投标文件是否基本符合投标文件的要求，基本上响应招标文件的投标应该是与招标文件的合同条款和规格要求相符，没有重大偏离。没有做出实质性响应的投标文件，不允许投标人为使其具有一定的响应而修改投标文件或撤销不合要求的部分。

(25) 折算成一种货币。为便于评标和比较，投标人应将标书中各种报价货币折算成购货人所属国家货币或国际贸易中广泛使用的货币，其折算货币及汇率标准应符合投标资料表的规定。

(26) 标书的评审与比较。对通过初步审查并被认为符合招标文件要求的投标文件进行评审与比较。

评标中价格的比较基础为：购货人所属国境内提供的货物要以工厂交货价（EXW）为基础，该价包括货物成本，以及所用零部件和原材料以及货物本身已付或应付的关税和税费，不计中标后应缴纳的营业税和其他税。购货人所属国境外提供的货物（即从国外进口的货物）要以 CIF 或 CIP 价为基础，不计中标后应缴纳的关税和进口税。评标时不考虑合同执行期间内的价格调整因素。

(27) 国内优惠。在货物采购中，如果购货人对本国制造的货物实行优惠政策评标中应遵循以下原则和要求，即必须在投标资料表中作出实行国内优惠的规定及实施程序，并且，此优惠只给本国制造的，属于 A 组投标中的货物，即出厂价中本国劳务原材料价值占 30％以上的购货方的所在国制造的货物。

(28) 与购货人接触。从开标时至授予合同，除受第(23)条约束外，任何投标人均不得就有关其投标书的任何事宜与购货人接触或对购货人施加影响。

(六) 合同的授予

(29) 资格后审。在没有进行资格预审的情况下，购货方将对所选择的，提交了符合招标文件要求的投标者是否有圆满履行合同的资格进行审查和确认。购货人将基于投标人提供的资格审查文件以及购货人认为必要的和合适的其他文件资料，考虑投标人的财务、技术和生产能力。如果投标人被确定为不具备履行合同的资格，购货人将拒绝其投标，并对下一个评标价中最低的投标人进行类似审查。

(30) 授予合同的准则（Award Criteria）。购货方将把合同授予被认定是基本符合招标文件要求的最低投标价，并且是购货方认为能圆满履行合同的投标者。

(31) 购货方授予合同时变更购货数量的权利。购货方授予合同时有权在投标资料表中事先规定的一定幅度内增加或减少"货物需求量表"中规定的货物数量或服务。

(32) 购货人有权接受任何投标和拒绝任何或所有的投标，与工程采购投标文件相同。

(33) 授予合同的通知，与工程采购招标文件相同。

(34) 签订合同。购货人在通知中标者的同时应寄去招标文件中规定的合同格式，中标人应在收到合同格式 30 天后签署合同并寄回购货人。

(35) 履约保证金，中标人在收到购货人寄来的授标通知 30 天内，应根据合同条件提交履约保证金。中标人如不签订合同或提供保证金，购货人可没收投标保证金将合同授予评标价次低标的投标人或重新招标。

三、招标资料表

文件招标资料表主要是根据投标者须知及有关条款规定某些具体的内容。因此每一货物采购招标文件都应制定具体的招标资料表。购货人在表中规定与投标有关的具体信息与要求，与投标价格，报价货币有关的适用规则，评标准则。资料表与投标者须知在相关内容上必须保持一致，如有对投标须知的修改或补充，应以资料表为准，该资料表主要有以下几方面的内容。

（一）总则

具体列明借款人名称，贷款号码与金额，项目名称，合同名称，购货人名称，地址，电话，电传，传真以及投标书应采用的语言。

（二）投标报价与货币

即规定报价的贸易术语，如报工厂交货价，是否加内陆运费，附加服务费等具体问题。规定所报价格应为固定价格还是可调整价格。

（三）投标书的准备与递交

主要规定投标人的资格，如投标人生产购货人拟采购货物的经验，供设备运转的零备件的年限，投标保证金金额，投标有效期，投标书份数，递交投标书的地址与截止日期，投标邀请名称及号码，开标的时间、地点。

（四）评标

针对投标者须知第 25.2 项的内容，规定投标人投标折算货币，汇率标准与基准时间，规定评标准则，交货时间表支付计划偏离，零备件价格，在购货人国内零备件及售后服务，运转维护费，计算设备周期内上述费用的因素，设备运转及生产能力要求评标方法的具体细节，评分标准及是否实施国内优惠等具体事宜。

（五）授予合同

规定购货方在授予合同时变更购货数量的变动幅度。

四、通用合同条款

通用合同条款主要规定有关当事人的权利义务，世界银行编制的货物采购通用合同条款主要包括以下内容：

（一）定义

对合同中专用的基本名词进行了定义，如"合同"、"合同价格"、"货物"、"服务"、"购货方"、"供货方"及合同中出现的英文缩写字母的全称。

（二）适用性

通用合同条款适用于未被合同其他部分条款的取代的范围。

（三）原产国（Country of Origin）

与"投标者须知"中说明基本相同。

（四）技术规格/标准

合同项下提供货物的技术规格应与招标文件技术规格规定的标准一致，若技术规格中无相应规定，应符合其原产国有关部门最新颁布的正式标准。

（五）合同文件和资料的使用

在未经购货人事先同意的情况下，供货方不得向非合同履行人员提供、透露合同文件的内容以及与合同有关的资料供应商不得擅自使用上述任何文件和资料。

（六）专利权（Patent Right）

供货方保证购货商须在购货方所在国使用其货物、服务及其任何部分而不受到第三方关于侵犯专利权、商标权或工业设计权的指控。任何第三方如果提出侵权指控，供货商须与第三方交涉，并承担可能发生的一切法律责任和费用。

（七）履约担保

供货方应在合同授予通知后30天内，按专用合同条款规定的金额向购货方提供履约保证金。购货方应在供货方完成合同规定履约责任后30天内退还保证金，除非专用合同条款另有规定。

（八）检验和测试

为确定供货方所交货物是否与合同相符，购货方有权在不增加额外费用的条件下对货物进行检验，购货方应在专用合同条款和技术规格中规定检验种类、方法与地点。若经检验货物与合同不符，购货方可拒收，供货方应负责免费更换或修理。

（九）包装

为防止运输途中发生货损货差，供货方须按照合同规定的包装条件对所交货物进行包装，无论是运输还是露天存放期间，该包装应具有良好的防高温、耐严寒、防野蛮装卸等保护措施。同时要根据运至目的地距离设转运点作业条件考虑包装的大小与重量。运输包装、标记和随运内外文件必须严格符合合同和专用合同条款的规定。

（十）交货和文件

供货方应严格按照需求量表和专用条件中的规定履行交货义务，签约时合同中使用的EXW（工厂交货价），FOB，FCA（货交承运人价），CIF，CIP或其他贸易术语中买卖双方责任，风险费用的划分以《90通则》规定为准。

（十一）保险

为防止货损、货差，在制造、运输、贮存和交货过程中必须按专用合同条款对货物办理保险，以CIF或CIP条件签订合同，由供货方办理以购货方为受益人的货物运输保险，以FOB或FCA条件则由购货方办理。

（十二）运输

FOB合同条件下，供货方负责将货物运至指定装运港装船，由此产生一切费用计入合同价，在FCA合同条件下，供货方负责将货物运至购货方指定或双方约定的承运人处，并货交承运人，由此产生的费用计入合同价。

在CIF或CIP条件下，供货方负责安排运输工具支付从装运港至合同规定目地（港）目的地的运费。如果合同要求供货方将货物运至购货方所在国项目现场，按合同规定，由供货方安排该运输，保险和贮存事宜，费用计入合同价。

此外，在CIF或CIP条件下，购货方不得对供货方选择承运人加以限制，在FOB或FCA条件下，如果供货方无法在合同规定的期限内按照合同规定条件代购货方安排指定的承运人或悬挂购货方所在国国旗的运输工具，则供货方可另行安排其他运输工具。

（十三）附加服务

供货方须按照专用合同条款规定，提供诸如货物现场装配，维护设备运转所需工具，操作和维护手册，人员培训等服务事宜，由此产生的费用如果未计入合同价，双方应事先约定。

（十四）零备件

供货方应根据专用合同条款中规定的条件提供货物的零备件。

（十五）货物保证

供货方应保证所交货物是最新的，且保证该货物不会因供货方设计、材料、工艺等原因在购货方正常使用条件下，而产生问题。该保证有效期为购货方在合同规定的目的地接受货物后12个月，或在生产国装运后18个月。如购货方根据该保证提出索赔，供货方应在专用合同条款规定的期限内，对有毛病的货物或部分货物加以修整或更换，否则购货方可采取必要的补救措施，由此产生的一切风险和费用由购货方承担。购货方的补救措施不损害其合同规定其他权利。

（十六）支付（Payment）

在专用合同条款中规定具体支付方法、条件和支付货币。供货方一旦完成合同规定的义务，即以书面通知购货方付款，并随附证明已完成交货或服务的发票，和专用合同条款规定的单据，购货方应在收到供货方书面付款要求或发票不超过60天内以供货方在投标书中列明的货币付款。

（十七）价格

供货方在完成合同义务后要求支付价格款应与其投标书所列价格相同，但专用合同条款允许价格调整或应购货方要求延长投标有效期所作价格调整除外。

（十八）变更命令

购货方可在履约期间，就图纸、装运、交货地点而引起的费用和时间的增减应对合同价格或交货时间表作相应调整，并对合同加以修正。

（十九）合同修改

除受上款约束外，不得对合同作任何变动，除非双方当事人签字对合同作书面修改。

（二十）转让

供货方部分或全部转让其应履行的合同项下的义务，须事先经购货方同意。

（二十一）分包

如有分包合同供货方应书面通知购货方但该通知不排除供货方承担合同项下的任何责任或义务。

（二十二）供货方逾期履约和逾期损失赔偿

供货方应严格按照需求量表中规定时间完成交货和提供服务的合同义务。履约期间如有妨碍其按时交货和提交服务的情况经双方确认后延长履约时间，同时购货方有权从合同价中扣除一定金额作为损失赔偿。在专用合同条款中规定了每延期一周交货和提供服务的损失赔偿金价格百分比和最高限额。达到最高限额后，购货方可考虑终止合同。

（二十三）违约终止合同（Terminate for Default）

如供货方未能如期（包括购货方同意的延长期）交货或未能履行其他合同义务，购货方可全部或部分终止合同，并可以用他认为适合的条件和方式购进相同货物，供货方有责任赔偿购货方因购进而产生的差价损失，并继续履行未终止合同部分。

（二十四）不可抗力（Force Majeure）

不可抗力事故系指事故的发生，不是由于供货方的过失，而是供货方无法预测或预见的（购货方不应因由此引起的误期，没收供货方的履约保证金，收取损失赔偿金或因其违约终止合同)。事故发生后,供货方应立即将事故发生的情况原因,事故证明书面通知购货方除非购货方另有书面指示,供货方应在合理范围内继续履行合同。

(二十五)破产终止(Termination for Insolvency)

当供货方破产或无清偿能力时,购货方可随时以书面形式通知供货方终止合同。该终止合同应以不损害或不影响购货方采取补救措施的任何权利为条件。

(二十六)因购货方便利终止合同

购货方可随时因其自身的方便向供货方发出终止合同的书面通知,并说明终止的工作范围及生效日期。供货方接到上述通知30天内仍应由购货方按合同价格购买已经生产或已经准备装运的货物,在停止购买条件下,购货方应按双方约定条件向供货方支付其已付的材料费和零件费。余下货物,购货方可仍按合同条件购买或停止购买。

(二十七)解决争端

有争议发生时,购货、供货双方如果通过友好协商不能解决,可提交专用合同条款规定的争端解决机构,如第三方调解,法庭裁决或国际仲裁。

(二十八)主导语言。(Ruling Language)

合同书写及有关合同的全部通讯和文件应以专用合同条件规定的语言来写。

(二十九)适用法律。(Applicable Law)

合同以购货方所在国法律解释。

(三十)通知(Notice)

一方根据合同致另一方的任何通知应以书面或以电报、电传或传真,然后再书面确认,发至专用合同条款规定地址。

(三十一)税费

购货方应承担项目所在国政府根据现行税法向购货方保证的,与履行本合同有关的一切税费,发生在项目所在国境外的,与履行本合同有关的一切税费,应由供货方承担。

五、专用合同条款

本条款的主要作用是使一般合同条款中的某些条款根据合同需要进一步具体化,并对通用条款中某些条款作出特殊规定。编制本条款要求应与通用合同条款相吻合。凡通用条款未能包括项目要求的必须在特殊合同条款明确提出删除、更正或增补。货物采购专用合同条款主要包括的内容有:交货文件、履约保证金的具体要求、付款方式和货币要求、解决争端的具体规定、零配件和售后服务的具体规定、对通用条款的增减等等。

六、货物需求一览表

为使投标者对货物采购要求一目了然,应将货物或服务需求一览表单列,便于投标者有效、精确地准备投标书,此外,连同价格清单,作为授予合同时数量变更的依据。一览表中对交货日期或期限的规定,既要考虑《90通则》对投标者须知中规定使用贸易术语的解释,还要考虑购货方义务的起始时间。

七、技术规格

技术规格规定了所采购货物、设备的性能、标准及技术服务的要求等,是招标文件中的关键部分,是投标者在投标时应遵循的主要条件,按照世行的要求,国际竞争性招标文件中技术规格的编写必须符合最大限度的竞争原则,并写明拟将采购货物的性能,工艺材料标准,除非合同另有规定,技术规格应要求拟将采购货物或制造货物的原材料为未使用过、全新和先进的,并采用最新设计制造。同时,为避免歧视行为,世行规定技术规范中对设备、材料工艺、规格应尽量使用现行国际标准,如若使用借款国的国家标准或其他标准,技术规格应申明符合其他权威标准,属于或相当于技术规格中规定标准的设备、材料工艺亦可接受。

技术规格文件一般包括以下内容:前言、说明和评标准则、技术要求和检验。现分别介绍如下。

(一) 前言

提醒投标者仔细阅读全部招标文件,使投标文件能符合招标要求。如承包商有替代方案,应在投标价格表中单独列出并说明。前言要规定货物生产厂家的制造经验与资格。说明投标要在技术部分投标文件中编列的文件资料格式、内容和图纸等。

(二) 供货内容

对单纯的货物采购,其供货范围和要求在货物需求一览表中说明即可,还应说明要求供货商承担的其他任务(如设计、制造、发运、安装、调试、培训等)。供货内容按分项开列,还应包括备件、维修工具及消耗品等。

(三) 与工程进度的关系

对单纯的货物采购,在货物需求一览表中规定交货期。但对工程项目的综合采购,则应考虑与工程进度的关系,以便考虑安装和土建工程的配合以及调试等环节。对交货期应有明确规定,包括是否允许提前交货。

(四) 备件、维修工具和消耗材料

备件可以分为三大类。一类是按照标准或惯例应随货物提供的准备件,这类备件的价格包括在基本报价之内,投标者应在投标文件中列表填出标准备件的名称、数量和总价。第二类是招标文件中规定可能需要的备件,这类备件不计入投标价格,但要求投标者按每种备件规格报出单价。如果中标,购货方根据需要数量算出价格,加到合同总价中去。第三类是保证期满后需要的备件。投标者可列出建议清单,包括名称、数量和单价,以备购货方考虑选购。

维修工具和消耗材料也分类报价:一类是随货物提供的标准成套工具和易耗材料,逐个填出名称、数量、单价和总价。此总价应计入投标报价内。第二类是招标文件中提出要求的工具内容,由投标者在投标文件中进行报价,在中标后根据选择的品种和数量计算价格后再计入合同总价中。

(五) 图纸和说明书

对单纯采购的货物的技术资料要求见合同条件第(11)条即可。对工程项目货物采购应在本节中说明以下内容:

(1) 规定供货方向购货方有关单位提交的各类图纸、文件和说明书的份数。还应如合同条件所要求的,随装箱发运一整套完工图纸和最终说明书资料。还应说明图纸的寄送要求。

(2) 招标文件中有与安装设备有关的土建工程尺寸的图纸,投标者不能随意变动。但如发现土建尺寸妨碍设备合理布置,可在投标时提出修改建议并写入规范偏离表,必要时应附有修改土建尺寸的建议图。

一般招标文件规定不接受要求土建尺寸有较大改变的投标文件。如签订合同后供货方才提出建筑设备尺寸不吻合，则只能修改设备设计而购货方不承担任何额外费用。

（3）图纸规格。图纸尺寸应符合 ISO 标准，采用 SI 系统尺寸单位。

（4）说明书。提出供货方提供的说明书内容要求。

（六）审查、检验、安装、测试、考核和保证

这些工作是指货物交货阶段前的一些有关的技术规定和要求，现分述如下。

（1）审查。供货方应将供货项目的设计、材料及技术数据送购货方审查批准，购货方的批准并不减轻供货方应承担的义务和责任。

（2）检验。包括在加工制造过程中的检验和出厂的试验，一般应规定试验未通过者不准装箱发运。除了规定检验的标准和程序之外，还要规定购货方是否派人赴供货方工厂去检验，在交货后发现货物不符合合同要求时，购货方仍有权要求赔偿。

（3）安装。应明确是购货方还是供货方负责安装，如由购货方安装，还应明确供货方是否派人指导。如由供货方安装，则应明确购货方是否需要提供诸如机具、劳力等条件。如购货方对设备进行安装、调试，而规定由供货方进行技术指导和监督时，购货方应派出有能力的工程师担任此工作，并应提前几个月将此工程师的经历、资格等通知购货方，以取得购货方同意。安装监督工程师的费用一般按人日单独报价。

（4）测试和考核。招标文件中应明确规定测试考核的项目、程序、方法和标准以及未通过测试考核的处理方法。对于复杂的设备也可在招标文件中提出考核总的要求，而在订合同时再确定具体测试考核要求。

（5）保证。这里指的是质量保证，投标按照招标文件的要求对货物提供的数据和说明是质量保证的基本条件。这种性能首先通过试验来确定。然后应明确货物质量保证期的要求。如果设备运行出现故障，其责任，对于复杂设备，一般质量保证期为货物验收之后 12 个月；对较简单的货物，质量保证期为货物抵达现场或目的港后 12～18 个月。

（七）通用的技术要求

指各分包和分项共同的技术要求，一般包含：使用的标准、涂漆、机械、材料和电气设备通用技术要求。

招标文件中应规定货物应符合的总的标准体系，如投标者在设计、制造时采用独自的标准，应事先申请购货方审查批准。

如技术规范中的规定与上述标准不一致时，以技术规范中的规定为准。

评标准则详见下节。

技术要求有时也称特殊技术条件，这一部分详细说明采购货物的技术规范。

货物的技术规格、性能是判断货物在技术上是否符合要求的重要依据，所以在招标文件中对货物的技术规格和性能要规定得详细、具体、准确。对工程项目综合采购中的主体设备和材料的规格及与其关联的部件，也应叙述得明确、具体。这些说明加上图和技术要求。这也是鉴别投标者的投标文件是否作出实质性反响的依据。

编写技术要求时应注意以下几点：

（1）应写明具体订购货物的型式、规格和性能要求、结构要求、结合部位的要求、附属设备以及土建工程的限制条件等。

（2）在保证货物的质量和与有关设备布置相协调的前题下，要使投标者发挥其专长，不宜对结构的一般型式和工艺规定得太死。

(3) 综合的工程项目采购中，应注意说明供应的辅助设备、装备、材料与土建工程和其他相关工程项目的分界面，必要时用图纸作为辅助手段进行解释。

(4) 替代方案。要说明购货方以可接受的替代方案的范围和要求，以便投标者作出反应。

(5) 注意招标文件的一致性。如技术要求说明应与供货范围一致，招标文件技术要求应与投标书格式中的一致等。

第3节 我国利用世界银行贷款项目货物采购方法

一、国际竞争性招标

（一）程序

目前，我国使用世行贷款项目的总金额75%以上是采用竞争性招标方式，其基本程序是按世行的规定程序进行。我国国际竞争性招标的基本程序分为11个步骤：

1. 刊登采购总公告

即根据世行《采购指南》的规定，在项目评估结束后项目审核根据项目中的国际竞争性招标采购的货物情况准备一份采购总公告，在发售资格预审文件或招标文件前60天寄给主管本项目的世行官员，免费刊登在联合国《发展论坛报》商业报上。该公告主要内容有：贷款国家拟采购货物名称、数量、贷款名称和用途，发售资格预审文件或招标文件的时间，负责招标机构名称和地址。

2. 资格预审

凡大型复杂的设备或特殊设备的采购，在正式组织招标之前要先进行资格预审，以减轻项目单位评标的负担，并确定国内优惠的合格性。

3. 准备招标文件

按世界银行对招标文件的具体规定准备。

4. 刊登招标通告

在正式组织招标之前，至少要在全国发行报纸或全国刊物上刊登招标通告，同时将副本交给可能参加投标的国家，驻招标国的使馆或代表处，从刊登招标通告到投标截止时间应给投标人留有充分准备投标书的时间。投标通告的主要内容按世行的规定办。

5. 发售招标文件

如果进行过资格预审，招标文件可按通过资格预审的供货方名单发送，如果没有进行过资格预审，招标文件可发售给对招标通告作出反应，并有兴趣参加投标的合格国家的供货方，发售方法可采用邮购，或由投标人或其代理人向发售处购买的方式。

6. 投标准备

按世行规定办。

7. 开标（Bid Opening）

开标应按招标通告规定时间、地点公开进行，当众宣布投标商名单、投标价格、有无撤标情况、提交保证金情况。开标后，不得对投标再做任何实质性修改，并做好开标记录。

8. 评标

根据招标文件中确定的标准和方法，对每个标书进行评价比较。凡是评标中需考虑的因素都必须写入招标文件，一般要进行初评比较，资格后审，决标几个过程。

初评主要是审查投标文件是否完整，是否基本符合招标文件的要求，无重大偏离或保留有无计算上的错误，是否提交合格保证金，文件签署是否合乎要求。否则购货方可予以拒绝。在对标书进行具体评价和比较时，先按开标之日中国银行发布的汇率将以各种货币表示的报价折算成美元，如果以人民币报价，应以开标之日中国银行发布的汇率，将各种货币报价折算成人民币，如果在授标之前汇率发生重大变化，则按授标当日的中国银行发布的汇率重新对报价进行评定。

通过评标，由低到高，评定出各投标的排列次序。

货物采购的评标方法有四种：

(1) 以最低价为基础的评标法：在采购简单的商品、半成品、原材料以及其他性能、质量相同或容易进行比较的货物时，价格可以作为评标时唯一因素。其计算价格的基础为：

1) 如果采购货物是从国外进口，则以 CIF 报价；

2) 如果采购的货物是国内生产的，则报 EXW 价，该价应包括：为生产供应货物而从国外购买的原材料、零配件所支付的费用、各种税款。但不包括中标后所征收的销售税及其他类似税款。如果提供的货物是国内投标商早已进口，现在中国境内的货物，则应包括进口时所附关税，但不包括销售税。

(2) 综合评标法：在采购耐用货物时，评标中除考虑价格因素以外，还考虑：内陆运保费、生产能力和配套性、技术服务、培训费用等，对内陆运保费及其他费用，或按照铁路（公路）保险公司公布的费用标准，计算货物运抵目的地的全部费用，计入投标报价，或让投标商分别报出上述费用。

在评定交货期时，可以按照招标文件中规定的具体交货时间为标准交货时间，在评标时早于该时间，不给予优惠，晚于该时间，每迟交一个月，可按报价的一定百分比计入报价，或根据招标文件的规定，货物在合同签字时并开出 L/C 后若干月内交货，对迟于规定的可接受交货幅度内，可按每月一定百分比×延迟交货时间（月数）或每月一定金额×延迟交货月数计入报价。

对于付款条件，投标人须按照合同条件中规定的付款条件付款，对于不符合规定的投标，应视为非响应性投标予以拒绝。但对于采购大型成套设备可以允许投标商有不同的付款要求，提出有选择性的付款计划，这一选择性的付款计划只有在得到投标商愿意降低投标价的基础上才予以考虑。如果投标商的付款要求偏离招标文件的规定不太大，尚属于可接受范围，可根据偏离条件给购货方增加的费用，按投标书中规定的赔款率计算出净值，计入报价供评标时参考。

在零配件和售后服务方面，对于已在购货方内建立零配件和售后服务供应网的投标商，评标时可在报价之外，不另加费用，如果投标商没有提供招标文件中规定的上述有关服务，须购货方自行安排时可考虑将所要增加的费用计入报价。

关于设备的性能，生产能力及配套性方面，如果投标商所供设备的性能，生产能力没有达到技术规格要求的基准参数，凡每种技术比基准参数 100 点降低一个百分点，将在报价上增加若干金额，以反映设备在寿命周期内额外增加的燃料，动力运营费资本化的成本。

在评定技术服务和培训的费用时，对投标商在标书报出设备安装、调试等方面的技术服务费用有关培训费计入报价。

（3）以拟采购服务寿命周期成本为基础的评标法：在采购整套厂房、生产线或设备等运行期内各项后续费用很高的主设备时，在标书报价上加上一定年限运行期的各项费用，减去一定年限运行后设备的残值，上述费用应按标书规定。

（4）打分法：该方法考虑的因素有投标报价，内陆运保费及其他费用，交货期，偏离合同条款规定的付款条件，备件价格及售后服务，设备的性能，质量及生产能力，技术服务和培训等，使用该方法，应在招标文件中明确规定分值的分配，及打分标准。

此外，在货物采购中，如果决定对本国制造的货物实行优惠政策，则应在招标文件中说明实施的程序和方法，评标时，把符合要求的投标分为3组，A组为中国境内制造的货物，而且制造成本中国内劳动力和原材料价值占出厂价的30%以上，B组为中国境内制造的货物，其制造成本中劳动力和原材料价值占出厂价的30%以下，C组为从中国境外直接进口的货物。

A组和B组应按EXW报价并注明国内原材料，劳动力价值占该EXW价的百分比，C组按CIF报价，在对各组标书进行相互比较的基础上，确定各组中最低评标报价，在从考虑进口货物要缴纳关税和其他类似税款情况下，将各组中的最低评标价相互比较，如果A组或B组的投标为最低评标价，则A组或B组中的最低评标价应中标，如果经比较，C组中评标价报价最低，则应将该组所有评标价加上相当于进口关税或其他类似税收的金额或CIF价（1+15%），然后相互进行比较后，最低报价中标。

如果未在招标前进行资格预审，则应对最低标价的投标商进行资格后审，经审定后认为该投标商有资格能力承担合同，就应考虑评标。

如认为不符合要求，则应对下一个评标价最低的投标进行类似审查，待评标工作完成之后，招标人要编写评标报告，由国家评标委员会批准后，按财政部制定的规范评标摘要表中的规定将评标情况以传真或电传形式及时报至世界银行，而后将详细的评标报告报至世行。

评标报告的主要内容为招标通告刊登时间，购买招标文件的单位名单，开标日期，开标汇率，投标商名单，投标报价以及调整后的价格，价格评比基础，评标原则，标准，方法，授标建议。

按照世行的规定，最低评标价投标商的报价远高于标底时，或投标商未对招标做实质性响应或缺乏有效竞争，上述情况之一者招标人可考虑废标，但须经世行的同意。

根据世行规定，合同应在投标有效期内授予最低评标价的投标商，授标时既不得要求中标人承担招标文件中没有规定的义务，也不得把修改投标内容作为授标的条件，更不允许标后压价。中标人收到标书后，与招标人签订合同并提交履约保证金，合同正式生效，进入实施阶段。

（二）招标文件编制

纵观整个招标程序，可以看出，货物采购的成败与否，关键在于招标文件的编制与准备。

为更好利用世界银行贷款，我国在1996年根据世行新修订的货物采购国际竞争性招标标准文件重新制订了我国使用世行贷款货物采购国际竞争性招标文件范本，使之既符合世行对国际竞争性招标的要求又符合我国的具体情况。修改后的招标文件基本由九部分组成，即：①投标邀请；②投标人须知；③招标资料表；④通用合同条件；⑤专用合同条款及资料表；⑥货物需求一览表；⑦技术规范；⑧格式范例；⑨世界银行贷款项目采购货物，提供工程和服务的合格性。

其中新"范本"中的"投标人须知"和"合同通用条款"是不能随便修改的，招标单位或代理机构只能根据项目的具体情况，参照范本中的格式编写"投标资料表"、合同专用条款资料表。如根据货物采购的具体情况确实需要对"投标者须知"和"合同通用条款"进行修改或补充，则只能将修正或增加的条款放入上述两个资料表中。

1. 投标邀请书

修订后的投标邀请书与世行规定的邀请书格式一致，即说明购货方单位招标性质，资金来源，发售招标文件的时间，地点，售价，送交地点，份数，截止时间，提交保证金的规模程度和时间，以及开标日期，时间和地点同时申明投标者须知和一般合同条件要采用世行贷物采购标准文件中的条款。

2. 投标者须知

与世行标准招标文件中的投标者须知基本一致。其中，在第2条"合格的投标人"规定，凡世行曾签署有受贿，欺骗行为声明的投标人均不得参与投标。

第17条投标文件格式规定：投标者须提交按投标书格式有关已付或应付给与本项招标有关代理人佣金费用的说明。

第23条"招标文件的澄清与购货方联络"规定任何投标人在开标后授予合同前不得与招标人接触，招标人可用书面形式向购货方传递额外信息。此外，在评标，比较投标或授予合同过程中，投标人对招标人施加任何影响都有可能导致拒标。

第36条是投标者须知中新增条款，世行要求：借款人，贷款项目的投标，供货方承包方都应在采购和合同执行期间遵纪守法，据此，本条对"受贿行为""欺诈行为"作出定义，即在"采购或执行合同过程中"为影响官员的行为而向其提供、给与、接受的任何有价的东西均构成受贿，而在采购或执行合同过程中为影响采购程序有损借款方执行合同的误导行为，包括投标人递交投标书前或后的合伙勾结，蓄意合谋制定非竞争价格等均构成欺诈行为。凡有上述行为者，世行可拒绝对其授予合同的建议，并作为不合格投标人记录在案，公布于众，在规定时间内不得参与投标。

3. 投标资料表

投标资料表主要包括序言，投标报价与货币，投标书的准备与递交，评标，授予合同等几方面的内容。

在授予合同中规定了仲裁规则的选择，国内投标人的仲裁适用中国仲裁规则，外国投标人，除非在递交投标书时要求适用UNCITRAL规则，否则适用中国仲裁规则。

4. 通用合同条款

如前所述，投标者须知中已申明，招标文件中的通用合同条款要采用世界银行规定的通用合同条件，我国对个别条款作了增订，如在"合同文件和资料的使用与世行的检查与审计"（第5条）中规定，供货方应允许包括银行或世行指定的审计人员对其合同履行的账目，记录进行审计检查。

在"因违约而终止合同"条款中，有受贿和欺诈行为的供货方，购货方可全部或部分终止合同。

5. 专用合同条款

(1) 定义。对合同中专用的，基本的名词进行定义

(2) 原产国。内容与投标者须知中说明基本相同

(3) 履约保证金。规定供货方在收到购货方的授与合同的通知后 30 天内，向购货方提交规定金额和货币的保证金，该保证金可由在中国境内注册和营业的银行，或在中国境内注册和营业的，购货方可接受的外国银行开立，如果供货方未能履行合同规定的义务，购货方有权没收保证金；反之，供货方在履行合同义务后，购货方应在 30 天内将保证金退还供货方。在货物保证期内，供货方交货，购货方接受货物后，履约保证金减至合同总额的 5%，保证期第一年期满时保证金为合同金额的 2%。

(4) 检验和测试。货物在装运时由供货方对货物的质量、规格、性能、数量、重量进行全面检验，并出具质量证明书，但该证书只作为供货方向银行交单议付的单据之一，不是买、卖双方交接货物的质量依据，货到目的港或现场后，由购货方向中国商品检验局申请复验，并出具商品检验证明书，该商检证明作为买卖双方交接货物的最后品质依据，若经检验证明供货方所交货物在质量，规格，数量等与合同不符，购货方有权在货抵现场后 90 天内向供货方提出索赔，在规定的保证期内如经商检后，证明货物质量或规格与合同不符，或货物有缺陷或潜在缺陷，购货方有权提出索赔。

(5) 运输标志（Marking Shipment）。货物在装运时，供货方应在每一包装箱邻接的四个测面用不易褪色的油漆刷制英文字样的运输标志，内容包括收货人，合同号，麦头，收货人代号，目的港，货物名称，毛重/净重（千克），尺寸，为便于装卸和搬运，对于重量为 2t 或 2t 以上的货物应注明"重心"和"吊装点"，并根据货物特点及不同运输要求，在外包装上注明适当的标志。

(6) 装运条件（Terms of Shipment）。在 CIF/CIP 合同条件下，供货方应负责租船订舱，安排运输事宜，支付运费，确保按合同规定的交货期交货，提单/航空运单上的日期即为供货方实际交货日期，非经同意，购货方不接受甲板货提单和转运提单，在国内供货方工厂交货条件下，供货方负责安排内陆运输，并承担费用。运输部门出具货运单据上的日期为供货方的实际交货日期，此外，供货方装货时，不得溢装，供货方承担溢装后的一切费用和后果。

(7) 装运通知（Shipping Advice）。在 CIF/CIP 海运条件下，供货方应在货物装船前 30 天内，空运条件下，14 天内电告购货方货物的合同号，名称，数量，包装件数，总重量，总体积及装货准备就绪的装货名称并以航空邮寄的方式将包括上述内容的拟交货物清单一式 5 份寄至购货方。

货物装船后 24 小时内，供货方电告购货方合同号，货物名称，数量毛重，体积，发票金额，载运船只名称，启运或启航时间，如果每件包装货物超过 20t，体积超过 12m 长，2.7m 宽和 3m 高，供货方应将其重量或尺码通知购货方，如有易燃物品，供货方也须将详情通知购货方。

在以出厂价合同条件成交时，在铁路、公路、海运条件下，货物装入运输工具前 30 天内，空运条件下 14 天内以电传、电报、传真方式将货物情况（同上）通知购货方，并在货物装入运输工具后 24 小时内将装货情况通知购货方，如果由于供货方未能或延迟向购货方发装运通知而使购货方漏保，由此造成的一切损失由供货方负责。

(8) 装运单据（Shipping Documents）。货物装航后，供货方应将装船货物详情电告购

货方，如合同号，货物的数量，载货船舶，提单号与日期，装运港，装运日期，卸货港等同时供货方将规定单据邮寄至购货方，单据副本寄至保险公司。

对于国内供货，供货方须将规定单据邮寄给购货方。

（9）保险。CIF条件下，由供货方办理保险，在EXW条件下，货物装运后由购货方办理保险，保障金额为发票金额的110%，投保一切险。

（10）伴随服务。除按一般合同条款规定外，供货方须提供专用合同条款附件及技术规范中规定一切全部服务项目，标书中的报价及当事人协议达成的价格计入合同价格。

（11）备件。供货方须按专用合同条款附件及技术规范规定供应备件。

（12）保质期。货物的保质期为最终验收后的月份内有效，或货物运抵目的港后本条件附件规定期限内有效，两个有效期以先到期者为准。

（13）索赔（Claim）。如果购货方在规定期限内就货物与合同不符的问题，向供货方提出索赔，并证明该项不符为供货方责任，则供货方应同意购货方的拒收，并退回货款，承担由此发生的一切损失和费用，或根据货物情况，经协议降低货物价格，或更换或修理有缺陷部分。如果供货方在购货方提出索赔后30天内未作答复，该索赔视为已被供货方接受。若在上述期限内，供货方未按上述索赔方式进行赔偿，购货方有权要求通过谈判取得赔偿或履约保证金中扣除索赔金额。

（14）付款。支付方式和条件按专用条款资料表中规定办理。

（15）价格。价格按专用条款资料表中规定调整。

（16）误期赔偿费。如果供货方未能在合同规定的时间内交付全部或部分货物或完成服务，其赔偿额为每延期一周为合同价的0.5%，最高限额为合同价的10%。

（17）不可抗力。不可抗力系指卖买双方签约以后，不是由于供货方的过失或疏忽，而是由于发生了当事人不能预见，或无法控制的意外事故，如战争，严重火灾，洪水，台风，地震以及双方同意的其他意外事故。购货方不得由于不可抗力事故对供货方延误实施或不能履行合同文件而没收供货方的履约保证金，同时供货方也不应该承担误期赔偿或终止合同的责任。事故发生后，供货方应立即书面通知购货方，除非购货方另有书面指示，供货方应按实际可能采取未受不可抗力影响的其他方法继续履行其合同义务，若不可抗力事故的影响持续120天以上，双方应通过友好协商在合理时间内就进一步履行合同达成协议。

（18）争端解决。买卖双方有争议发生时，首先应经过友好协商解决。在60天内经友好协商不能解决时，则提交仲裁，若供货方为国内供货将争议提交双方同意的国内仲裁庭解决；若为国外供货方，除非供货方在招标时提出UNCITRAL仲裁规则进行仲裁，争议应在北京或国内其他地点由中国国际经济贸易仲裁委员会根据该委员会的仲裁程序/规则进行仲裁。仲裁裁决是终局的，对双方都有约束力。

（19）主导语言。合同正本一式两份，买卖双方各执一份，与合同有关的有关文书，往来函电都用英语书写。

（20）适用法律。合同按中华人民共和国法律解释。

（21）通知。合同当事人一方给另一方的通知都应以书面、电传、电报、传真形式发送，并以书面形式确认。

（22）税费（Taxes and Duties）。购货方承担中国政府根据现行税法向购货方课征的与履行合同有关的一切税费，供货方承担在中国境外发生的与履约合同有关的一切税费，对中国国内征收的与本合同有关的一切税费由国内供货方承担。对于国外供货方，如果在中国境内提供规定的附加服务，则由供货方承担中国政府根据现行税法向供货方课征的一切税费，并承担发生在中国境外、与履行本合同有关的一切税费。

（23）合同生效及其他。合同凭双方签字并收到购货方的履约保证金后生效。

6．货物需求一览表

货物要求一览表　　　表 5-1

序号	货物名称	规格	数量	交货期	目的港（地）

与世行的基本要求一致，格式见表 5-1。

表中有关项目说明如下：

（1）序号。由分标号、分包号和分项三个数组成。

（2）货物名称。要写明准确的、国际通用的专业术语英文名称。写货物名称时还要注意说明供货范围，必要时可单独列出说明。

（3）规格。应规定得具体、准确。如果必须符合某一国家标准则应在招标文件中规定其他可接受的、相应的规格。应尽量避免以商标、商品目录作为规格。

（4）数量。首先要注意单位，如"一组""一对""一份"等。业主应仔细研究所需数量，以免追加订货时增加开支。

（5）交货期（Time of Delivery）。根据交货条件的不同，交货期是指不同地点的交货日期，工厂交货价（EXW）是指制造厂家交货，离岸价（FOB）或成本、保险费加运费价（CIF）是指装运港交货。货交承运人价（FCA）或"运保费付至…"价（CIP）是装运地货物交承运人。

招标文件应对是否允许分批交货作出明确规定。

（6）目的港。(Port of Shipment)。指货物运送要求抵达的港口或目的地。在 CIF 或 CIP 价格情况下应明确供货方承担目的港/目的地的卸货费。

7．技术规格

技术规格与图纸共同构成购货方对货物的技术要求以及技术服务的要求，是投标者在投标时应遵循的主要条件。其要求与世行规定的一样。

二、国内竞争性招标

世行贷款的货物采购，一般都要求通过国际竞争性招标方式进行，但在有些情况下，采用国际竞争性招标并不是最经济有效的采购方式。如在设备，材料的采购中，拟采购货物批量太小，或不便于长途运输等，外国供货商对小批量供应不感兴趣，或不值得在当地设定提供零配件供应和售后服务的机构的情况下，可考虑采用国内竞争性招标。此外，采用国内竞争性招标，可大大缩短采购时间，提高经济效益，这是因为，采用国内竞争性招标，在商务，法律等问题上比国际竞争性招标程序简化，技术标准，可采用本国通用标准，因此能较快地编制招标文件和技术规程，从发售招标文件到开标评标，甚至合同谈判，都可以节省时间，同时，在一般情况下，本国供货方便于安排交货，售后服务等，因此，缩短了整个采购过程所需时间。

国内竞争性招标的基本原则和程序与银行采购指南的精神相一致，即：充分竞争，公开程序，根据事先公布的标准将合同授予最低评标价的投标商。

每一具体贷款项目或每一具体借款项目中哪一部分是否采用国内竞争性招标方式，应在项目准备至评估阶段与世界银行专家共同讨论确定。或者是与世行专家共同确定一限额，低于限额的采购用国内竞争性招标方式，否则用国际竞争性招标。此外，世界银行除了解所要采购货物本身的特点之外，审查其采购程序是否符合世行采购指南的要求并在贷款协定中明确规定。

国内竞争性招标的采购程序与国际竞争性招标的程序类似，一般包括编写招标文件，刊登招标通告，资格预审，投标，开标，评标，合同谈判几个步骤，其招标文件有：①投标邀请书，②投标人须知，③合同条款及履约保证金格式，④货物需求一览表，⑤技术规格⑥投标函格式和投标保证金格式，⑦投标报价表，⑧资格证明文件。

与国际竞争性招标不同的是，国内竞争性招标无需在联合国《发展论坛》刊登总采购通告，也不必通知外国驻本国商务代表，只须在全国发行的报纸如《人民日报》，《中国日报》等重要刊物上刊登招标广告，并对投标人进行资格预审，在保证充分竞争的前提下，招标人可以规定通过资格预审的限额，招标人可以规定，对有兴趣参加投标的外国投标商提供的履约保证金，可以规定通过由中国银行提供，也可以由购货方接受的外国银行提供。招标文件文本用中文书写，投标用人民币报价。评标过程中在比较国内外投标人的投标书时，国内供货商不得享受价格优惠。此外，世界银行允许招标人对货物运输和保险机构来源加以限制，如由中国的运输公司或保险公司承办运输、保险业务。

随着我国利用世行贷款金额的不断扩大，《国内竞争性招标采购指南》的制定以及我国招标采购标准文件的颁布和推广使用，越来越多的项目和货物采购将使用国内竞争性招标方式进行。

思 考 题

1. 货物采购方式的标准是什么？
2. 国际竞争性招标和国内竞争性招标各有哪些优势？
3. 世行贷款项目采购招标文件的准备工作有哪些？
4. 我国新范本的主要特点是什么？
5. 简述招标文件和合同的关系。

第6章 世界银行贷款项目的咨询服务合同

本章在初步介绍咨询服务的内容、咨询专家的选聘过程等背景内容的基础上，重点介绍了世界银行规定使用的各种咨询合同的类型及其特点，并以复杂的以时间为基础的（计时制）咨询服务合同为例，逐条对合同内容进行了介绍和分析，以求读者对咨询合同的内容有个大概了解。最后，本章以实例简要介绍了最新修订的两种个人咨询专家咨询服务协议的形式和内容。

第1节 概 述

一、咨询服务（Consulting Services）

咨询服务是指付出智力劳动获取回报的过程，是一种有偿服务。它的特点是人才密集性，运用专家的知识、技能和经验，为委托人提供咨询意见，培训人员或进行其他创造性的劳动。咨询服务是一种知识性商品，自20世纪以来咨询市场取得了重大的进展，一是引入了竞争选聘机制，二是推行了合同管理。竞争性选聘，使人们有机会比较不同的技术建议和咨询方案，并且可以在全世界范围内选择最恰当的技术和服务。对有偿咨询服务实行合同管理，明确了这种知识性商品买卖双方的技术和经济责任，对技术知识的国际转让提供了交易规范和法律保障，使双方得以在有偿咨询服务中切实开展技术合作，有效实现技术转让。

世界银行贷款项目对咨询服务的需求范围很广，涵盖了政策建议、机构改革、项目管理、工程服务、施工监理、财务、采购、社会和环境研究各个方面。能够提供咨询服务的，既有各种咨询公司，也有个人咨询专家。

二、咨询服务的内容

咨询服务来源于项目建设的实际需要。在世界银行贷款业务中，常见的咨询服务包括以下几个方面：

（一）投资前研究

指在确定项目之前进行的调查研究。其目的在于确定投资的优先性和部门方针，确定项目的基本特性及其可行性，提出和明确项目在政府政策、经营管理和机构方面所需的变更和改进。

（二）准备性服务

指为了充分明确项目内容和准备实施项目所需的技术、经济和其他方面的工作，通常包括编制详细的投资概算和营运费用概算，工程详细设计，交钥匙工程合同的实施规范，土建工程和设备招标采购的招标文件。其中还常常包括与编制采购文件有关的服务，如保险要求的确定，专利人和承包人的资格预审，分析投标书并且提出投标建议等等。

（三）执行服务

指施工监理和项目管理，包括检查和督促工作，审核承包商和供货商出具的发票，以及与合同文件的解释有关的技术性服务。还可以包括协助采购并且协调同一项目的不同承包商和供货商的投入，以及在开始和营运阶段的各种设施。

（四）技术援助

指范围广泛的咨询服务和支持借款人的服务，例如开发计划、行业规划和机构建设，包括组织和管理方面的研究，人员要求和培训方面的研究，以及协助实施研究中提出的建议等。

三、咨询专家的选聘

（一）选聘的特点

咨询专家的选聘与土建工程、货物的招标相比，两者都采用了竞争性的评选，但从采购程序和合同法律的角度分析，选聘和招标有一系列的不同之处。具体表现在以下五个方面：

（1）委托人在邀请之初提出的任务范围不是已确定的合同条件，只是合同谈判的一项内容，咨询公司可以而且往往会对其提出改进建议。而招标时提出的采购内容则是正式的合同条件，招投标双方均无权更改，只能在必要时按规定予以澄清。

（2）委托人可开列短名单，并且只向短名单内的咨询公司直接发邀请，招标则大多要求通过公开广告直接招标。

（3）选聘应当以技术方面的评审为主，选择最佳的咨询公司，不应以价格最低为主要标准；招标则是以技术上达到标准为前提，必须将合同授予投标价最低的竞争者。

（4）咨询公司可以对委托人的任务大纲提出修改意见，而参加竞争性招标的投标书，必须以招标书规定的采购内容和技术要求为标准，达不到标准的即为废标。

（5）咨询公司的选聘不进行公开开标，不宣布应聘者的报价，对于晚于规定期限送到的建议书，也不一定宣布无效而退回。招标则要求公开招标，宣布所有投标人的报价，迟到的投标书作为废标。

（二）选聘程序

按照世界银行制定的《聘用咨询专家指南》，咨询专家的选聘采用一套与招标不同的选聘程序，其主要步骤为：

（1）确定任务大纲（Terms of Reference-TOR），规定咨询服务的目的和具体任务、工作进度和借款人负责投入的人力和物力。

任务大纲是指委托人对咨询专家应当完成的咨询任务的具体说明，内容包括咨询服务的背景、目标、工作范围、工作进度、委托人的义务以及培训要求等。咨询公司必须根据借款人提出的任务大纲，才能提出相应的建议书和人员配备。

（2）编制费用概算，作为咨询公司准备建议书时编制预算的依据。

费用概算的编制应当以任务大纲为基础，至少应当有一个粗略的任务范围作为依据。编制费用概算的必要性，一方面在于借款人的项目预算中应包括咨询服务的费用，另一方面在于咨询公司要参照概算确定其服务方案和人员配备。

对工程技术方面咨询服务的费用概算，有时可按照某些经验上的百分率进行粗略的匡算，比如世行对基础设施工程技术方面的咨询费用概算，约按工程概算的 $9\%\sim15\%$ 计算，其中可行性研究的咨询费约为 $0.5\%\sim2\%$，详细设计约为 $3\%\sim6\%$，施工监理约为 $5\%\sim$

8%。而编制咨询服务费用明细概算，必须根据咨询专家的工作期限和派遣人次等数据，计算各项主要费用。其中，外币费用主要包括外国专业人员按人/月计算的费用、咨询公司本部人员按人/日计算的费用、国际旅费、办公设备费、通讯费等；当地货币费用主要包括国内旅费、通讯费、生活津贴、租金和办公费等。

（3）开列咨询公司短名单，确定致咨询公司邀请信的寄发范围，从而规定竞争性选聘的范围。

短名单中列入的咨询公司一般为3～6家，其中来自同一个国家的公司最好不超过两家，同时鼓励委托人将本国公司列入短名单。确定短名单有各种办法：一种方法是可以刊登广告，简要说明咨询任务的内容和对咨询公司的资格要求，再从对广告作出反应的咨询公司中挑选、考虑，开列一份短名单，这种方法比较费时间；另一种方法是与各国大使馆或各国专业协会联系，索取可供选择的咨询公司名单。委托人也可直接与世行联系，世行有一个咨询公司数据信息中心，存有世行档案中关于咨询公司的关键资料。在特殊情况下，应委托人的书面请求，世行也可以协助提供一份建议性的短名单。这种建议性的短名单和正式的短名单不同，不排除其他的咨询公司。借款人为了扶持和发展本国咨询业，可以建议或要求外国咨询公司与本国咨询公司联合经营，共同承担有关咨询业务。世行倾向于双方自愿的联营。

（4）确定竞争性的评选办法。

以竞争性方式挑选作为合同谈判对象的咨询公司，主要办法有两种。第一种是只作为技术性评审，咨询公司递交建议书时不提出报价，借款人挑选咨询公司时完全根据咨询公司提交的建议书的适当性、人员配备和咨询公司的技术能力。第二种是先做技术性评审，再附带考虑咨询公司的报价，咨询公司递交建议书时，应当专门用一只信封单独封装报价并在该信封上标明内有报价。该信封在技术性评审结束之前不得开启，以便确保技术性评审不受价格因素影响。

确定选用哪一种挑选办法，应当充分考虑有关咨询任务的特点。如果咨询服务的任务复杂，任务完成的好坏对项目最终成果的影响很大，或是咨询任务要求各咨询公司发挥较大的创造性，从而使各咨询公司的建议书缺乏相互间的可比性，就不宜将价格作为一项评选标准。

（5）向列入短名单的咨询公司发出邀请信。

致咨询公司邀请信的主要内容为咨询服务的任务大纲、费用概算和咨询公司评选办法，还包括对咨询公司建议书的编制要求。致咨询公司邀请信有时也称为征求咨询建议书（Request for Proposals），其主要内容包括咨询服务的任务简介、若干附件（包括咨询服务的任务大纲、所拟采用的合同草案，咨询公司提交建议书的补充须知等重要内容）、评选办法、外资安排的具体情况、与咨询服务合同有关的本国法律、提交建议书的方法以及其他必要的情况。邀请信以及其附件所提供的资料，通常是咨询公司编制建议书的依据。这些资料应当尽可能完整，以使咨询公司编制的整个建议书不仅充分响应邀请信的要求，而且具有相互间的可比性。邀请信中对选聘过程和评选办法必须作出清楚的说明，委托人（the Client）在选聘和评选时，必须严格遵守邀请信中说明的办法，不得加以变动或更改。

（6）评审各咨询公司呈送的建议书，选择一家公司作为谈判对象。

咨询公司建议书是咨询公司对委托人发出的邀请信的书面答复，是委托人评选咨询公司的主要书面资料,也是委托人与中选咨询公司谈判咨询合同的基础之一。建议书一般包括公司简介及组织结构,公司所从事类似项目的经营概况;咨询公司对任务大纲的意见和建议,以及咨询公司打算实施咨询工作的方法说明;咨询公司建议的工作组的组成情况,工作组的每个成员情况;咨询公司所提供设备的详细说明;咨询服务的估算以及要求委托人提供的资料、服务、设施和对口人员的详细说明。

不论采用哪一种选择办法,不论选择是否考虑价格因素,委托人都必须按照邀请信中规定的标准和分项得分方式,对公司提出的建议书作技术评审。为此,委托人可成立一个评审委员会,由委员会的委员按照规定的办法,独立地进行建议书的技术评审,然后再确定各咨询公司建议书的平均得分。技术评审一般要审查三个方面:一是公司的一般经验,二是工作计划,三是人员配备。对于不同的咨询工作,根据咨询服务的性质,上述三个方面的权重也各不相同。评审委员会完成技术评审后,应当写出一份简要的评审报告。如果邀请信中规定在评审中不考虑价格因素,就应当邀请在技术评审中得分最高的咨询公司与委托人进行合同谈判。如果邀请信中讲明在评选中要考虑价格因素,则应在技术评审完成之后才比较各咨询公司的报价。常见的做法有三种:一是采用加权方法将技术评审得分与报价结合起来衡量,选择加权得分最高的;二是拆开技术评审得分与技术评审中得分最高的公司相差某一事先规定百分比以内的公司的报价信封,选择报价最低的;三是拆开在技术评审中得分超过规定分数线的公司的报价信封,选择报价最低的。

(7) 与中选的公司洽谈合同。

咨询公司评选名次确定后,经世行同意,借款人应当书面通知中选的咨询公司进行谈判。谈判的顺序通常是,先谈工作计划、人员配备、借款人投入等问题,这些问题谈完了以后再开始价格谈判。若谈判成功,则双方正式签署咨询服务协议,进入咨询服务的实施阶段。

第 2 节 咨 询 合 同

一、咨询服务合同的类型

按照世界银行 1997 年 1 月出版的《世界银行借款人选择和聘用咨询人指南》规定,咨询服务合同按照其规定的付款方式,可以分为如下五种:

(一) 总价合同 (Lump-Sum/Firm Fixed Price Contract)

总价合同被广泛应用于简单的规划和可行性研究、环境研究、标准或普通建筑物的详细设计。采用总价合同时,价格应当作为评选咨询专家的因素之一。总价合同的特点是合同项下的付款总额一旦确定,就不要求按照人力或成本的投入量计算付款。总价合同一般按议定的时间表或进度付款,管理上比较容易,但是谈判可能比较复杂。对于咨询专家应当完成的任务,委托人应当有充分的了解。在谈判中,委托人应当仔细审查咨询公司提出的合同金额费用概算和计算依据,例如所需的人力、工作时间和其他投入。如果合同中无专门规定,在合同执行期间,不论咨询公司的投入高于还是低于预算水平,合同双方均不应要求补偿。采用总价合同时,咨询公司可以根据具体工作的类别,按惯例的百分比报价,但在谈判时仍然应当开列详细的费用预算。总价合同的费用预算通常包括价格不可预见费(Price Contingency),但是应当在谈判中检查其是否合理。总付合同金额内不应包括实物不可预见费（Physical Contingency），合同之外的工作通常按计时费率另行支付。

（二）计时制合同（Time-Based Contracts/ Man-Month Contracts）

又称为人/月合同，主要用于复杂的研究、施工监理、顾问性服务，以及大多数的培训任务，这类任务的服务范围和时间长短一般难于确定。付款是基于双方同意的人员（一般在合同中列出名单）按小时、日、周、或月计算的费率，以及使用实际支出和双方同意的单价计算的可报销项目费用。人员的费率包括工资（Salary）、社会成本（Social Costs）、管理费（Overhead）、酬金/利润（Fees or Profits）以及特别津贴（Special Allowances）。这类合同应包括一个对咨询人付款总数的最高限额。这一付款上限应包括为不可预见的工作量和工作期限留出的备用费，以及在合适的情况下提供的价格调整，以时间为基础的合同需要由委托人严密监督和管理以确保该任务各项工作令人满意的进展，且咨询人的付款申请是适当的。

（三）雇用费和/或意外（成功）费合同（Retainer and/or Contingency (Success) Fee Contract）

当咨询人（银行或财务公司）为公司的出售或公司的合并（在私有化业务中较为显著）作准备时，这种合同的使用较为广泛。对咨询人的酬金包括雇用费和成功费，后者通常表示为资产售价的一定百分比。

（四）百分比合同（Percentage Contract）

这类合同通常用于建筑方面的服务，也可用于采购代理和检验代理。百分比合同将付给咨询人的费用与估算的或实际的项目建设成本，或所采购和检验的货物的成本直接挂钩。对这类合同应以服务的市场标准和/或估算的人月费用为基础进行谈判，或寻求竞争性报价。与总付合同一样，合同项下的付款总额一旦确定，就不要求按照人力或成本的投入量计算付款。这种合同在某些国家一度广为采用，但是容易增加工程成本，因此一般是不可取的。只有在合同是以一个固定的目标成本为基础并且合同项下的服务能够精确界定时，才推荐在建筑服务中使用此类合同。

（五）不定期执行合同（价格协议）（Indefinite Delivery Contract / Price Agreement）

在借款人需要"随叫随到"专业服务以对某一特定活动提出意见，而提意见的程度和时间在事前无法确定的情况下，可使用这类合同。这类合同通常用于为复杂项目的实施、争端解决委员会、机构改革、采购建议、技术攻关等保持一批"咨询专家"，合同期限通常为一年或更长的时间。借款人和公司就对咨询专家付款的费率单价达成协议，并且按实际工作时间付款。

在实际工作中，委托人可以使用国际通用的标准的咨询服务合同，例如国际咨询工程师联合会颁布的各种咨询服务合同范本，使用时只需要稍加修改。世界银行也有一套咨询服务合同范本，用于世界银行、国际开发协会及联合国开发计划署融资的项目，其中最常用的主要是计时制和总价合同两种类型。世界银行的这套咨询服务合同范本适用于大型工程建设项目的投资前研究、准备性服务和执行服务，一般为委托人和咨询公司之间签定合同的依据。而对于一些短期的技术援助项目，如研讨会、重要的课题研究等，一般都聘请个人咨询专家。对于国内项目单位利用世界银行贷款聘用个人咨询专家，财政部要求统一采用财政部与世界银行共同编制的个人咨询专家服务合同标准范本。目前即将重新出版的个人咨询专家标准咨询服务合同范本，包括短期和长期咨询服务合同两种，这两种范本的内容将在第 4 节详细介绍。

二、咨询服务合同的重要条款

尽管各类合同的条款不尽相同,侧重也不同,但都围绕以下几个重要条款,它们组成合同的主干。

(1) 货币。委托人发出的建议书邀请函应明确说明咨询公司要以世行任何成员国的货币或以欧洲货币单位表示其服务价格。咨询公司也可以用不同的外国货币金额之和来报价,但使用的外币不应超过三种。委托人可以要求咨询公司说明其报价中以借款国货币表示的当地费用部分,合同项下的付款应按建议书中表示价格的一种或多种货币支付。

(2) 价格调整。合同期超过 18 个月的合同,应在其中包括一个价格调整条款,以针对国外或当地的通货膨胀对报酬进行调整。如果当地或国外通货膨胀很高或不可预测时,合同期少于 18 个月的合同也可包括价格调整条款。

(3) 支付条款。委托人和咨询公司应在谈判期间就合同中的支付条款,包括支付金额、支付时间表和支付程序达成一致。支付可以按固定时间间隔(如以时间为基础的合同)或按双方同意的方式(如总价合同)。超过合同总价 10% 的预付款一般要求必须提供预付款保函。

(4) 投标和履约保证金。世行认为,由于保证金的收取通常取决于主观判断,很容易被滥用,而且由此增加的成本最终会转嫁到借款人头上,因此世行不鼓励对咨询服务收取投标和履约保证金。

(5) 借款人的贡献。借款人通常应指派其自己的专业人员以不同方式参与工作任务。借款人和咨询公司之间的合同应提供支配这些人员(称为对口人员)的细节和借款人应提供的设施。合同还应规定,如借款人不能提供上述设施或在任务执行过程中撤回,咨询公司能够采取的措施和将获得的补偿。

(6) 利益冲突。咨询公司除得到合同规定报酬外,不应得到任何与该任务有关的报酬。咨询公司及其相关的单位和人员不得从事与合同项下客户和利益有冲突的咨询活动,并且应被排除在与任务有关的货物和服务采购名单之外。

(7) 适用法律和争端解决。合同应包括涉及适用法律和争端解决机制的条款,世行鼓励使用国际商务仲裁,但不应指定世行作为仲裁人或要求世行指定仲裁人。

第 3 节 世界银行贷款项目工程咨询合同标准格式

世界银行制定的咨询服务协议最常用的合同类型有两种:复杂的以时间为基础的咨询服务合同(Consultants' Services-Complex Time-based Assignments)和总价合同(Consultants' Services-Lump Sum Remuneration)。下面以第一种合同(1995 年 11 月版)为例详细介绍合同内容。

复杂的以时间为基础的咨询服务合同包括四方面内容:合同格式、通用条件、专用条件及合同附件。

一、合同格式 (Form of Contract)

(1) 合同封页 (Cover of Contract):标准的封页一般设计为咨询服务名称、委托人和咨询公司正式名称及合同签字日期。

(2) 合同格式 (Form of Contract): 用法律性文字简明地概述双方签约日期、资金来源、双方应共同遵守的合同条件,最后是合同双方授权代表签字。如果聘请的咨询公司不只一家,那么所有公司的授权代表都需在此签字。

合 同 格 式

本合同(以下简称"合同")由一方_____(以下简称"委托人")和另一方_____(以下简称"咨询公司")于_____年____月____日签署。

【注意: 如果咨询公司不只由一家组成,则下面一段文字应相应加入上段:···和另一方由_____和_____组成的联营体(以下简称"咨询公司")于_____年____月____日签署,联营体中每一家都共同承担本合同项下对委托人的义务。】

鉴于:
(A) 委托人要求咨询公司提供合同通用条件中规定的咨询服务(以下简称"服务");
(B) 咨询公司已经向委托人证明具备所需的专业技能、人员和技术资源,同意按照合同规定的条款和条件提供服务;
(C) 委托人已经从国际复兴开发银行(以下简称"银行")获得/或申请一笔贷款/或从国际开发协会(以下简称"协会")获得/或申请一笔信贷用于支付服务费用,使用贷款/或信贷的部分资金用于合同项下的合格支付。双方一致认为:(i) 银行或协会的所有支付都是应委托人的申请,并得到银行或协会的批准,(ii) 所有的支付必须符合贷款或信贷协议,以及 (iii) 除委托人外,任何一方无权免除贷款或信贷协定规定的权利并无权对贷款或信贷资金进行索赔;

本协议缔约双方现协议如下:
1. 下列所附的文件为合同不可分割的组成部分:
(a) 合同的通用条件;
(b) 合同的专用条件;以及
(c) 下列附件:
(注意:以下附件如未被使用,则应注明"不使用")
附件A: 服务描述
附件B: 报告要求
附件C: 关键人员和分包咨询者
附件D: 体检证明
附件E: 关键人员的工作小时
附件F: 委托人的责任
附件G: 外币的成本估算
附件H: 当地货币的成本估算
附件I: 预付款保涵格式
2. 委托人和咨询公司相互的权利和义务在合同中有明确规定,特别是:
(a) 咨询公司应该根据合同规定履行服务;以及
(b) 委托人应该根据合同规定付款。

本协议缔约双方,通过其各自正式授权的代表,于本协议开始所述日期,就本协议以各自的名义予以签署,以昭信守。

    代表委托人   代表咨询公司
   ————————   ————————
   (授权代表)   (授权代表)

(注意:如果咨询公司由不只一家组成,所有各方都应在此签字,格式如下:
            咨询公司成员之一

           ————————
           (授权代表)

           咨询公司成员之二

          ————————
           (授权代表)
           等等)

二、合同的通用条件（General Conditions of Contract）

（一）总的要求（General Provisions）。对合同中一般事项总的说明，包括：

（1）定义（Definitions）。对合同中特指名词给予了定义，如合同适用的法律、世界银行、国际开发协会、生效日期、外币、当地货币等。

（2）合同各方的关系（Relation between the Parties）。委托人和咨询公司之间的雇用关系只局限于本合同中的规定。咨询公司对其人员和分包咨询者的行为承担全部责任。

（3）合同适用的法律（Law Governing Contract）。合同及其条款的含义和解释以及各方之间的关系受适用法律的限制。

（4）语言（Languages）。合同执行及解释都需采用专用条件中规定的合同语言。

（5）标题（Headings）。合同条件中的子标题不影响合同的含义。

（6）通知方式（Notices）。通知必须以书面形式，按专用条件中规定的方式（邮件、电报、电传或传真）及地址送交给对方的授权代表。

（7）合同执行地点（Location）。附件A中有详细规定。

（8）负责成员方的权力（Authority of Member in Charge）。如果咨询公司是以联营体的形式组成，那么需要指定某一家公司作为代表，负责与委托人的联络，履行合同规定的联营体的权利和义务。

（9）授权代表（Authorized Representatives）。委托人和咨询公司依据合同要求采取行动都要由专用条件中规定的指定的授权代表来进行。

（10）税金和关税（Taxes and Duties）。除非专用条件中另有规定，否则，咨询公司、其分包咨询者及工作人员都应交纳按适用法律应征收的税金、关税及其他规定的费用。

（二）合同的开始、完成、修改及终止（Commencement, Completion, Modification and Termination of Contract）

（1）合同生效（Effectiveness of Contract）。委托人通知咨询公司开始工作之日起合同开始生效。通知之前应确保专用条件中规定的生效条件已经得到满足。

（2）合同未生效前终止（Termination of Contract for Failure to Become Effective）。如果合同任一方在合同已经签字但未生效期间，提前4周以书面形式通知另一方终止合同，则另一方不能提出任何索赔条件。

（3）开始工作（Commencement of Services）。咨询公司应在合同生效以后，在专用条件中规定的时间内开始工作。

（4）合同期满（Expiration of Contract）。除非根据合同通用条件2.9款中规定提前终止合同，否则应是专用条件中规定的时期期末。

（5）全部协议内容（Entire Agreement）。本合同包含了双方同意的所有契约、规定和条款。任何一方的代理人或代表都无权作任何协议内容规定以外的声明、讲话、允诺或协议。

（6）修改（Modification）。对合同条件的任何修改必须以双方书面同意的方式进行，并在得到贷款方（世界银行或国际开发协会）的同意后才有效。

（7）不可抗力（Force Majeure）。包括不可抗力的定义，发生不可抗力时受影响的一方应采取的必要措施，以及有权要求依据合同给与支付的规定等。

（8）暂时中止（Suspension）。在合同执行期间，如果委托人认为咨询方未履行义务，可以通知咨询公司暂时中止合同并说明理由，要求咨询公司在收到委托人此类通知30天内采取补救措施。如咨询公司仍未按合同履行义务，委托人可以以书面形式终止对咨询公司的所有支付。

(9) 终止（Termination）。说明委托人和咨询公司各自在什么情况下，以何种方式终止与对方的咨询服务。合同终止之前及以后费用如何处理，产生争端时的解决办法。

（三）咨询公司的义务（Obligations of the Consultants）

(1) 总的要求（General）。包括对咨询公司行为规范及法律法规的要求。

(2) 利益冲突（Conficts of Interests）。要求咨询公司及其分包商、代理人在合同执行期间，除合同正当支付外，不得收取任何合同规定之外的报酬（如佣金、回扣等）。遵守贷款方的采购指南，咨询公司及其有关团体、分包商等均不得参与与本合同有关的采购活动及其他相关商业活动。

(3) 保密（Confidentiality）。咨询公司及其相关人员在合同执行期间或合同终止两年内，没有委托人书面同意，不得向外泄露任何与服务有关的秘密信息。

(4) 咨询公司义务（Liability of the Consultants）。除非专用条件中另有规定，咨询公司应履行合同适用法律中规定的义务。

(5) 咨询公司投保（Insurance to be taken out by the Consultants）。咨询公司应按委托人批准的条件，就专用条件中规定的风险进行投保，或要求其分包商进行投保，并向委托人提交已投保的证明材料。

(6) 会计、检查和审计（Accounting, Inspection and Auditing）。要求咨询公司按国际通行的会计准则进行会计工作，并妥善保管所有准确、系统的会计资料，允许委托人或其指定代表定期或在合同期满或终止一年内检查所有会计资料，并接受委托人指定的审计人员的审计。

(7) 咨询公司行为须得到委托人事先批准（Consultant's Actions requiring Client's prior Approval）。咨询公司在任命附件C中关键人员、分包商，签定分包合同及履行专用条件中规定的其他行为时，必须得到委托人书面批准。

(8) 报告义务（Reporting Obligations）。咨询公司应按附件B（报告要求）中的规定，向委托人提交有关的报告和文件。

(9) 咨询公司准备的文件归委托人所有（Documents Prepared by the Consultants to Be the Property of the Client）。咨询公司根据合同要求为委托人准备的所有计划、图纸、规范、设计、报告、其他文件及软件均属于委托人所有。咨询公司需在合同期满或终止时与文件清单一起交给委托人。在专用条件中规定咨询公司在什么条件下能继续使用这些资料的复印件。

(10) 委托人提供的设备和材料（Equipment and Materials furnished by the Client）。在合同执行期间，委托人提供给咨询公司的或用委托人资金购买的设备和材料均归委托人所有。合同期满或终止时，咨询公司应向委托人提交详细的设备和材料清单或者根据委托人指示加以处理。

（四）咨询公司的人员和分包咨询者（Consultants' Personnel and Subconsultants）

(1) 总的要求（General）。咨询公司可以根据服务需要雇用或提供合格、有经验的人员和分包咨询者。

(2) 人员情况说明（Description of Personnel）。在附件 C 中应详细描述每一位关键人员的职务、工作内容、资历和估计工作时间等。如果有关工作时间有所变动，且这种变动不会影响原来时间的 10% 或多于一周（两者取最长），则不会导致总的合同支付超过限额，咨询公司只需书面通知委托人即可。任何其他改变必须得到委托人的书面批准。

(3) 人员的批准程序（Approval of Personnel）。附件 C 中规定了关键人员的职务和姓名。如果咨询公司还有其他提议，应将人员简历及令人满意的体检证书（见附件 D）送委托人审查和批准。如果委托人在收到这类资料 21 个日历日之内没有书面反对意见，则表明委托人已批准。

(4) 工作小时、加班、休假等（Working Hours, Overtime, Leave, etc.）。附件 E 中规定了关键人员工作小时和假期、合同开始和结束时国外专家的旅行等。

(5) 人员的调动和替换（Removal and/or Replacement of Personnel）。非经委托人同意，关键人员不得经常变更。如确有需要，咨询公司应提供同样资历的替代人员。如果委托人发现任何关键人员有严重失误或犯罪行为，可以要求咨询公司替换相应人员。替换人员的报酬水平不应超过被替换人员的水平，且应事先征得委托人的书面同意，任何额外费用由咨询公司承担。

(6) 驻地项目经理（Resident Project Manager）。一般在专用条件中有明确要求，咨询公司应向委托人确保在合同执行期间派一位委托人可接受的驻地项目经理负责其所有业务。

（五）委托人的义务（Obligations of the Client）

(1) 帮助和例外（Assistance and Exemptions）。委托人应尽可能提供有利条件帮助咨询公司完成咨询服务，包括提供咨询公司所需的资料，咨询公司人员进出委托人所在国的签证手续，清关手续，外汇的提取和汇出以及必要的其他帮助。

(2) 进入工作地点（Access to Land）。委托人应确保咨询公司能免费到任何咨询服务需要的任何地点。

(3) 适用法律的修改（Change in the Applicabe Law）。如果合同适用法律在合同执行期间有所修改，由此引起咨询公司费用的增减，委托人有责任根据双方之间协议相应增减对咨询公司的支付，但支付调整不得超过合同规定的支付上限。

(4) 委托人的服务、设施和财产（Services, Facilities and Property of the Client）。委托人应按附件 F（委托人职责）中的规定向咨询公司及其人员提供执行合同所必需的服务、设施和财产。如果由于委托人的原因没有及时提供，咨询公司可以要求延长服务时间，或自己采购所需的设施而要求委托人支付相应的费用。

(5) 支付（Payment）。委托人应按通用条件规定及时对咨询公司予以支付。

(6) 对口人员（Counterpart Personnel）。委托人应按附件 F 规定向咨询公司提供对口负责人员，这些人员在咨询公司特别领导下工作。如果对口人员没有履行职责，咨询公司可以要求替换，没有合理理由，委托人不能拒绝这种要求。如委托人未按规定提供对口人员，则由此产生的额外费用应由委托人支付。

（六）对咨询公司的支付（Payments to the Consultants）

(1) 成本概算、最高限额（Cost Estimates, Ceiling Amount）。以外币计算的成本概算和以当地货币计算的成本概算分别列在附件 G 和 H 中。除非另有规定，否则不论以外币还是当地货币的支付都不得超过专用条件中规定的最高支付限额。当累计发生费用已达最高限额的80%时,咨询公司应及时通知委托人。如果根据通用条件第5.3、5.4和5.6款规定需要支付额外费用,限额也应相应增长。

(2) 报酬和报销费用 (Remuneration and Reimbursable Expenditures)。委托人应支付咨询公司限额以内的报酬和合理的报销费用。如专用条件中有特别规定,给咨询公司的报酬还应包括价格调整内容。

(3) 支付货币 (Currency of Payment)。在专用条件中对哪些费用由外币支付、哪些费用由当地货币支付有详细的规定。

(4) 结账和支付方式 (Mode of Billing and Payment)。

预付款。委托人应向咨询公司提供预付款。咨询公司在申请预付款时应按附件Ⅰ规定的格式或委托人书面批准的格式向委托人提供一份可接受的银行保函,在咨询公司未全部还清所有预付款时保函将一直有效。

每月支付。咨询公司应在每月月底后15天内将支付报表及有关的证明材料(发票、收据凭证等)提交给委托人申请支付。支付报表中应列明以外币支付和以当地货币支付的金额,并区分开哪些是报酬,哪些是需要报销的费用。委托人应在收到咨询公司的支付月报60天内给予支付。如果发现实际发生的费用与合同规定的金额有所出入,委托人可以从相应的支付中增减。

最终支付。在咨询公司已经完成合同规定的所有服务,并向委托人提交了最终报告,并且委托人在收到报告后90个日历日之内对报告无异议,并批准该报告后,委托人应按咨询公司提交的最终支付报表给予支付。

(七) 公正和信守 (Fairness and Good Faith)

(1) 信守 (Good Faith)。双方有责任采取所有合理措施确保合同目标的实现。

(2) 合同执行 (Operation of the Contract)。在合同执行期间,双方都应本着公正态度,不损害对方利益,共同排除不利于合同执行的所有因素。如有争议,应按通用条件第八款规定解决。

(八) 争端解决 (Settlement of Disputes)

包括友好解决 (Amicable) 和提交仲裁 (Arbitration) 两种方式。专用条件中对仲裁员的选定、仲裁程序、仲裁费用等有详细的规定。

三、合同的专用条件 (Special Conditions of Contract)

专用条件是根据不同项目的具体情况,对合同通用条件相应条款的补充规定,是合同不可分割的一个组成部分,一般是合同谈判的主要内容。以通用条件第6款对咨询公司的支付为例,在合同谈判期间,双方要就外币和当地货币支付最高限额、价格调整公式、预付款及预付款保函、利率及支付账户等问题进行专题讨论,达成一致,写入专用条件中。

四、附件 (Appendixes)

附件也是合同的组成部分,一般包括:

(1) 附件A:咨询服务描述 (Description of the Services)。给出所提供服务的详细描述;各种任务完成的日期;不同任务进行的地点;委托人批准的特殊任务等。

(2) 附件B:报告要求 (Reporting Requirements)。包括报告格式、次数及内容;收到报告的人员;递交日期等。如果不需要递交报告,应在此处声明。

（3）附件C：关键人员和分包咨询者（Key Personnel and Subcontractors）。包括人员的姓名、职务、详细的工作描述以及已经获得批准的分包咨询者名单。

（4）附件D：体检证明（Medical Certificate）。附上可接受的外方人员体检证明表。如果不需要，应在此处注明。

（5）附件E：关键人员工作小时（Hours of Work for Key Personnel）。列出关键人员的工作小时、外方人员往返工程所在国的旅行时间、有关加班费、病假费、休假费等的规定。

（6）附件F：委托人的义务（Duties of the Client）。包括委托人提供给咨询公司的服务、设施和财产以及委托人提供给咨询公司的对口人员。

（7）附件G：以外币估算的成本（Cost Estimate in Foreign Currency）。包括外方人员（关键人员和其他人员）和以外币支付的当地人员的月费率，各种报销费用，如津贴、交通费、通讯费、打印费、设备购置费及其他费用等。

（8）附件H：以当地货币估算的成本（Cost Estimate in Local Currency）。主要包括当地人员（关键人员和其他人员）的月付费率，各种报销费用，如补贴、津贴、交通费、其他当地服务、租房、设施的费用，以及由咨询公司进口的应由雇主付款的指定设备和材料的采购费。

（9）附件I：预付款银行保证书格式（Form of Bank Guarantee for Advance Payments）

预付款银行保函

致：_____【委托人姓名】
　　_____【委托人地址】
　　_____【咨询服务合同名称】

先生们：

根据上述合同（以下简称"合同"）中通用条款6.4(a)和特殊条款6.4(a)的规定，_____（咨询公司名称和地址）（以下简称"咨询公司"）应为_____（委托人名称）存下一笔金额为_____（大写为_____）的银行保证金，作为其正确、忠实地履行上述合同条款的担保。

我方_____（银行或金融机构）受咨询公司委托，不仅作为保人而且作为主要的负责人，无条件地和不可改变地同意在收到委托人第一次付款要求后，向_____（委托人名称）支付数额不超过_____（保证金额）的担保金。

我方还同意，任何_____（委托人名称）和咨询公司之间可能对合同条款的增加和修改，都丝毫不能免除我方按本担保书所应承担的责任，因此，有关上述变动、补充和修改无须通知我方。

本保证书从预付款支出之日起生效，直到_____（委托人名称）收回咨询公司同样数量的全部数额为止。

您忠实的，

签字、盖章：_____
银行/金融机构名称：_____
地址：_____
日期：_____

第4节　个人咨询专家咨询服务协议标准格式

上节介绍的是世行制定的咨询服务标准格式，这套格式的使用具有通用性，适用于所有利用世行贷款项目所需的咨询服务。但是，由于项目的具体情况不同，所需咨询服务的复杂和难易程度也各不相同，因此各个国家在标准格式的使用方面也有所不同。世行鼓励各个国家在遵循世行制定的总的原则的基础上根据各国情况对标准格式进行改动，但这种修改要事先征得世行的同意和批准。

上节介绍的这套标准格式大多针对从事复杂的工程咨询服务的咨询公司。而对于从事短期的、政策性较强的咨询服务工作来说，委托人需要聘用在某些方面有特殊成就的个人咨询专家。对于聘用个人咨询专家来说，世行制定的咨询服务标准范本过于复杂。因此，根据中国利用世行贷款的经验以及针对中国项目咨询服务的实际需要，财政部与世行联合制定了个人咨询专家咨询协议范本，用于世行对华贷款项目的咨询服务，包括短期个人咨询专家咨询协议范本和长期外国个人咨询专家协议备忘录范本两种类型。下面分别简要地加以介绍。

一、短期个人咨询专家咨询协议范本（Sample Letter of Agreement for Small Assignment Short Term Individual Consultant）

咨询合同以协议书的形式由双方签署，协议书的内容相对简单，包括咨询任务名称，协议双方单位名称，支付方式，保险，生效和终止的规定，委托人的权力和对咨询专家的行为要求。协议书后附两个附件，即工作大纲和成本估算，作为协议的重要组成部分。

二、长期外国个人咨询专家咨询协议备忘录范本（Sample Memorandum of Agreement for Long Term Foreign Individual Consultants）

咨询合同以备忘录的形式由双方签署。备忘录内容比前者的内容相对复杂，一般包括五部分，①协议日期；②资金来源；③协议条件，包括咨询专家职责，服务开始，服务条件，服务终止和延期，支付，保密性，争端解决，有效性等；④双方签字格式；⑤附件。附件是备忘最重要的组成部分，规定了服务的内容、范围及咨询总额。包括工作大纲、成本估算、通用条件三个附件。通用条件与世界银行制定的计时制合同的通用条件内容基本相似，又针对个人专家服务特点有所侧重。

附：短期个人咨询专家咨询协议案例

中国农村供水和卫生项目办公室

与

——先生，保健专家

关于准备农村供水项目国内咨询专家服务合同

——先生将按以下条款和条件，按附件A规定的进度，根据研究项目监控指标的技术援助工作大纲（见附件B）的要求，向中国农村供水和卫生项目办公室（以下简称"项目办"）提供咨询服务（以下简称"服务"）。

服务地点在中国国内，服务时间为1997年6月12日至9月30日，共111个工作日，包括旅行时间。项目办可以推迟或取消服务，或缩短期限。如有变化，项目办会尽可能地通知对方。项目办可以在任何时候终止本合同。一旦发生终止，项目办应对终止前的服务予以支付，————先生将按照本合同规定在终止日之前向项目办提供项目完成报告、其他信息和文件。如果项目办认为有必要延长本合同期限，咨询专家应尽力满足项目办的要求。

项目办将按日付费，每日880元人民币对咨询专家的咨询服务予以支付，每日饭费220元，住宿费450元，从住所到办公室的城市内交通费每日160元（如附件A）。所有的支付都以发票为据，在收到发票30天后以人民币支付。

在合同执行期间，由于提供服务而造成的所有的损害、损失，对任何人员造成伤害而进行的赔偿，或者由于违约而导致的任何财产损害，————先生同意承担清偿责任。同时，————先生将保证不会由于自己在履行合同期间的行为所引起的任何索赔、需要或诉讼对项目办造成任何危害。本段中规定的义务将在本合同终止之日前一直有效。

履行本合同期间产生的或需要的所有材料，书面的、图形的、胶片的、磁盘或其他形式，所有权将都归项目办。项目办对由这些材料形成的报告（可以以任何语言）的印刷或散发享有独占权。不论合同是否终止，延长或有其他规定，本段规定的权利和义务将一直有效。

咨询专家应本着职业最高标准、道德规范、诚实的精神履行本合同，对项目办的利益负责，确保以持续的工作方式履行职责。

对于从项目办或项目办工作人员处，而非大众媒介处获悉的知识和信息，或者由于从事本服务而获悉的知识和信息，————先生同意将严守秘密，没有项目办的书面同意，绝不直接或间接地向第三者透露。

————先生将保证按照附件B工作任务大纲中的规定履行服务。服务内容若需改变，应与项目办讨论，并得到项目办的批准。

项目办将免费向咨询专家提供以下便利：

城市间交通服务；工作过程中必要的与其他组织和个人之间的协调；提供清洁的办公空间和必要的办公设施；一位指定的、合格的办公人员以及满足工作大纲中素质和经验要求的国际专家；完成工作所需的所有资料以及适当的许可。

签字人：
项目办：_____，日期：_____
咨询专家：_____，日期：_____
见证人：_____，日期：_____

附件A：

成本估算（人民币）

费用项	工作日	每日成本	总成本
咨询费用	111	880.00	94,680.00
饮食	111	220.00	24,420.00
住宿	111	450.00	49,950.00
市内交通	111	160.00	17,760.00
总成本			189,810.00

附件B：工作任务大纲（TOR）（略）

思 考 题

1. 咨询服务的内容主要有哪些？
2. 咨询专家的选聘过程与项目招标采购程序有哪些不同？
3. 简述咨询专家的选聘程序。
4. 世界银行贷款项目的咨询合同类型有哪几种？
5. 总付合同与计时制合同各自特点是什么？
6. 简述咨询服务合同的几个重要条款。
7. 复杂的以时间为基础的咨询服务合同中支付条款有哪些内容？

第7章 FIDIC的各类合同条件

FIDIC是国际上最权威性的咨询工程师的组织,本章首先介绍了FIDIC的组成。FIDIC编制的各类合同条件的特点以及如何运用这些合同条件。随后分节比较详细地介绍了在国际上最常用的四个合同条件,它们是:《土木工程施工合同条件》、《土木工程施工分包合同条件》、《设计-建造与交钥匙工程合同条件》、《业主-咨询工程师标准服务协议书》。通过对上述内容的学习,可以对FIDIC编制的合同文件的思路和每个合同条件的主要内容有一个全面的理解。

第1节 国际咨询工程师联合会简介

一、国际咨询工程师联合会

FIDIC是指国际咨询工程师联合会(F'ed'eration Internationale des Ing'enieurs Conseils),它是由该联合会名称用法语书写的五个词的字头组成的缩写,读"菲迪克"。各国(或地区)的咨询工程师大都在本国(或地区)组成一个民间的咨询工程师协会,这些协会的国际联合会就是"FIDIC"。

1913年欧洲三个国家的咨询工程师协会组成了FIDIC。从1945年二次世界大战结束后至今,FIDIC的成员来自全球各地60多个国家和地区,中国在1996年正式加入,所以可以说FIDIC代表了世界上大多数独立的咨询工程师,是最具有权威性的咨询工程师组织,它推动了全球范围内的高质量的工程咨询服务业的发展。

FIDIC下属有两个地区成员协会:FIDIC亚洲及太平洋地区成员协会(ASPAC);FIDIC非洲成员协会集团(CAMA)。FIDIC下设许多专业委员会,如业主咨询工程师关系委员会(CCRC);合同委员会(CC);执行委员会(EC);风险管理委员会(RMC);仲裁/裁决/调解审查委员会(ARB/MED/ADJ RC);环境委员会(ENVC);质量管理委员会(QMC);21世纪工作组(Task Force 21)。FIDIC专业委员会编制了许多规范性的文件,这些文件不仅FIDIC成员国采用,世界银行、亚洲开发银行、非洲开发银行的招标样本也常常采用。因为我们经常采用的有FIDIC《土木工程施工合同条件(国际上通称FIDIC"红皮书")、FIDIC《电气和机械工程合同条件》(国际上通称FIDIC"黄皮书"),另外还有《业主/咨询工程师标准服务协议书》(国际上通称FIDIC"白皮书")以及新近出版的《设计-建造与交钥匙工程合同条件》(国际上通称FIDIC"桔皮书")和《土木工程施工分包合同条件》。本书以下即用FIDIC"红皮书",FIDIC"白皮书"等简称。

FIDIC的通讯地址:FIDIC P. O. BOX 86 1000 Lausanne 12,Switzerland。

二、FIDIC编制的各类合同条件的特点

国际工程的实施大都采用公开招标投标,签订合同以及委托监理工程师(或业主代表)对工程进行监督管理的方式。在业主颁发的招标文件中以及随后签订的合同中,合同

条件都是合同文件中最为重要的组成部分之一。

FIDIC 编制的合同条件具有以下特点：

1. 国际性、通用性、权威性

FIDIC 编制的合同条件（以下简称"FIDIC 合同条件"）是在总结国际工程合同管理各方面的经验教训的基础上制定的，并且不断地吸取各方意见加以修改完善。如 FIDIC"红皮书"第一版制定于 1957 年，随后于 1963 年，1977 年，1987 年分别出了二、三、四版。对 1987 年第四版在 1988 年，1992 年又作了两次修订，1996 年又作了增补。在起草第三版时，吸收了各大洲的承包商协会的代表参加起草工作，在第四版的编写工作中，欧洲国际承包商会（EIC）受国际承包商联盟（CICA）委托并得到美国承包商总会（AGC）的帮助，提出了不少意见和建议。由此可见，FIDIC 合同条件是在总结各个地区、国家的业主、咨询工程师和承包商各方的经验的基础上编制出来的，是国际上一个高水平的通用性的文件。既可用于国际工程，稍加修改后又可用于国内工程，我国有关部委编制的合同条件或协议书范本也都把 FIDIC 合同条件作为重要的参考文本。一些国际金融组织的贷款项目，也都采用 FIDIC 合同条件。

2. 公正合理、职责分明

合同条件的各项规定具体体现了业主、承包商的义务、职责和权利以及工程师的职责和权限。由于 FIDIC 大量地听取了各方的意见和建议，因而在其条件中的各项规定也体现了在业主和承包商之间风险合理分担的精神，并且在合同条件中倡导合同各方以一种坦诚合作的精神去完成工程。合同条件中对有关各方的职责既有明确的规定和要求，也有必要的限制，这一切对合同的实施都是非常重要的。

3. 程序严谨，易于操作

合同条件中对处理各种问题的程序都有严谨的规定，特别强调要及时处理和解决问题，以避免由于任一方拖拉而产生新的问题。另外还特别强调各种书面文件及证据的重要性，这些规定使各方均有规可循，并使条款中的规定易于操作和实施。

4. 通用条件和专用条件的有机结合

FIDIC 合同条件一般都分为两个部分，第一部分是"通用条件"(General Conditions)；第二部分是"特殊应用条件"(Conditions of Particular Application)，也可称为"专用条件"（本书中用"专用条件"）。

通用条件是指对某一类工程都通用，如 FIDIC《土木工程施工合同条件》对于各种类型的土木工程（如工业厂房、公路、桥梁、水利、港口、铁路、房屋建筑等）均适用。

专用条件则是针对一个具体的工程项目，考虑到国家和地区的法律法规的不同，项目特点和业主对合同实施的不同要求，而对通用条件进行的具体化、修改和补充。FIDIC 编制的各类合同条件的专用条件中，有许多建议性的措词范例，业主与他聘用的咨询工程师有权决定采用这些措词范例或另行编制自己认为合理的措词来对通用条件进行修改和补充。凡合同条件第二部分和第一部分不同之处均以第二部分为准。第二部分的条款号与第一部分相同。这样合同条件第一部分和第二部分共同构成一个完整的合同条件。本章中主要介绍通用条件，对专用条件中的各类范例读者在工作中需要时可查看原著。

三、如何运用 FIDIC 编制的合同条件

1. 国际金融组织贷款和一些国际项目直接采用

在世界各地，凡是世行、亚行、非行贷款的工程项目以及一些国家的工程项目招标文件中，都全文采用FIDIC合同条件。因而对参与项目实施的各方都必须了解和熟悉，才能保证工程合同的执行并根据合同条件行使自己的职权和保护自己的权利。

在我国，凡亚行贷款项目，全文采用FIDIC"红皮书"。凡世行贷款项目，财政部编制的招标文件范本中，对合同条件有一些特殊的规定，这在前面有关各章中已作了介绍。

2. 对比分析采用

许多国家都有自己编制的合同条件，但这些合同条件的条目、内容和FIDIC编的合同条件大同小异，只是在处理问题的程序规定以及风险分担等方面有所不同。FIDIC合同条件在处理业主和承包商的风险分担和权利义务时是比较公正的，各项程序是比较严谨完善的，因而在掌握了FIDIC合同条件之后，可以作为一把尺子用来与工作中遇到的其他合同条件逐条对比，分析和研究，从中可以发现风险因素，以便制定防范或利用风险的措施，也可以发现索赔的机遇。

3. 合同谈判时采用

因为FIDIC合同条件是国际上权威性的文件，在招标过程中，如承包商感到招标文件有些规定不合理或是不完善，可以用FIDIC合同条件作为"国际惯例"，在合同谈判时要求对方修改或补充某些条款。

4. 局部选择采用

当咨询工程师协助业主编制招标文件时或总承包商编制分包项目招标文件时，可以局部选择FIDIC合同条件中的某些部分、某些条款、某些思路、某些程序或某些规定，也可以在项目实施过程中借助于某些思路和程序去处理遇到的问题。

总之，系统地、认真地学习FIDIC的各种合同条件，将会使每一位参与工程项目管理人员的水平大大地提高一步，使我们在工程项目管理的思路上和国际接轨。

FIDIC还对"红皮书""黄皮书"、"白皮书"和"桔皮书"分别编制了"应用指南"。在"应用指南"中除介绍了招标程序、合同各方及工程师的职责外，还对每一条款进行了详细的解释和讨论，这对使用者深入理解合同条款很有帮助。下面各节将分别简要介绍和分析FIDIC编制的合同条件。

每本合同条件前面均对有关措词和用语下了定义，这些定义是非常重要的，不但适用于合同条件，也适用于全部合同文件，应该认真阅读理解原文，为节约篇幅，在本章的介绍中不再对定义进行抄录。

在下面的介绍中首先比较详细地介绍FIDIC"红皮书"，其余各册书内容中与"红皮书"的规定基本相同之处就不再赘述了。

在此要特别强调的是：如果读者在工作中要使用FIDIC的各个合同条件时，应一律以正式的英文版合同条件文本为准。

第2节 FIDIC《土木工程施工合同条件》
(1987年第4版 1988年订正 1992年再次修订版) 内容简介

FIDIC"红皮书"第4版于1987年出版，1988年出了修订版，进行了17处修订，1992年再次修订版有28处修订。增加了"期中支付证书"和"最终支付证书"两个定义。1996

年又出版了增补本,主要介绍了争议裁决委员会、采用总价支付条款及工程师迟发支付证书时对承包商的保护措施。下列有关条款简介内容均以 92 年修订版为准。96 年增补内容在本节末作简介。

FIDIC "红皮书"适用于单价与子项包干混合式合同,适用于业主任命工程师监理合同的土木工程施工项目。

合同条件中 32 个定义在此不再抄录,请阅读原版或中译文版。

FIDIC "红皮书"第一部分通用条件,包括 25 节、72 条、194 款,论述了以下 25 个方面的问题:定义与解释,工程师及工程师代表,转让与分包,合同文件,一般义务,劳务,材料,工程设备和工艺,暂时停工,开工和延误,缺陷责任,变更、增添与省略,索赔程序,承包商的设备,临时工程和材料,计量,暂定金额,指定分包商,证书和支付,补救措施,特殊风险,解除履约合同,争端的解决,通知,业主的违约,费用和法规的变更,货币和汇率。

合同条件规定了业主和承包商的职责、义务和权利以及监理工程师(条款中均用"工程师"一词,下同)在根据业主和承包商的合同执行对工程的监理任务时的职责和权限。通用条件后面附有投标书、投标书附录和协议书的范例格式。第二部分为专用条件,本节中对通用条件中的 19 个主要问题进行简要地介绍和分析讨论。标题后或文字说明后括号内的数字为相应的条款号。

一、工程师(Engineer)与工程师代表(Engineer's Representative)

(一)工程师的职责概述(2.1)

工程师不属于业主与承包商之间签订的合同中的任一方。工程师是独立的、公正的第三方,工程师是受业主聘用的,工程师的义务和权利在业主和咨询工程师的服务协议附件 A 中有原则的规定,而在合同实施过程中,工程师的具体职责是在业主和承包商签订的合同中规定的,如果业主要对工程师的某些职权作出限制,他应在专用条件中作出明确规定。

工程师的职责也可以概括为进行合同管理,负责进行工程的进度控制、质量控制和投资控制以及从事协调工作。

(二)工程监理人员的三个层次及其职责权限(2.2、2.3、2.4)

"红皮书"中将工程施工阶段的监理人员分为三个层次:即工程师、工程师代表和助理(Assistant)。工程师是由业主聘用的咨询或监理单位委派的。工程师代表是由工程师任命的。助理则是由工程师或工程师代表任命的。所有这些委派或任命均应以书面形式通知业主和承包商。

工程师是受业主任命,履行合同中规定的职责,行使合同中规定或合同隐含的权力,除非业主另外授权,他无权改变合同,也无权解除合同规定的承包商的任何义务。

工程师代表是由工程师任命并对工程师负责的,工程师可以随时授权工程师代表执行工程师授予的那部分职责和权力。在授权范围内,工程师代表的任何书面指示或批示应如同工程师的指示和批示一样,对承包商有约束力。工程师也可随时撤消这种授权。工程师代表的工作中如果有差错,工程师有权纠正。承包商如对工程师代表的决定有不同意见时,可书面提交工程师,工程师应对提出的问题进行确认、否定或更改。工程师或工程师代表可以任命助理以协助工程师或工程师代表履行某些职责。工程师或工程师代表应将助理人员的姓名、职责和权力范围书面通知承包商。助理无权向承包商发出他职责和权力范围以外的任何指示。

总之,工程师将经常在工地处理各类具体问题的职权分别授予各个工程师代表,但有关重大问题必须亲自处理。至于那些问题在业主授权范围之内,可以自己决定;那些问题需上报业主批准,则按合同专用条件中的规定办理。

关于工程监理人员三个层次的职责权限在第10章第2节中详细讨论。

（三）工程师要行为公正（2.6）

工程师虽然是受业主聘用为其监理工程,但工程师是业主和承包商合同之外的第三方,本身是独立的法人单位。

工程师必须按照国家有关的法律、法规和业主、承包商之间签订的合同对工程进行监理。他在处理各类合同中的问题,表明自己的意见、决定、批准、确定价值时,或采取影响业主和承包商的权利和义务的任何行动时,均应仔细倾听业主和承包商双方的意见,进行认真的调查研究,然后依据合同和事实作出公正的决定。工程师应该行为公正,既要维护合同中业主的利益,也应维护合同中规定的承包商的利益。

二、合同的转让（Assignment）和分包（Subcontracting）

（一）合同的转让（3.1）

如果没有业主的事先同意,承包商不得自行将全部或部分合同,包括合同中的任何权益或利益转让给他人。但也有两种例外情况:即按合同规定,已支付或将支付给承包商的银行的款项;以及当保险公司替承包商进行了偿付时,余下的权益。

（二）分包（4.1、4.2）

在合同实施中,承包商将一部分工作分包给某些分包商是很正常的,但是这种分包必须经过批准;如果在订合同时已列入,即意味着业主已批准;如果在工程开工后再进行分包,则必须经工程师事先同意。工程师有权审核分包合同。承包商在订分包合同时,一定要注意将合同条件中对分包合同的特殊要求订进去（如"红皮书"中4.2等款）,以保护业主的权益。

分包商对承包商负责,承包商应对分包商及其代理人、雇员、工人的行为、违约和疏忽造成的后果向业主承担责任。

（三）"指定的分包商"（Nominated Subcontractor）（59）

是指由业主和工程师挑选或指定的进行与工程实施、货物采购等工作有关的分包商,这种指定可以在招标文件中指定,也可在工程开工后指定,但指定分包商并不直接与业主签订合同,而是仍与承包商签订合同,作为承包商的分包商,由承包商负责对他们的管理和协调有关的工作。"指定的分包商"的支付由暂定金额中开支,但通过承包商支付。

"指定的分包商"对承包商承担他分包的有关项目的全部义务和责任。"指定的分包商"还应保护承包商免受由于他的代理人、雇员、工人的行为、违约或疏忽造成的损失和索赔责任。

"指定的分包商"在得到支付方面比较有保证,即如承包商无正当理由而扣留或拒绝按分包合同的规定向"指定的分包商"进行支付时,业主有权根据工程师的证明直接向该"指定的分包商"进行支付,并从业主向承包商的支付中扣回这笔支付。

三、合同文件（Contract Documents）与图纸（Drawings）

（一）语言（Language）和法律（Law）（5.1）

应在专用条件中说明适用于该合同以及据之对该合同进行解释的国家或州的法律，同时要说明用以拟定合同的一种或几种语言，如果是几种语言，则应指定一种语言为"主导语言"，用以解释和说明合同。

（二）合同文件的优先顺序（Priority）(5.2)

构成合同的几个文件应该是互为说明的，也不应彼此间有矛盾，为此，应对合同包括的各类文件排一个次序，当出现歧义时，以排在前面的文件的解释为准。

（三）图纸（6）

1. 由承包商设计永久工程

凡合同中规定由承包商设计部分永久工程时，承包商应将所设计的图纸，计算书及规范等资料以及使用手册，维修手册和竣工图纸送交工程师批准。承包商应将他进行的上述有关设计资料免费提交一式四份给工程师，如需要更多的复印件时，则应由业主支付费用。

2. 图纸文件的提供和保管

图纸由工程师保管并免费向承包商提供两本复印件，未经工程师同意，承包商不得将图纸转送给与执行合同无关的第三方。承包商应在现场保留一份图纸供有关人员使用。工程师有权不断向承包商发出补充图纸和指示，承包商应贯彻执行。

3. 由于图纸原因使工程进展受影响

如果工程师未能及时发出进一步的图纸或指示以致可能造成工程延误或中断时，承包商应向工程师书面提出要求提供图纸或指示的内容和时间。如工程师未能按承包商的书面要求提供图纸或指示而使承包商蒙受误期和招致费用损失时，工程师应就此向承包商作出时间和费用方面的补偿。

四、承包商的一般义务（General Obligations）(8.1～33.1)

承包商的一般义务在"红皮书"中列举了26条55款，包括了许多内容，在这里摘要地介绍一部分，有关保险的条款在下面介绍。

（1）承包商应按照合同的各项规定，精心设计（如有此要求时），精心施工，修补缺陷，做好对工程施工的各方面的管理工作。

承包商应将他在审查合同或实施工程时，在设计图纸或规范中发现的任何错误、遗漏、失误或其他缺陷立即通知工程师和业主。（在92年版中增加的这句话是强调承包商应以主人翁的思想参与工程）。

承包商应只从工程师处（或工程师代表处）得到指示。

承包商应对现场作业和施工方法的完备性，工地安全，工程质量以及要求他进行的设计的质量负全部责任，即使设计需由工程师批准，如果出现错误也由承包商负责。

（2）履约保证（Performance Security）(10)。

承包商应在收到中标函后28天内，按规定的格式和投标书附件中规定的金额向业主提交履约保证（可以是保函或担保），履约保证单位必须经业主同意。

此履约保证的有效期一直到发出缺陷责任证书时为止，业主应在发出此证书后14天内将履约保函或担保退还给承包商。

FIDIC提倡采用有条件履约保函，如果业主单位既采用FIDIC"红皮书"而又要采用无条件履约保函时，则应在专用条件中注明。

（3）在承包商提交投标书之前，业主应负责向承包商提供该工程有关的水文及地表以下的资料。业主一方应对提供资料的正确性负责，而承包商在应用这些资料时对资料的分析和解释负责。

承包商在提交投标书之前应认真地进行现场视察以使投标书建立在比较可靠的资料的基础上。

（4）如果在施工过程中，遇到了一个有经验的承包商无法预见的外界障碍和条件，则承包商可要求工程师考虑给予延长工期和增加费用。

（5）应提交进度计划（Programme to be Submitted）（14）。

承包商应按照合同及工程师的要求，在规定的时间内，向工程师提交一份将付诸实施的施工进度计划，并取得工程师的同意，同时提交工程施工方法和安排的总的说明。

如果承包商没有理由要求延长工期而工程师根据上述提交的施工进度计划认为进度太慢时，可以要求承包商赶工，由此引起的各种开支（包括监理工程师加班的开支）均应由承包商承担。

（6）承包商应任命一位合格的并被授权的代表（即承包商的工地项目经理）全面负责工程的管理，该项目经理须经工程师批准，代表承包商接受工程师的各项指示。如果由于此项目经理不胜任，渎职等原因，工程师有权要求承包商将其撤回，并且以后不能再在此项目工作，而承包商应另外再派一名工地项目经理。（15.1）

工程师也有权要求承包商由工地撤走那些他认为渎职者，或不能胜任者，或玩忽职守者，并选派其他胜任的人员。不经工程师批准，上述被要求撤走的人员不能再在工地工作。（16.1）

（7）放线（Setting Out）（17.1）。

承包商应根据工程师给定的原始基准点、基准线、参考标高等，对工程进行准确的放线并对工程放线的正确性负责。

除非是由于工程师提供了错误的原始数据，承包商应对由于放线错误引起的一切差错自费纠正（即使工程师进行过检查）。

（8）承包商应采取一切必要的措施，保障工地人员的安全及施工安全。（19.1）

（9）承包商应遵守所有有关的法律、法令和规章。（26.1）。

（10）如果在施工现场发现化石、文物等，承包商应保护现场并立即通知工程师。按工程师指示进行保护。由此而产生的时间和费用损失由业主给予补偿。上述化石、文物等，均属于业主的绝对财产。（27.1）

（11）专利权（Patent Rights）（28.1）。

承包商应保护业主免受由于承包商在工作中侵犯专利权而引起的各种索赔和诉讼。但由于工程师提供的设计或技术规范引起的此类问题除外。

（12）运输（30）。

1）承包商应采用一切合理的措施（如选择运输线路，选用运输工具，限制和分配载重量等）保护运输时使用的道路和桥梁。

2）在运输承包商的设备和临时工程时，承包商应自费负担所经道路上的桥梁加固、道路改建等。并保障业主免于与之有关的一切索赔。

3）如果运输中对道路、桥梁造成了损坏，则：

①承包商在得知此类损害，或收到有关索赔要求之后，应立即通知工程师和业主。

②如果根据当地法律或规章规定,要求由设备、材料的运输公司给予赔偿时,则业主、承包商均不对索赔负责。

③在其他情况下,业主和工程师应根据实际情况决定如何赔偿。如果承包商有责任时,业主应与承包商协商解决。

五、风险（Risk）与保险（Insurance）

（一）工程的照管（20.1、20.2）

(1) 对永久工程的整个工程,从工程开工到颁发整个工程的移交证书的日期为止,承包商应对工程以及材料和待安装的设备等的照管负完全责任,颁发移交证书后,照管的责任随之移交给业主。对工程的某一部分或区段,同样由颁发移交证书之日起将保管责任移交给业主。

(2)承包商在缺陷责任期内对任何未完成的工程以及材料和工程设备的照管负有责任。

（二）业主的风险（Employer's Risks）（20.3、20.4）

(1) 业主的风险一般指:

①战争、入侵等外敌行动;

②叛乱、革命、暴动、篡权、内战等;

③核爆炸、核废物、有毒气体的污染等;

④超音速飞机的压力波;

⑤暴乱、骚乱、混乱（但承包商、分包商内部的除外）;

⑥由业主使用或占用合同规定提供给他的以外的任何永久工程的区段或部分造成的损失;

⑦业主提供的设计不当造成的损失;

⑧一个有经验的承包商通常无法预测和防范的任何自然力的作用。

(2) 由于业主的风险造成的损失或损害,在工程师要求承包商修复时,应按合同价格向承包商支付,但如其中也有承包商的责任时,则应考虑承包商和业主各自责任所占比例。

(3) 对于在业主的风险发生前检查出来的承包商应负责的不合格工程,由于业主的风险受到破坏后仍应由承包商自费修复。

（三）特殊风险（Special Risks）（65）

(1) 特殊风险定义:指上述业主风险中的①、③、④、⑤段定义的风险以及②段中所定义的,在工程施工所在国内的有关风险。不论何时何地发生的因战争中的各种爆破物（如地雷、炸弹等）引起的破坏、损害、人身伤亡,也属于特殊风险。

(2) 战争爆发:

在合同执行过程中,如果在世界上任何地区爆发战争,承包商仍应尽最大努力实施合同。但在战争爆发后,业主有权通知承包商终止合同,此时,承包商及其分包商应尽速从现场撤离其全部设备。业主应按合同条件规定向承包商支付所有应支付的款项。

(3) 承包商的责任和权利

1)如果由于特殊风险使工程受到破坏或损坏;或使业主或第三方财产受到破坏或损害;或人身伤亡,承包商不承担赔偿或其他责任。如果工程师要求承包商修复任何由于特殊风险被破坏或损害的工程以及替换材料或修复承包商的设备,工程师应公平合理地追加合同价格。但在特殊风险发生前,已被工程师宣布为不合格的工程,即使由于特殊风险被损坏承包商仍应负责自费修复。业主还应向承包商支付由于特殊风险引起的一切增加的费用。

2）由于上述原因，合同被终止后的付款办法：

①业主应按合同中规定的费率和价格向承包商支付在合同终止日期以前完成的全部工作的费用，但应减去账上已支付给承包商的款项与项目；

②另外支付下述费用：

a、工程量表中的任何开办项目中已进行或履行了的相应部分工作的费用；

b、为该工程合理订购的材料、工程设备或货物的费用，如已将其交付给承包商或承包商对之依法有责任收货时，则业主一经支付此项费用后即成为业主的财产；

c、承包商为完成整个工程所合理发生的任何其他开支的总计；

d、撤离承包商的费用，在承包商提出要求时，将承包商的设备运回其注册国内承包商的注册基地或其他目的地的合理费用；

e、承包商雇佣的所有从事工程施工及与工程有关的职员和工人在合同终止时的合理遣返费。

但业主除按本款规定应支付任何费用外，也应有权要求承包商偿还任何预付款的未结算余额以及其他任何金额。

（四）工程和承包商设备的保险（21）

（1）应该对工程（连同材料和配套设备）以业主和承包商联合的名义进行保险。保险的数额可以用保险项目的重置成本（即在指定地区，用当时通行价格重置一项资产的成本，此处成本一词应包含利润），同时再考虑加上重置成本的15％的附加金额投保。但应针对工程项目的具体情况，投保额要具体分析确定。

投保的期限一般为从现场开始工作到工程的任何区段或全部工程颁发移交证书为止。

如果由于未投保或未能从保险公司回收有关金额所招致的损失，应由业主和承包商根据具体情况及合同条件有关规定分担。

（2）对承包商的设备和其他物品由承包商投保，投保金额为重置这些物品的金额。

对缺陷责任期间，由于发生在缺陷责任期开始之前的原因造成的损失和损害，以及由承包商在缺陷调查作业过程中造成的损失和损害均由承包商去投保。

前述保险不包括由于战争、革命、核爆炸、超音速飞机的压力波引起的破坏。

（3）第三方保险（Third Party Insurance）（23）。

承包商应以业主和承包商的联合名义，对由于工程施工引起的第三方（指承保人和被保险人之外的）的人员伤亡及财产损失进行责任保险。保险金额至少应为投标书附件中所规定的数额。

（4）承包商应为其在工地工作的人员在雇用期间进行人身保险，同时也应要求分包商进行此类保险。除非是由于业主一方的原因造成承包商雇员的伤亡，业主对承包商人员的伤亡均不负责任。

（5）承包商应在现场工作开始前向业主提供证据证明，说明保险已生效，并应在开工之日起84天内向业主提供保险单。

如果工程的范围、进度有了变化，承包商应将变化的情况及时通知承保人，必要时补充办理保险，否则，承包商应承担有关责任。

（6）如果承包商未去办理保险，业主可自己去办理保险，在某些条件下，业主也可规定由他自己办理保险。专用条件中为业主自己办理保险编写了范例条款。

六、工程的开工（Commencement）、工期延长（Extention）和暂停（Suspension）

（一）工程的开工（41.1）

在投标书附件中规定了颁发开工通知的时间，即在中标函颁发之后的一段时间内，工程师应向承包商发出开工通知。而承包商收到此开工通知的日期即为开工日期，承包商应尽快开工。竣工期限是由开工日期算起。

如果由于业主方面的原因未能在开工日期或按承包商的施工进度表的要求做好征地、拆迁工作，未能及时提供施工现场及有关通道，导致承包商延误工期或增加开支，则应给予承包商延长工期的权利并补偿由此引起的开支。

（二）工期的延长（44）

（1）如果由于下列原因，承包商有权得到延长工期：

1）额外的或附加的工作，或

2）合同条件提到的导致工期延误的原因；如征地拆迁延误；颁发图纸或指令延误；工程师命令暂时停工；特殊风险引起的对工程的损害或延误等，或

3）异常恶劣的气候条件，或

4）由业主造成的任何延误，或

5）不属于承包商的过失或违约引起的延误。

上述延期是否使承包商有权得到额外支付，要视具体情况而定。

（2）承包商必须在导致延期的事件开始发生后28天内将要求延期的报告送给工程师（副本送业主），并在上述通知后28天内或工程师可能同意的其他合理期限内，向工程师提交要求延期的详细申请以便工程师进行调查，否则工程师可以不受理这一要求。

如果导致延期的事件持续发生，则承包商应每28天向工程师送一份期中报告，说明事件的详情，并于该事件引起的影响结束日起28天内递交最终报告。工程师在收到期中报告时，应及时作出关于延长工期的期中决定。在收到最终报告之后再审核全部过程的情况，作出有关该事件需要延长的全部工期的决定。但最后决定延长的全部工期不能少于按分阶段期中决定的延长工期的总和。

（三）工程暂停（40）

承包商应根据工程师的指示，在规定时间内对某一部分或全部工程暂时停工，并负责保护这一部分工程。此时工程师应考虑给予承包商延长工期的权利和增加由于停工招致的额外损失。但下述情况下的停工不给予工期和费用补偿：合同中另有规定；由于承包商违约；因施工现场气候原因以及为了合理施工和工程的安全。

如果按工程师指示工程暂停已经延续了84天，（不包含上述例外情况），而工程师仍未通知复工，则承包商可向工程师发函，要求在28天内准许复工。如果复工要求未能获准，则承包商可以采取下列措施：

（1）当暂时停工仅影响工程的局部时，通知工程师把这部分暂停工程视作删减的工程。

（2）当暂时停工影响到整个工程进度时，承包商可视该事件属于业主违约，并要求按业主违约处理。

但承包商也可以不采取上述措施，继续等待工程师的复工指示。

七、工程的移交（Taking-Over）（48）

(1) 当承包商认为他所承包的全部工程实质上已完工（指主体工程可按预定目的交给业主使用），并已合格地通过了合同规定的竣工检验时，他可递交报告向工程师申请颁发移交证书（Taking-Over Certificate），报告中应保证在缺陷责任期内完成各项扫尾工作。

工程师在收到上述报告后21天内，如果对验收结果表示满意，则应发给承包商一份移交证书。但也可要求承包商进行某些补充和完善的工作，待承包商完成这些工作并令工程师满意后21天内，再发给移交证书。

移交证书中应确认工程竣工日期以及缺陷责任期开始日期，并应注明缺陷责任期内承包商应完成的扫尾工作。从颁发工程移交证书之日起，全部工程的保管责任即移交给了业主。

(2) 区段或部分工程的移交。

根据投标书附件中的规定，对有区段完工要求的；或是已局部竣工，工程师认为合格且已为业主占有、使用的永久性工程；或是在竣工之前已由业主占有、使用的永久性工程，均应根据承包商的申请，由工程师颁发区段或部分工程的移交证书。在签发的此类移交证书中也应注明这些区段或部分工程的竣工日期和缺陷责任期的开始日期，移交证书颁发后，工程保管的责任即移交给业主，但承包商应继续负责完成各项扫尾工作。

八、缺陷责任期（Defects Liability Period）（49、50）

缺陷责任期一般也叫维修期(Maintenance Period)，指正式签发的移交证书中注明的缺陷责任期开始日期（一般即通过竣工验收的日期）后的一段时期（一般为一年或更长）。在这段时期内，承包商除应继续完成在移交证书上写明的扫尾工作外，还应对于工程由于施工原因所产生的各种缺陷负责维修。这些缺陷的产生如果是由于承包商未按合同要求施工，或由于承包商负责设计的部分永久工程出现缺陷，或由于承包商疏忽等原因未能履行其义务时，则应由承包商自费修复。否则应由工程师考虑向承包商追加支付。如果承包商未能完成他应自费修复的缺陷，则业主可另行雇人修复，费用由保留金中扣除或由承包商支付。

九、变更（Alterations）、增加（Additions）与删减（Omissions）

(一) 变更（51.1、51.2）

在工程师认为必要时，可以改变任何部分工程的型式、质量或数量，如

(1) 增加或减少合同中所包括的任何工作的数量。

(2) 删减任何工作。

(3) 改变任何工作的性质、质量或类型。

(4) 改变工程任何部分的标高、基线、位置和尺寸。

(5) 必要的附加工作。

(6) 改动工程任何部分合同中规定的施工顺序或时间。

但当工程量表中某些项目实际实施的工程量超过或低于工程量表中的估计工程量时，不需要颁发变更指令。

(二) 变更的费用（52.1、52.2）

(1) 工程师指示承包商进行上述变更时，如果导致变更的原因是由承包商引起，则费用应由承包商负责。

(2) 变更项目的估价和工程师确定单价的权利。

在变更指示发出 14 天之内以及在变更工作开始之前，或由承包商提出要求额外支付及变更单价和价格的意图，或由工程师将他准备变更单价和价格的意图通知承包商。

对变更项目的估价，一般应参照合同中已有的单价或价格，或以之作为另行估价的基础。但是如果变更项目的性质和数量与原合同差别甚大，而原合同中已有的单价和价格均不能用以参考，此时工程师应在与业主和承包商适当协商之后，最后与承包商商定一个合适的单价或价格。如果达不成一致意见，则由工程师确定他认为合理的单价或价格。在此之前，工程师可以确定一个暂行单价或价格用于每月支付。

如果业主要求工程师在改变合同价格或单价时必须经过他批准，这种要求应在专用条件中明确规定。如果部分支付需用外币，应特别说明。

（三）变更超过 15%（52.3）

合同在实施过程中，由于多种影响因素，最终结算时，工程量表中的每一个子项以及整个合同价格多半都不与签订合同时的价格一致，在这种情况下，国际上一般有两种调整方式。一种是对工程量表中的各个子项单独考虑，例如当每一个子项变化超过 ±30% 时，合同一方可提出进行单价调整，即当实施的工程量比工程量表中的估算工程量增多超过 30% 时，业主可要求承包商适当降低单价，反之，则承包商可要求业主适当提高单价。但这种对每个子项调整单价的方法非常麻烦，而且不利于双方的合作关系。

针对上述弊端，FIDIC 规定了一个算总账的办法，即当工程量最终结算后考虑到所有变更的项目以及实施的工程量与工程量表中估算工程量的差异这两个原因（不考虑价格调整，暂定金额和计日工的费用），整个工程价格超出或少于签订合同时价格的 15% 时，可对支付款额进行调整，即如结算价格为合同价格的 115% 以上时，业主可要求承包商对超过 115% 的部分适当让利，反之，如结算价格为合同价格的 85% 以下时，承包商可要求业主对低于 85% 的部分适当提高利润。

实施这个规定最好在订合同时即在专用条件中规定好让利或提高利润的百分率，以利于工程竣工后的结算。结算时对外币支付部分应采用合同价格中规定的外币比例支付。

（四）变更指令（Instruction for variations）（2.5）

变更指令应由工程师用书面发出指示。如果是口头指示，承包商也应遵守执行，但工程师应尽快用书面确认。为了防止工程师忽略书面确认，承包商可在工程师发出口头指示七天内用书面形式要求工程师确认他的口头指示，工程师应尽快批复。如果工程师在七天之内未以书面形式提出异议，则等于确认了他的口头指示。

这条规定同样适用于工程师代表或助理发出的口头指示。

十、工程的计量（Measurement）（56、57）

工程量表中的工程量都是根据图纸和规范估算出来的。工程实施时则要通过测量来核实实际完成的工程量并据以支付。工程师测量时应通知承包商一方派人参加，如承包商未能派人参加测量，即应承认工程师的测量数据是正确的。有时也可以在工程师的监理下，由承包商进行测量，工程师审核签字确认。

测量方法应事先在合同中规定。如果合同没有特殊规定，工程均应测量净值（Net）。

对于工程量表中的包干项目，工程师可要求承包商在收到中标函后 28 天内提交一份包干项目分解表（Breakdown of Lump Sum Items），即是将该包干项目内容分解为若干子项、标明每个子项的价格，以便在合同执行过程中按照分解表中每个子项的完成情况逐月付款。

该分解表应得到工程师的批准。

十一、质量检查（36~39）

（一）质量检查的要求

对于所有的材料，永久工程的设备和施工工艺均应符合合同要求及工程师的指示。承包商并应随时按照工程师的要求在工地现场以及为工程加工制造设备的所有场所为其检查提供方便。

在工地现场一般施工工序的常规检查（如混凝土浇筑前检查模板尺寸，钢筋规格、数量，又如土方填筑中每层填土碾压之后的土样试验等），由现场值班的工程师代表或助理进行，不需事先约定。但对于某些专项检查，工程师应在24小时以前将参加检查和检验的计划通知承包商，若工程师或其授权代表未能按期前往（除非事先通知承包商外），承包商可以自己进行检查和验收，工程师应确认此检查和验收结果。如果工程师或其授权代表经过检查认为质量不合格时，承包商应及时补救，直到下一次验收合格为止。

对隐蔽工程，基础工程和工程的任何部位，在工程师检查验收前，均不得覆盖。

工程师有权指示承包商从现场运走不合格的材料或工程设备，而以合格的产品代替。

（二）检查的费用

（1）在下列情况下，检查和检验的费用应由承包商一方支付：

1）合同中明确规定的；

2）合同中有详细说明允许承包商可以在投标书中报价的；

3）由于第一次检验不合格而需要重复检验所导致的业主开支的费用；

4）工程师要求对工程的任何部位进行剥露或开孔以检查工程质量，如果该部位经检验不合格时所有有关的费用；

5）承包商在规定时间内不执行工程师的指示或违约情况下，业主雇用其他人员来完成此项任务时的有关费用；

6）工程师要求检验的项目，在合同中没有规定或合同中虽有规定，但检验地点在现场以外或在材料、设备的制造生产场所以外，如果检验结果不合格时的全部费用。

（2）在下列情况下，检查和检验的费用应由业主一方支付：

1）工程师要求检验的项目，但合同中没有规定的；

2）工程师要求进行的检验虽然合同中有说明，但是检验地点在现场以外或在材料、设备的制造生产场所以外。检验结果合格时的费用。

3）工程师要求对工程的任何部位进行剥露或开孔以检查工程质量，如果该部位经检验合格时，剥露、开孔以及还原的费用。

十二、承包商的违约（Default of Contractor）（63、64）

承包商违约是指承包商在实施合同过程中由于破产等原因而不能执行合同，或是无视工程师的指示，有意的不执行合同或无能力去执行合同。一般发生下述情况即可认为承包商违约：

（1）承包商依法被认为不能到期偿还债务，或宣告破产、或被清偿，或解体（不包含为了合并或重建而进行的自愿清理），或已失去偿付能力等；或

（2）工程师向业主证明，他认为承包商；

1）已不再承认合同；或

2）无正当理由而不按时开工，或工程进度太慢，收到工程师指令后又不积极赶工者；或

3）当检查验收的材料、设备和工艺不合格时，拒不采取措施纠正缺陷，或拒绝用合格的材料和设备替代原来不合格的材料和设备者；或

4）无视工程师事先的书面警告，公然忽视履行合同中所规定的义务；或

5）无视合同中有关分包必须经过批准以及承包商要为其分包商承担责任的规定。

在上述情况下，业主可以在向承包商发出通知14天后终止对承包商的雇用，进驻现场，并可自行或雇用其他承包商完成此工程。业主有使用承包商的设备、材料和临时工程的权利。

当业主终止对原有承包商的雇用之后，工程师应对承包商已经做完的工作、库存材料、承包商的设备和临时工程的价值进行估价，并清理各种已经支付和未支付的费用。同时，承包商应将为该合同提供材料，货物和服务而签订的有关协议的权益转让给业主。

十三、业主的违约（Default of Employer）（69）

业主的违约主要是业主的支付能力问题，包含以下几种情况：

（1）在合同条件中规定的应付款期限期满后28天内，未按工程师签署的支付证书向承包商支付应支付的款额；或

（2）干扰、阻挠或拒绝批准工程师上报的支付证书；或

（3）如果业主不是政府或公共当局而是一家公司时，此公司宣告破产或停业清理（不是为了重建或合并）。

（4）由于不可预见的经济原因，业主通知承包商他已不可能继续履行合同。

在上述情况下，承包商有权通知业主和工程师；在发出此通知14天后，业主根据合同对自己（指承包商）的雇用将自动终止，并且不再受合同的约束，而可以从现场撤出所有自己的设备。此时业主应按合同条件因特殊风险导致合同终止后的各项付款规定向承包商支付，并赔偿由于业主违约造成的承包商的各种损失。

当业主违约时，承包商也可以不立即终止合同而采用其他的办法：即提前28天通知业主和工程师、然后暂停全部或部分工作；或减缓工作速度。由此而导致的费用增加以及工期延误均应由业主一方补偿。在某些情况下，承包商也可不采取上述措施，按计划继续施工。

在承包商尚未发出终止合同通知的情况下，如果业主随即支付了应支付的款项（包括利息），则承包商不能再主动终止合同，并应尽快恢复正常施工。

十四、索赔程序（Procedure for Claims）（53）

索赔是承包工程实施过程中经常发生的问题，过去常常拖到引起索赔的事件发生很久以后，甚至拖到工程结束后才讨论索赔，依据的记录和资料也不完整，因而很容易产生分歧和争论不休，为此FIDIC在"红皮书"第四版中新规定了一套对业主和承包商都有利的关于处理索赔问题的程序，现介绍如下。

（一）索赔通知

如果承包商根据合同或有关规定企图对某一事件要求索赔，他必须在引起索赔的事件第一次发生后的28天内，将要求索赔的意向书面通知工程师。

（二）保持同期记录

工程师在收到上述索赔意向书面通知后,应及时检查有关的同期记录,并指示承包商保持这些同期记录以及作好进一步的同期记录。在工程师需要时,承包商应向工程师提供这些同期记录的副本。

(三)索赔的证明

在承包商向工程师发出要求索赔的意向性通知28天内(或工程师同意的时间段内),应向工程师再递交一份详细报告,说明承包商要求索赔的款额,计算方法和提出索赔的根据。

如果导致索赔的事件有连续影响,上述详细报告则只是一份期中报告,承包商应按工程师的要求在一定的时间段内陆续递交进一步的期中详细报告,提出索赔的累计额和进一步提出索赔的依据。

在引起索赔的事件结束后28天之内,承包商应向工程师递交一份最终详细报告,提出累计的索赔总额和所有可以作为索赔依据的资料。

如果承包商未能遵守上述各项规定和要求,则由工程师或是在争端采用仲裁时,由指定的仲裁人核实同期记录及有关资料,并计算索赔金额付给承包商。

(四)索赔的支付

在工程师核实了承包商提供的报告、同期记录和其他资料后,所确定的索赔款额应在随后的期中月支付证书中付给承包商。如果承包商提供的细节不足以证实全部索赔而只能证实一部分索赔时,则这一部分被证实的索赔款额应该支付给承包商,不应将索赔款额全部拖到工程结束后再支付。

十五、争端的解决 (Settlement of Disputes)(67)

在工程承包中,经常发生各种争端,有一些争端可以按照合同来解决,另一些争端可能在合同中没有详细的规定,或是虽有规定而双方理解不一致,这种争端是不可避免的。

争端的解决有许多方式,如谈判、调解、仲裁、诉讼等。在工程承包合同中,应该规定争端的解决办法,一般均是通过工程师调解,不能解决时再诉诸仲裁。

合同中对仲裁地点、机构、程序和仲裁裁决效力等四个方面都应做出具体明确的规定。

下面介绍解决争端的途径和步骤:

1. 争端提交工程师解决

不论在工程实施过程之中还是竣工以后,也不论在合同有效期内或终止前后,业主和承包商之间产生的任何争端,包括对工程师的任何意见、指示、签署的证书或估价等方面的争端,应首先以书面报告形式提交给工程师,同时将一份复印件送交另一方。

工程师应在收到一方的书面报告后84天内对争端做出他的决定,并将此决定通知双方。

如果双方中的一方对工程师的决定不满意,或是工程师在84天内未能就争端做出决定,则业主和承包商任一方均可在收到工程师决定后的70天内,或在送交通知84天(而工程师未能做出决定)以后的70天内通知对方,准备将争端提交仲裁,如果双方在收到工程师的决定70天内均未发出准备将争端提交仲裁的意向通知,则工程师的决定即被视为最终决定,并应对业主和承包商均有约束力。

一般处理此种争端,最好由一位不参与合同日常管理工作且资历较深的工程师负责,而且应该在听取法律顾问的意见之后再作慎重处理。

在争端双方未转为友好解决或仲裁之前,业主和承包商双方均应执行工程师的每一项决定，只要合同未终止，承包商应尽全力继续工程的施工。

2. 友好解决（Amicable Arbitration）

当一方通知对方要将争端提交仲裁后，应等待56天以后才能进行仲裁。这个时间段是留给双方友好协商解决争端的，必要时可请工程师协助。

3. 仲裁（Arbitration）

当工程师的决定未能被接受，而又未能友好协商解决争端时，则应按设在巴黎的国际商会（International Chamber of Commerce，ICC）仲裁庭的调解与仲裁章程以及据此章程指定的一名或数名仲裁人予以最终裁决。合同双方也可以在签订合同时选择其他仲裁庭（如联合国国际贸易法委员会（UNCITRAL）。中国国际经济贸易仲裁委员会（CIETIC））但应考虑当地的中立性，当地法律的适宜性及服务费用等。选择其他仲裁庭和地点必须在专用条件中明确规定。

在裁决过程中，仲裁人有全权来解释，复查和修改工程师对争端所做的任何决定。业主和承包商双方所提交的证据或论证也不限于以前已提交给工程师的。工程师可以作为证人被要求向仲裁人提供任何与争端有关的证据。

在工程完成前后均可诉诸仲裁，但是在工程实施过程中，业主、工程师及承包商各自的义务不因进行仲裁而改变。

4. 不遵守工程师的决定

当工程师对争端做出决定后，如果一方既未向对方提交要将争端提交仲裁的意向通知，尔后又不遵守此决定，则另一方可将此未履约行为直接提交仲裁而不需经过友好解决阶段。

上述解决争端的程序可以简明地表示如图7-1。

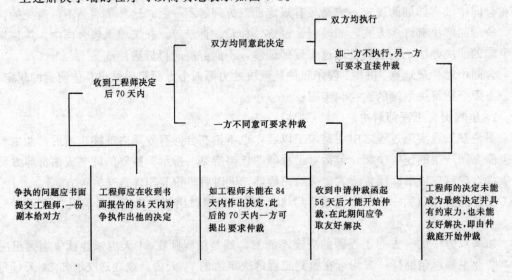

图7-1 解决争端的规定与程序示意图

十六、暂定金额（Provisional Sums）（58）

（一）定义

暂定金额是在招标文件中规定的用以作为业主的备用金的一笔固定金额。每个投标人必须在自己的投标报价中加上此笔金额，在签订合同后，合同金额包含暂定金额。

（二）暂定金额的使用

暂定金额由工程师决定如何使用。可用于工程量表中列明的服务项目、不可预见事件、计日工、指定分包商的付款。这些服务项目或不可预见的工作可由工程师指示承包商或某一指定的分包商来实施。

（三）暂定金额的支付

暂定金额的支付有二种方式：

（1）按原合同工程量表中所列的费率或价格（如计日工）；

（2）由承包商向工程师出示与暂定金额开支有关的所有单据，按实际支出款额再加上承包商的管理费用和利润，后者的计算采用在投标书附录或工程量表中事先列明的一个百分数，以这个百分数乘以实际支出款额作为承包商的管理费用和利润。

十七、证书与支付（Certificate and Payment）

（一）月报表（Monthly Statements）（60.1、60.2、60.3）

月报表是指对每月完成的工程量的核算，结算和支付的报表。承包商应在每个月底以后，按工程师指定的格式向工程师递交一式六份月报表，每份均由承包商代表签字，说明承包商认为自己到月底应得到的涉及到以下几方面的款项。

（1）已实施的永久工程的价值；

（2）工程量表中的任何其他项目，如临时工程，计日工等；

（3）投标书附录中注明的设备和材料发票价值的某一百分比；

（4）由于费用和法规的变更引起的价格调整；

（5）按合同或其他的规定承包商有权得到的其他款项，如索赔等。

工程师应在收到上述月报表28天内向业主递交一份期中支付证书，阐明他认为到期应支付给承包商的付款金额，在月报表中应扣除保留金以及应偿还的预付款等，如果工程拖期，还应扣除误期损害赔偿费。在扣除各种应扣款之后，如果余下的净额少于投标书附录中规定的期中支付证书的最小限额时，则这个月不向承包商支付。

业主应在收到工程师审核完并签字的期中支付证书后28天内向承包商支付，否则应该按投标书附录中规定的利率支付利息。（60.10）（96年版改为工程师收到月报表后56天内业主支付。）

保留金一般每月按投标书附录中规定的百分比扣除（但计算应扣的保留金时以该月不调价款额为基数），一直扣到所规定的保留金限额为止。在颁发部分或整个工程的移交证书时，应将相应的保留金的一半退还给承包商，另一半在整个工程缺陷责任期满后退还承包商。

（二）竣工报表：（Statement at Completion）（60.5）

在颁发整个工程的移交证书之后84天内，承包商应向工程师送交竣工报表（一式六份），该报表应附有按工程师批准的格式所编写的证明文件，并应详细说明以下几点：

（1）到移交证书注明的日期为止，根据合同完成的全部工作的最终价值。

（2）承包商认为应该支付给他的其他款项，如所要求的索赔款等；

（3）承包商认为根据合同应支付给他的估算总额。所谓估算总额，是因为有些工作留在缺陷责任期内实施，有关金额并未经工程师审核同意。

工程师应根据对竣工工程量的核算，对承包商其他支付要求的审核，确定应支付而尚未支付的金额，上报业主批准支付。

(三) 最终报表 (Final Statement)、结清单 (Discharge) (60.6、60.7)

在颁发缺陷责任证书后 56 天之内,承包商应向工程师提交最终报表的草案 (一式六份),以及按工程师要求的格式,提交有关证明文件,该草案包含:

(1) 根据合同所完成的全部工作的价值。

(2) 承包商根据合同或其他情况认为应支付给他的任何进一步的款项。

如承包商和工程师之间达成一致意见后,则承包商可向工程师提交正式的最终报表,承包商同时向业主提交一份书面结清单,进一步证实最终报表中按照合同应支付给承包商的总金额。如承包商和工程师未能达成一致,则工程师可对最终报表草案中没有争议的部分向业主签发期中支付证书。争议留待仲裁裁决。

(四) 最终支付证书 (Final Payment Certificate) (60.8)

在接到最终报表及结清单之后 28 天内,工程师应向业主递交一份最终支付证书,说明:

(1) 工程师认为按照合同最终应支付给承包商的款额;以及

(2) 业主以前所有应支付和应得到款额的收支差额。

在最终支付证书送交业主 56 天内,业主应向承包商进行支付,否则应按投标书附件中的规定支付利息。如果 56 天后再超过 28 天不支付,就构成业主违约。承包商递送最终支付证书后,就不能再要求任何索赔了。

(五) 缺陷责任证书 (Defects Liability Certificate) (62 条、61.1)

缺陷责任证书应由工程师在整个工程的最后一个区段缺陷责任期期满之后 28 天内颁发,这说明承包商已尽其义务完成施工和竣工并修补了其中的缺陷,达到了使工程师满意的程度。至此,承包商与合同有关的实际义务业已完成,但如业主或承包商任一方有未履行的合同义务时,合同仍然有效。缺陷责任证书发出后 14 天内业主应将履约保证退还给承包商。

只有缺陷责任证书才能被视为对工程的批准。

关于移交证书、缺陷责任证书、结清单、最终支付证书、竣工报表和最终报表的提交和颁发时间顺序见图 7-2。

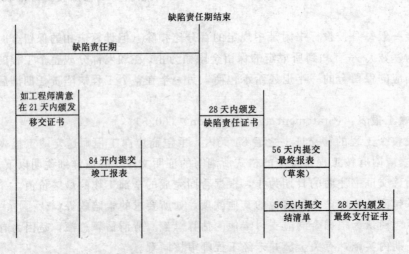

图 7-2 有关财务报表与证书等的提交和颁发时间顺序图

十八、费用和法规的变更

（一）费用的增减（70.1）

凡由于人工费，材料费等影响施工的费用的涨落，均应按合同专用条件中规定的办法或公式进行调价。

（二）后继的法规（70.2）

凡在递交投标书截止日期之前的28天之后的时间内，如由于项目所在国或州的法规、法令、政令或法律等的改变影响到施工的费用，均应由工程师与业主和承包商协商后决定对合同价格进行增减。

十九、货币和汇率

（一）货币限制（71.1）

凡在递交投标书截止日期之前的28天之后的时间内，如项目所在国政府的授权机构对支付合同价格的外币实行货币限制或汇兑限制，则承包商由此蒙受的损失应由业主一方补偿。

（二）汇率（72.1）

如合同规定付款以一种或几种外币支付给承包商，则此项支付不应受上述外币与当地货币汇率的影响。

（三）货币比例（72.2）

如招标以单一货币报价，用一种以上的货币支付，汇率应为在递交投标书截止日期前28天施工所在国中央银行的通用汇率。

暂定金额支付的原则同（二）（三）。（72.3）

以上介绍了FIDIC"红皮书"92年版19个方面的基本内容，对这些内容严格的和详尽的含义和规定应该阅读英文原版。其他内容在此不一一介绍，请参阅原版。

FIDIC在1996年又对1992年版的"红皮书"作了增补，包括三部分内容：

A、引入了"争端裁决委员会"(DAB)的概念：由于DAB与世行关于解决争端的规定的DRB的概念、办法与程序在许多方面是相同的或相近的，因而只在本章第4节表7-1中作了对比，而不再作详细介绍。

B、总价支付（Payment on a Lump Sum Basis）：FIDIC"红皮书"（1992年版）用于单价支付合同的项目。1996年版对"红皮书"用于总价支付时的条款内容作了增补（共修改了17款以及投标书及附录，协议书等）。现将总价支付特点简介如下：

（1）总价合同一般用于比较简单的工程，相对造价不高（100万美元以下）工期不长（少于12月）。如是较大的工程，则建议采用FIDIC编制的"桔皮书"（也是总价合同）。

（2）总价合同招标时的图纸必须十分完善且不大可能出现实质性变更。施工图由承包商设计，工程师批准。

（3）对承包商的支付不再使用工程量表中单价乘工程量的办法，而是利用投标书后附的工程主要组成部分的总价分解（Breakdown of the Lump Sum）表，逐月进行支付。

C、延迟支付（Late Certification）：为了防止工程师在收到承包商的月报表后不及时签发支付证书，将60.10款改为"在工程师收到承包商的月报表后56天内，业主应向承包商支付。"

第3节 FIDIC《土木工程施工分包合同条件》
（1994年第1版）简介

这本合同条件是与1992年再次修订重印的1987年第四版FIDIC《土木工程施工合同条件》配套使用的。第一部分为通用条件，包括22节、22条、70款，这22节的内容包括：定义与解释，一般义务，分包合同文件，主合同，临时工程，承包商的设备和（或）其他设备，现场工作和通道，开工和竣工，指示和决定，变更，变更的估价，通知和索赔，保障，未完成的工作和缺陷，保险，支付，主合同的终止，分包商的违约，争端的解决，通知和指示，费用和法规的变更，货币和汇率。

第二部分为专用条件编制指南，之后附有分包商的报价书，报价书附录以及分包合同协议书范例格式。

由于分包合同是在承包商和分包商之间签订的，因而合同条件主要论述承包商和分包商的职责，义务和权利。业主和工程师并不直接参与分包合同实施的管理工作。

本节中将对下述18个问题进行简要介绍和分析讨论。

一、定义及解释（1）

本节特别指出，在分包合同中所有措词和用语，除另有要求者外，均应具有主合同（指业主与承包商之间签订的合同）所分别赋与他们的相同的定义。此外，本节又对21个词下了定义。在此不一一抄录。

对"书面指示"有关规定和程序与"红皮书"14.1、14.2款相同。

二、一般义务

（一）分包商的一般责任（2.1）

分包商应按分包合同的各项规定，精心设计（如分包合同有此要求时），精心施工，修补缺陷及提供所需的各项管理及服务工作。

如分包商发现分包合同和主合同中的任何遗漏失误或缺陷时，应立即通知承包商。

（二）履约保证（2.2）

如分包合同要求分包商提供履约保证时，分包商应按报价书附录中注明的金额和规定的格式，由承包商批准的保证机构提供此类保证。

履约保证的有效期一直到主包工程的缺陷责任证书颁发之后。此时，承包商即不能对该保证提出索赔，并应在缺陷责任证书颁发后的28天内将履约保证退还分包商。

FIDIC同样在分包合同条件中提倡使用有条件履约保函，即承包商提出索赔前应事先通知分包商并说明违约性质。

（三）分包商提交进度计划（2.3）

关于分包商提交分包工程进度计划及施工安排说明和当实际进度与提交的进度计划不符时修订进度计划的规定与"红皮书"对承包商的要求相同。

（四）分包合同的转让（2.4）

与"红皮书"3.1款中对承包商转让合同的规定和限制相同。

（五）再次分包（2.5）

分包商不得将整个分包工程分包出去。不经承包商同意，也不得将分包工程的任一部分再次分包出去。如承包商同意再次分包，则分包商应对他的任何分包商的行为和过失向承包商承担全部责任。但对提供劳务和按合同要求采购材料不需承包商批准。

如分包商的分包商承担了主合同规定的有关主包工程或分包工程的区段或工作，而有关义务延续到缺陷责任期结束以后时，如承包商要求且同意支付费用，则分包商应将在缺陷责任期终止之后上述义务涉及的权益转让给承包商。

三、分包合同文件

（一）语言（3.1）

分包合同采用的语言应与主合同文件语言相同，"主导语言"也与主合同相同。

（二）适用的法律（3.2）

如分包合同条件第二部分中没有另外的规定，则采用适用于主合同的国家的法律。

（三）分包合同协议书（3.3）

分包商应按要求签订分包合同协议书，协议书格式附在合同条件之后，必要时可修改。

（四）分包合同文件优先顺序（3.4）

在通用条件中规定了分包合同文件的优先顺序。如要补充或修改则写入专用条件。

四、主合同（Main Contract）（4）

（一）分包商对主合同的了解

承包商应向分包商提供一份主合同（承包商的价格细节除外），主合同的投标书附录及专用条件的真实副本以及适用于主合同的任何其他合同条件细节。应认为分包商已全面了解主合同（承包商的价格细节除外）的各项规定。

（二）分包商对有关分包工程应负的责任

分包商在对分包工程进行设计（如有时）、实施、修补缺陷等工作时，应承担并履行与分包工程有关的主合同规定的承包商的所有义务和责任。

如分包商有任何违约行为时，他应负责保障承包商免于承担由此违约造成的任何损害赔偿费。必要时，承包商可从本应支付给分包商的款项中扣除这笔费用或采取其他赔偿方法。

五、分包商使用临时工程及承包商的设备和其他设施（5）

不应要求承包商为分包商提供或保留任何临时工程（分包合同条件另有规定除外）。但承包商应允许分包商和经其同意的其他分包商共同使用承包商临时工程。

承包商应根据分包合同专用条件中的规定，在现场提供指定的承包商的设备和其他设施，供分包商或其他分包商一起为分包工程的实施和竣工（但不包括修补其中任何缺陷）使用；或给予本合同的分包商以使用承包商的设备和设施的专用权。

但分包商应保障承包商免于承担由分包商、其代理人、雇员或工人误用承包商提供的临时工程、承包商的设备和其他设施所造成的损害赔偿费。

六、现场工作和通道（6）

分包商应遵守分包合同专用条件规定的承包商的工作时间及有关的一切规章制度。

承包商应随时为分包商提供确保分包工程施工所要求的现场和通道。

分包商应允许承包商、工程师及他们所授权的任何人在工作时间内进入正在实施、准备的分包工程地点，以及进入现场外与分包工程有关的工作地点。

七、开工和竣工

（一）分包工程的开工和竣工时间（7.1）

分包商应在接到承包商有关开工的通知后 14 天内或书面商定的其他期限内开始分包工程的施工。该通知应在发出中标函日期之后，于分包商报价书附录中规定的期限内发出。

对分包工程以及有关任何区段均应在规定的竣工时间内（或允许的延长时间内）竣工。

（二）分包商的竣工时间的延长（7.2、7.3）

如果由于以下任一原因致使分包商延误实施分包工程或其任何区段：

（1）承包商根据主合同有权从工程师处获得主合同竣工时间的延长，或

（2）根据承包商的指示可延长竣工时间，或

（3）承包商违反分包合同或由承包商负责的情况，

分包商有权为其分包工程或其任何区段获得公平合理的竣工时间的延长。

分包商必须在该延误开始发生的 14 天内，将有关情况通知承包商，同时提交一份要求延期的详情报告，否则，分包商无权获得延期。但分包商获得的延期均不应超过承包商根据主合同有权获得的延期。

如果某一事件具有持续性的影响，分包商应以不超过 14 天的时间间隔向承包商递交临时详情报告，并在事件影响结束后 14 天内提交最终详情报告，则分包商仍有权获得延期。

承包商应将根据主合同规定所获得的有关分包合同的所有延期立即通知分包商。

（三）误期损害赔偿费（专用条件 7.4）

在分包合同条件中将此款列入专用条件并写出了示范条款。

如分包商未能在规定的竣工期限内完成分包工程（或任何区段），则分包商应向承包商支付分包商报价书附录中注明的相应的误期损害赔偿费，但总数不超过规定的限额。

八、指示和决定

（一）根据主合同所做的指示和决定（8.1）

分包商应在有关分包工程方面遵守工程师的所有指示和决定，此类指示和决定应由承包商作为指示确认并通知分包商。分包商应有权从承包商处得到遵守此类指示和决定的有关支付。如果工程师的指示或决定不恰当或不正确，则分包商应有权要求承包商补偿因遵守此类指示或决定而导致的合理费用，但由于分包商违反分包合同所引起的费用除外。

（二）根据分包合同所做的指示（8.2）

分包商仅从承包商处接受指示。承包商有权对分包工程作出指示。在任何情况下，承包商均能行使上述权力，而无论工程师是否按照主合同行使了类似权力。分包商应按分包合同的规定遵守其义务并拥有规定的权利。

九、变更

（一）分包工程的变更和变更指示（9.1、9.2）

分包商仅应根据以下指示，以更改、增补或省略的方式对分包工程进行变更：

（1）工程师根据主合同作出的指示，此类指示与分包工程有关且由承包商作为指示确认并通知给分包商；或

（2）承包商作出的指示。

如果分包商从业主或工程师处直接收到了有关分包工程变更的指示，他应立即通知承包商，承包商应立刻提出处理意见。分包商仅应执行由承包商书面确认的指示。

(二) 变更的估价

分包工程的所有变更都应按照以下规定的方式估价，并应将变更的价值根据具体情况加到分包合同价格中或从中扣除（10.1）。

1. 变更价值的估算（10.2）

所有变更的价值应参考分包合同中规定的相同或类似工作的费率和价格来核定，如分包合同中没有此类费率和价格，或不适用，则应公正合理地对变更进行估价。

2. 参照主合同的测量进行估价（10.3）

如果一项分包工程的变更构成主合同的变更，由工程师根据主合同进行测量，并且分包合同中的费率和价格适合对此类变更估价，则承包商应允许分包商参加任何以工程师名义进行的测量。并据之对分包合同的变更作相应估价。

3. 估算的工程量与实施的工程量（10.4）

有关规定同"红皮书"51.2、55.1款。

4. 计日工（10.5）

如果承包商指示分包商在计日工的基础上实施工作，则承包商应按分包合同中包括的计日工表规定的费率和价格向分包商付款。

十、通知和索赔

（一）通知（11.1、11.3）

在承包商准备向业主提出索赔时，根据主合同条件将会要求承包商向工程师或业主递交任何通知或其他资料或保持同期记录，当分包商被告知此情况时，他应就有关分包工程方面的情况以书面形式向承包商发出类似通知或其他资料以及保持同期记录，以便承包商能遵守该主合同条件。但如果由于分包商未能遵守上述要求从而阻碍了承包商按主合同从业主处获得与主包工程有关的任何金额的补偿，承包商可从按照分包合同本应支付给分包商的金额中扣除该笔款项或采取其他补救措施。

倘若分包商不知道或无需知道承包商要求他递交上述通知或资料或保持同期记录的话，则分包商可不必遵守本款的规定。

（二）索赔（11.2）

在分包工程实施过程中，如果分包商遇到了任何不利的外界障碍或外部条件或任何其他情况而由此按主合同可能进行索赔时，则在分包商遵守本款规定的情况下，承包商应采取一切合理步骤从业主（工程师）处获得可能的此类合同方面的利益（包括追加付款和/或延长工期）。分包商应向承包商提供所有为使承包商能就此合同方面的利益进行索赔所要求的材料和帮助。当承包商从业主处得到任何这方面的利益时，承包商应在所有情况下公平合理地将那一部分转交给分包商。承包商应定期将有关情况通知分包商。

本款中的任何内容都不应阻止分包商就由于承包商的行为或违约所造成的分包工程施工的延误或其他情况向承包商提出索赔。

十一、保障

（一）分包商的保障义务（13.1）

分包商应保障承包商免于承受在分包工程的实施和完成以及修补其任何缺陷过程中发生或由其引起的全部下述损失和索赔：

(1) 任何人员的伤亡，或

(2) 任何财产的损失或损害（分包工程除外）,

分包商还应保障承包商免于承担为此或与此有关的任何索赔等费用和其他开支，但下面（二）中情况例外。

（二）承包商的保障义务 (13.2)

承包商应保障分包商免于承担与下述事宜有关的任何索赔等费用和其他开支。保障的程度应与业主按主合同保障承包商的程度相类似（但不超过此程度）：

(1) 分包工程或其任何部分永久使用或占有的土地，

(2) 业主和（或）承包商在任何土地之上、之内或穿过其间实施分包工程的权力，

(3) 实施和完成分包工程以及修补缺陷所导致的对财产的损害，以及

(4) 由业主、其代理人、雇员或工人或业主雇用的其他承包商的行为造成的人员伤亡或财产损失以及与此有关的任何索赔等费用和其他开支。

承包商应保障分包商免于承担由承包商、其代理人、雇员或工人或其他分包商的行为或疏忽造成的人员伤亡或财产的损失等方面的任何索赔等费用或其他开支。当分包商、其代理人、雇员或工人对上述人员的伤亡、财产损失负有部分责任时，应公平合理地考虑有关各方应负的相应的责任。

十二、未完成的工作和缺陷

（一）移交前分包商的义务 (14.1)

在有关主包工程或有关分包工程的移交证书颁发之前，分包商应完成该分包工程，并使之始终处于主合同所要求的令承包商满意的状态。在有关主包工程或其有关区段或部分的移交证书颁发之前，分包商应修补由于任何原因所造成的各类缺陷。除非上述缺陷是由于业主或承包商及他们的人员的行为或违约造成的，否则，分包商无权为修补上述缺陷获得追加付款。若保险条款另有规定除外。

（二）移交后分包商的义务 (14.2)

在有关分包工程移交证书颁发之后，分包商应修补分包工程中主合同规定的承包商应负责修补的缺陷，修补缺陷的期限以及所依据的条件应与主合同规定的承包商应负责修补的期限或条件相一致。

（三）由承包商的行为或违约造成的缺陷 (14.3)

如果分包商按照（一）、（二）的规定所修补的缺陷是由于承包商及其人员的行为或违约所造成的，分包商应有权为其修补上述缺陷从承包商处得到支付。

十三、保险

（一）分包商办理保险的义务 (15.1)

分包商应按分包合同专用条件中规定的风险、保险的金额和受益人办理保险。一般从分包商开始实施分包工程所要求的那部分现场或通道提供给分包商之时起，至分包商完成分包合同规定的义务为止，分包商应使上述保险始终有效。

分包商应为他在分包工程中所雇用的任何有关人员的责任投保，以便业主和承包商能够依据保险单得到保障。

（二）承包商办理保险的义务；分包工程由分包商承担风险 (15.2)

在有关主包工程的移交证书颁发之前，或根据主合同主包工程已停止由承包商承担风险之前，承包商应持续保证分包合同专用条件中规定的保险单的有效性。

倘若分包工程以及属于分包商的临时工程、材料或其他物品在上述期间遭到毁坏或损害，且根据上述保险单分包商应得到此笔索赔款额或其损失的款额（二者中取较少者）的支付，他应将此笔款项用于重置或修复被毁坏或损坏的物品。此外，在有关主包工程的移交证书颁发之前，在有关包含在主包工程中最后一个分包工程的区段或部分的移交证书颁发之前，分包工程的风险应由分包商承担。分包商还应对移交证书颁发后他在作业过程中造成的对分包工程的任何损失或损害承担责任。

（三）保险的证据；未办理保险的补救办法（15.3）

如果本款要求承包商或分包商中任一方办理保险，则在另一方要求时，办理保险的一方应提供保险凭证以及本期保险金的支付收据。否则，另一方可办理此类保险以及支付保险费，并可视为到期债款向违约方收回上述费用。

十四、支付

（一）分包商的月报表（16.1）

分包商应在每个月末之后的第7天（"规定日"），按承包商指定的格式向承包商提交一式7份报表，报表说明分包商认为自己有权到月末应得到的涉及以下方面的款项：

（1）已实施的分包工程的价值；

（2）分包合同工程量表中的任何其他项目，如分包商的设备，临时工程、计日工等；

（3）分包商的报价书附录中注明的全部表列材料，以及运到现场尚未安装的工程设备的发票价值的百分比；

（4）由于费用和法规的变更引起的价格调整；

（5）按分包合同或其他规定，分包商可能有权得到的任何其他金额。

已完成的工作价值应按分包合同规定的费率和价格计算，如果上述费率和价格不适用，则该价值应为公平合理的价值。

（二）承包商的月报表（16.2）

在分包商已向承包商提交了月报表的情况下，在承包商确认分包商月报表中所列款额是正确的之后，应将其包括在主合同规定的承包商的下一份支付报表中。

当承包商为到期应支付的金额而向业主提出诉讼时，他应将与分包工程有关的、已开具支付证书但尚未付款的所有金额包括进去，且不得损害分包商要求仲裁的权利。

（三）到期应支付的款项；扣发或缓发的款项；利息（16.3）

在"规定日"之后的70天内或另行商定的时间内（但以下文规定为条件），报表中所包括的款额应到期支付给分包商，但须扣除以前支付的款额，并扣除保留金。（直至数额达到保留金限额为止）。

在下列情况下，承包商应有权扣发或缓发应支付给分包商的全部或部分金额：

（1）月报表中包含的分包商可能有权获得的各种金额的总和，在扣除保留金等应扣款后，少于报价书附录中规定的最低支付限额，或

（2）月报表中包含的款额连同承包商按主合同申报的任何其他金额，在扣除保留金与其他应扣款额之后，其总额不足以使工程师按主合同颁发临时支付证书，或

（3）月报表中包含的款额没有被工程师全部证明（限于：分包商报表中未被证明的款项）而这又不是由于承包商的行为或违约导致的，或

（4）承包商已按照主合同将分包商报表中所列的款额包括在承包商的报表中，且工程

师已为此开具了证书,但业主尚未向承包商支付上述全部金额,而这不是由承包商的行为或违约引起的,或

(5) 分包商与承包商之间和(或)承包商与业主之间,就涉及计量或工程量问题,或对分包商的报表中包含的任何其他事宜已发生了争执。

如果承包商扣发或缓发任何款项,他应尽快地(但不迟于上述款项应支付的日期)将扣发或缓发的理由通知分包商。

本款(1)段和(2)段的规定涉及的支付时间,不适用于承包商按主合同规定向工程师递交的最终报表中包含的任何分包商报表中款项,承包商应在收到含有此类款额的付款14天后支付给分包商。

如果承包商未将到期应支付给分包商的款额支付给分包商,或如果根据本款(4)段扣发或缓发其付款,则承包商在收到分包商索取利息的通知时(该通知应在上述付款即将到期之日的7天内发出),应按业主根据主合同的规定向承包商支付的利率,将此笔到期未付款额的利息支付给分包商。如果承包商在上述款额到期应付之日前的7天内未收到索取利息的通知,则承包商应从收到索取利息通知之日算起,按上述利率将该款额的利息支付给分包商。

在分包商提交履约保证并经承包商批准之前,不应将任何款额支付给分包商。

(四) 保留金的支付 (16.4)

在工程师颁发整个工程的移交证书(或颁发含有分包工程的主包工程的某一区段或部分的移交证书)的35天内,承包商应将分包合同规定的保留金(或相应区段或部分的保留金)的一半支付给分包商。

在承包商收到主合同规定的应发还的另一半保留金支付后的7天内,应向分包商支付分包合同规定的保留金的另一半或剩余比例。

(五) 分包合同价格及其他应付款额的支付 (16.5)

在分包商最终履行了规定的对未完成的工作和修补缺陷有关的义务后的84天内,或承包商已按主合同获得了有关分包工程的全部付款后的14天内(以较早者为准),并且自分包商向承包商提交其最终账目报表起的35天期满时,承包商应向分包商支付合同价格,以及分包合同规定的上述款项的任何增减额,或分包合同另外应付的有关款额,但须扣除分包商已收到的部分款额。

(六) 承包商责任的终止 (16.6)

在主包工程的缺陷责任证书颁发之前,如分包商未向承包商发出有关由分包合同及分包工程的实施引起的任何事件的索赔通知,承包商对这些事件不向分包商承担责任。

十五、主合同的终止

(一) 对分包商雇用的终止 (17.1)

如果在分包商全面履行了分包合同规定的义务之前,无论由于任何原因,按主合同对承包商的雇用被终止或主合同被终止,则承包商应通知分包商并立即停止对其雇用,分包商在接到通知时应尽快将其职员、工人和分包商的设备撤离现场。

(二) 终止后的付款 (17.2、17.3)

当分包商被终止雇用时,则在扣除已付给的款项后,应向分包商支付以下费用。

(1) 按分包合同规定的费率和价格,在分包合同终止日期前完成的全部工作的费用;以及

(2) 由分包商留在现场上的所有材料的费用,以及从现场上撤离分包商的设备和将设

备运回其注册国分包商的设备基地的费用或其他目的地的费用（但不得多索费用）的合理部分；以及

（3）分包商雇用的所有与分包工程有关的职员和工人，在分包合同终止时的合理的遣返费；以及

（4）为随后安装到分包工程上且在现场外制作的任何物品的费用，但分包商应将此类物品运至现场或承包商合理指定的其他地方。

以上规定不应影响任一方在分包合同终止前由于另一方违反分包合同而享有的权利，也不影响分包商在上述终止前应得到的不涉及分包合同价格的任何付款的权利。

但如果由于分包商违反分包合同而导致业主终止主合同对承包商的雇用或终止主合同，则上述条款关于支付的规定将不适用。

十六、分包商的违约

（一）分包合同的终止（18.1）

如果发生下述情况，即可认为分包商违约（与"红皮书"中承包商违约类似）：

（1）分包商被依法判定不能支付其到期债务，或宣告破产、停业清理或解体等。

（2）分包商严重违反分包合同规定，包括分包商以下行为：否认分包合同有效；或无正当理由，不按分包合同要求开工或实施分包工程；或拒绝执行承包商要求分包商清除有缺陷的材料或修补有缺陷的工作的指示；或无视承包商的事先书面警告，公然地忽视履行分包合同所规定的其任何义务；或违反有关分包合同转让和再次分包的规定；或在工程师根据主合同规定预先通知承包商后，要求承包商将分包商从主包工程上撤出。

则当发生上述任何情况时，且在不影响承包商的任何其他权力或采取补救方法的情况下，承包商可在通知分包商后，立即终止对分包商的雇用。随后，承包商可占有和使用分包商带至现场的所有材料、分包商的设备及其他任何物品。承包商也可将上述物品出售，并将所得收入用于补偿分包商应支付给承包商的款额。

（二）承包商的权力（18.3）

承包商也可不根据本款发出终止通知，而仅从分包商手中接过该项分包工程的一部分，由承包商自己或其他承包商实施并完成修补其中任何缺陷。承包商可从分包商处收回其实施此项工程的费用，或从应支付给分包商的款额中扣除此项费用。

十七、争端的解决

（一）友好解决和仲裁（19.1）

如果在承包商和分包商之间产生起因于分包合同的任何争端，无论是在分包工程施工期间或竣工之后，也无论是在否认分包合同有效或终止分包合同之前或之后，承包商或分包商可就此类争端向另一方发出通知。但双方应设法在仲裁开始之前的56天内友好地解决争端。如在发出该项通知后56天内未能友好解决争端，则应按照国际商会的调解与仲裁章程，指定一名或几名仲裁员予以最终裁决。但在分包工程实施过程中，承包商和分包商各自的义务不得以正在仲裁为由而改变。

（二）由主合同引起的涉及或关于分包工程的争端（19.2）

无论是主包工程施工期间或竣工之后，也无论是在否认主合同有效或终止主合同之前或之后，如果业主和承包商之间产生由于主合同引起的任何争端，并且承包商认为争端涉及或与分包工程有关，且此类争端的仲裁按主合同的规定已经开始，则承包商应通知分包

商，要求其提供承包商合理要求的与上述争端有关的信息，并出席有关会议。

十八、费用及法规的变更

(一) 费用的增加或减少（21.1）

因劳务费和材料费或其他事项的费用的涨落，应对分包合同价格进行调整。此类调整款额的幅度应与根据主合同对合同价格进行调整款额的幅度相当，但不能超出。

(二) 后续的法规（21.2）

如果分包合同签署生效日当天或之后，在分包工程正在施工或准备施工所在国或州的任何法规、法令或法律等发生了变更，使得分包商在履行分包合同中发生了费用的增减，则此类费用的增减应由承包商与分包商商定并加入分包合同价格或从中扣除。此类费用增加或扣除的幅度应与依据主合同对合同价格进行增加或扣除的幅度相当，但不能超出。

十九、货币及汇率

(一) 货币限制（22.1）

如果分包合同签署生效日当天或之后，分包工程正在施工或准备施工所在国政府或其授权机构对支付分包合同价格的货币实行货币限制和（或）货币汇出限制，则承包商应赔偿分包商因此而受到的损失或损害。补偿幅度应与业主按主合同补偿给承包商的相同，但不能超出。此时，分包商所享有的任何其他权利或采用的补救方法不应受到影响。

(二) 汇率（22.2）

同"红皮书"72.1款。

第4节 FIDIC《设计-建造与交钥匙工程合同条件》（1995年第1版）简介

FIDIC"桔皮书"被推荐在国际招标的工程设计和施工项目中使用。国际上对"设计－建造"（Design－Build）与"交钥匙（Turnkey）尚无公认的定义。一般是指承包商按照业主的要求，负责设计和实施，可能包括规划设计以及建造工程，对"交钥匙"合同还要求提供一套配备完整的设施，有时还可能提出试运行和运行的要求。有时可能要求由承包商融资。这一切要求都应在合同专用条件中具体明确地规定。我国常提到的"总承包"合同并没有一个确切的定义，但至少"设计－建造"是总承包的一个类型，因而"桔皮书"稍加修改也适用于国内该类型的总承包合同。

FIDIC"桔皮书"适用于总价合同。

FIDIC"桔皮书"第一部分为通用条件，包括20节、20条、160款。20节的内容包括：合同，业主，业主代表，承包商，设计，职员与劳工，工程设备、材料和工艺，开工、延误和暂停，竣工检验，业主的接受，竣工后的检验，缺陷责任，合同价格与支付，变更，承包商的违约，业主的违约，风险和责任，保险，不可抗力，索赔、争端与仲裁。

第二部分为专用条件编制指南，附件中包括履约保函，履约担保以及预付款保函的范例格式。之后是投标书，投标书附件和协议书的范例格式。

本节中将对通用条件中的20个问题进行简要的介绍和分析讨论。

一、合同

(一) 定义（1.1）

"桔皮书"对文件，人员，日期，时间以及期限，检验和竣工，款项与支付，其他定义这六个方面的 45 个专用名词下了定义。请仔细阅读原文。"桔皮书"中没有"工程师"这一角色，而是由业主代表来进行合同管理。

（二）文件的提供、保管和版权（1.7～1.12）

1. 现场的文件

承包商应在现场保存一套完整的合同文件，施工、变更等文件，供业主方人员使用。

2. 施工文件

（1）施工文件应由承包商保存和照管。并提供 6 份复制件供业主代表及助理使用。

（2）由承包商编制或负责编制的施工文件或其他设计文件的版权，（在双方之间）应属于承包商的财产。业主可为了工程的需要自费复制使用和传送任何此类文件，没有承包商的同意，不得为了其他目的使用和复制承包商的文件或将之传送给第三方。

3. 业主的文件

由业主或业主代表发布给承包商的业主的要求和其他文件的版权，（在双方之间）应属于业主的财产。承包商可为了合同目的自费复制、使用和传送任何此类文件。除合同需要外，没有业主的同意，承包商不得使用、复制业主的文件或将之传送给第三方。

4. 保密事项

承包商不应被要求向业主或业主代表泄露投标书附录中列出的保密事项。

（三）联营体成员共同的与各自的责任（1.14）

如果承包商为一个联营体（Joint Ventue）或联合集团（Consortium）时，所有人员在完成合同时对业主均负有共同的与各自的责任。

联营体应指定一人作为负责人，有权管辖联营体（或联合集团）及其每位成员。没有业主的事先同意，联营体（或联合集团）的组合或构成不得改变。

（四）有关"法律和语言"（1.4）"合同协议书"（1.5）"文件的优先顺序"（1.6）"遵守法规，规章与法律"（1.13）等款内容与"红皮书"（5.1、9.1、5.2、26.1 款）基本相同。

二、业主

（1）业主的一般义务（2.1）

业主应提供现场并应按照规定向承包商支付。

（2）业主终止合同的权利（2.4）

在业主认为适宜时，他可提前 56 天向承包商发出通知（复制件给业主代表），并将履约保证退还承包商之后，有权在任何时间终止合同。此时，承包商应按照业主违约时他可提出的要求执行，并应按照不可抗力情况下有关条款的规定从业主处得到支付。

在此类合同终止后，没有承包商的同意，在 6 年时间内工程不得重新开始实施。

（3）有关"现场的进入与占有"（2.2）以及协助承包商办理设备，材料的各种手续的规定（2.3）与"红皮书"（42.1、42.2、54.3 款）基本相同。

三、业主代表（The Employer's Representative）

（一）业主代表的职责与权力（3.1、3.4）

业主代表指为了合同的目的被业主任命作为业主代表工作，并在投标书附录中指定的当事人。他应履行合同中规定的职责。

业主代表无权修改合同。

业主代表可行使合同中明文规定的或必然隐含的权力。如果业主要求业主代表在行使某些权力之前需获得业主的具体批准时，则应在专用条件中注明。否则，业主代表行使的任何上述权力均被认为已从业主处得到必要的批准。

业主代表无权解除合同中规定的承包商的任何职责、义务和责任。业主代表的任何建议、检查、审核、检验、同意、批准或类似行动（包括不否定），不能解除承包商的任何责任。

除非法律上或实际上不可能，承包商应遵守业主代表按照合同发出的指示。

（二）对业主代表的要求（3.2）

业主代表应当是具备本条要求的经验与能力的一名合格的工程师或其他适宜的专业人员，或业主代表应雇用此类合格的工程师和其他专业人员，让他们为完成合同服务。

（三）业主代表权力的委托（3.3）

业主代表可以随时将他的任何职责委托给助理，并可在任何时间撤回此委托。任何此类委托或撤回均应为书面的，并且在复制件送达业主和承包商之前不能生效。

由业主代表的助理按照委托内容作出的任何决定、指示、检查、审核、检验、同意、批准或类似行动，应与业主代表作出的具有同等效力。但：

（1）如果助理未对任何工程设备、材料、设计或工艺提出否定意见，不应影响业主代表拒绝该工程设备、材料、设计或工艺的权利；

（2）如果承包商对助理的任何决定或指示提出质疑，可提交业主代表，业主代表应对决定或指示加以确认、否定或更改。

（四）业主代表应尽力与承包商达成一致（3.5）

当要求业主代表对价值、费用或延期作出决定时，业主代表应与承包商协商并尽力达成一致。如未能达成一致，业主代表应公正、合理地按照合同对之作出决定。

四、承包商

（一）承包商的一般义务（4.1）

与"红皮书"8.1款规定基本相同，但要求承包商提供施工文件。

开始设计之前，承包商应完全理解业主的要求（包括设计标准和计算书等）及放线参照数据。承包商应将他发现的业主的要求中出现的任何错误、失误或其他缺陷通知业主代表。由业主代表决定是否变更。

（二）履约保证（4.2）

与"红皮书"（10条）规定基本相同，要求履约保证在合同生效日期后28天内交付给业主，在履约证书签发后14天内退还给承包商。在专用条件中附有有条件履约保函和履约担保范例格式。

（三）承包商代表（4.3）

承包商应在合同生效日期后14天内将其准备任命的代表（即承包商的工地施工经理）的姓名及详细情况提交业主代表以取得同意。而撤消任命时也需业主代表事先同意。

承包商代表应以其全部时间指导施工文件的编制和工程的实施。承包商代表还应受理合同范围内的所有通知、指示、同意、批准、证书、决定及其他通讯联络。

承包商代表可将其权力与职责书面委托给任何胜任的人员（并可随时撤销），在业主代表事先收到有关委托或撤销的通知之前，不应产生效力。承包商代表及其委托人应能流利地使用进行日常交流的规定的语言,或派一名胜任的翻译协助工作。

(四)质量保证(Quality Assurance)(4.8)

承包商应按照合同的要求建立一套质量保证体系,该体系应符合合同中规定的细节。在每一设计和实施阶段开始之前均应将所有程序的细节和执行文件附有经签字的质量说明提交业主代表。业主代表应有权审查质量保证体系并有权要求对其进行修正。

(五)进度计划管理(4.14)

(1)在投标书附录中规定的时间内,承包商应向业主代表提交一份进度计划,包括下列内容:

1)承包商计划实施工程的次序(包括设计、采购、货物运达现场、施工、安装、检验和试运行等各个阶段),

2)施工文件编制中包含的所有主要事件与活动,

3)施工前审查的期限以及在业主的要求中规定的其他提交、批准和同意的期限,以及

4)合同中规定的所有检验的次序。

此类进度计划的编制应采用前导网络技术(precedence networking techniques),标出最早开始、最迟开始、最早结束、最迟结束的日期。

承包商还应以书面形式提供一份为实施工程承包商计划采用的安排和方法的总体说明,供其参考。如有重大更改,应通知业主代表,必要时业主代表可通知承包商修改进度计划。

(2)月进度报告(4.15);

承包商应编制月进度报告,并在每月开始的14天内将一式6份报告提交给业主代表。每一份报告应包括:

1)设计、采购、制造、货物运达现场、施工、安装、调试及试运行的每一阶段进展情况的照片与详细说明;

2)表明施工文件、采购订单、制造和施工状况的图表;

3)制造商名称、制造地点、进度百分比,以及开始制造、承包商的检查,检验与运达的实际日期或期望日期;

4)在现场的人员及承包商的设备的记录;

5)若干份质量保证文件、材料的检验结果及证书;

6)安全统计,包括环境和公共关系方面的任何事件与活动,以及

7)实际进度与计划进度的对比,正在采取(或准备采取)的措施。

(六)电、水、燃气(4.19)

为工程之目的承包商有权享用现场上供应的电、水、气及其他设施,其详细规定在业主的要求中给出。承包商应按业主的要求中规定的价格向业主付费。

(七)业主提供的机械和材料(4.20)

业主应按照业主的要求中规定的细节负责提供各类机械和材料(如有时)。业主应自担风险和自付费用,按合同规定的时间、地点将此类机械和材料运交承包商。

在收到机械和材料后,承包商应在原地目测检查,并应将任何短缺、缺陷或损坏通知业主和业主代表。随后,业主应立即进行弥补或作为一项变更由承包商进行此类弥补。在目测检查后,此类机械和材料将归承包商照管,但不解除业主对此类机械和材料中任何未

发现的短缺、缺陷或损坏所负有的责任。

（八）承包商的一般义务中所包含的以下内容与"红皮书"中的要求和规定基本相同。

1. 工程协调（4.4）

应为各种有关人员提供合理的机会和场所。与"红皮书"31条相同。

2. 分包商（4.5，4.6）

关于分包的规定以及分包商义务的转让。与"红皮书"4条相同。

3. 放线（4.7）

与"红皮书"17.1款相同。

4. 现场数据（4.9）

有关现场水文及地表以下的数据的提供和解释等。与"红皮书"11.1款相同。

5. 影响工程实施事宜（4.10）

对合同价格的合宜性、充分性和包含内容的理解。与"红皮书"12.1款相同。

6. 不可预见的地表以下条件（4.11）

与"红皮书"12.2款相同。

7. 进场路线、道路通行权与设施（4.12，4.13）

与"红皮书"30.2、42.3款相同。

8. 承包商的设备（4.16）

有关入场、出场的手续。与"红皮书"54.1款相同。

9. 安全措施和现场治安（4.17，4.22）

承包商的安全职责和工作。与"红皮书"19.1（a）、(b)款相同。

10. 现场保护（4.18）

与"红皮书"19.1（c）款相同。

11. 现场清理（4.21）

与"红皮书"32.1、33.1款相同。

12. 化石（4.24）

与"红皮书"27.1款相同。

五、设计

（一）一般义务（5.1）

承包商负责并进行工程的设计。设计应由符合业主的要求中规定的合格的设计人员进行。如果设计人员或设计分包者未在合同中指定，则必须事先征得业主代表的同意。设计人员或设计分包者与业主之间不产生任何合同关系或专业义务。

承包商应保证其设计人员在合同期间能随时参与同业主代表的讨论。

（二）施工文件（Construction documents）（5.2）

（1）施工文件：施工文件包含由承包商递交的全部图纸、计算书、计算机软件（程序）、样品、图样、模型、操作和维修手册以及类似性质的其他手册或资料。

（2）施工文件的编制、审核和修改：承包商应编制足够详细的合格的施工文件，用以指导供应商和施工人员实施工程和运行工程。业主代表应有权对施工文件的编制进行检查与审阅。

当施工文件的每部分已编制完毕可供使用时，该部分应立即提交业主代表供其进行施工前的审核。"审核期"(Review Period)一般不应超过 21 天。如果业主代表在审核期限内通知承包商施工文件不符合业主的要求中规定的标准,则该文件应由承包商自费修正,重新提交审核。

除得到业主代表事先同意的那部分以外,对工程的每一部分而言,工程设计和有关施工文件被审核同意之前,施工不得开始,施工应按施工文件进行。如果承包商希望对前已提交的供施工前审核的任何设计或文件进行修改,应立即通知业主代表,并随后提交修改后的文件供其进行施工前的审核。承包商应按业主代表指示编制进一步的施工文件。承包商应自费修正所有的错误及缺陷。

(三)技术标准和规章(Technical Standards and Regulations)(5.4)

设计、施工文件、工程的实施与完成的工程均应遵照工程所在国的国家规范、技术标准、有关规章、管理办法和标准。如果有适用的最新国家规范、技术标准或规章在基准日期(Base Date,是指业主接受投标书的截止日期之前 28 天的当日)之后开始生效,则承包商应向业主代表提交遵循上述规定的建议。必要时业主代表可按变更处理。

(四)样品(Sample)(5.5)

承包商应根据提交施工文件的程序,向业主代表提交供施工前审核的样品和资料,包括:制造商的材料标准样品,业主的要求中规定的样品,以及根据变更的要求由业主代表所指定的附加样品。每件样品均应标明原产地及在工程中的预期使用部位。

(五)竣工图纸(As-built drawings)(5.6)

承包商应对照有关规范和数据表制定一整套工程实施的竣工记录。包括竣工部位尺寸和详细说明。这些记录应保存在现场,在竣工检验(Test on Completion)开始之前应提交两套副本给业主代表。

在工程实施过程中及竣工时,承包商应绘制该工程的竣工图纸并提交给业主代表审查,承包商应取得业主代表对尺寸、参照系统及其他有关细节的认可。

在颁发任何移交证书之前,承包商应向业主代表提交一套有关竣工图纸的缩微片拷贝、一份原尺寸大小的正本及六份复制件以及业主的要求中规定的任何进一步的施工文件。在此之前,不能认为工程业已完成。

(六)操作和维修手册(5.7)

竣工检验开始之前,承包商应按照业主的要求编制操作和维修手册并提交业主代表,在此之前,不能认为工程业已完成。

(七)承包商的错误(5.8)

如发现施工文件中存在错误(即使业主代表审核同意),承包商应自费修正这些错误和工程。

(八)专利权(5.9)

承包商应保障业主免于承担因侵犯任何专利权、已注册的设计、版权、商标或商品名称、或其他知识产权而导致的一切索赔。但以下列全部条件为保障业主免于索赔的前提:

(1)该索赔或诉讼是由工程的设计、施工、制造或使用而产生的;以及

(2)该侵权是由于使用工程而引起的,但;

(3)该侵权不是由于部分或全部工程与其他承包商提供的任何设备的联合或配套使用而引起的,除非此类联合或配套使用在基准日期之前已向承包商公开说明或在合同中指出;

以及

(4) 该侵权不是由于承包商遵循业主的要求而引起的。

当业主遭受到涉及专利权的索赔时，应立即通知承包商。承包商应自费为解决该索赔去进行谈判，并接受由此索赔而引起的任何诉讼或仲裁。应承包商的要求，业主应协助承包商对任何此类索赔或诉讼进行争辩，承包商应承担由此而导致的全部合理的开支。

六、职员与劳工

（一）职员与劳工的雇用（6.1、6.3、6.6）

(1) 承包商应自行安排从当地或其他地方雇用所有的职员和劳工，并负责他们的报酬、住房、膳食、交通和提供福利措施。承包商还应为业主的和业主代表的人员提供业主的要求中规定的设施。为分包商提供膳宿以及福利设施。

承包商不应从为业主或业主代表服务的人员中为自己招收职员和劳工。承包商也不应允许其雇员在工程构筑物内保留临时或永久居室。

(2) 工资标准及劳动条件（6.2）

承包商所付的工资标准及遵守的劳动条件应不低于其从事工作的地区同类工商业现行标准和条件。

(3) 劳动法（6.4）

承包商应遵守所有适用于其雇员的相关的劳动法，向他们合理支付以及保障他们享有法律规定的所有权利，并应要求其全体雇员遵守与安全工作有关的法律和规章。

(4) 工作时间（6.5）

与"红皮书"45条规定相同。

(5) 健康与安全（6.7）

承包商应采取预防措施以保证其职员和劳工的健康与安全。提供所有必要的福利及卫生条件，并防止传染病的发生。

承包商应指派在现场的一名职员负责现场上所有人员的安全并防止事故的发生。一旦发生事故，承包商应及时向业主代表通报任何事故详情。

（二）承包商的监督（6.8）

承包商应在设计和施工期间及期后，提供足够的合格的人员进行一切必要的监督。

（三）承包商的人员（6.9、6.10）

承包商应雇用懂技术、有经验、认真负责的、合格的人员。业主代表可要求承包商撤换他认为经常行为不轨，或在履行其职责时不能胜任，或玩忽职守，或不遵守合同的规定，或经常出现有损健康安全的行为，或有损环境保护的行为的任何人员（包括承包商的代表）。承包商应随后指定合适的替代人员。

承包商应采取各种合理的预防措施，以防止其职员或劳工发生任何非法的，制造事端的以及妨碍治安的行为。

七、工程设备、材料和工艺

（一）实施方式（7.1、7.2）

对于拟提供的全部工程设备和材料，以及准备进行的所有工作，承包商均应按照合同规定的方法制造、加工与实施。

承包商应负责全部工程设备、材料、承包商的设备等物品的采购、运输、接收和储存。

（二）检查和检验（7.3~7.5）

与"红皮书"37、38条基本相同。

（三）对工程设备和材料的拥有权（Ownership）（7.6）

当每项工程设备和材料运至现场时或承包商获得相应价值的付款时（以较早时间为准），此工程设备或材料即应成为业主的财产。

八、开工、延误和暂停

（一）工程的开工（8.1）

承包商在收到业主代表有关开工的通知后，应尽快开始设计和实施工程。

（二）工程的竣工

1. 竣工时间（8.2）

整个工程以及每一区段应在规定的竣工期限内完工并通过竣工检验。

2. 竣工时间的延长（8.3、8.4）

（1）如果由于下述任一原因致使承包商在竣工时间之前或之后延误工程，承包商均可申请延长竣工时间：

1）变更；或

2）不可抗力事件；或

3）导致承包商根据本合同条件的某条款有权获得延期的延误原因；或

4）现场的自然条件或环境异常恶劣，并且一个有经验的承包商在基准日期前对此无法预见；或

5）由业主造成的任何延误，干扰或阻碍；或

6）承包商已努力遵守了工程或所在国有关合法公共当局制定的程序，但受到公共当局延误、干扰或阻碍时，并且一个有经验的承包商在基准日期前对此无法预见。

（2）如果承包商准备申请延长竣工时间，他应在引起延误事件开始之后的28天以内通知业主代表。承包商应保持相关的同期记录，并允许业主代表检查所有此类记录。从此类延误第一天起的28天内，承包商应提交其延期申请的全部详细证明材料，如引起延误原因持续超过7天，应在28天内提交期中详情，并在引起延误的最后一天之后的21天内提交延期申请的全部和最终的证明材料。

业主代表应商定或确定应给予的预期的或追补的竣工时间的延长。

（三）赶工（8.5）

与"红皮书"46.1款相同。

（四）误期损害赔偿费（8.6）

与"红皮书"47.1款相同。

（五）暂时停工（8.7）

业主代表可随时指示承包商暂停进行部分或全部工程。在暂停期间，承包商应保护、保管以及保障该部分或全部工程免受任何损失。

1. 暂停引起的后果（8.8）

如果承包商在遵守业主代表关于暂时停工的指示以及复工时，遭受延误以及招致的费用，则承包商有权利获得任何延长的工期以及附加的合同价格。如暂停是由于承包商的原因或承包商的风险造成，或任何损蚀、缺陷或损失是由于错误的设计、工艺、材料造成，或

在暂停期间承包商未妥善保存和保管引起的,则承包商无权获得为修复此类损蚀、缺陷或损失所需要的延期和招致的费用。

2. 暂停时工程设备和材料的支付（8.9）

如果暂时停工不是由于承包商的原因引起的,且有关工程设备的制造或工程设备以及材料的运送被暂停超过28天,则承包商有权获得该未被运至现场的工程设备以及材料在停工日期时的价值。承包商应根据业主代表的指示将这些工程设备和（或）材料标记为业主的财产。

如果承包商要求的话,业主应接管此类暂停的工程设备以及（或）材料的保护和保管。

3. 持续的暂停（8.10）

当暂停持续84天以上时,承包商可采取的"删减"或"终止受雇"措施与"红皮书"（40.3款）相同,但未明确规定承包商也可不采取此二种措施。

4. 复工（8.11）

当承包商在收到继续工作的许可或指示后,承包商应与业主代表一起检查受到施工暂停影响的工程以及工程设备和材料。并应修复在暂停期间发生的任何损失。

承包商在收到继续工作的许可或指示后14天,有关风险和责任应重归承包商。

九、竣工检验

（一）承包商的义务（9.1）

承包商在提交竣工图纸、操作和维修手册等文件后,应提前21天将他准备进行竣工检验的日期通知业主代表,检验应在该日期后14天内于业主代表指示的日期进行。一旦通过了竣工检验,承包商应向业主代表以及业主提交检验结果的证明报告。

（二）延误的检验（9.2、9.3）

如果承包商无故延误竣工检验时,业主代表可通知承包商要求他在收到该通知后21天内进行此类检验。若承包商未能在21天内进行竣工检验,业主代表可自己着手进行此类检验。而所有检验的风险和费用应由承包商承担。

如果工程或某区段未能通过竣工检验,业主可以拒收,也可在承包商修复缺陷后,按相同条款和条件重复进行此类未通过的检验。

（三）未能通过竣工检验（9.4）

当整个工程或某区段未能通过所进行的重复竣工检验时,业主代表应有权：

（1）指示再进行一次重复的竣工检验；或

（2）拒收整个工程或区段,此时业主应从承包商处获得与承包商违约有关规定相同的补偿；或

（3）由业主颁发一份移交证书；合同价格应按业主与承包商可能商定的数额予以减少,但承包商仍应根据合同中规定的其他义务继续工作。

十、业主的接收

（一）移交证书（10.1）

承包商可在他认为工程或区段将完工并准备移交前14天内,向业主代表发出申请移交证书的通知。业主代表在收到申请后28天内,当工程根据合同已竣工（不影响使用的扫尾工作除外）,并已通过了竣工检验,则应向承包商颁发移交证书,说明工程或区段完工的日期及通过竣工检验的日期,并接收工程；如业主代表对工程不满意,则应提出他的理由并

说明承包商尚需完成的工作。承包商在完成业主要求做的工作并使业主代表满意后,可再次要求颁发移交证书。

若在28天期限内业主代表既未颁发移交证书也未驳回承包商的申请,而且工程或区段基本符合合同要求时,则应视为在上述期限内的最后一天已经颁发了移交证书。

(二) 业主的使用 (10.2)

有关业主在未颁发移交证书前使用了工程应视为业主已接受和部分工程拖期时误期损害赔偿费应相应减少的规定与"红皮书"48.2、47.2款相同。

(三) 对竣工检验的干扰 (10.3)

如果由于业主或他雇用的其他承包商妨碍了承包商进行竣工检验,则应认为业主已在本该完成竣工检验之日接收了工程或区段,业主代表随后应相应地颁发一份移交证书,但承包商应在合同期限期满之前尽快进行竣工检验。若由于竣工检验的延误致使承包商产生了附加费用,则此类费用连同合理的利润应由业主代表予以确定并加入合同价格。

十一、竣工后的检验

竣工后的检验(Tests after Completion)指合同中指定的或规定的对工程或任何区段移交给业主之后应进行的检验。

(一) 业主的义务 (11.1)

如果合同规定有竣工后的检验,业主应提供必要的劳工、材料、电、燃料和水。检验时应根据由承包商提供的操作和维修手册并可能要求承包商提供指导。

在工程或区段移交给业主后,如业主要求进行竣工后的检验,他应提前21天将日期通知承包商,并在该日期后14天内于业主确定的日期内进行。若承包商未参加检验,业主可自己进行竣工后的检验。承包商应认可检验数据的准确性。检验的结果应由业主与承包商整理和鉴定。

(二) 延误的检验 (11.2)

若因业主无故拖延竣工后的检验致使承包商产生附加费用,则此类费用连同合理的利润应由业主代表加以确定并加入合同价格中。如果对工程或任何区段的竣工后的检验由于业主方的原因未能在合同期限(Contract Period,指自开工日期到业主代表证明工程完工日期之后再加上365天)内或双方商定的期限内完成,则应被视为已通过了竣工后的检验。

(三) 重新检验 (11.3)

如果工程或一区段未能通过竣工后的检验,业主或承包商可要求按照相同的条件重新进行检验。如果这种重新检验是由于承包商的违约并使业主产生了附加费用,则此类费用应由业主从承包商处扣回。

(四) 未能通过竣工后的检验 (11.4)

如果下列三个条件全部成立,即:

(1) 工程或一区段未能通过任何或所有的竣工后的检验;并且

(2) 作为此类未通过检验的损害赔偿费在投标书附录中已注明(或其计算方法已详细规定)以及

(3) 承包商在合同期限内向业主支付了损害赔偿费。

则该工程或该区段仍应被视为已通过了竣工后的检验。

若工程或一区段未能通过竣工后的检验而承包商随后建议对之进行任何调整或修正，则只有在业主方便时，在业主代表通知的合理时间内，由承包商负责进行调整或修正并满足竣工后的检验。然而，若业主代表未能在合同期限内发出任何通知，则应解除承包商的此类义务。此时，工程或区段应被视为已通过了竣工后的检验。

若因业主无故拖延允许承包商进入工程或到工程设备地点去调查未能通过竣工后的检验的原因，或进行任何调整或修正，致使承包商产生附加费用，则应将此类附加费用加上合理的利润支付给承包商。

十二、缺陷责任

（一）完成扫尾工作和修补缺陷（12.1、12.2、12.6）

为在合同期满之时或之后尽快使施工文件及工程符合合同要求的条件（包括承包商递交的全部图纸、计算书、操作及维修手册等资料），承包商应在移交证书注明的日期之后，切实尽快完成至该日尚未完成的任何工作，若出现任何缺陷或发生损坏，业主或业主代表应立即书面指示承包商，而承包商应在合同期内进行修正，重建和补救缺陷或损害等工作。

如果这些工作的必要性是由于工程的设计、工程设备、材料或工艺不符合合同要求或承包商未履行其他义务引起，则所有此类工作应由承包商自费进行。

如果是由于任何其他原因引起的，则业主代表应按变更的程序与承包商进行协商处理。

如果任何缺陷或损害的修复可能影响到工程运行时，业主可要求重复必要的竣工检验或竣工后的检验。

（二）合同期的延长（12.3）

工程移交后，如果由于施工或设备安装缺陷，合同期可延长一个时间段，其长度相当于工程或任何区段或工程设备项目因某种缺陷或损害不能如期投入使用的时间长度的总和，但合同期的延长不得超过2年。

如果发生了暂时停工，则从工程设备和材料本应交付、安装和移交之日算起，3年后如发生任何缺陷或损害，承包商不承担责任。

（三）未能补救缺陷（12.4）

如果业主或业主代表通知承包商限期修补承包商应负责的缺陷或损害，而承包商到期未能完成时，则业主可：

（1）以合理的方式由自己或他人进行此项工作，并由承包商承担风险和费用，但承包商对此修补工作不负有责任；或

（2）要求业主代表合理的减少合同价格的数额；或

（3）在该缺陷或损害致使业主基本上无法享用全部或部分工程所带来的全部利益时，对不能按期投入使用的那部分工程终止合同。业主还应有权收回为该部分工程所支付的全部费用或拆除工程，清理现场以及将工程设备和材料退还给承包商时所支付的费用。

（四）履约证书（Performance Certificate）（12.9、12.10）

履约证书应由业主代表在合同期满后28天内颁发，或在承包商已提供了全部施工文件并完成和检验了所有工程、包括修复了任何缺陷的日期之后尽快颁发。只有履约证书才应被视为构成对工程的批准。合同才能被认为业已完成。

在履约证书颁发之后，承包商及业主仍应负责完成当时尚未履行的任何义务（例如业主尚未完成支付，履约保函尚未退回等），此时合同应被认为依然有效。

十三、合同价格与支付

（一）合同价格（13.1）

合同价格指根据合同规定，并在中标函中写明为了进行工程的设计、实施与完成以及修补缺陷应付给承包商的金额。

关于合同价格支付的一般规定如下（如需要另外作出规定应写入专用条件中）：

（1）工程的支付应以总价为基础；

（2）合同价格不应按劳务、材料和其他费用的变化进行调整；

（3）承包商应支付他在合同中的义务引起的所有关税和税收，而合同不应因此调价（但立法的变更除外）；

（4）资料表中列出的任何工程量仅为估算工程量，不是承包商应完成的实际工程量；

（5）资料表中列出的任何工程量，价格或单位工程量的支付费率，仅应用于此类资料表中注明的目的。

如果按提供的数量或完成的工作对工程的任何部分进行支付，有关测量和估价的规定应按专用条件中的规定进行。

（二）预付款（Advance Payment）（13.2）

1. 支付条件：

业主应为承包商在开工前后的各项准备工作和设计向其分期支付无息预付款。承包商必须向业主呈交履约保证以及银行预付款保函，业主代表才对首次分期预付款颁发期中支付证书。在偿还预付款之前，此银行保函应一直有效，但该银行保函的总额应随承包商对预付款的偿还额逐步冲销。

2. 偿还方式

预付款可按下面规定的方式偿还。（也可在投标书附录中注明其他百分比）

（1）在期中支付证书中所有期中付款的累计额（不计入预付款及保留金的减扣与偿还）超过合同价格（减去暂定金额）的10%时开始扣还。以及

（2）该减扣以预付款的币种及其比例，以各份期中支付证书（不计入预付款及保留金的减扣与偿还）数额的25%分期偿还，直到还清。

不论任何原因，如果在终止合同前尚未偿清预付款，承包商均应将未付清的全部债务余额立即支付给业主。

（三）期中支付

1. 期中支付证书的申请（13.3）

承包商应按业主代表批准的格式，在每个月末之后向业主代表提交一式六份报表，说明承包商认为自己有权得到的款额，同时提交有关当月进度情况的详细报告在内的证明文件。该报表应以应付合同价格的各种货币表示，并按下列顺序排列：

（1）截至当月末已编制的施工文件和已实施的工程的估算合同价值（包含变更）；

（2）由于立法变更应增加和减扣的任何款额；

（3）保留金减扣额按投标书附录中标明的保留金百分率乘以上述款额的总额得出，减扣至保留金限额为止；

（4）预付款的支付和偿还应增加和减扣的任何款额；

（5）为工程设备和材料应增加和减扣的任何款额；

(6) 根据合同（包括争端仲裁的规定），应付的任何其他的增加额和减扣额；（除去误期损害赔偿费）

(7) 对所有以前的期中支付证书中证明的款额的扣除。

2. 支付表 (13.4)

若合同包括一份支付计划表，所列明的合同价格将分期支付，则：

(1) 在此支付表中所列的分期支付额应被用于确定（三）1（1）中所述的合同价值；

(2) 如果实际进度落后于支付表中分期支付所依据的进度情况，业主代表有权与承包商协商修正此表。

此时下面3的规定将不适用。

3. 用于永久工程的工程设备与材料的预支款 (13.5)

期中支付证书还应包括：已运至现场为永久工程配套的工程设备与材料的预支款项；但当此类工程设备与材料已构成永久工程时，则应包括一项扣除款额。（因为总价合同已包括工程设备和材料费用）。业主代表应根据以下规定来决定每笔预支和扣除的款额：

(1) 如果业主代表认为已作到下列各点，则应在期中支付证书中包括预支款额：

1) 工程设备与材料符合合同要求；

2) 工程设备已运至现场，并采取了恰当的保护措施；

3) 承包商按业主代表批准的格式对有关工程设备与材料的要求、订单、收据和使用记录进行保存，且可随时供业主代表检查；

4) 承包商已提交了购买工程设备与材料及运至现场的费用报表，同时提交了该费用的证明文件；

5) 工程设备与材料均属投标书附录中所列之内容；

(2) 在业主代表审查完此类工程设备与材料的合同价值之后，他将确定有关费用，预支款额为该费用的80%；

(3) 当任何工程设备与材料已构成永久工程时，上述预支款额应扣除。

(四) 期中支付证书的颁发 (13.6)

在业主收到履约保证之后，业主代表才为期中付款开具支付证书或予以支付。此后，在收到承包商的报表和证明文件后的28天内，业主代表应向业主发送一份期中支付证书，列出他认为应支付承包商的金额，同时将一副本颁发给承包商。但若被开具证书的净金额（在扣除保留金及其他应扣款额之后）少于投标书附录中规定的期中支付证书的最低限额，则业主代表不向承包商开具支付证书。

期中支付证书不得由于缺陷或有争议而被全部扣发；如果承包商所提供的物品或已完成的工作有缺陷时，可扣除修正或重置费用，如果对申请款项中的某部分有争议，应为无争议的部分颁发支付证书。

业主代表有权在任何支付证书中对任何以前的证书进行恰当地改正或修正。

(五) 支付

1. 支付时间 (13.7)

业主应从业主代表收到承包商的报表及证明文件之日起56天内向承包商支付证书中开具的款额；业主应从颁发最终支付证书起56天内支付证书中开具的款额。

2. 延误的支付 (13.8)

如果应支付的任何款额被延误支付，承包商应有权就未付款额按月计算复利收取延误期的融资费。除非在专用条件中另有规定，此融资费应以年利率为支付货币所在国中央银行的贴现率加上三个百分点进行计算。承包商有权得到此类付款，且不损害他的任何其他权利或补偿。

3. 保留金的支付（13.9）

与"红皮书"相同，当合同期限期满时，业主代表应将保留金的另一半归还给承包商。

（六）竣工报表（13.10）

承包商应向业主代表提交竣工报表的有关要求与"红皮书"（60.5款）相同。

（七）申请最终支付证书（13.11）

承包商应向业主代表提交最终报表草案的内容与解决争议的程序与"红皮书"（60.8款）相同。

（八）结清单（13.12）

有关规定与"红皮书"60.7款相同。

（九）最终支付证书的颁发（13.13、13.14）

在接到最终报表及书面结清单后28天之内，业主代表应向业主发出一份最终支付证书，有关内容同"红皮书"，除非和承包商在最终报表及竣工报表中已包括索赔事宜，否则业主不对承包商负有责任。

（十）外币支付的计算（13.15）

如果合同价格仅用当地货币表示，但部分用外币支付时，则支付当地货币与外币的比例或数额，以及计算该款项所用的固定汇率应按投标书附录中的规定执行，如果在投标书附录中未注明汇率，除非专用条款另有规定，所采用的汇率为工程所在国中央银行规定的在基准日期通行的汇率。

（十一）立法的变更（13.16）

如果在基准日期之后，由于工程所在国的立法变更导致费用的增减，则合同价格应作出相应调整，如果承包商由于基准日期后所作的立法变更而遭延误和承担额外费用，则业主应给予承包商以延长工期和额外的费用补偿。

十四、变更

（一）有权变更（14.1）

在合同期限内的任何时间，业主代表可通过发布指示或要求承包商递交建议书的方式提出变更。如果要求承包商递交建议书而随后又决定不进行变更，则承包商可要求费用补偿。

业主代表批准变更之前，承包商不应对工程进行任何更改和修改。如果施工文件或工程不符合合同，对此进行的矫正（Rectification）不应构成变更。

（二）价值工程（Value Engineering）（14.2）

如承包商认为某一建议能降低工程的施工、维护和运行费用，或对业主来说能提高竣工的工程效率或价值或带来其他利益，则承包商可在任何时候向业主代表提交此类建议书。

（三）变更的程序（14.3）

如果业主代表在发布任何变更指示之前要求承包商提交一份建议书，则承包商应尽快提交，内容包括：

(1) 拟定的设计和将要实施工作的说明书以及工作实施的进度计划，以及对进度计划

作出任何修改的建议。以及

（2）承包商对调整合同价格、竣工时间和（或）修改合同的建议。

如果业主代表指示或批准变更，他应与承包商协商之后，决定调整合同价格、竣工时间以及支付表，合同价格的调整应包括合理的利润以及承包商编制建议书的费用。

（四）以适用的货币支付（14.4）

如果合同规定合同价格以一种以上的货币支付，则在确定合同价格调整时应考虑变更工作费用的实际与预期的货币比例，且不受合同价格所规定的各种货币比例的限制。

（五）暂定金额（14.5）

暂定金额仅由业主代表决定其使用。暂定金额可用于：

（1）由承包商实施工作，包括提供工程设备、材料或服务，按变更的程序估价；

（2）由承包商购买工程设备、材料或服务，为此在支付款项时应考虑：

1）承包商已支付的（或将支付的）实际价格，以及

2）根据投标书附录的规定，已支付的（或将支付的）实际价格的一个百分比，以包括其他费用，收费和利润。

当业主代表要求时，承包商应出示报价单、发票、凭证以及账单或收据，以示证明。

十五、承包商的违约

（一）通知改正（15.1）

一般在承包商未能根据合同履行他的任何义务或实施工程时，应给予改正的机会，业主代表可通知承包商，要求他在一规定的合理时间内改正此类过失。

（二）终止（15.2）

构成承包商违约的条件与"红皮书"63.1款中的规定基本相同，只是增加了一条：未能在工程设计中投入足够的设计能力以使工程在竣工期限内竣工。

在此情况下，业主对承包商的终止雇用，逐出现场以及可使用承包的施工文件，设计文件和承包商的设备用于工程继续施工等规定均与"红皮书"相同。在竣工时，业主代表应通知承包商，将其设备及临时工程退还给承包商，承包商应自费安排撤离。

（三）终止日的估价和支付（15.3、15.4）

与"红皮书"63.2、63.3款规定基本相同。

（四）不允许贿赂（Bribes）（15.5）

如果承包商或其分包商、代理商或服务人员给予或提出给予任何人以任何贿赂、礼品、小费或佣金作为引诱或报酬，以企图使该人员采取或不采取与该合同或同业主签订的任何合同有关的行动；或使该人员对签订合同有关的任何人员表示赞同或不赞同，均可被认为是贿赂行为。

据此，业主可在向承包商发出通知14天后，终止对承包商的雇用，并将其逐出现场。此类终止和驱逐可视为承包商违约，有关的所有规定均适用。

十六、业主的违约

（一）承包商有权暂停工作（16.1）

如果业主在支付条款规定的支付时间期满后21天内未能按业主代表开具的支付证书向承包商支付应付的款额，并且未说明理由，则承包商可在提前7天以上通知业主（副本交业主代表）后，暂停工作或降低工作速度，此行动不应影响承包商得到应支付款利息和

终止合同的权利。如果承包商根据本款规定暂停工作或降低工作速度而造成拖期和（或）导致发生费用，则业主代表应同意或决定给予承包商任何延长的工期，以及将该费用加上合理的利润加入合同价格。

如在承包商暂停工作或降低速度后，业主即支付了应付的款额和利息，若此时承包商尚未发出终止通知，则承包商应尽快恢复正常工作。

（二）终止（16.2）

如果业主

（1）在支付款规定的支付时间期满后42天内，未能按业主代表开具的任何支付证书向承包商支付应付的款额；或

（2）破产或无力偿还债务，或停业清理等，或

（3）一直未履行合同中业主的义务，或

（4）未经承包商的同意转让合同，或

（5）业主一方确定的持续的暂时停工超过84天，而承包商要求在28天内复工未获得许可，且暂停影响到整个工程，

则承包商在通知业主（副本送交业主代表）的情况下，可根据合同终止其受雇。此终止通知在发出14天后生效。

（三）停止工作及承包商设备的撤离（16.3）

根据"业主终止合同的权利"2.4款有关规定或16.2款终止合同后，承包商应

（1）停止一切进一步的工作，但应负责业主代表为保护已实施的那部分工程的安全而指示的可能必要的工作及保持现场整洁、安全所要求的工作，

（2）移交承包商已得到付款的所有施工文件、工程设备与材料，

（3）移交至终止日期为止承包商已实施的其他部分工程，以及

（4）撤离现场上所有承包商的设备，并遣返承包商的所有职员和劳工。

任何此类终止不应损害承包商根据合同应享有的其他权利。

（四）终止时的支付（16.4）

根据本条终止后，业主应退还履约保证，并应向承包商支付19.6款中按不可抗力事件持续182天时计算和开具的款额，同时加上因终止合同承包商可能遭受的任何损失或损害（包括利润损失）的款额。

十七、风险和责任

（一）保障（17.1）

承包商应保障和保护业主、业主代表、他们的承包商、代理人以及雇员免遭由工程（包括承包商提供的专业服务）导致的一切索赔、损害、损失和开支。

这些保障义务应限于由于承包商或其雇员不履行法定的照管职责而导致的人员伤亡、生病、病疫或物资财产（工程除外）的损伤或毁坏所引起的索赔、损害、损失及开支。

（二）承包商对工程的照管（17.2）

有关规定和要求与"红皮书"20.1、20.2款基本相同。

（三）业主与承包商的风险（17.3、17.5）

业主的风险的范围与"红皮书"20.4款的内容对比，除"设计不当造成的损失"不属业主风险而应由承包商承担外，完全相同。承包商的风险指业主风险以外的所有风险。

（四）业主的风险造成的后果（17.4）

承包商应将他预见到或得知的业主的风险通知给业主代表。如果业主的风险使承包商延误工期和承担了费用，或承包商按业主代表的要求弥补风险损失或修复此类损害。承包商有权获得任何延长的工期，以及有关费用的补偿，并将之加入合同价格。

（五）责任限度（17.6）

在任何情况下，承包商均不负责向业主赔偿业主可能遭受的且与合同有关的工程的任何部分的使用损失、生产损失、利润损失或任何合同损失或损害。承包商根据合同对业主的全部责任不应超过合同价格。但承包商应对以下各项承担责任：

（1）承包商使用现场供应的电、水、气及其他设施的风险和费用；使用业主提供的机械和材料的照管和费用；有关使用专利权的责任和费用；工程交付误期的损害赔偿费以及承担未能通过竣工检验的有关责任；或

（2）在合同的任何其他规定中明文规定的更大的责任；或

（3）欺诈、恶意的错误行为或违法行为所导致的责任；或

（4）由于他们的行为或遗漏所导致的责任。

十八、保险

（一）设计保险（18.1）

承包商应为其由于工程设计中的专业疏忽而导致的责任投保专业保障险，并保持此项保险在整个责任期间完全有效。此类保险的最低限额不应少于投标书附录中规定的数额。

（二）工程和承包商的设备的保险（18.2）

承包商应以业主、承包商及其分包商的联合名义为施工文件、工程设备、材料和工程投保，同时也为承包商的设备投保，使其免受一切损失或损害。此保险不包括业主的风险，该保险的最低限额与投保期限同"红皮书"21条、22条。如果由于颁发移交证书前发生的原因以及承包商应负责的损失或损害，则承包商应将此类保险的有效期延至履约证书颁发之日期。

上述保险应保证承包商的每项设备运往现场过程中以及设备停留在现场或附近期间，均处于被保险之中。

（三）人员伤亡和财产损害的保险（18.3、18.4）

承包商应以业主、承包商及分包商的联合名义为履行合同引起的并在履约证书颁发之前发生的任何物资财产的损失或损害，或任何人员的伤亡办理第三方保险。承包商应为由于承包商或分包商雇用的任何人员办理保险的规定同"红皮书"24条。

（四）有关保险的总的要求（18.5）

每份保险单应与合同生效日期前以书面形式达成的总条件保持一致，承包商应在投标书附录中规定的各个期限内，向业主提交已生效的保险证明以及有关保险单的副本，并通知业主代表。每份保险单应规定按照修复损失或损害所需的货币类型进行赔偿。

没有业主的事先批准，承包商不得对保险条款作出实质性的变动。

如果承包商未按合同要求办理保险并使之保持有效，业主可办理保险并从承包商处收回该笔保险费。

十九、不可抗力（Force Major）

（一）不可抗力的定义和影响（19.1、19.2）

"不可抗力"系指业主和承包商无法控制的事件,这类事件使合同一方的履约已变为不可能或非法。不可抗力包括的内容与"红皮书"65.2款中特殊风险的内容基本相同,但增加了"天灾"一项,减去了"超音速飞机的压力波"一项。

(二)发生不可抗力事件时的责任(19.3、19.4)

1. 承包商的责任

如果承包商认为某一事件已构成不可抗力并可能影响其履行义务,他应立即通知业主代表,并在可行时,尽力继续履行其义务。承包商还应将他的建议(包括合理的履约替代方法)通知业主代表,但未经业主代表的同意,承包商不得实施此类建议。

2. 业主的责任

如果业主认为某一事件已构成不可抗力并可能影响其履行义务,他应立即通知承包商和业主代表,并在可行时尽力继续履行其义务,业主还应将他的任何建议通知业主代表和承包商,目的在于完成工程以及减少业主和承包商任何增加的费用。

(三)对承包商的付款(19.5)

如果由于不可抗力使工程遭受损失和损害,承包商有权将不可抗力事件发生前按照合同所完成的工程的费用包括在期中支付证书中,如果承包商在发生不可抗力事件后继续履行他的责任导致了附加费用,则该费用应由业主代表决定并加入合同价格。

(四)可选择的终止、支付及返回(19.6、19.7)

如果某一不可抗力事件发生且持续了182天,则尽管延长了工期,业主或承包商中任何一方可向对方发出终止合同的通知,并在该通知发出28天后生效;若在28天的期限结束时,不可抗力仍在持续,合同即告终止。如果根据不可抗力事件终止合同;或在业主有权终止合同时;或在业主违约情况下合同被终止时;或根据法律,业主和承包商双方均被解除进一步履约时,均应由业主代表决定已完成的工作的价值,以及订购的工程设备、材料费用,临时工程和承包商设备撤离费用,人员遣返费用以及其他应付款项和费用,具体规定与"红皮书"65.8款特殊风险情况下合同被终止时的支付规定基本相同。

在上述情况下,应按有关支付规定颁发一份期中支付证书。

二十、索赔、争端与仲裁

(一)索赔(20.1、20.2)

有关索赔的申请,保持同期纪录,提交详细报告,索赔事件具有连续影响时的处理办法以及对索赔的支付的各种规定和程序等均与"红皮书"53条相同。

(二)争端与仲裁

在"红皮书"中规定合同双方有争端时首先将争端提交给工程师,由工程师充分听取双方意见后提出建议,在工程师的建议未被接受的情况下,才将争端提交仲裁。"桔皮书"中业主代表类似业主的代理人,因而在发生争端时将采用争端裁决委员会(Dispute Adjudication Board,以下用 DAB)的方式来处理争端事宜。

1. DAB 的组成(20.3)

(1)任命 DAB 的前提条件应为以下四点;

1)在 FIDIC 出版的范例条款中规定采用 DAB;

2)要求 DAB 的每位成员在整个任命期间独立于合同中的任何一方;

3)要求 DAB 行为公正,并遵守合同;

4）合同双方相互之间保证，同时双方均对 DAB 做出保证：在任何情况下，合同双方应保证 DAB 成员与所裁决的索赔无关。

2. DAB 的工作程序

图 7-3 中用图示方法介绍采用 DAB 方式解决争端的规定与程序。

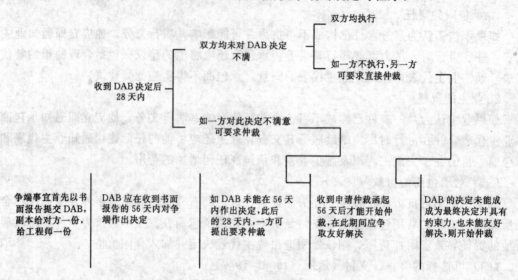

图 7-3 采用 DAB 方式解决争端的规定与程序示意图

3. DRB 与 DAB 的对比

由于在第 4 章中对世行的 DRB 的有关规定已作了较详细的介绍，下面采取列表的方法对世行 DRB，"桔皮书"中 DAB 和"红皮书"（96 年增补版）中 DAB 的有关主要规定作一对比。由表 7-1 可看出三者共性大于个性。

4. 仲裁

与"红皮书"69.3 款规定基本相同

DRB 与 DAB 的主要规定对比表 表 7-1

内容	DRB	DAB（桔皮书）	DAB（红皮书96年增补）
1. 委员的选定	（1）在中标通知书签发日期后 28 天内，双方各推选 1 名委员，再由这二人推选第三人，但需征得对方批准 （2）如推选有困难或对方未批准，由投标书附录中指定的权威机构选定委员	（1）在合同生效后 28 天内推选委员，其余同 DRB （2）同 DRB	（1）在开工日期后 28 天内推选委员，其余同 DRB （2）同 DRB
2. 工作程序	（1）合同一方将工程师未能解决，而与合同另一方也不能协商解决的争端以"建议书申请报告"的形式提交 DRB （2）DRB 在收到该"报告"后应于 56 天内提出"解决争端的建议书" （3）合同双方收到"建议书"后 14 天内未要求仲裁，即应执行 （4）如任一方对"建议书"不满或 DRB 在 56 天内未能提出"建议书"则可在 14 天内提出仲裁要求 （5）没有 DAB 要求友好解决的规定	（1）同 DRB （2）同 DRB （3）合同双方收到"建议书"后 28 天内未要求仲裁，即应执行 （4）如任一方对"建议书"不满或 DAB 在 56 天内未能提出"建议书"则可在 28 天内提出仲裁要求 （5）收到要求仲裁函 56 天后才开始仲裁，在此期间应争取友好解决	（1）同 DRB （2）DAB 在收到该"报告"后应于 84 天内提出"解决争端的建议书" （3）同 DAB（桔皮书） （4）同 DAB（桔皮书） （5）友好解决过程中 DAB 成员不得参与（除非 DAB 已终止）。FIDIC 有一个调解员名单，双方可从中选择一致同意的调解员协助友好解决

续表

内容	DRB	DAB（桔皮书）	DAB（红皮书96年增补）
3. 委员报酬	（1）月聘请费：等于"解决投资争端国际中心（ICSID）"制定的仲裁员日工资的三倍；或由委员与业主和承包商协商决定 （2）日薪：指委员由住地到工地的路费以及现场工作的时间，每日薪金等于ICSID仲裁员日薪；或三方商定的日薪 （3）旅差费、通讯费等报销 （4）委员的税金 （5）以上（1）至（4）项费用由业主和承包商各承担一半	（1）月聘请费：同DRB （2）日薪：同DRB （3）未提到 （4）未提到 （5）同DRB	同"桔皮书"
4. 委员工作的终止	（1）在下列情况下终止例行工作： 1）最后一个缺陷责任期已结束；或 2）业主已将承包商逐出现场 不论上述任一情况，DRB应将对以前争端的"建议书"送交双方和工程师 （2）如DRB已终止日常工作，但仍留来处理合同任一方的争端申请时，按本表中3.（2）、（3）、（4）和（5）支付报酬	（1）在业主和承包商双方同意下终止对DAB的委任，在结清单生效时，或在合同双方约定的其他时间DAB任期终止 （2）DAB任期终止后则任何争端均通过仲裁解决 （3）未提及终止日常工作后留下来处理争端的支付办法	（1）在业主和承包商双方同意下终止对DAB的委任 （2）同"桔皮书" （3）同"桔皮书"

第5节 FIDIC业主/咨询工程师标准服务协议书简介（1990年版）

FIDIC在1979年和1980分别编写了三本业主与咨询工程师协议书的国际范本。一本是被推荐用于投资前研究及可行性研究（简称IGRA 1979 P.I）；另一本被推荐用于设计和施工管理（简称IGRA 1979 D&S）；第三本被推荐用于项目管理（简称IGRA 1980 PM）。在经过十年的实践之后，FIDIC在国际上广泛征求了对此类服务的建议基础上又编制了一本新的"业主与咨询工程师标准服务协议书"（Client/Consultant Model Services Agreement，本节内简称"服务协议书"）。下面的介绍以这本1990年最新的文本为准。

"标准协议书"包括第一部分——标准条款和第二部分——特殊应用条款。标准条款对任何类型的咨询服务都通用，而特殊应用条款则应针对某一具体咨询服务项目确定其内容。附件A（服务范围）、附件B（业主提供的职员、设备、设施和其他人员的服务）、附件C（报酬与支付）要根据每个服务项目具体编制，但均属于服务协议书的一部分。

"标准协议书"有一份供双方签订的协议书格式。

"标准协议书"的第一部分标准条件共包含九个方面，44条，下面对标准条件的有关内容作一简介。标题后括号内的数字为原文各条款编号。

一、定义与解释（1、2）

定义部分对"项目"、"服务"、"工程"、"业主"、"咨询工程师"、"一方与各方"、"协议书"、"日"、"月"、"当地货币和外币"、"商定的补偿"等词下了定义。

"服务"（Services）指咨询工程师协议书所履行的服务，包括正常的服务、附加的服务和额外的服务。

"工程"（Works）指为完成项目所实施的永久工程（包括提供给业主的货物和设备）。

"协议书"（Agreement）指包括业主/咨询工程师标准服务协议书第一、二部分的条件以及附件A、附件B、附件C、中标函和正式签订的协议书，或在第二部分中的其他规定。

其余定义不一一介绍。

如果服务协议书中的规定之间产生矛盾，按年月顺序以最后编写者为准。

二、咨询工程师的义务（Obligations of The Consultant）

（一）咨询工程师的服务（3、4）：分为三类

(1) 正常的服务（Normal Services）：指附件A中规定的与项目有关的服务内容。

在"IGRA 1980 PM"的附件A中列举的正常服务的内容是很广泛的。包括：

1）工程技术方面：如进行可行性研究；各种方案的成本效益分析；建立设计标准；进行初步设计费用估算；进行详细设计；准备技术规范；准备设计图纸；开列设备清单；进行勘测；提出劳力和进度计划；编制预算；提出质量保证措施；编写运行和维修手册等。

2）采购：施工合同，设备，材料订货以及供应的组织和检查等。

3）技术监督和检查：检查工程的设计、材料、操作工艺以及施工质量、数量等。

4）施工管理：即受雇于某公司并为之管理工程，包括质量控制，成本控制，计划控制等。

5）接受委托进行人员培训，开工准备等。

根据实际情况确定服务项目后，还要说明授权的级别和职责范围，以及有关工作"程序"的要求（如编写报告的类型，间隔期）等。

(2) 附加的服务（Additional Sirvices）指在附件A中所述的或双方书面商定的另外附加于正常服务的那一类服务内容。诸如：当服务完成后交还由业主提供的用于服务的物品；当业主未能提供服务人员时，由咨询工程师提供服务所需的职员；应业主要求提出更改服务内容的建议等等。

(3) 额外的服务（Exceptional Services）当出现根据协议书不应由咨询工程师负责的特殊情况时，使咨询工程师不能履行其职责，并因之出现撤消、暂停服务，或再恢复服务时，此时除正常的或附加的服务之外，咨询工程师需做的任何工作和支出的费用均应被视为额外的服务。咨询工程师有权得到为此所需的额外的时间和费用。

（二）咨询工程师应认真负责地行使职权（5、6）：

咨询工程师在工作时应运用他的技术和能力，认真而勤奋地工作。

在业主与任何第三方（如承包商）签订的合同需要时，咨询工程师应按照合同中所授职权在业主和第三方之间公正地进行工作，包括签发各类证书，作出决定或处理某些具体问题。但这只是作为一名独立的专业人员按照合同规定履行职权，而不是作为仲裁人。

如果业主授权，咨询工程师甚至可变更任何第三方的义务。但对于可能对费用，质量和时间有重大影响的任何变更，心须事先征得业主批准（特殊紧急情况除外）。

任何由业主提供或支付的供咨询工程师使用的物品都属于业主的财产。服务完成后，就要将未使用的物品移交业主。此类移交应被视为附加的服务。

三、业主的义务（Obligations of The Client）（7～12）

业主的义务包含以下五个方面：

（1）业主应免费向咨询工程师提供他能获取的并与服务有关的一切资料；

（2）业主应及时对咨询工程师请示的事宜作出决定；

（3）业主应对咨询工程师及其职员提供如下帮助：

1) 出入境和居留所需文件；

2) 涉及执行服务所需要的通道；

3) 个人财产及服务所需物品的进出口及海关结关；

4) 发生意外事件时的遣返；

5) 允许个人使用的外币带入该国以及将服务中所赚外币带出该国；

6) 提供与其他组织相联系的渠道，以便咨询工程师收集他要获取的信息。

（4）业主应自费向咨询工程师提供服务所需的设备和设施。

（5）业主应自费从其雇员中向咨询工程师提供职员。凡涉及服务时，这些职员只应从咨询工程师处接受指示。同时业主还应自费安排其他人员提供服务。

（4）、（5）两点中的要求均应在附件 B 中明确规定。

四、职员（Personnel）（13、14、15）

职员是指咨询工程师为了执行服务协议书所需的工作人员。

（1）职员的提供：由咨询工程师提供的职员的资格或业主提供的职员的资格均应得到对方认可。如果业主未能提供服务必须的，应由他负责提供的职员，则可由咨询工程师安排提供此类职员，但应作为附加的服务。

（2）代表：双方均应指定一人作为其代表与对方联系。

（3）职员的更换：

1) 如果有必要更换任何人员，负责任命的一方应安排一位具有同等能力的人员，更换费用由负责任命的一方承担。

2) 如果此类更换是由对方书面提出并讲明了要求更换的理由，但经查实此人没有渎职或不能胜任等问题时，则应由提出要求的一方承担更换费用。

五、责任和保险（Liability and Insurance）（16～20）

主要规定了在双方之间，当某一方违背自己的责任时，有关赔偿，保障、保险等问题。

（1）双方之间的责任：如果咨询工程师未按协议要求的职责勤恳，认真地工作，或业主违背了他对咨询工程师的责任时，均应向对方赔偿。赔偿的原则如下：

1) 此类赔偿应限于由于违约所造成的，可合理预见到的损失或损害的数额。

2) 在任何情况下，赔偿的数量不应超过"赔偿的限额"（见下面（3）、1)

3) 如果任一方与第三方共同对另一方负有责任时，则负有责任的任一方所支付的赔偿比例应限于由其违约所负责的那部分比例。

（2）责任的期限：如果不在第二部分中规定的期限内或法律规定的更早的日期前正式提出赔偿，则任一方均不对由任何事件引起的任何损失或损害负责。

（3）赔偿的限额和保障；

1) 赔偿的限额：任一方向另一方支付的赔偿不超过第二部分中规定的限额。但此限额不包括逾期未向咨询工程师付款而应支付的利息和双方商定的其他赔偿。如果另外支付的赔偿总计超过上述规定的限额，则一方应放弃对另一方的索赔要求。

如果一方向另一方的索赔要求不成立，则提出索赔的一方应补偿由此所导致的对方的各种费用。

2）保障：如果法律允许，业主应保障咨询工程师免受一切索赔造成的不利影响，包括由协议引起的或与之有关的第三方提出的此类索赔。

但由于故意违约或粗心导致的渎职，或与履行合同义务无关的事宜引起的索赔不受上述保障和赔偿限额的限制。

（4）对责任的保险与业主财产的保险；

业主可要求咨询工程师对下述问题进行保险，费用由业主负担。

1）对协议书条款规定的咨询工程师的责任进行保险以及业主要求的追加保险；

2）对第三方责任进行保险以及业主要求的追加保险；

3）对业主提供或支付的财产及其使用进行保险；

4）其他保险。

六、协议书开始、完成、变更和终止（Commencement, Completion, alteration and Termination of The Agreement）（21～29）

（1）协议书的生效：从咨询工程师收到业主发给他的中标函之日或正式协议书最后签字之日，协议书生效日期以上二日期中晚者为准。

（2）开始和完成：以第二部分中订明的开始和完成时间为准。如协商延期除外。

（3）更改：任一方申请并经双方书面同意时，可对协议书进行更改。

如果业主要求，咨询工程师可提出更改服务的建议，此类建议的服务和移交应作为一项附加的服务。

（4）延误：如果由于业主或其承包商使服务受到阻碍或延误，以致增加了服务的工作量或持续时间，则咨询工程师应将此情况与可能产生的影响通知业主，增加的服务应视为附加的服务，完成服务的时间应相应地予以延长。

（5）情况的改变：如果出现不应由咨询工程师负责的情况，而致使他不能负责或不能履行全部或部分服务时，他应立即通知业主。

如果因而不得不暂停某些服务时，则该类服务的完成期限应予以延长，直到此种情况不再持续。还应加上用于恢复服务的一个合理期限（如 42 天）。如果因而不得不降低服务的速度，则服务的完成期限也应予以延长。

（6）撤消、暂停或中止：

1）业主有权在至少 56 天之前通知咨询工程师全部或部分暂停服务或中止协议，此时咨询工程师即应安排停止服务并将开支减至最小。

2）如果业主认为咨询工程师没有正当理由而未履行其义务时，他可通知咨询工程师并指出该问题。若在 21 天内业主未收到满意的答复，他即可在第一个通知发出后 35 天内发出进一步的通知，终止本协议。

3）如果发生下述两种情况：

①当业主对咨询工程师的支付超过 30 天尚未支付时，或

②暂停服务期限已超过 182 天时。

咨询工程师可向业主发出通知指出上述问题，过 14 天后可进一步通知业主，或在 42 天

后终止服务协议,或暂停履行部分或全部服务。

4)协议的中止并不损害和影响各方应有的权利或索赔以及责任。

七、支付(Payment)(30~35)

有关具体规定均应列入附件C中。

(一)对咨询工程师的支付

(1)业主应按合同条件和附件C规定的细则向咨询工程师支付正常的服务的报酬,并按附件C规定的费率和价格支付附加的服务的报酬。

(2)业主应向咨询工程师支付额外的服务的报酬。

(二)支付的时间

应该在第二部分中规定的时间内向咨询工程师支付应给予他的报酬,如未能支付,则应按第二部分中规定的利率支付利息。

(三)支付的货币

(1)业主应按第二部分中规定的货币及汇率向咨询工程师支付,并保证咨询工程师将其为业主服务所得收入迅速汇出国外。

(2)如果在服务期间发生了下述情况如:

1)阻止或延误咨询工程师把为业主服务收到的为当地货币或外币汇出国外;或

2)在业主所在国内限制得到或使用外币;或

3)在咨询工程师为了用当地货币开支,从国外向业主所在国汇入外币,而随后把总额相同的当地货币再汇出国外时,对其征税或规定不同的汇率,从而阻止咨询工程师履行服务或使他受到财务损失;

此时业主应努力解决上述问题,否则应按六、(5)"情况的改变"来处理。

(四)第三方对咨询工程师的收费

(1)除另有规定外,当咨询工程师及其职员为执行本协议而遇到该国政府或授权的第三方要求收费时,业主应为他们办理以下事项的豁免:他们的报酬;他们进口的物品(食品和饮料除外);用于服务的进口物品和文件。如业主未能成功地办理上述豁免时,他应偿付咨询工程师支付的这一类款项。

(2)如进口用于服务的物品不再需要时,没有业主的同意,不能在项目所在国出卖上述物品。并且规定,在向业主支付从政府或授权的第三方收到的退款或退税后,才能出口上述物品。

(五)有争议的发票

如果业主对咨询工程师提交的发票中的某一部分提出异议,业主应立即发出通知说明理由,但不得延误支付发票中的其他款项。提出异议的部分如果最终仍应支付给咨询工程师时,应计付利息。

(六)独立的审计

咨询工程师应保存能清楚地证明有关时间和费用的全部记录。

除固定总价合同外,服务完成后12个月内,业主可指定一家有声誉的会计事务所对咨询工程师申报的任何金额进行审计。

八、一般规定(General Provisions)(36~42)

(一)语言和法律:

应在第二部分中规定协议书的语言，主导语言和应遵循的法律。

（二）立法的变动

订立协议之后，如因服务所在国的法律变动而引起服务费用或服务期限的改变，则应相应地调整商定的报酬和完成的时间。

（三）合同的转让和分包

（1）没有业主的书面同意，咨询工程师不得将协议涉及到的权益转让出去（款项除外）。

（2）没有对方书面同意，任一方均不能将协议规定的义务转让出去。

（3）没有业主的书面同意，咨询工程师不得开始实行、更改或终止履行有关服务的任何分包合同。

（四）版权

咨询工程师对由他编制的所有文件拥有版权。但业主有权为了工程和预定的目的使用或复制此类文件，而不需要取得咨询工程师的许可。

（五）利益的冲突

除非业主另外书面同意，咨询工程师及其职员不应接受协议书规定以外的从项目中得到的利益或与项目有关的报酬。

咨询工程师不得参与可能与协议书中规定的业主利益相冲突的任何行动。

（六）出版

咨询工程师可单独或与他人联合出版有关工程和服务的材料。但如在服务完成后二年内出版时，应得到业主的批准。

九、争议的解决 (Settlement of Disputes)（43、44）

（一）对损失或损害的索赔

因违反或终止协议书而引起的对损失或损害的任何赔偿，应在业主和咨询工程师之间达成一致意见，否则应提交仲裁。

（二）仲裁

由协议书引起的或与之有关的任何争议或索赔，或违约，或终止协议书，或使之无效，均应按第二部分有关规定，通过仲裁解决。

思 考 题

1. 如何运用 FIDIC 编制的合同条件？
2. 工程师为什么要独立和公正？
3. FIDIC "红皮书"中一般分包商与指定分包商有什么不同？
4. 遇到特殊风险时，承包商可得到的支付条件与平时的支付条件有何不同？
5. 变更时的费用如何确定？
6. FIDIC 对解决争端的规定有什么特点？
7. 分包合同的索赔与主合同的索赔有什么联系与区别？
8. 分包合同的支付与主合同的支付有什么联系与区别？
9. FIDIC "桔皮书"中的业主代表的主要职责是什么？与"红皮书"中工程师有什么相似之处和区别？
10. FIDIC "桔皮书"中承包商的职责是什么？
11. FIDIC "桔皮书"中为什么规定业主有权终止合同，但终止后如果没有承包商的同意6年内不得重新开工？

12. FIDIC"桔皮书"的预付款支付和偿还条件有何特点？
13. 世行 DRB 和 FIDIC DAB 有哪些相同和不一致之处？
14. 试总结 FIDIC"白皮书"条款中规定的哪些情况属于附加的服务，哪些情况属于额外的服务。
15. FIDIC"白皮书"在保证对咨询工程师的支付方面有哪些规定？
16. 试对比业主义务和咨询工程师的义务。

第 8 章 ICE 与 AIA 编制的合同条件

本章介绍了国际上另外两个权威性的而且应用广泛的合同条件：ICE 合同条件与 AIA 合同条件。由于 FIDIC 合同条件与 ICE 合同条件有许多相似之处，因而只介绍了不同之处并指出相同之处。第 2 节中首先对 AIA 的系列标准合同文件进行介绍，再详细地介绍 AIA 的核心文件——A201。

第 1 节 ICE 合 同 条 件

一、英国土木工程师学会简介

英国土木工程师学会（The Institution of Civil Engineers，缩写为 ICE）是设于英国的国际性组织，拥有包括从专业土木工程师到学生在内的会员 8 万多名，其中五分之一在英国以外的 140 多个国家和地区。ICE 是根据英国法律具有注册资格的教育、学术研究与资质评定的团体。创立于 1818 年的 ICE，已经成为世界公认的学术中心、资质评定组织及专业代表机构。ICE 出版的合同条件目前在国际上亦得到广泛的应用。ICE 的通讯地址是：

One Great George Street ，Westminster，London SW1P 3AA，UK

二、英国 ICE 系列合同条件

英国土木工程师学会（ICE）在土木工程建设合同方面具有高度的权威性。它编制的土木工程合同条件在土木工程界有广泛的应用。除了 ICE 外，还有英国咨询工程师协会（ACE），土木工程承包商联合会（FCEC）等参与制定 ICE 合同条件。

FIDIC"红皮书"的最早版本来源于 ICE 合同条件，因此可以发现二者有很多相似之处。ICE 合同条件属于单价合同格式，同 FIDIC "红皮书"一样是以实际完成的工程量和投标书中的单价来控制工程项目的总造价。ICE 也为设计－建造模式制定了专门的合同条件。同 ICE 合同条件配套使用的还有一份《ICE 分包合同标准格式》，规定了总承包商与分包商签订分包合同时采用的标准格式。

三、《ICE 合同条件（土木工程施工）》内容简介

以下为《ICE 合同条件（土木工程施工）》（1991 年 1 月第六版）条款内容的简要介绍。为了便于读者在需要时查阅原文，在标题后括号内的数字为 ICE 原文的条款编号。

（一）工程师及工程师代表

1. 工程师的职责与权力（2.1、2.2、2.7、2.8）

工程师应按照合同的规定行使权力，通常情况下无权修改合同，也无权解除承包商所应承担的义务。合同中指定的工程师应是英国皇家注册工程师，否则该工程师应授权某皇家注册工程师代替其承担合同规定的全部责任。

工程师应在合同规定的权限内对有关事务做出公正处理。

2. 工程师代表和助理（2.3、2.4、2.5）

有关工程监理人员分为三个层次,工程师可将其职责与权力委托给工程师代表或助理,这种委托及其撤销必须以书面形式进行,在处理各类问题时的职责等规定均与FIDIC"红皮书"2.2、2.3、2.4款规定相同。

3. 指示（2.6）

关于工程师口头指示与书面指示的规定与FIDIC"红皮书"2.5款相同。

（二）转让与分包

对分包商的管理和控制是合同管理的重要内容。英国的指定分包制度是其合同管理的特色之一。

1. 转让（3）

业主和承包商均可将合同或合同的某一部分或权益转让出去,但这种转让必须得到另一方的书面同意。合同中特别指出,不得无故拒绝转让。

2. 分包（4）

事先未得到业主同意时,承包商不得将整个工程分包出去。合同要求承包商在其分包商进入现场或进行委托的设计之前将分包商的名称及地址通知工程师,但并不要求得到工程师的批准。如果分包商只提供劳务,承包商则不必将其名称及地址通知工程师。

如果工程师发现分包商不称职或者其行为危及项目的安全,工程师可书面要求承包商将该分包商撤换。重新雇佣该被撤换的分包商时,必须得到工程师的批准。

承包商必须对分包商在工程项目中的一切行为负责。

3. 指定分包商（1.1（m）、58.2、58.3、59）

指定的分包商指按照合同或工程师的命令要求承包商雇佣的分包商。合同中指定的分包商通常负责完成主要成本的工程项目或采购等。工程师确定的指定分包商实施的工程或采购等通常由暂定金额支付。

工程师有权选定分包商作为指定分包商,但是这种指定不是强制性的。如果承包商提出正当理由,可以拒绝与指定分包商签订分包合同。指定分包商也有可能提出拒绝签订合同。如果指定分包商在合同实施期间出现失误,承包商可根据有关条款规定终止分包合同。在此情况下,工程师应当：

（1）重新选定另一名分包商,或

（2）对存在问题的工程、材料、服务等项目进行变更,或

（3）将相关的工程、材料、服务等交给业主雇佣的其他人员进行,但这种转让不能影响承包商负责该部分工作时所应得到的利润,或

（4）要求承包商推荐分包商并向工程师提交报价,或

（5）请承包商负责进行该部分的工作。

承包商应对指定分包商提供的服务负责。同时,指定分包商也应保证其行为不给承包商造成损失。

如果指定分包商工作发生失误而且承包商认为可以根据废止条款（Forfeiture Clause）终止分包合同或认为指定分包商放弃分包合同,则承包商应书面要求工程师批准终止该分包合同。经批准后,承包商可根据废止条款处理分包合同有关事宜。如工程师不批准,则应针对由此产生的后果向承包商发出指示,给予相应的工期和费用补偿。在工程师批准终止分包合同后,承包商应采取措施尽量减少损失。但如仍然给承包商造成了额外支出,业

主应给予承包商补偿。这一点是指定分包商与一般分包商的不同。可以将这一规定理解为业主为分包商的指定应承担的责任。

ICE合同规定有暂定金额（Provisional Sums）和主要成本（Prime Cost）。

这两笔资金的使用均与指定分包商有关，并需按照工程师的指示使用。暂定金额用于合同中未明确规定的项目，应按照工程师的指示，可由承包商或指定分包商来完成使用暂定金额的项目。主要成本指人工、材料等直接费用。

合同中对指定分包商负责完成的那部分工作的支付的特殊规定与FIDIC"红皮书"（59.4、59.5款）相同。

（三）合同文件（5、6、7）

构成合同的各种文件的含义应一致。在出现歧义的情况下，工程师应对其进行解释，并向承包商发出书面指示。

在授予合同时，应免费向承包商提供：四份合同条件、规范和工程量表；投标书格式附件中写明份数和种类的图纸。对于由承包商负责设计的永久工程，承包商应将四套图纸、规范等文件交给工程师。由业主或工程师提供的全部图纸、规范和工程量表的版权不属于承包商。而承包商提供的全部文件的版权则属于承包商。

对有关图纸的各项规定与FIDIC"红皮书"6.2、6.3、6.4、7.2、7.3款基本相同。工程师对承包商设计的部分永久工程等文件的批准并不解除承包商的任何责任。工程师将对承包商的设计与工程其他部分的结合与配套负责。

（四）承包商的一般义务

ICE条款的8～35条规定了承包商的一般义务。简述如下：

1. 承包商的主要责任（8、9）

与FIDIC"红皮书"8、9条相同。

2. 履约保证（10）

采用本条件所附的担保书格式。其余规定与FIDIC"红皮书"10.1款相同。

3. 投标书的依据及完备性（11）

与FIDIC"红皮书"11.1款相同。

4. 承包商的报批资料和工程师的批准（14）

在授予合同后21日内，承包商应编制一份准备实施的进度计划，提交给工程师批准。如果工程师不批准，则承包商应在21日内提交经修订后的进度计划。如果在21天内，工程师未表态，则可认为工程师已经接受了所提交的进度计划。

如果工程师发现工程实际进度与已批准的进度计划不符，可以要求承包商提交一份经修订的进度计划。

此外，承包商还应根据工程师的要求提交一份施工方法说明，请工程师批准。工程师应当向承包商提供与工程设计相关的设计标准。工程师应在收到资料后21日内予以书面批准。如果提出了异议，承包商应修改上述施工方法。

如果工程师拖延批准承包商的施工方法，或所提出的设计标准是有经验的承包商在投标时不能合理预见到的，从而使承包商产生了延误或费用，则工程师应根据合同规定给予承包商工期与费用的补偿，对附加工程还应考虑利润。

工程师接收承包商的进度计划、批准承包商的施工方法，并不解除承包商根据合同应承担的责任。

5. 承包商的雇员（15、16）

对承包商在工地的授权代理和雇员的有关规定与FIDIC"红皮书"（15.1，16.1，16.2款）相同。

6. 放线与钻探（17、18）

与FIDIC"红皮书"17.1、18.1款基本相同。

7. 法律问题（26、27、28）

（1）承包商应遵守规章与法律的规定

如果工程实施涉及到议会法案、当地或其他立法当局的规章、任何有关公共团体和公司的规则和规章，承包商应当根据要求发出通知并支付全部费用。但有一点例外，在涉及公用设施街道工程法案1950（Public Utilities Street Works Act 1950）时则根据（2）中规定办理。如果承包商按照上述规定支付了费用，并且工程师予以证明，业主应补偿给承包商此类费用。

承包商有责任了解上述法律与规定，从而使业主不必因违反此类法律与规定而被罚款或承担任何责任。但如果承包商的行为仅仅是为了遵守合同规定或工程师的指示，则承包商不承担任何责任。如果发现合同或工程师指示与这些法律与法规抵触，工程师应当发出指示以满足这些法律和规定的要求。此外，工程师负责的工程设计所需要的规划许可不由承包商负责。业主应负责保证及时得到此类许可。

（2）公用设施街道工程法案1950

在工程开工之前，业主应当书面通知承包商：1）工程或工程任何部分是否为应急工程（Emergency Works）（如果是、是哪一部分）；2）工程的哪一部分（如果有）将要在受控土地（Controlled Land）上或在预期维修的公路（Prospectively Maintainable Highway）上实施。如果任何工程变更涉及到在街道、受控土地上或在预期维修的公路上实施工程或是应急工程，业主在发布变更令时也应通知承包商。业主应随时向承包商发出法案所要求的任何通知。如果承包商由于此类变更造成了工程实施的延误，工程师应根据合同规定给予承包商工期与费用补偿。

如果将实施的工程有可能涉及到上述法案，承包商应在该项工程开工前至少21日通知业主，前提为业主已按照上面的要求向承包商发出通知。如果在承包商发出此类通知2个月内，相应的工程未能开工，则通知自然失效。

如果该法案要求业主对工程的实施承担任何其他义务时，承包商应相应地予以承担。

（3）专利权与矿区使用费

与FIDIC"红皮书"28条相同。

8. 公共事务（29、30、31、32）

（1）对交通和毗邻财产的干扰

与FIDIC"红皮书"29.1款相同。

（2）噪声干扰及污染

如果在工程实施过程中产生了不必要的噪声、干扰和其他污染，承包商应承担由此产生的一切责任，包括一切有关的索赔和各种费用。但是，如果工程实施过程中不可避免地要产生噪声、干扰或其他污染，业主应承担由此产生的一切责任，包括一切有关的索赔和各种费用。

(3) 保护道路等

与FIDIC"红皮书"30条基本相同。但规定了对交通量评价的基本依据是公路法案1980 (Highways Act 1980)、苏格兰公路法案1984 (Roads (Scotland) Act 1984)。

(4) 为其他承包商提供便利

与FIDIC"红皮书"31条基本相同。但规定了如果由此导致的延误或费用是一个有经验的承包商在投标时不能合理预见的,则工程师应根据合同规定给予承包商工期与费用的补偿。

(5) 化石等

与FIDIC"红皮书"27.1款相同。

9. 竣工清场（33）

与FIDIC"红皮书"33.1款相同。

10. 劳务人员和承包商设备情况的报告（35）

与FIDIC"红皮书"35.1款相同。承包商也应要求其分包商遵守本款规定。

11. 不利的外界条件与索赔（12）

在工程实施过程中,承包商如果遇到了他认为是一个有经验的承包商无法合理预见到的不利的外界条件（除了气候条件或气候条件引起的情况）或人为障碍,则承包商应尽早就此通知工程师。

如果承包商试图对上述情况进行索赔,他应尽快通知工程师,说明与索赔相关的条件或障碍。随后应详细说明此类情况可能产生的对工期与成本的影响及估计所采用的措施及其费用等。

工程师在收到通知后可以根据需要有选择地采取下列行动：要求承包商调查并报告可采用的替代措施；书面批准承包商的措施；书面指示如何处理此类情况；决定工程暂停或变更。如果工程师认为一个有经验的承包商能够合理地预见到上述情况,应将此决定尽快以书面形式通知承包商。如果工程师认为一个有经验的承包商无法合理地预见到上述情况,则应根据合同规定给予承包商一定的工期与费用补偿,并通知承包商和业主。

12. 工程使工程师满意（13）

(1) 工程师满意的概念

在合同条款中存在一个工程师满意的概念。与业主签订合同的工程师肩负着监督合同执行的责任。业主对工程师的委托意味着业主信任工程师的专业水平及职业道德,因此在合同中规定,承包商应严格执行合同并应遵守工程师的指示（无论合同是否规定）直到工程师满意。承包商提供的材料、设备和劳务以及施工方式、手段和进度均应得到工程师的认可。

(2) 延误与费用

合同中很多条款涉及到工期延误与费用增加。这些条款的共同特点是：如果工程师认为条款规定的情况是一个有经验的承包商在投标时不能合理预见的,则工程师应根据合同规定给予承包商工期与费用的补偿,但如果是由于承包商的失误造成了上述延误和费用则除外。涉及延误与费用补偿的条款主要包括7 (4)、13 (3)、14 (8)、17 (2)、27 (6)、31 (2)、42 (3)。

13. 安全、保卫与保管的责任（19、20、62）

(1) 安全责任

与 FIDIC "红皮书" 19 条相同。

(2) 工程的照管

与 FIDIC "红皮书" 20.1 款相同。

(3) 除外风险 (Excepted Risk)

除外风险是指承包商不承担责任的风险，范围与 FIDIC "红皮书" 20.4 款的规定基本相同。

(4) 弥补损失或损坏

与 FIDIC "红皮书" 20.2、20.3 款相同。

(5) 紧急补救工作

无论在工程施工期内还是在缺陷改正期内，如果工程中发生事故，工程师认为有必要进行紧急补救工作，应尽快通知承包商。如承包商无能力或不愿立即进行该项工作，则业主可以派其他人员进行。如果工程师认为这些工作的费用应由承包商承担，则承包商应立即将该费用支付给业主。

(五) 保险 (21、22、23、24、25)

工程保险是合同条件中规定的承包商的重要责任之一。承包商应以承包商与业主的联合名义，以全部重置成本加 10% 的附加金额对工程、材料和工程设备进行保险，以弥补各种损害所产生的费用。

1. 保险范围

根据上述要求投保的保险应从工程开工日期起直至颁发实质性竣工证书为止。投保的范围包括在此期间业主和承包商可能遭受的全部损失，但不包括前述除外风险。

如果承包商的工作是修理和重建使用了不合格的材料或工艺修建的工程，则承包商没有义务进行保险，除非工程量表规定了一个专门项目用于保险。

对于不能通过保险得到补偿的损失金额，应由承包商和业主分别承担责任。

2. 人身或财产的损失

对人身或财产的损害以及例外情况与 FIDIC "红皮书" 22 条基本相同。

3. 责任分担

上述责任划分是指通常情况而言，还应当根据造成损失的原因加以调整。如果对于某项损失，承包商和业主都有责任，则应按一定的比例进行划分。

4. 第三方保险

与 FIDIC "红皮书" 23 条相同。

5. 保险凭证和条款

与 FIDIC "红皮书" 25 条相同。

(六) 工艺与材料质量的检查 36、37、38、39

与 FIDIC "红皮书" 36、37、38、39 条相同。

(七) 开工、延期与暂停

1. 开工 (41、42)

工程的开工日期定义为投标书格式附件中规定的日期。如果未作规定，则为授予合同后 28 日内由工程师书面通知的一个日期，或双方同意的其他日期。承包商在工程开工日期后应尽快开工。

关于向承包商提供现场占有权的有关规定与FIDIC"红皮书"42条相同。

2. 实质性竣工证书（48、49、50）

工程师应在收到承包商实质性竣工报告后，向承包商颁发实质性竣工证书(Certificate of Substantial Completion)。有关规定与FIDIC"红皮书"（48条）中颁发移交证书相同。

未完工作(Outstanding Work)是指在颁发实质性竣工证书时相应的工程中尚未完成的次要工作。经过工程师和承包商协商之后，承包商在有关未完工作的保证书中可以规定完工时限。如果未规定，则应在缺陷改正期内尽快完成。

对缺陷改正期(Defects Correction Period)的规定与FIDIC"红皮书"（49、56条）中有关缺陷责任期和调查缺陷的规定基本相同。

3. 竣工与延期（43、44）

与FIDIC"红皮书"43、44条基本相同。

4. 赶工与加速竣工（45、46）

(1) 夜间与周日施工

与FIDIC"红皮书"45.1款规定相同。

(2) 赶工（Expedition）

与FIDIC"红皮书"46.1款相同。

(3) 加速竣工（Accelerated Completion）

如果业主或工程师要求承包商比原定的竣工时间（或已批准延长后的竣工时间）提前竣工，称为加速竣工。如果承包商也同意，则在行动之前，合同双方应就有关支付条款等达成协议。

5. 误期损害赔偿费（47）

误期损害赔偿费的计算根据工程的区段划分情况不同而不同。按照英国法律规定，承包商向业主支付的误期损害赔偿费的实质是赔偿由误期给业主所造成的损失，而不是罚金。有关规定与FIDIC"红皮书"47条相同。

如果对工程的任何部分支付赔偿费之后，工程师发布了变更令或出现了不利的外界条件、人为障碍或承包商不能控制的任何情况，在工程师看来导致了该部分工程的进一步延误，则工程师应书面通知承包商和业主，暂停业主获得进一步延误工期的赔偿费的权利。

6. 对施工进程的影响

合同中规定了几种影响工程进程的情况

(1) 暂停（40）

与FIDIC"红皮书"40条基本相同，在停工持续3个月后，承包商可要求复工。如不能复工可采取将工程删减或认为业主违约等行动。

(2) 解雇承包商（Determination of the Contractor's Employment）（63）

本条指的是承包商违约，有关违约条件及各种相应的措施与FIDIC"红皮书"63条基本相同。

（八）变更、增加与删除

1、变更（51）

与FIDIC"红皮书"51条相同。特别指出变更也可以在缺陷改正期内发出。所有的变更应采用书面形式。工程变更在任何情况下不得破坏合同。

2. 变更的估价（52）

与FIDIC"红皮书"52.1、52.2款相同。

3、变更的索赔（52.4）

与FIDIC"红皮书"53条索赔程序中的规定相同。

（九）材料及承包商设备的所有权（53、54）

除与FIDIC"红皮书"54.1、54.2款规定相同内容外，还包括以下内容。

为尽早得到支付，承包商在投标书格式附件中所列的物品和材料运至现场前，可将所有权转移给业主，但是这些物品和材料必须是为工程安装而准备的并且是承包商的财产。承包商将通过下述行动，或使供货商采取下述行动将物品或材料的所有权转移给业主：

（1）向工程师提供材料证明上述物品或材料的所有权属于承包商。

（2）对物品和材料清楚地标记为业主的财产并将运往现场。

（3）存贮上述标记过的物品和材料使工程师满意。

（4）向工程师送交一份上述物品的一览表并说明其价值，请工程师审查。

当工程师书面批准转移上述物品所有权时，这些物品或材料将归属于业主。

工程师的上述批准与支付证明不影响工程师拒绝不合格的材料的权力。物品或材料被拒绝后，其所有权立即重新归属承包商。

在工程竣工前，如果由于某种原因终止了对承包商的雇佣，承包商应当将所有权归属业主的物品或材料送交业主。

（十）计量

1. 工程量（55）

与FIDIC"红皮书"55.1款基本相同。

2. 计量与估价（56）

与FIDIC"红皮书"56.1款基本相同。

当以计日工为基础实施工程时，承包商应根据计日工表列出的费率和价格得到支付。在没有计日工表的情况下，应当按照土木工程承包商联合会（The Federation of Civil Engineering Contractors）发布的《与合同工作同时实施的计日工表》中的条件，以计日工实施当日的费率和价格得到支付。

3. 计量方法（57）

一般情况下，工程量表的编制及工程量的测量应按照由土木工程师协会和土木工程承包商联合会与咨询工程师协会（Association of Consulting Engineers）联合批准的《土木工程标准测量方法1985年第二版》的程序进行。

（十一）证书与支付

1. 月报表（60.1、60.2、60.3）

与FIDIC"红皮书"60.1、60.2款基本相同，但规定应当在证书中单独列出与证明和指定分包合同有关的金额。

2. 最终账目与保留金（60.4、60.5、60.6、60.7）

在颁发缺陷改正证书（Defects Correction Certificate）3个月内，承包商应向工程师提交一份最终账目（Final Account）说明和证明文件，详细说明已完成的永久工程的价值，以及承包商认为他还应得到支付的金额。在收到最终账目及证明资料后3个月内，工程师应该颁发一份证书，在确认已支付的金额及业主有权得到的金额后，说明他认为在颁发缺陷改正证书之日，业主与承包商哪一方应得到支付。

关于保留金的支付与FIDIC"红皮书"60.3款的规定相同。

如果工程师未能及时对月支付、最终账目或保留金的支付作出证明或业主未能及时支付，业主应当按照月复利向承包商支付每日的利息。对已证明的支付，业主应按投标书格式附件中规定的在每年的银行基本贷款利率基础上加2%的利率进行支付。

3. 更正、拒绝颁发证书（60.8、60.9、60.10）

如果工程、货物、材料或服务没有达到工程师满意，工程师可以将其价值从证书中扣除。工程师出于此目的或其他原因可以通过证书更改先前证明的金额。但是，如果承包商已将与指定分包商的工作有关的已证明的金额支付给指定分包商，则工程师不应予以扣除。如果工程师在最终证书中扣除了此类金额，业主应把承包商对指定分包商多付的金额补偿给承包商，同时应计利息。

4. 缺陷改正证书（61）

与FIDIC"红皮书"62条基本相同。

（十二）争端的解决

一般情况下，如果承包商和业主之间发生争端，也包括与工程师的决定、建议、指令、命令、证明和评估的争端，都将按照下述规定解决。

1. 工程师的决定（66.1、66.2、66.3、66.4）

关于将争端首先提交工程师解决与FIDIC"红皮书"67.1款基本相同。

2. 调解（66.5）

如果工程师已经对上述争端作出了决定或者没有在规定的时间内作出决定而且双方未提出仲裁要求，则双方都可以要求根据《土木工程师调解程序规定》（1988）解决此争端。在收到调解人（Conciliator）的建议一个公历月内如果双方未提出仲裁要求，则认为采纳了调解人的建议。

3. 仲裁（66.6、66.7、66.8、66.9）

在尚未发出整个工程的实质性竣工证书的情况下，如果

（1）承包商或业主对工程师的决定不满意并且收到决定通知的三个公历月内；或

（2）工程师未能在争端出现一个公历月内作出决定，并且在一个月期满后的三个公历月内；或

（3）业主或承包商对调解人的建议不满意并且收到调解人的建议一个公历月内，

则可以将此争端提交各方同意的仲裁人进行仲裁，并向另一方发出书面通知。

如果已经颁发整个工程的实质性竣工证书，则除上述规定中的一个公历月改为三个公历月，其他规定均适用。

如果双方未能在发出书面协商通知一个公历月内指定一位仲裁人，那么将由土木工程师协会主席负责指定。如果仲裁人拒绝此项任命，或者在任命后被有关法庭取消资格，或者不能胜任或者死亡，而且双方未能在该空缺出现一个公历月内提出合适人选来填补该空缺，那么任何一方都可向此时的土木工程师协会主席提出申请，要求指定另外一名仲裁人。如果土木工程师协会主席未能实施上述权力，则由协会副主席代为实施。

上述仲裁将受《仲裁法案(1950～1979)》（或有效的修改）约束。该仲裁将根据《土木工程师仲裁程序规定(1983)》予以执行。仲裁人将有权公开审查和修订工程师的任何决定、意见、指令、命令、证明或评估。仲裁人的决定对双方都有约束力。一般情况下，工程是否竣工不会影响到仲裁的进行。工程师作出的决定，不影响工程师作为证人向仲裁人提供有关的证据。

（十三）特殊用途条款

1. 战争条款（65）

如果在合同执行过程中战争爆发，英国在其领地内进行全民总动员，承包商仍应从动员令发布之日的28日内尽已所能实施工程。如果工程在28日期满前竣工或可以使用，则仅对原有合同条款作如下修改：如果承包商有权选择不履行未完工作及修补缺陷的义务，则应承担一定数额修复与修补工作的费用；除非承包商已允许从保留金中扣除该笔费用，业主在缺陷改正期满后无权扣留保留金的任何部分。其余合同条款均不变动。

如果在上述的期限内工程未能竣工，业主有权在上述28日期满后通知承包商终止合同。在得到通知后，承包商应立即终止合同，并应尽快从现场撤离所有承包商的设备。如未能采取行动，业主将有权予以处理。业主应向承包商支付在终止日期前完成的全部工作的费用及下述费用：根据工程师的证明按比例支付开办费；已交货的材料或货物的费用；由工程师证明为完成工程而开支的其他费用；由于战争破坏所引起的费用；撤离承包商设备所需的费用。

下列规定自战争爆发之日起生效：对战争所导致的对工程和财产（不包括承包商的财产）的破坏或人身伤亡，承包商都不承担保障义务；如果工程遭受战争破坏，承包商仍有权得到已修建的那部分工程应给予的支付；特殊的价格波动条款；如果由于政府法令使承包商的工程费用发生增减，则经工程师确认后予以合理的调整。

2. 适用于苏格兰的条款（67）

对位于苏格兰的工程，合同做了一些特殊规定以适应苏格兰的法律。在应用这一条件时，使用"裁决者"（arbiter）来代替"仲裁人"（arbitrator）；使用《仲裁法案（苏格兰）(1894)》来代替《仲裁法案》；使用《土木工程师仲裁程序规定（苏格兰）(1983)》来代替《土木工程师仲裁程序规定》。仲裁的任何一方有权引用《公正管理法案（苏格兰）(1972)》的第三部分要求裁决者提出一个案例。

3. 税（69、70）

工程量表中的费率和价格应考虑投标书返还之日的税、征集税、捐赠、保险金或退款的水平。如果在投标后，任何上述税款等的水平有变动，承包商应通知工程师，将在计算合同价格予以考虑。

投标价中不应包括在向业主提供任何应纳税物品时向海关与国产税务局缴纳的税款。工程师发出的所有证书也不应包含增值税。业主应单独审查承包商被海关和国产税务局所合理征收的税金并相应的支付给承包商。如果业主或承包商和海关与国产税务局之间产生有关税务的争端，那么双方都应给对方必要的支持和协助，以解决争端。

4. 被迫终止（Frustration）（64）

由于战争或双方不能控制的事件使合同被迫终止时，业主对承包商已完成工程的支付与由于战争而终止合同时的支付规定相同。

5. 特殊条件 (71)

ICE 合同的特殊条件相当于 FIDIC 的第二部分内容。特殊条件构成合同条件的一部分，其编号应与前面的合同条款相对应。

（十四）投标书格式等

与 FIDIC 条款类似，ICE 条件的最后也附有投标书格式、投标书格式附件（第一、二部分）、协议书格式、履约担保等文件。

第 2 节 AIA 合同条件

一、美国建筑师学会简介

美国建筑师学会（The American Institute of Architects，以下用 AIA）作为建筑师的专业社团，已经有近 140 年的历史。该机构致力于提高建筑师的专业水平，促进其事业的成功并通过改善其居住环境提高大众的生活水准。AIA 的成员总数达 56000 名，遍布美国及全世界。AIA 出版的系列合同文件在美国建筑业界及国际工程承包界特别在美洲地区具有较高的权威性，应用广泛。AIA 的通讯地址是：

1735 New York Avenue，NW，Washington DC. 20006，U.S.A.

二、美国 AIA 系列合同条件

美国建筑师学会制定发布的合同条件主要用于私营的房屋建筑工程，在美国应用甚广，影响很大。针对不同的工程项目管理模式及不同的合同类型出版了多种形式的合同条件。AIA 文件中包括 A、B、C、D、F、G 等系列，以下参照 AIA 的文献提要（1997 年版），对各个系列内容简介如下：

A 系列——用于业主与承包商的标准合同文件，不仅包括合同条件，还包括承包商资质报表，各类担保的标准格式等。

B 系列——用于业主与建筑师之间的标准合同文件，其中包括专门用于建筑设计，室内装修工程等特定情况的标准合同文件。

C 系列——用于建筑师与专业咨询人员之间的标准合同文件。

D 系列——建筑师行业内部使用的文件。

F 系列——财务管理报表。

G 系列——建筑师企业及项目管理中使用的文件。

AIA 系列合同文件的核心是"通用条件"（A201 等）。采用不同的工程项目管理模式及不同的计价方式时，只需选用不同的"协议书格式"与"通用条件"。AIA 为包括 CM 方式在内的各种工程项目管理模式专门制定了各种协议书格式。AIA 系列标准合同文件见表 8-1，各种标准合同文件之间的关系见表 8-2、表 8-3、表 8-4。

AIA 合同文件的计价方式主要有总价、成本补偿合同及最高限定价格法。由于小型项目情况比较简单，AIA 专门编制用于小型项目的合同条件。

下面简要介绍主要的几种 AIA 标准合同文件。

（一）AIA 文件 A101，《业主与承包商协议书标准格式——固定总价》

该协议书标准格式用于以固定总价方式支付的情况。该文件应与 AIA 文件 A201（详见下文）一同使用，构成完整的法律性文件。二者结合适用于大部分的工程项目。

对于限定范围的项目，为了简单起见，可不必采用 A101 与 A201 一同使用的做法，而直接使用 AIA 文件 A107，《业主与承包商协议书简要格式——固定总价——用于限定范围的项目》。该文件中包含以 A201 为基础的简要通用条件。该文件适用于业主和承包商在该项目之前已经建立了联系或项目比较简单且工期较短的情况。

AIA 系列标准合同文件一览表　　　　　表 8-1

编　号	名　称
A101	业主与承包商协议书格式——总价
A101/CMa	业主与承包商协议书格式——总价——CMa 版
A105	业主与承包商协议书标准格式——用于小型项目
A205	施工合同一般条件——用于小型项目（与 A105 配售）
A107	业主与承包商协议书简要格式——总价——用于限定范围项目
A111	业主与承包商协议书格式——成本补偿（可采用最大成本保证）
A121/CMc	业主与 CM 经理协议书格式（CM 经理负责施工），AGC565[1]
1A131/CMc	业主与 CM 经理协议书格式（CM 经理负责施工），——成本补偿（无最大成本保证），AGC566[1]
A171	业主与承包商协议书格式——总价——用于装饰工程
A177	业主与承包商协议书简要格式——总价——用于装饰工程
A181	业主与建筑师协议书标准格式——用于房屋服务
A188	业主与建筑师协议书标准格式——限定在房屋项目的建筑服务
A191	业主与设计－建造承包商协议
A201	施工合同一般条件
A201/CMa	施工合同一般条件——CMa 版
A271	施工合同一般条件——用于装饰工程
A401	承包商与分包商协议书标准格式
A491	设计－建造承包商与承包商协议书
B141	业主与建筑师协议书标准格式
B151	业主与建筑师协议书简要格式
B155	业主与建筑师协议书标准格式——用于小型项目
B163	业主与建筑师协议书标准格式——用于指定服务
B171	业主与建筑师协议书标准格式——用于室内设计服务
B177	业主与建筑师协议书简要格式——用于室内设计服务
B352	建筑师的项目代表的责任、义务与权限
B727	业主与建筑师协议书标准格式——用于特殊服务
B801/CMa	业主与 CM 经理协议书标准格式——CMa 版
B901	设计－建造承包商与建筑师协议书标准格式
C141	建筑师与专业咨询人员协议书标准格式
C142	建筑师与专业咨询人员协议书简要格式
C727	建筑师与专业咨询人员协议书标准格式——用于特殊服务

注：1. 为 AGC 系列合同对应编号。AGC 指美国总承包商会（The Associated General Contractors of America）。

AIA 系列合同文件关系——传统模式　　　　　　　　　　表 8-2

工程规模	业主与承包商协议书	核心文件	业主与建筑师协议书	建筑师与项目代表或专业咨询机构协议书	承包商与分包商协议书
普通工程	A101（A111)[1]	A201	B141	B352, C141	A401
限定范围工程	A107[2]	略[3]	B151		
小型工程	A105	A205	B155		
普通装饰工程	A171	A271	B171		
简单装饰工程	A177	略[3]			

注：1. A101 用于总价合同，A111 用于成本补偿合同；
　　2. A107 用于总价合同；
　　3. 协议书与核心文件被简化为一个协议书的形式。

AIA 系列合同文件关系——设计—建造模式　　　　　　　　表 8-3

业主与设计-建造承包商协议书	设计—建造承包商与建筑师协议书	设计—建造承包商与承包商协议书
A191	B901	A491

AIA 系列合同文件关系——CM 模式　　　　　　　　　　　表 8-4

类型		业主与 CM 经理协议书	业主与承包商协议书	核心文件	业主与建筑师协议书
代理型	独立 CM	B801/CMa	A101/CMa	A201/CMa	
	建筑师兼任 CM	CM 经理即建筑师	A101（A111)[1]	A201/CMa	
风险型		CM 经理即承包商	A121/CMc（A131/CMc)[2]	A201	B141

注：1. A101 用于总价合同，A111 用于成本补偿合同；
　　2. A121/CMc 用于最高限定价格合同的情况，A131/CMc 用于成本补偿合同。

在有 CM 经理（代理型）参与工程建设时，则应使用专门的 A101/CMa 版本。该版本应与 A201 的特殊版本 A201/CMa 一同使用，用于 CM 经理仅作为咨询人员的情况。A101/CMa 适用于已经通过招标或谈判确定了工程成本的情况。

（二）AIA 文件 A111,《业主与承包商协议书标准格式——成本补偿（可采用最高限定价格）》

该协议书标准格式用于以成本补偿方式支付的情况。此时，间接费和利润可以是固定费亦可是比例费。也可指定最高限定价格。该文件应与 AIA 文件 A201 一同使用，构成完整的法律性文件。二者结合适用于大部分的工程项目。

（三）AIA 文件 A121/CMc,《业主与 CM 经理协议书（CM 经理负责工程施工）》

该文件是 AIA 与 AGC 合作的产物，又称为 AGC 文件 565。该文件适用于存在风险型 CM 经理的情况。CM 经理向业主提出最高限定价格的建议书。业主可予以接受、拒绝或就此开始谈判。业主接受该建议书后，CM 经理开始准备工程实施。该文件将 CM 经理的服务分为施工前阶段与施工阶段两部分。为了加快工程进度，其中某些部分可同时进行。A121 应与 A201 及 B141 同时使用，为了避免出现混淆与错误，不得将本文件与 AIA 及 AGC 的建筑工程管理文件一同使用。

为了使业主能够随时监控工程成本，也可采用成本补偿而非最高限定价格的方法签订合同。但此时应采用另外一个协议书文本，AIA 文件 A131/CMc，《业主与 CM 经理协议书（CM 经理负责工程施工）——成本补偿》。该文件亦应与 A201 配合使用。

（四）AIA 文件 A191，《业主与设计-建造承包商协议书》

该文件包含按顺序使用的两份协议书，用于业主从同一实体处得到设计与施工服务的情况。第一份协议书涉及初步设计和概算服务，而第二份协议则用于最终的设计与施工。虽然期望业主与设计建造承包商在完成第一份协议之后能够签订第二份协议，但双方都不受此约束。在第一份协议的内容完成之后，双方的关系可能结束，也可能继续实施第二份协议。

（五）AIA 文件 A201，《施工合同一般条件》

该文件是施工合同的实质性部分，其中规定了业主、承包商之间的权利、义务及建筑师的职责和权限。该文件通常与其他 AIA 文件共同使用，如业主－建筑师协议书，业主－承包商协议书，业主－分包商协议书等。因此该文件通常称为"核心文件"（"keystone" document）。本节下文将重点介绍本文件的内容。

由于对不同的地区和不同的项目，情况会有不同，通常需要为该一般条件编制专用条件。编制时，可参阅 AIA 文件 A511，《专用条件指南》。

（六）AIA 文件 A401，《承包商与分包商协议书标准格式》

该文件用于在承包商与分包商之间建立合同关系。同 A201 类似，该文件亦说明了各方的权利和各自的责任。留出的空白处可由各方填入其协议的细节。可对 A401 进行适当修改用于分包商与下级分包商的合同。

（七）AIA 文件 B141，《业主与建筑师协议书标准格式》

该文件是业主与建筑师之间最基本的协议书。该文件规定的五个阶段代表了按传统习惯划分的从项目概念设计开始直至合同管理服务的建筑师的专业服务。B141 所述的施工阶段的服务是与 A201 中建筑师的责任与义务相对应的。

除了上述文件外，AIA 还出版了其他辅助性标准文件，见表 8-5。

AIA 出版的其他标准文件　　　　　　　　　　　　　　　　　　表 8-5

编　号	名　　称
A201/SC	施工合同联邦专用条件
A305	承包商资质报表
A310	投标担保
A312	履约担保与支付担保
A501	建筑施工竞争性招标程序推荐指南
A511	专用条件指南
A511/CMa	专用条件指南——CMa 版
A701	投标人须知
B431	建筑师资质报表

三、AIA 文件 A201《施工合同通用条件》内容简介

AIA 与 FIDIC、ICE 合同条件的特点不大相同，所以以下较详细地介绍 AIA 的核心文件 A201《施工合同通用条件》（1997 年版）条款的内容。为了便于读者在需要时查阅原文，下面标题后括号内的数字为 A201 原文的条款编号。

（一）业主（Owner）（2.1、2.2、2.3、2.4）

业主是指协议书中明确指明的个人或实体。业主须书面任命委派一名代表,全权负责业主方有关审批或授权的各项事宜。除非另有规定,建筑师通常不具有这样的权力。"业主"一词是指业主或业主授权的代表。

在接到承包商书面请求15天内,业主须向承包商提供必要的、真实的、有关项目现场情况的资料,以便承包商评估、关注或实施机械设备留置权。

1. 业主应提供的资料与服务

业主应及时向承包商提供证据,证明业主已经做好了履行业主合同责任的财务安排。业主应提供勘察报告,说明现场的物理特性、法定界限、设施位置等。除了合同规定应由承包商负责的许可证及费用之外,业主应负责取得永久设施的使用权和占用权,并支付相应的费用。承包商应免费获得工程所需的图纸与项目手册的副本。

2. 业主停工的权利

如果承包商未能更正工程的缺陷或不能坚持按合同要求施工,业主可通过签署书面命令停止工程实施,直到问题得到解决。业主不承担由此造成的损失。

3. 业主进行工程施工的权力

如果承包商未能按照合同要求施工并在收到业主通知7日内未能改正此类错误,业主可向承包商发出第二份限令3天内改正错误的通知。如果承包商收到第二份通知3日内仍未能改正此类错误,业主可采取措施改正此类错误,有关费用(包括建筑师的额外服务费)由承包商承担。业主采取上述行动及向承包商收取的费用需事先经建筑师批准。

(二) 承包商

承包商是指协议中明确指明的个人或实体。"承包商"一词是指承包商或承包商授权的代表。承包商必须依据合同文件的规定要求进行施工。任何人(包括建筑师)均不得解除合同文件中规定的承包商的义务。

1. 一般义务

(1) 仔细审查合同文件及场地条件 (3.2)

承包商应仔细研究合同文件及业主提供的资料,并在必要时进行现场测量。如果发现错误、矛盾和遗漏(包括设计中的)以及合同文件与现行的法律、法规、法令、规范、规章等有矛盾,承包商应立即告知建筑师。如果承包商发现错误后未及时报告建筑师并继续施工,则承包商应承担相应的责任。合同文件中的错误导致的损失不由承包商承担。建筑师对承包商的报告应作出澄清并发出指示,若承包商因此而导致成本增加或工期延长,可向业主方提出索赔。

(2) 施工监督与施工过程 (3.3、3.9)

承包商应雇佣称职的主管人(Superintendent)和助手(Assistant)驻于现场并尽全力监督和指导工程施工。一般情况下,承包商应独立管理控制施工方法、施工技术、工作程序等,并依照合同协调工程各部分的施工。承包商应对其雇员、分包商以及其他雇员的行为和失误向业主负责。

承包商须对施工现场的安全作出评估并负责。当承包商确信不安全时应及时书面通知业主和建筑师,在未获得建筑师的指示前不得施工。若业主不接受承包商要求改变施工方案的建议,执意要求承包商按照原计划施工,则业主应承担由此产生的损失或损害。

承包商应负责检查已完成的工段以满足在此基础上继续施工的要求。

(3) 人工与材料 (3.4)

承包商应为工程的正常实施与竣工提供人工、材料、设备、工具、施工设备与机械、公用设施、交通及其他设施与服务。承包商应雇佣称职的人员并制定严格的纪律约束其雇员。

承包商应向业主和建筑师提供保证：除非有特殊要求，承包商提供的材料与设备应质地优良并是全新的，工程不会因此出现质量缺陷，最终能够满足合同要求。

(4) 保证 (3.5)

承包商应向业主和建筑师提供保证书，确保所用材料和设备质量优良、全新完好。工程要确实符合"合同文件"的要求，不符合之处都将视为有缺陷。承包商的保证书对非承包商原因造成的缺陷不承担赔偿。

(5) 税、许可证费用及通告 (3.6、3.7)

无论合同是否已生效或即将生效，承包商应负责缴纳在中标时或谈判结束后法律规定的各种税款。一般情况下，由承包商负责取得工程实施与竣工所需的许可证并缴纳政府管理费等费用。

承包商应遵守有关法律、法令、条例、规章及公共当局的行政命令要求并发出有关的通知。承包商对合同文件与相关法律规章的一致性不承担责任。然而，如果承包商发现合同内容与此类规定不符，应立即书面通知业主与建筑师。如果承包商已发现上述抵触，仍继续施工而未通知建筑师和业主，则应对此承担全部责任。

(6) 补贴费 (Allowances) (3.8)

用补贴费支付的项目应由业主指定人员或实体按规定的价格实施。承包商可提出合理的理由拒绝雇佣此类人员或实体。

业主应尽快选定使用补贴费支付的材料与设备，以免延误工程进度。补贴费应包括材料与设备的现场交货费用和一切税款（但不包含商业折扣）及现场搬运费、装卸费、人工费与安装费。管理费、利润等费用应计入合同总价而不应计入补贴费。在实际开支费用与补贴费不相等时，应使用变更命令调整合同总价。变更命令的数额应包括实际费用与相应的补贴费的差额以及承包商与此有关的开支费用的变化。

承包商应将合同文件规定的补贴费计入合同总价。

(7) 施工进度计划 (Construction Schedule) (3.10)

授予合同后，承包商应立即编制施工进度计划并提交给业主和建筑师。施工进度计划应满足合同文件规定的工期，并根据项目进展情况每隔适当时间予以修改，以便工程的高效顺利进行。承包商应同时编制与进度计划对应的上报计划 (Schedule of Submittals) 供建筑师批准，并给建筑师适当的时间审阅此类上报材料。承包商应遵守最新的进度计划。

(8) 现场的文件、施工图、产品资料与样品 (3.11、3.12)

承包商应在现场为业主保留一份图纸、技术规范、补遗、变更指令等文件。这些文件应妥善排序并标明现场变化及实施施工时的选择。还应包括经批准的施工图、产品资料、样本等上报材料的复印件。这些材料应可供建筑师随时查看并在竣工时上交给业主。

施工图 (Shop Drawing) 是承包商或分包商、制造商、供应商或分销商为说明工程的某部分施工而准备的图纸、表格、计划等资料。产品资料 (Product Data) 是承包商为说明工程的某一部分的设备与材料而提供的说明、标准规程、性能图、指示、小册子、图表等资料。样品 (Sample) 是为了展示材料设备与工艺并设立工程的质量评价标准而准备的实物形态的样本。

施工图、产品资料及样品等均不构成合同文件的一部分。承包商应根据合同文件的要求及时审阅、批准并报建筑师，建筑师应按合同规定和要求进行审批。在建筑师批准之前，承包商不得进行与之有关的施工。

建筑师的批准不解除承包商违反合同文件要求的责任（但如承包商在提交材料时将不满足合同文件要求的情况通知建筑师并得到了建筑师的书面批准，则除外）。建筑师的批准也不能解除承包商对其中的错误所承担的责任。如果合同文件中要求承包商在系统、材料或设备等方面提供的专业性设计服务或取得专业设计人员的证明，业主和建筑师须确切说明使服务达到满意的性能要求和设计标准。

(9) 现场的使用（3.13、3.15、3.16）

与FIDIC"红皮书"32.1、33.1款基本相同。

(10) 切割与修补（cutting and patching）(3.14)

承包商应负责进行切割、安装与修补工作，以完成工程或使工程各部位紧密结合。承包商切割时不得损害工程的任何部分。除非经过业主或独立承包商的书面同意，承包商不得切割或改变业主或独立承包商的工程。承包商亦不应无故拒绝业主或独立承包商切割或改变其工程的请求。

(11) 版税、专利与版权（3.17）

承包商应支付产权使用费及许可证费用。承包商应负责处理与侵犯专利权有关的诉讼与索赔并使业主和建筑师免于蒙受损失。然而如果合同文件要求采用某制造商的特定的设计、工艺与产品，则承包商不承担上述责任。如果承包商已发现某种侵犯专利权行为而未能尽快通知建筑师，则承包商应对由此产生的损失负责。

2. 项目实施中的协调关系

(1) 业主施工及授予独立合同的权利（6.1）

业主有权使用自己的力量完成项目实施并有权根据合同将项目的其他部分安排成独立的合同。如果承包商认为业主的上述行为引起了额外的延误或费用，则可提出索赔。如果项目的不同部分、其他现场上的施工或操作构成了独立的合同，合同文件中"承包商"一词则分别指每一个独立的业主——承包商协议中的承包商，即AIA合同中特别提出的"独立承包商"（Separate Contractor）的概念。

业主应负责协调自己的队伍与各独立承包商的工作，承包商也应与业主的队伍和其他独立承包商友好合作。承包商应根据指示参与审阅独立承包商及业主的施工进度计划。在联合审阅并达成协议之后，承包商负责修改施工进度。该进度计划就构成了承包商、独立承包商及业主应采用的施工进度计划。

(2) 相互责任（6.2）

承包商应为业主及独立承包商的材料设备运输及储存提供方便，后者也应与承包商相互配合。如果承包商某一部分工作的完成依赖于业主或独立承包商的工作，承包商应在接手施工之前，将先行工作中可能对承包商的工程产生不利影响的问题告知建筑师。

由于承包商延误或不适当的活动安排或施工缺陷而导致业主或独立承包商的费用增加应由承包商承担。

业主和各独立承包商在项目完工后进行的切割和修补，不得损害承包商的工程。

(3) 业主清理现场的权利 (6.3)

如果承包商、独立承包商及业主之间出现有关现场清理的责任的争议,业主可进行清理现场的工作,最后由建筑师向各方分摊费用。

3. 保护人员、工程和财产

(1) 安全措施与规程 (10.1)

承包商应负责组织、维护并监督一切与合同实施有关的安全措施与规程。

(2) 人员与财产的安全 (10.2)

承包商应提供合理措施以保护:工程中的雇员及其他人员;工程、材料与设备;现场上或相邻地区的其他财产,如树木、草坪、人行道等;未明确说明可在施工时移动或更换的结构与设施。

承包商应遵守有关人身或财产安全的法律、条例、规章及行政命令并相应的发出通知。承包商应根据合同要求和现有条件设立和维护合理的安全保护设施,做好安全预防工作。在使用或储存爆炸性或其他危险材料与设备时,或以非常规方法施工时,承包商应小心从事。

如果由承包商及其人员损坏了应由承包商负责保护的财产(根据合同已进行财产保险的除外)承包商应立即予以修复和赔偿。但是,如果上述损坏是由业主或建筑师方面的人员造成的,或由其他人员引起且非承包商的过错或疏忽所致,则不在此列。

承包商应指定专人负责安全工作,一般即为承包商的现场负责人。承包商不应进行或允许对工程或现场的任何部分进行危及其安全的加载。

(3) 危险材料 (10.3)

若承包商发现某种材料或物质可能引起人身伤亡,则须在受此影响的地区立即停止施工并报告业主和建筑师。业主通过有专门执照的试验室,对此材料、物质的存在及有害性进行鉴定。若无害则恢复施工。否则由业主选定人员进行清理或处理,经业主和承包商都认可后恢复施工。此情况允许适当延长工期并增加合同总价。业主应尽力保护其他方免于遭到伤害,并防止在受有害物质影响地区施工而引起的索赔或花费,并对此负责。由承包商带到工地的材料和物质(按合同要求的除外),业主不承担责任。

(4) 意外 (10.6)

在出现威胁人身或财产安全的意外时,承包商应主动采取措施努力避免损失。承包商因意外而提出的费用与工期补偿将根据索赔及变更条款来确定。

(三) 建筑师与建筑师的合同管理 (4.1、4.2)

建筑师是指如协议明确说明的可合法从事建筑专业工作的个人或实体。"建筑师"一词是指建筑师本身或建筑师授权的代表。合同规定了建筑师的职责与权限,未经业主、承包商与建筑师的书面同意不得加以限制,修改或扩大,同时也不得无故拒绝同意。

如果建筑师被解雇,业主应重新指定承包商未提出正当理由加以反对的建筑师。新的建筑师在合同文件中的地位不变。

1. 建筑师根据合同对项目进行管理,并在下列情况下担任业主代表:①整个施工期间;②最终付款支付之前;③经业主同意,在一年维修期中。建筑师仅在合同规定的范围内有权代表业主行动。

2. 建筑师在施工期间每隔一段时间访问一次工地,以便检查工程进度及质量,使业主随时了解工程进度,尽力保证避免工程出现缺陷,并判断工程能否按照合同规定竣工。

建筑师不负责施工手段、方法及安全工作，不承担承包商未能按合同要求完成工程的责任，也不对承包商、分包商及其雇员等人员的失误负责。

3. 一般情况下，业主与承包商应尽量通过建筑师进行通信。与建筑师的咨询人员的通信亦应通过建筑师进行。与分包商及材料供应商的通信应通过承包商进行。与独立承包商的通信应通过业主进行。

4. 建筑师将根据对承包商支付申请的审阅与核对，向承包商发出支付证书。建筑师有权拒绝接受不符合合同规定的工程。只要建筑师认为必要，可对工程进行进一步的检查与测试。

5. 建筑师应及时审阅批准承包商的上报材料是否符合已有资料及合同的设计概念。建筑师对承包商上报材料的审阅不能解除承包商根据合同所应承担的责任。一般情况下，建筑师的审阅不意味着批准与施工手段、方法、工艺等有关的安全措施。对某一特定构件的批准并不等于批准了由该构件构成的组合构件。

6. 建筑师负责编制变更命令及施工变更指示、工程的次要变更。建筑师将通过视察确认实质性竣工与最终竣工的日期，接受承包商的书面保证书及有关文件，提交给业主审阅备案，并出具最终支付证书。

7. 根据业主与建筑师的协议，建筑师将提供一至多名项目代表协助建筑师在现场的工作。合同文件包括的一份附件中规定了项目代表的任务、职责与权限。

8. 根据业主或承包商的书面要求，建筑师应就与工程实施有关的事宜作出解释与决定。建筑师应尽快或在议定的时间期限内（如无议定期限，则为15天）答复上述请求。建筑师的解释与决定应与合同文件相一致，且应采用文字或图纸的形式。在作出此类解释与决定时，建筑师应保持公正。建筑师对外观的美观方面的决定如果与合同内容相一致，那么将具有最终效力。

（四）分包商（5.1、5.2、5.3、5.4）

分包商是指与承包商订立合同，完成部分工程的实体或个人。"分包商"一词在合同文件中指分包商或分包商授权的代表。"分包商"一词不用于独立承包商或独立承包商的分包商。下级分包商(Sub-subcontractor)是指与分包商订立合同，完成部分工程的实体或个人。"下级分包商"一词在合同文件中指下级分包商或下级分包商授权的代表。

1. 分包合同的签订

承包商应在接受合同之后尽快通过建筑师告知业主工程各主要部分的分包商推荐名单。建筑师应立即书面回函说明业主或建筑师是否有正当理由拒绝接受上述分包商。如未能及时回复则表明接受。

如业主或建筑师及时提出正当理由拒绝接受推荐的分包商，则承包商不得与之签订合同。同时，业主也不得要求承包商与其有合理理由拒绝的分包商签约。此时，承包商应推荐其他人选。若提名的分包商确有能力完成施工却被拒绝，而承包商因此增加了费用或延长了工期，则需在替代的分包商开始工作前发出变更命令。如果业主或建筑师提出正当理由拒绝改变，则承包商不得变动先前选定的分包商。

2. 分包合同关系

与FIDIC"红皮书"4.1款基本相同。

3. 分包合同的应急转让

如果由于承包商违约等原因终止了合同,承包商应将工程的全部分包合同转让给业主,但只有在业主表示接受且书面通知分包商和承包商时,该转让才有效。同时,根据有关保函的规定,担保人对转让有优先权。如果工程因转让已暂停超过30日,则应适当调整对分包商的报酬。

(五) 索赔与争端的解决

索赔是由某一方为维护其权利而提出的要求或主张,以期对合同条款进行调整或进一步的解释,以达到增加付款、延长工期或对有关合同条款的争端得到解决等。"索赔"亦指业主与承包商之间因合同而引起或与合同有关的其他争议。索赔应以书面通知的形式提出。提出索赔的一方有责任为索赔提供证据。

1. 索赔的提出 (4.3)

(1) 各方必须在索赔事件出现 21 日内或索赔人意识到导致索赔的情况 21 日内提出(取较迟者)。在索赔最终解决之前,承包商应努力地执行合同,而业主应根据合同文件继续支付。

(2) 如果发现地表以下或其他不明的情况与合同文件有出入或其他异常情况,那么发现的一方应在情况破坏之前立即(最迟为在发现该情况 21 日内)通知其他各方。建筑师应立即对该现象进行考察,如情况属实并引起了承包商时间、费用及工作量的变化,则应相应调整合同款额或工期。如果建筑师认为现场情况与合同文件并无出入,那么建筑师应通知业主与承包商并说明原因。如果某方反对该决定,则必须在建筑师的决定发出 21 日内提出。如果业主与承包商不能就调整方法达成协议,则应提交给建筑师作出初步决定,进而提出仲裁。

(3) 如果承包商的索赔包含增加合同总价的内容,那么应在开始实施该工程之前发出书面通知(对于危及生命与财产安全的紧急情况所导致的索赔不必事先通知)。如果承包商认为下列原因导致了费用的增加:建筑师的书面解释不明确;在承包商没有失误的情况下,业主发出停工命令;建筑师发出的工程次要变更;业主未能付款;业主终止合同;业主的暂停;其他合理的原因,那么承包商应按本程序进行索赔申请。

(4) 如果承包商的索赔包含增加工期的内容,那么应发出书面通知。索赔应包括成本估算及工程进度延误可能导致的后果。在延误持续的情况下,提出一次索赔即可。如果工期索赔的依据是不利的天气条件,那么该索赔应提供数据资料证明该时期的天气反常是不能够合理预期的,并且已经对施工进度产生了不利的影响。

(5) 如果合同一方蒙受了由于另一方或其他应由该方负责的人员的过失造成的财产损失或人员伤亡,那么无论是否已投保险,均应在首次事件出现后 21 日内书面通知另一方。该书面通知应提供足够的细节以使另一方能调查此事。

(6) 原定的工程量因为发出"变更单"或"工程变更指令"而发生了根本变化,则原定的单价(若有的话)应予以合理公平的调整。

(7) 承包商与业主应就下列各项的后续损失 (Consequential Damages) 放弃向对方索赔的权力:

1) 业主在租赁开销上,或是在使用、收入、利润、资金筹措、运营和名誉方面,以及在管理、雇员劳动效率和这些人员的服务等方面遭受的各种损失和损害;

2) 承包商在对驻守人员补偿的行政办公开销,或是在资金筹措、营业和信誉方面,以及工程预期直接获利之外的利益所遭受的损失。

以上规定不应视为可免除应清偿的直接损害赔偿费。

2. 索赔与争端的解决（4.4）

(1) 一切索赔（不包括承包商因危险材料停工或处理危险材料而提起的索赔）首先提交建筑师，待建筑师作出初步决定后才可进行调解、仲裁或起诉。提交 30 天仍未作出决定者除外。

(2) 接到索赔文件 10 天内，建筑师应通过审核决定采取下列一项或多项行动：索取进一步的证据资料；部分或全部驳回索赔；批准索赔；建议和解；告知各方因某些原因建筑师无法独立解决此索赔问题。评估索赔文件时，建筑师可向任一方或有关专业人员进行咨询或索取资料。

(3) 任一方都应在 10 天内对建筑师的请求提供证据或给予答复。建筑师根据答复作出全部或部分拒绝索赔或批准索赔的书面决定，在决定中应说明理由，并通知各方对合同总价和工期作出的调整。此决定对双方均有约束力。若各方接到此决定后 30 天内未提出仲裁要求，则此决定成为最终决定。

(4) 接到针对承包商的索赔后，建筑师和业主可以（也可不）通知承包商的担保人有关情况。

3. 调解（4.5）

争端尽量经调解解决。争端双方须到"美国仲裁协会"书面登记，调解按现行"美国仲裁协会建筑业调解规则"进行，登记后 60 天的调解期内还未能解决问题，才能开始仲裁或诉讼。一切有关调解的费用由双方分摊，调解地点一般即为工程所在地。经调解方式达成的协议具有法律效力。

4. 仲裁（4.6）

(1) 在建筑师对索赔作出初步决定之后，或在向建筑师提出索赔 30 天之后，可以提请仲裁。

(2) 仲裁前，应尽量通过调解解决争端，如果调解未能解决问题，再提交仲裁。双方须到"美国仲裁协会"进行书面登记，并将一份登记副件送建筑师存档。

(3) 提出仲裁要求必须遵守在时间限制上的具体规定。

(4) 如果建筑师的书面决定中说明：本决定具有最终效力但可提请仲裁，并要求各方必须在收到决定后 30 日内就该索赔提请仲裁，那么如果在上述 30 日内未提出仲裁，则建筑师的决定发生最终效力并对业主与承包商均有约束力。如果建筑师在仲裁开始之后作出了决定，那么该决定可以做为证据，但是除非有关各方均接受了决定，否则不应影响仲裁的进行。应按照上述时间限制提请仲裁。如果超过了法律规定的时效，相应的法律不允许提出此类索赔，则无法提请仲裁了。

(5) 上述仲裁不应以合并或联合（Consolidation or Joinder）等方式将建筑师或其雇员牵涉进来，除非各方签署了特殊的书面协议以示同意，也不得以上述方式牵扯除了业主、承包商、独立承包商及其他有必要出席的人士之外的其他人员。

要求仲裁的一方应在其要求中说明当前所有要求仲裁的索赔事项。仲裁人的裁决书具有最终效力。

(六) 工程变更

合同开始执行之后，可在不违反合同的前提下，通过变更命令（Change Order）、施工变更指示（Construction Change Directive）或次要工程变更命令（Order for a Minor Change in the Work）的形式，在合同规定的范围内提出工程变更。变更命令应基于业主、承包商及建筑师之间的协议；施工变更指示则需要业主与建筑师达成协议而不需承包商同意；次要工程变更可由建筑师自行发出。

1. 变更命令（7.2）

变更命令是由建筑师编写的并由业主、承包商及建筑师共同签署认可的书面指示，用以说明所有以下事项：工程需变更的情况；对合同总价的调整额；对合同工期的调整量。

对合同总价的调整与施工变更指示相同。

2. 施工变更指示（7.3）

施工变更指示是由建筑师编写并由业主和建筑师签署的书面指示，用以指示对工程进行变更。在不违反合同的前提下，业主可使用施工变更指示在合同范围内对工程进行增减或修改，并相应调整总价及工期。在未能达成发布变更命令所需的全体协议的情况下，可使用施工变更指示。

如果施工变更指示提出调整合同总价，则应按下列方法之一进行：共同接受的总价；合同规定的或随后达成协议的单价；根据各方协商确定成本以及附加费；由建筑师合理决定的价格。

收到施工变更指示后，承包商应立即实施相关的工程，并告知建筑师，承包商是否同意调整总价或工期的方法。如承包商对施工变更指示签字认可，则表示承包商接受了该施工变更指示，包括其中总价及工期调整方法。

如果承包商未能及时作出反应或不同意调整合同总价的方法，则建筑师将根据实际情况确定调整的方法与数额（包括总价增加时，对管理费和利润的合理补贴）。此时，承包商应按建筑师要求的格式保存并提供会计资料。本规定涉及的费用仅限于以下方面：人工费用，包括社会保障、养老与失业保险、协议要求的救济金、工人与劳工的劳动保险；包括运输费和消耗在内的材料费、供应、设备费用；机械、设备的租金；担保和保险费、许可证费用、使用税等；其他直接与变更相关的监理、现场办公人员的费用。

由于工程删除或变更而使合同总价减少，可在业主的后期付款中分期摊销。建筑师须对实际结算进行确认。如果工程变更既有工程量的增加又有减少，对管理费与利润的补贴须根据变更后净增加的工程量进行计算。

在最终决定费用之前，可将没有争议的数额计入支付申请书。有争议的部分由建筑师作出临时决定以便开出月支付证书，但双方可就此提出索赔。

如果业主与承包商同意建筑师的决定，则该协议立即生效且做为变更命令记录在案。

3. 次要工程变更（7.4）

建筑师的次要工程变更命令不涉及总价或工期的调整，且不得与合同内容相抵触。此类变更应采用书面命令的形式并对业主及承包商有约束力。承包商应立即执行此类书面命令。

（七）工期

1. 定义（8.1）

除非另有规定，合同工期是指包括有效的调整在内的合同规定的工程实质性竣工所需的时间。开工日期是指协议中规定的日期。实质性竣工日期指建筑师按合同规定出具证书证明的日期。

2. 工程进度与完工（8.2）

除非另有协议或根据业主的书面指示，承包商不得在由他投保的保险生效前过早地开始现场工作。开工日期不因此类保险的生效日而改变。除非合同中明确规定了开工日期或业主发出了开工通知，承包商应在开工前不少于5日或其他议定的时间内书面通知业主。

3. 延误与工期延长（8.3）

如果由于业主、建筑师、其雇员或独立承包商的过失，工程变更、劳工纠纷、火灾或其他承包商无法控制的原因，或者业主在调解仲裁之前批准的延期或其他由建筑师的决定可能导致的延误，造成了工程延误，则应使用变更命令延长工期。

4. 合同终止与暂停

(1) 承包商终止合同（14.1）

如果不是由于承包商或分包商、下级分包商及前述各方的代理人、雇员或其他与承包商直接或间接有关的施工人员的过失，而是因为下列任一原因使工程停止30日以上，承包商可终止合同：法庭或其他有管辖权的公共当局发出的全面停工命令；政府行为（如：宣布紧急状态，命令所有工程全面停工）；建筑师未颁发支付证书且未通知承包商拒发原因；或者业主未能在规定时间内根据支付证书支付；业主未能及时向承包商提供证据表明已经为本项目进行了适当的财务安排；业主多次暂停、延误或中断工程累计超过预计工期的100%，或在任何365日内超过120日（以二者中较少的时间为准）。

如果出现上述原因，承包商可在向业主与建筑师发出一份书面通知七日后，终止合同，并向业主索取与已实施工程有关的付款，包括合理的管理费、利润及损害赔偿费。

如果不是由于承包商或分包商、下级分包商及前述各方的代理人、雇员或其他与承包商有关人员的过失而是因为业主一直未能按照合同履行业主义务，使工程停止60日以上，承包商在向业主与建筑师发出一份书面通知七日后，可终止合同并根据上述规定向业主收取费用。

(2) 业主有理由终止合同（14.2）

在下列情况下，业主可终止合同：承包商一直或多次拒绝或不能提供足够的技术合格的人员或材料；承包商未能根据承包商与分包商的协议对分包商进行支付；承包商无视法律、规章、制度及有管辖权的公共当局的规定或命令；承包商有其他破坏合同的行为。

如果发生上述任一情况，经过建筑师证实后，在不损害业主其他权利的情况下，业主可以在向承包商及承包商的担保人发出书面通知7天后终止对承包商的雇佣，并可：占据现场并占有原属于承包商的所有材料、设备、工具、施工设备与机械；接受转让的分包合同；通过业主认为合理的方式完成工程，同时按承包商请求，就自己所完成的工程的各项成本费用，向承包商列出详细账目。这种情况发生后，承包商在工程完成之前无权收取任何进一步的支付。

如果合同总价中未支付的余额超过了最终完成工程的费用，应将超出部分支付给承包商。如果完成工程费用超过了未付余额，承包商应向业主支付其差额。上述支付行为应在向建筑师申请并得到建筑师的证明后进行，而且在合同终止后付清款项的义务仍然存在。

(3) 业主为了方便暂停工程（14.3）

业主可以在不说明原因的情况下书面命令承包商全部或部分暂停、推迟或中断工程实施。若由此原因造成了暂停、推迟或中断，应增加合同的总价及合同工期。但在下列情况下不进行调整：工程的暂停、推迟或中断是由承包商应负责的原因引起的；根据合同条款进行了等效的调整或者规定不进行调整。

（4）业主为自身方便终止合同（14.4）

业主在任何时候都可出于自身方便的考虑终止合同而无需任何理由。

承包商在接到业主终止合同的通知后须按照要求：停止一切施工；对工程做好防护和保管工作；立即终止并不再签署分包合同及采购订单。

在此情况下，承包商有权就已完成的工程获得工程款。业主应补偿承包商由此造成的损失，包括尚未施工部分合理的管理费和利润。

（八）支付

1. 支付申请（9.1、9.2、9.3）

合同总价是指业主为承包商根据合同实施工程而支付给承包商的全部款项，包括批准的和调整的款项。

在第一次支付申请之前，承包商应按照建筑师要求的格式向建筑师提交反映工程各部分之间价值分配状况的价值一览表（Schedule of Values）。如果建筑师未提出反对，此一览表将做为审查承包商支付申请的依据。

在每次进度支付日至少10日之前，承包商应根据价值一览表就已完成的施工向建筑师提交支付申请书。此类申请书应予公证（如果要求）并附有相关的证明资料，如果合同中明确要求，还应说明保留金的情况。该申请书中可以包括已发出施工变更指示或由建筑师临时决定而尚未发布变更命令的有关项目的支付要求。该申请书不应包括由于争议等原因承包商不准备对分包商支付的款项的支付要求。

对于已交货并储存于现场供工程使用的材料与设备应进行支付。如果业主事先批准，对保存于现场之外的材料与设备也可以进行支付。对于上述材料与设备进行支付的前提是承包商已按规定程序将此类材料与设备的所有权过户在业主名下，或采用其他方法保护业主的利益。

承包商应保证在支付前将支付申请书所涉及的工程的所有权移交给业主。承包商还应保证：在提交支付申请时，曾经颁发过支付证书并从业主处得到支付的一切工程就其所知不存在承包商、分包商、或其他个人或团体针对该工程的抵押权、索赔、抵押收益或财产留置权。

2. 支付证书（9.4）

在收到承包商的支付申请7日内，建筑师或者按照到期应支付额向业主发出支付证书，并将副本送交承包商，或者书面通知承包商和业主建筑师全部或部分拒绝发出证书的原因。

支付证书的签发构成建筑师向业主作出的一项说明：根据建筑师的现场考察及申请书所附资料，工程已经进行到了所说明的程度而且质量满足合同要求。该项说明可因下列各项而改变：在实质性竣工时对工程的评估；连续性检验与视察结果；竣工前可纠正的次要缺陷；特殊的质量认证。支付证书的签发还需进一步说明承包商有权得到所证明的款额。然而，支付证书的签发并不能证明建筑师进行了以下工作：详尽而连续的现场监督以检查工程的质量；审阅了施工方法、手段、技术等；审阅了分包商及材料供应商的领料单副本及其他业主要求的资料；检查确认承包商对先前支付款项的使用。

  3. 拒发证书（9.5）

  建筑师须合理地维护业主的利益。如果建筑师认为无法作出上述说明，则可以决定全部或部分地拒绝签发支付证书，并按规定通知承包商与业主。如果承包商与建筑师不能就修改的款额达成一致，建筑师将立即对没有异议的部分发出支付证书。建筑师也有权根据随后的证据或考察，全部或部分撤销先前颁发的支付证书，以保护业主避免由于承包商应负责的下列原因造成损失：未经修复的有缺陷的工程；第三方提出的索赔或有合理的证据表明可能出现此类索赔；承包商未能正常地向分包商或对人工、材料或设备进行支付；合理的证据表明使用合同总价的未付余额无法完成工程；给业主或其他承包商造成了损失；无法按合同工期完成工程而且未付余额可能不足以支付延误所造成的损失；承包商坚持不按照合同文件实施工程。一旦上述拒绝应发证书的原因消失，则应按原先拒绝的数额开具证书。

  4. 支付过程（9.6、9.7）

  建筑师签发支付证书之后，业主应按合同规定的方式与时间期限进行支付并通知建筑师。得到业主的支付后，承包商应立即按适当比例对各分包商进行支付。承包商应通过与分包商的协议要求各分包商以同样方式对其下级分包商进行支付。建筑师可向分包商说明承包商申请的与该分包商的工程有关的款额及建筑师与业主就此采取的行动的情况。除非法律另有要求，业主或建筑师均无义务负责对分包商的支付。对材料供应商的支付也适用上述规定。

  支付证书、进度支付、或业主对项目的占用均不能说明接受了不符合合同要求的工程。

  如果不是由于承包商的过错，建筑师在收到承包商的支付申请书7日内未能发出支付证书或者如果业主在合同规定日期之后7日内未能向承包商支付相应的款项，则承包商在向业主与建筑师发出另一份书面通知7日后可停止工程直至收到应得款项为止。应适当延长合同工期并在合同总价中加入承包商停工、延误及重新开工所损失的金额。

  5. 实质性竣工时的支付（9.8）

  实质性竣工指整个工程或指定的部分工程已按合同文件的要求完成，可供业主占用或按预定目的使用。

  承包商认为整个或部分工程已实质性竣工时，应在最终付款前编制一份未完项目的清单并提交建筑师。收到此清单后建筑师必须通过现场视察确定工程是否已达到实质性竣工的阶段，并将发现的不符合合同要求之处通知承包商。承包商必须按其通知中的要求完成或修补这些项目，然后请求建筑师对工程再次检查。

  工程确实达到实质性竣工的标准后，建筑师应出具实质性竣工证书，说明实质性竣工的具体日期，业主与承包商在安全、维修、供热等方面各自应承担的责任，承包商必须按期完成实质性竣工证书中所列未完项目。除非另有规定，保修期从实质性竣工的日期算起。

  实质性竣工证书经业主和承包商签字，且经担保人同意后，业主须将相应部分的保留金支付给承包商，保留金应按工程完成情况予以调整。

  6. 工程的部分占用或使用（9.9）

  经担保人同意及对工程有管辖权的公共当局的批准，业主可随时占用或使用已竣工或部分竣工的任何部分工程。如果业主与承包商已书面接受了有关支付、保留金、安全、维护、供热、公用设施、工程损坏及保险的责任,并就缺陷改正期及合同规定的保证达成书面协议,则无论该部分工程是否已部分竣工,均可部分占用或使用。承包商不应无故拒绝此类占用或使用。工程的进展情况应通过业主与承包商的书面协议予以确认。如果没有此类协议,则由建筑师的决定确认。

在部分占用或使用之前,业主、承包商和建筑师应联合视察即将被占用的区域,以确认并记录工程的状况。除非另有约定,对工程的部分占用或使用并不构成对不满足合同要求的工程的接受。

7. 最终竣工与最终支付（9.10）

收到准备好最终视察的书面通知及最终支付申请书之后,建筑师将立即进行视察。如发现合同已得到完全执行并可接收工程,建筑师将立即颁发最终支付证书,证书中说明根据建筑师对工程的视察,工程已按照合同规定予以完成,对承包商的应付款剩余金额已经到期并且可以支付。

只有在承包商向建筑师提交以下资料之后才能得到最终支付及保留金额:一份宣誓书,用以说明已经支付有关薪金、材料与设备的账单以及业主可能负责或被抵押的债务;一份证书,用以证明合同要求的在最终支付后仍然有效的保险已经生效,而且在向业主发出书面通知前至少 30 日内不得被取消或到期;一份声明,用以说明不存在实质性因素妨碍续购保险以使之在合同规定的期间内有效;担保人同意进行最终支付;应业主的要求提供的其他资料。如果分包商拒绝提供业主要求的弃权证书,承包商应就此类抵押权提供使业主满意的担保。如果支付之后此类抵押权依然存在,承包商应向业主支付在解除此类抵押权时业主被迫支付的款项。

在工程实质性竣工之后,如果不是由于承包商的过失或是由于发出了影响最终竣工的变更命令延误了最终竣工,根据承包商的申请和建筑师的确认,业主应在不终止合同的情况下支付该部分工程全部竣工并被接受后所应支付的余额。

一般情况下,业主最终付款即表示放弃索赔权。承包商、分包商或材料供应商收到了最终支付即表明了受款人对索赔的放弃,但由受款人先前书面提出并尚未解决的索赔除外。

（九）保险与保函

1. 承包商责任保险（11.1）

承包商应购买并持有相应的保险以使承包商免于如下索赔:与工程实施有关的对工人的补偿、残废抚恤金及其他类似的雇员权益的索赔;对雇员的身体损伤、职业疾病或死亡的索赔;对于除承包商雇员之外的其他人员的身体损伤、职业疾病或死亡提出的索赔;对与承包商雇员的过失所造成的损失所提出的索赔,对有形财产的损坏提出的索赔;占有、维护、使用汽车所造成的人员伤亡或财产破坏的索赔;因进行操作而造成的人身伤害或财产损害、与承包商意外有关的合同责任保险的索赔。无论此类索赔是由承包商、分包商还是他们的雇员的行为引起的。

上述保险类别应不低于合同或法律要求的责任界限（两者取最大值）。无论是针对突发事件还是索赔的保险,其有效期均应从工程开工之日起持续到最终支付之日并一直持续到最终支付日之后的保险终止日,不可间断。

应在工程开工之前将业主接受的保险证书送交业主备案。此类保险证书与保险单应包含如下条款:在提前 30 日向业主发出书面通知之前,保险单包括的险种不可被取消或到期。

如果要求前述保险类别中的一部分在最终支付之后仍然有效,则在提交最终支付申请书时应另附单据以证明该险种继续有效。

2．业主责任保险（11.2）

业主应负责购买并持有业主的一般责任保险。

3．项目管理防护责任险（11.3）

业主可以要求承包商购买并保持"项目管理防护责任险",此险种担负业主、承包商及建筑师三方在按照合同施工过程中的基本责任风险。对此项可选择的保险的费用,业主应以增加合同总价的方式给予承包商补偿。除了有权从该项保险中获得收益之外,业主、承包商和建筑师对于造成的损害将放弃相互间的所有追索权。

承包商没有义务代表业主购买任何其他责任险。

4．财产保险（11.4）

业主应按照最初的合同总价以及随后合同修改的价值以及由他人提供材料或安装设备的费用投保并持有财产保险。除非合同文件另有规定或由该保险的所有受益者签署协议,此类财产保险应一直持续到最终支付或直到除业主之外没有其他个人或实体拥有可保险的财产权益为止。该保险应包括业主、承包商、分包商及下级分包商的权益。

财产保险应采用一切险保单（All-risk Policy）的形式,并应包括火险（连带由此而引起的风险）以及由于各种原因造成的物质损失。此类保险中还应包括对建筑师和承包商的服务与费用的合理补偿。

如果业主不准备按上述规定购买财产保险,业主应在开工之前书面通知承包商。承包商可以进行投保以保护承包商、分包商及下级分包商的利益并要求通过适当的变更命令向业主收取相应的费用。如果由于失误或疏忽,业主未能购买上述保险且未通知承包商而使承包商遭受损失,业主应承担由此产生的一切损失。

如果财产保险要求有免赔额,业主应承担因免赔额而不能享受保险的费用。

此类财产保险应包括存放于现场之外及运输过程中的部分工程。业主与承包商只有在采取合理步骤取得保险公司的同意后才可对工程进行部分占用或使用。未取得书面同意不得进行部分占用或使用,以免影响保险的有效性。

业主还应负责购买某些特殊保险。业主应购买并持有合同或法律要求的对加热器及机械的保险。投保有效期应包括此类设备的安装过程并直到业主最终接收为止。此类保险应保护业主、承包商、分包商及下级分包商的权益。业主与承包商为被保险人。业主可自愿选择购买并持有针对业主财产在使用中由于火灾或其他灾害失去使用功能的保险。如果承包商书面要求在财产保险单中加入上述险种之外的险种或为其他特殊灾害进行投保,则如果可能,业主可进行保险,但费用应由承包商承担。

在风险出现之前,业主应向承包商提供所有保险单的副本。每一份保险单均应包括一般适用条件、定义、与该项目有关的除外责任条款和背书。

合同规定了关于财产保险所保护的火灾等灾害引起的损失的弃权条款。该条款涉及的范围包括业主与承包商之间或与他们的分包商、下级分包商及代理人与雇员,建筑师、建筑师的咨询人员、独立承包商及其代理人与雇员之间。如果可能,业主与承包商应按法律要求的格式签订弃权声明书。保险单上应以背书等形式表明此类弃权。

通过业主财产保险投保的损失应由业主做为受托人受理。承包商应公平地将保险赔偿金中相应的份额支付给分包商,并订立协议要求分包商以同样方式向下级分包商支付。

如果某受益方提出要求,做为受托人的业主应在出现投保损失时,提供业主履约保函。保函费用应从赔偿金中支取。业主应将赔偿金存入独立账户,并根据各方协议或仲裁裁决书的规定进行分配。如果发生了损失却未订立协议,承包商应在发出工程变更的通知后对受损财产进行修复,除非业主终止了合同。

作为受托人的业主有权对保险人受理并结算损失,除非某受益方在损失发生后五日内书面提出反对业主行使此类权力。如果出现此类情况,则应选择仲裁人来解决。做为受托人的业主应根据仲裁人的指示与保险人结算。如果要求通过仲裁分配保险赔偿金,仲裁人将指导分配。

5. 履约担保与支付担保（11.5）

业主有权要求承包商提供履约担保,保证承包商根据招标文件要求或合同规定正常履行合同以及承担可能出现的支付义务。当任何担保受益个人或团体要求时,承包商应及时提供担保的副本或允许制作副本。

（十）工程检查与改正（12.1、12.2、12.3）

1. 工程检查（12.1）

如果承包商违背建筑师的要求或合同的明确规定覆盖了工程的某一部分,则必须按照建筑师的书面要求将该部分剥露供建筑师检查后再复原,费用由承包商承担且不得改变合同工期。

如果对工程的某一部分覆盖之前建筑师并未要求检查,建筑师仍有权提出检查此类工程并可要求承包商予以剥露。如果该工程满足合同要求,则应使用变更命令向业主收取剥露及复原的费用。如果此类工程不满足合同要求,则承包商应承担费用。但是,如果该问题是由业主或独立承包商引起的,则由业主承担此类费用。

2. 工程的返修（12.2）

承包商应对建筑师拒收的或不满足合同要求的工程立即进行返修。承包商应承担返修费用,包括额外的检验与视察费用及建筑师的服务与其他费用。

工程实质性竣工之后一年内,或合同规定的保修期开始之日起一年内,若发现工程中有任何不符合合同要求之处,一旦收到业主的书面通知,承包商应立即对其进行返修,除非业主书面通知愿意接受此缺陷。若承包商收到通知后未能在合理期限内返修工程,业主可根据合同规定自行返修。返修部分的保修期要相应延长。承包商应将不符合合同要求、未予以返修且业主不愿接收的部分工程运离现场。在返修过程中,若损坏了业主或独立承包商施工的工程,承包商必须承担全部修补费用。

承包商负责返修的期限只针对其保修的义务,对合同文件中规定的承包商的其他义务没有影响。

3. 接受不符合要求的工程（12.3）

如果业主愿意接受不满足合同要求的工程,可不要求对其进行拆除与返修,同时应适当地相应减少合同总价。无论是否已进行了最终支付,此类调整均有效。

（十一）其他条款

1. 法律（13.1）

合同应受项目所在地法律的约束。

2. 继承人与受让人 (13.2)

业主与承包商分别保证其自身、其合伙人、继承人、受让人等对另一方及其合伙人、继承人、受让人等接受合同中包含的契约、协议与义务的约束。未经一方书面同意，另一方不得整体转让合同。但业主可在未经承包商同意的情况下，将合同转让给为该项目提供融资的贷款机构。

3. 权利与补偿 (13.4)

合同文件要求的责任与义务及由此产生的权利和补偿是对法律有关内容的补充而不是限制。

无论业主、建筑师或承包商有无投诉，均不能构成对合同规定的权利或义务的放弃，也不能构成对违反合同行为的批准或默许。

4. 检验与视察 (13.5)

应及时根据合同或法律规章及有管辖权的公共当局的行政命令检验与视察工程的各部分。承包商应负责组织此类检验与视察并承担费用，且须将有关安排及时通知建筑师。此类检查通常由业主认可的独立实验室或公共当局进行。在授标或谈判结束之前进行检验与视察的费用应由业主承担。

如果建筑师、业主或公共当局认为工程的某一部分需要进行额外的检验与视察，建筑师将指示承包商组织进行此类检验与视察。承包商应及时将此类检查与视察的时间地点通知建筑师以便监督。

如果上述检验与视察表明工程不满足合同要求，承包商应承担由此导致的一切费用，包括进行重复检查的费用及对建筑师的服务与费用的补偿。否则费用由业主承担。

如果建筑师准备监督合同要求的检验与视察，应及时到达检验地点。合同要求的检验与视察应迅速进行，以免延误工程进展。

5. 利息 (13.6)

根据合同到期而未支付的款项应从到期之日起计算利息。应遵照各方书面协议的利率或在无此类协议时，遵照项目所在地现行合法利率计算。

6. 法律时效的开始 (13.7)

对于业主的和承包商：

(1) 适用于实质性竣工前的行为（act）或不行为（failures to act）的法律时效，其开始应不晚于实质性竣工日期；

(2) 适用于从实质性竣工至最终支付之间的行为或不行为的法律时效，其开始应不晚于最终支付日期；

(3) 适用于最终支付之后的行为或不行为的法律时效，其开始应不晚于以下三个日期中的最晚者：承包商根据 3.5 款（有关材料和设备质量保证）的行为或不行为的日期；承包商根据 12.2 款（工程的返修）的行为或不行为的日期；业主或承包商的行为或不行为实际发生的日期。

思 考 题

1. ICE 对指定分包商的规定有什么特点？
2. ICE 对承包商应遵守法律方面有哪些规定？

3. ICE 中"使工程师满意"的含义是什么？
4. 试分析 AIA 系列合同文件的联系。
5. 试分析比较 AIA A201 中建筑师和 FIDIC "红皮书"中工程师对合同管理的职责有何异同。
6. 试分析 AIA A201 中索赔与争端解决程序的特点，并与 FIDIC "红皮书"对比。
7. AIA A201 的工程变更分为几个层次？各有何特点？
8. AIA A201 关于保险与保函的规定有何特点？

第9章 国际工程相关的部分合同

本章主要介绍与国际工程承包密切相关的联营体合同、租赁合同、国际劳务合同、国际技术转让合同以及代理协议,对这些合同的主要类型和主要条款进行分析。

第1节 联营体合同

一、概述

(一) 联营体的优缺点

联营体(JOINT VENTURE,以下简称JV)可以由中国国内各工程公司组成或由中外公司组成。由中外公司组成联营体并在中国境内注册时,联营体的组成必须遵守中国的《合同法》。如果在对方所在国境内注册,则应遵守对方所在国的有关法律。联营体在实施任何项目时,均应遵守项目所在国的有关法律法规。

各工程公司组成联营体,或是为了增强自己的竞争实力;或是项目所在国实行地方保护政策,要求外国投标者必须与本国承包商组成JV共同投标;或是项目所在国给予本国承包商许多优惠,外国承包商愿意与其组成JV,使投标更具竞争力,同时还可以利用当地承包商的社会关系,为夺标和实施项目创造更为便利的条件。总之,组成JV是为了得到承包合同,并在实施项目时盈利,这是组成JV各方的共同目的。JV有很多优点,主要是:

(1) 可增大融资能力。
(2) 在专业特长方面互补,增强专业技术水平,以降低报价。
(3) 分担施工风险。
(4) 工程项目所在国承包商参加JV有利于了解该国业务,并往往可享受优惠待遇。
(5) 有助于提高发展中国家工程公司的管理水平和技术水平。

由于联营体是由多方参与的协作型组织,它又存在一些缺点。在组成联营体时,应给予高度重视。主要缺点是:

(1) 管理层次增多,不易迅速决策。
(2) 内部职责划分不清时,易产生内部矛盾。
(3) 出于各自的利益考虑,投标价格可能会偏高。

(二) 联营体的类型和特点

联营体一般可分为两类:即法人型JV和合同型JV。

1. 法人型联营体 (CORPORATE JOINT VENTURE)

法人型联营体实际上是一种合资公司,是具有独立法人资格的各方同意联合组成新的经济实体,共同承担民事责任,并注册登记为新的法人。其合作方式为各当事人认缴一定的注册资本额,并按照其认缴的资本额在联营体总注册资本中所占的直接比例,分享联营体的利润,分担风险和损失。联营各方关心的是整个项目的利润和损失。因此他们必须一同制定项目的目标,共同决策。即使有具体事项的分歧,但最终目的、权益是一致的。

2. 合同型联营体 (CONTRACTUAL JOINT VENTURE)

也有人称其为合作型联营体(Coorperative JV)或分担施工型联营体(Seperative JV),但性质是一样的,即具有独立法人资格的各方按照合同的约定进行经营,其权力和义务由合同约定。他们具有共同的经济目的,为了获取投标的项目,在施工和经营等方面进行协作,而就相互间的职责、权利和义务关系达成协议。所订立的合同是制约各方的主要手段。

在具体协作时,各方可根据自己的特长,在实施项目时分担自己的责任,分担的方法可以按咨询、设计、施工、货物采购等,也可以把土建工程分为若干部分(如基础工程、上部结构等),由各方分担。

合同的订立只是针对某一具体的工程项目,在完成项目,清理了该项工程的一切财务账目(即清理了 JV 的财务和权益)后,即宣告终止联营。

合同型联营体又可分为投资入股型(Equity JV)和协作型(Cooperative JV)两种。

投资入股型类似于法人型联营体,但不注册为新的法人,不产生新的经济实体,只是一个关系较为紧密的联营体。联营各方约定共同出资,共同经营,共负经营风险。各方按照出资的比例或者协议的约定分享利润、承担民事责任和连带责任。

协作型联营体也不产生新的经济实体,且是一个较为松散的联合体,其组织性较弱。在承包经营中,独立核算,不必设立出资条款和盈亏分派条款。可规定建立一个共同机构,或由一个联营体成员对联营的项目进行组织和协调,负责对外进行业务联系,对内组织、协调生产,相互提供便利和优惠。各联营体成员出一部分资金作为协调组织机构的办公费用,但此部分费用不具有出资的性质。联营体成员间的业务往来,仍然要通过订立各种合同来进行,如购销合同,技术转让合同等。

联营体的类型可用图 9-1 简单表示。

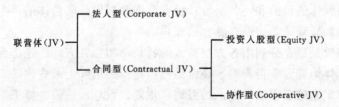

图 9-1 联营体类型

各种类型联营体的主要区别见表 9-1。

各类 JV 的主要区别   表 9-1

类型 主要区别事项	法人型联营体	合同型联营体	
		投资入股型	协作型
1. 是否注册为新法人	√		
2. 是否设立出资条款	√	√	
3. 风险分担方式			
按出资比例	√	√	
按任务分担方式			√
4. 利润分享方式			
按出资比例	√	√	
按任务分担方式			√
5. 是否为各自独立核算			√

下面详细介绍法人型联营体合同,对其他类型的联营体合同在本节第三部分仅作简单

介绍。
二、法人型联营体合同的主要条款

在这一部分中,对合同主要条款内容按下述方式介绍,即每一条款标题下分为"内容"和"说明"。内容是指根据具体情况写入合同的条款内容,说明是对编写条款内容时的要求和注意事项逐一进行说明。

(一)联营体名称和地址

内容:成立联营体所依据的法律;联营体的名称和名称的使用原则;股东的责任形式为有限责任公司。

说明:对中外 JV,联营体的名称一般应包括中、英文两种。但如与项目所在国公司联营,JV 名称也可用英文和当地文字。JV 名称中应标明联营体所在地和联营字样。如果联营体在其他地区设有分公司,还应记载分公司的地址。

如果联营体在中国注册,联营体所依据的中国法律如下:
(1)《中华人民共和国中外合资经营企业法》;
(2)《中华人民共和国合同法》;
(3)新颁布的其他有关法律法规。

(二)联营体各成员的名称、办公地址及其经济性质

内容:联营体各成员在其所属国注册的全称名称,注册的法定办公地址及其经济性质,联系电话和传真机号,法定代表人及其职务和国籍。

说明:企业的经济性质应标明企业是依照其管辖地的法律成立和存在,各当事人均有权从事本合同规定的活动。必要时合同中可增加如下内容:要求各当事人提供在形式和内容上均能令其他方满意的证明上述情况的文件。联营体的经济性质应为合资经营企业。

(三)联营体的经营宗旨、范围和规模

内容:组成联营体的目的和经营宗旨;经营范围和规模;联营体的年生产能力;应达到或超过的营业额;联营体如何设立独立的账户。

说明:经营宗旨是指充分利用各方当事人的特长,加强各方间的经济合作,增加产品的销售,促使联营体为各方取得利润。经营的范围是指为国际上某些地区(地区范围可在合同中作出具体规定)的工程项目提供的咨询、规划、设计、估价、施工、管理、监督和其他服务。合同中也可写入今后如何扩大联营体的生产能力。

中国境内的联营体应设立独立的外汇和人民币账户,并可在中国政府指定的机构进行调剂人民币和外汇等辅助活动。

(四)投资总额和注册资本

内容:联营体的投资总额(Total Amount of Investment)及来源组成;联营体的注册资本额(Registered Capital),联营体各方认缴注册资本的百分比及具体金额,认缴的方式和时间安排;联营体各方注册资本缴纳的验资和核实。投资总额以及注册资本额的任何变化须经董事会和有关部门同意。

说明:认缴注册资本可一次性或分期在规定的时间内缴纳(例如:可在联营体营业执照生效日起三个月内缴纳不少于其认缴资本额的 15%,其余部分应在执照生效日后的六个月内缴齐)。各方投资应以现金缴纳(也可以实物代替出资)。

对中外联营体可明确规定中方公司以人民币参与出资,人民币或其他外币均应存入联

营体所开设的相应的账户。如外方缴纳外币，在需要转换为人民币时，可依照进入联营体账户当日中国银行规定的买进该种外币的当日官方牌价兑换为人民币。

资本缴纳的验资和核实应由一定级别的注册会计师进行审核并发布证明当事人当时缴纳资本出资额的报告，全部验费用由 JV 支付。JV 应根据此验资报告向当事人颁发联营体内资本缴纳的证明，并说明此证明是各当事人资本缴纳和在联营体中所拥有权益的决定性的依据。任何当事人未能在规定的期限内将其认缴的注册资本存入联营体的账户，则应依照合同的有关条款给予罚款。

（五）董事会

内容：董事会（The Board of Directors）的成立，董事会的组成和任期；董事长的职责和权力；董事长、副董事长和董事任命方法。各董事的姓名、职务和地址。

董事会的职责；召集董事会议和形成董事会议决议的有关规定。

说明：董事会是联营体的最高权力机构，联营体在取得营业执照时，董事会应成立并开始运作。董事会的董事长（Board Chairman）是联营体的法定代表人，可进行章程中授权的活动，或董事会明确书面授权的其他活动。董事长一般由出资最多的一方委派，副董事长由其他方委派。董事分别由各成员商定委派的名额。

董事会的一般职责如下（可视具体情况进行取舍）：

(1) 制定和修改联营体章程；

(2) 增加或转让联营体注册资本，研究决定联营体与其他经济组织合并事宜；

(3) 任命和免职总经理、副总经理、总工程师和总会计师；

(4) 筹措流动资金贷款；

(5) 接受或拒绝超过一定总值的项目；

(6) 决定利润分配方案和分配利润；

(7) 制定内部条例和规章以及对业主、工程师的总政策（如索赔政策等）；

(8) 设立分支机构；

(9) 审查和批准总经理提交的重要报告（如年度预算，年度商务报告等）；

(10) 决定所有职工包括高级职员的工资标准、雇佣条件和解雇政策；

(11) 决定联营体到期和提前终止的清算事宜；

(12) 确定有关保险的原则；

(13) 制定实施工程所需机械设备的采购和租赁总政策，并批准有关费用。制定工程不再需要的机械设备的处理标准。

(14) 对管理机构提交给董事会的事项做出决定。

(15) 制定经营程序、指导方针以及财务和会计工作指导方针。

(16) 批准董事会认为需批准的其他事项。

董事会对上述第（1）、（2）事项须一致批准通过，其他事项的批准须以多数票通过。如有其他特殊要求应写明。

应说明各董事参加董事会的具体要求及董事会的决议方法和表决权的计算方法及在会议召开日期前多少天以书面形式将会议的日期、时间和地点及有关的议题通知各方。例如，构成董事会议有效的最少人数及必须参加人，董事参加董事会议的方式可以是本人、其代表人或以电话参加。后两种方式董事本人须在董事会后规定的时间内（一般为 24 小时）以规定的方式进行确认等。

另应说明紧急情况下，召集董事会议的方法及决议方法。

除召集董事会通过有关决议外，如经各位董事书面签署同一书面决议的各个文本，可以不经过会议而通过该决议。

参加董事会议的人员，由于参加会议而发生的旅费、住宿费和相关的费用一般由联营体进行支付。

（六）经营管理机构

内容：组织管理机构的产生，人员组成和管理机构的职责，决策程序。主要负责人的姓名、任期、职责。

现场经理部的组成和人员任命；现场经理部的职责和权限。

说明：经营管理机构是联营体的最高运作机构，应负责联营体的日常管理，除对联营体董事会负责外，应为独立自主的机构。

管理机构一般由总经理、副总经理和若干部门经理组成，由董事会任免管理机构的总经理和副总经理并确定任期和是否可以连任，董事会有权随时解除总经理或副总经理的职务，不需说明任何理由。总经理和副总经理的提名方式可在合同中作出具体规定。

管理机构的责任包括：

(1) 根据董事会确定的总政策全面监督并控制联营体与履行合同有关的全部活动；

(2) 执行董事会作出的决定；

(3) 批准工程施工方法和总进度计划；

(4) 选择分包商及批准主要分包合同；

(5) 批准由各方和/或第三方实施的技术研究和其他专门服务及预算，审核并批准与此有关的费用；

(6) 审查财务计划并递交董事会批准；

(7) 监督对业主或第三方的索赔工作；

(8) 批准经过审计的联营体的投标费用；

(9) 处理不归董事会负责但与工程实施有关的其他任何事项。

董事会决定高级职员的职责范围：

副总经理协助总经理工作，并对总经理负责；总经理可任命若干部门经理，部门经理分别负责各部门工作，并对总经理和副总经理负责。

应说明召开管理机构会议以及形成会议纪要的有关规定，包括：会议通知的发出时间，会议的日期、时间、地点和议题，构成会议有效的必须参加人和最少参加人数，紧急情况下的会议，以及在会议期间不能就所讨论事宜达成一致意见时的处理方法等。

联营体可设监察组织机构，也可不设，视情况而定。该组织成员由各成员公司委派，主要职责是对联营体的事务执行情况进行全面监督。

联营体管理机构应根据项目的具体情况，批准设立现场经理部，现场经理部对管理机构负责，按其指示行事，并应监督合同项目严格按合同的有关规定实施。

现场经理部一般由现场总经理（General Manager），商务副经理（Deputy Business Manager）和现场副经理（Deputy Manager）组成。商务副经理一般负责与工程有关的财务运作，现场副经理则着重负责现场的施工组织安排和解决施工技术问题。商务副经理和现场副经理的任用由管理机构决定，其他现场组织人员由总经理聘用（一般是从当地招聘）。

现场经理部有权在工程实施现场代表联营体，但经理部就合同实质性修改所进行的谈判须经管理机构批准。财务账目的巨大变动、大型设备采购及类似事务的处理均应及时通知管理机构并获其批准。

项目的财务账目和重要函件应由现场总经理和商务总经理共同签字，如其中一人缺席，财务账目由管理机构进一步确定授权签字人选，重要函件可由有关的现场副经理签字。

（七）购买设备、物资和服务

内容：采购设备、物资和服务的原则。

说明：联营体在采购所需要的设备、物资和服务时，应制定质优价廉的原则，如果是中外联营体，且在中国境内注册，中国国内提供的产品与可能进口的产品相比，如规格相同，且具有相同的质量，价格合理，同时在其他方面也具有竞争力，则应优先采用中国国内产品。

（八）联营体各成员的职责和义务

内容：分别规定联营体各成员的职责和义务。

说明：应分别列明各成员的职责，一般考虑如下内容：

（1）办理营业执照和正常进行业务经营所需的各种许可，以及代表联营体处理所有涉及注册地有关当局的事务；

（2）征募联营体中方和外方高级管理人员，技术人员和技术工人；

（3）办理联营体办公场所及办公设施的租赁和经营联营体所需的其他项目；

（4）办理联营体在其注册地的国家和地方的税收优惠；

（5）办理联营体职员的出入境手续及进行与联营体有关的活动时的交通和住宿；

（6）开发、获得设计和技术，进行技术转让；

（7）培训联营体人员；

（8）开发新项目；

（9）办理其他事项，如办理联营体所需要的贷款。办理为执行本合同联营体各成员国所需要的任何进出口许可证等。

如果 JV 是由外国公司与当地公司组成，对上述第 1，3，4 项，一般由联营体中当地公司承担。

JV 各成员的义务：

（1）缴纳各自认缴的联营体的注册资本；

（2）联营体的会计账簿应遵守注册地的有关会计制度。如在中国应遵守《中华人民共和国外资企业会计制度》，并采用中、英文进行记录；

（3）未经董事会书面批准，任何成员均不得为联营体或其资产设立抵押或提供作为抵押品，许可留置或设置其他债权；

（4）处理联营体向各成员委托的其他事宜；

（5）按照诚信原则，联营体各成员应尽自己最大努力确保联营体的经济活力和盈利。

（九）盈余及亏损分派的比例或标准

联营体成员应按照其所缴纳的资本在注册资本中所占的直接比例，分享联营体的利润，分担风险和损失。另应说明如何处理联营体任何债务和义务。

说明：盈余和亏损是指缴纳了联营体的所有税费后的盈余和亏损。

在分配利润时，应说明支付各成员公司的币种和金额，汇款方式，汇往银行。

（十）联营体合同的修改

内容：合同条款内容的修改程序。

说明：合同的任何修改须经董事会一致通过并呈报有关部门批准。对中外公司组成的联营体，合同的任何修改均应符合《中华人民共和国合同法》以及新颁布的有关规定和实施细则。这些新的法律法规，可能给联营体带来优惠，也可能产生负担。对这种情况，尤其是产生不利影响的情况，可在合同中作出详细说明（如可规定：由于法律法规的变更导致不再保护某成员的权利时，该成员可终止合同），以保护各成员的利益。此时受到不利影响的成员应迅速通知其他各成员，各成员在收到该种通知后，应迅速对涉及本合同的有关内容进行协商并作出必要修改。

（十一）联营体成员以现金以外的财产出资

内容：联营体成员以现金以外的财产出资的方法和审批程序。

说明：一般允许联营体成员以现金以外的财产（如实物或财产权）出资，但不得以劳务和信用出资。以现金以外的财产出资须经董事会批准。

（十二）工程投标

内容：国际市场的调查；工程项目投标价格的确定；投标的原则。

说明：工程项目的投标价格，应由联营体董事会参考国际市场标准加以确定。

联营体应定期地进行国内外的市场调查，经有关机构批准，联营体可在不同地区设立相应的分支机构。

（十三）劳动管理

内容：联营体的职工、管理人员在雇用、劳动纪律、辞职和报酬等方面的具体规定；董事会确定联营体高级管理人员的工资、劳动保险、福利、住房补贴和差旅标准等；董事会决定联营体的雇用人员总数，工作时间，并可随时对其进行修改；总经理依照联营体内部劳动规则行使此项权力，同时，具有向职工直接发放应得奖金和解聘职工的自主权力；联营体职工有关辞职的规定；职工雇用试用期及解雇职工的有关规定。

说明：职工的劳动管理一般包括职工的招聘、雇用、辞退和辞职、工资、劳动保险、生活福利、奖金、劳动纪律、退休保险等以及其他涉及联营体职工的事项。

在中国境内注册的中外公司组成的联营体，其劳动管理除遵守联营体成立后董事会制定的联营体内部劳动规则外，还应遵守《中华人民共和国中外合资经营企业劳动管理规定》及其他有关的法律法规。

联营体雇员有关辞职的规定，主要考虑近几年内是否参加过联营体主办的培训计划。对参加过培训的职员，要规定一个为联营体提供服务的年限，或规定其他补偿联营体培训费用的办法。例如：职工调往其他单位时，由调入单位补偿联营体的培训费用。职工辞职无权要求其积累未付的工资以外的经济补偿或离职生活津贴。

支付雇员报酬的币种、金额也应作出相应的说明，如在中国国内的消费可考虑支付人民币。

职工试用期及解雇职工的有关规定，主要考虑试用期满后是升职，还是解雇；如解雇职工，需确定支付离职生活津贴的额度（一般为一个月的工资）。

（十四）联营体的联营期限及期满后的资产处理

内容：规定联营体的具体联营期限；联营期限的起算日期；延长联营期限；联营期满后的资产处理规定。

说明：联营期限一般从颁发联营体营业执照之日算起。

经联营体董事会一致批准，联营期限可以延长。但应在联营体期满之前一定的时间（一般为六个月），由某一方或董事会提出延长联营期限的申请。

联营期满或合同终止后的资产处理应包括下列内容：

（1）组成清算委员会（Liquidation Committee），说明委员会的人数及人选要求（如各成员公司委派的名额），清算委员会应建立清算联营体资产和清偿债务的程序，包括清册（Schedules）、法律行为（Legal Action）、优先支付（Priority）、JV 剩余资产的处理、对外公告及权力的保留等。制定清算程序并应保证联营体的剩余财产是以当时的公平市场价格清算。

清册是指在查清联营体财产、资产和债务后，编制资产负债表，制定清算方案，呈报董事会批准后执行。

法律行为是指清算委员会可代表 JV 进行起诉和应诉。

优先支付是指从联营体剩余资产中优先支付清算费用和清算委员会的酬劳后，再进行剩余资产的分配（支付币种的优先权）。

清算结束后，注销合资企业，并对外发布公告。

权力的保留是指联营体合同终止不得损害终止日之前各成员已积累的权利和义务，除非该成员自动放弃。

（2）购买联营体。应说明如下事项：

1）合同终止时，联营体中任一方可从其他方购买联营体中其尚未拥有的权益。说明购买及付款方式（多于一方购买时，可采用投标方式，以价格较高的一方为中标方）。

2）非联营体成员愿意购买联营体或其中的资产权益。一般采用拍卖的方式，由清算委员会选择一家国际承认的估价公司进行估价，拍卖的价格不应低于此价格。

（3）联营体合同提前终止时，各方应合作并促使联营体迅速向各方按其投资的形式和币种归还其投资或其按比例应得的份额。

（十五）保险

内容：联营体投保的范围、险种，保险的金额，保险公司的选择。

说明：为确保工程项目顺利完成，联营体在其经营活动中应对下列险种进行投保：建筑工程一切险、安装工程一切险、社会保险、机动车辆险以及其他必须进行投保的险种。一般地，联营体应对自己不可接受的风险进行投保，将风险转移给第三方。

中外公司组成的联营体应争取向在中国登记注册的保险公司进行投保。由董事会确定保险范围和保险金额，JV 应认真选择信誉好、保险费用又低的保险公司。

（十六）违约责任、争议的解决

内容：合同终止的有关规定；合同终止后各方所享有的权利；争端的解决。

说明：如果出现任何下列情况，可终止本合同：

（1）联营体严重亏损，在财务上无法恢复时，JV 任何成员均可终止本合同。

（2）JV 任何成员严重违反本合同（如不履行合同中规定的责任和义务，并在接到书面通知指出该违约后一定的时间内未能进行补救），守约方可终止本合同。

（3）由于"不可抗力"，使 JV 任何成员无法履行本合同规定的义务，且在收到该遭受不可抗力影响的成员的书面通知后，该状态持续一定时间以上（一般为 6 个月），其他 JV 成员可终止本合同。

（4）任何成员因任何原因（如破产、清算、解散；或无力清偿到期应付债务；或其债权人接管其经营；或有关金融机构暂停其兑换优惠，或政府剥夺或没收其企业、财产或资产中的任何重要部分；或任何其他原因。）无力实现其对联营体的义务，则其他成员可终止本合同。

（5）如果因任何原因联营体被撤消或被废止其营业执照或停止存在，任何当事人均可终止本合同。

（6）如果任何当事人未能按照合同规定的形式、条件和时间缴纳其认缴的注册资本，则该当事人应向联营体另付一笔违约赔偿金。如果延期缴纳持续一个月以上，其他方当事人可终止本合同。因本条款终止联营体合同时，违约当事人应向守约当事人赔偿因此遭受的损失。

（7）如未能及时收到建立联营体和履行本合同所必需的政府部门的批件，则任何当事人均可终止本合同。

由于一方当事人违约而终止本合同时，其他方当事人应享有以下积累性的权利（Cumulative Rights）：

（1）要求违约当事人向其他方当事人或其指定人出售其在联营体中的全部权益。其价格可以是联营体中该当事人份额的账面价值，或是守约当事人所接受的国际承认的评估员所评估的价格，择其较低者。

（2）要求违约当事人向他方当事人支付赔偿费，该赔偿费是为了补偿受此影响的当事人的损失（包括联营体的利润损失）。

（3）如果未要求违约方按上述第 1 条出售其权益，则终止合同的当事人应提前一定时间通知其他当事人，以便迅速组成资产清算委员会并开始清算程序。

争议的解决，步骤如下：

（1）当争议事件出现后，当事人应迅速通知对方当事人，说明争议事件出现的时间和性质。争议各当事人之间应首先通过友好协商予以解决（应规定一个具体的期限，如 56 天内）。

（2）友好协商不成，任何当事人均可将此争议提交合同中规定的特别仲裁庭，仲裁庭按其仲裁规则作出终局裁决，对所有当事人有约束力。败诉方应承担全部仲裁费用。

（3）特别仲裁庭的组成以及仲裁程序中所使用的语言由合同规定。

特别仲裁庭一般由 3 人组成，争议双方当事人各指定一名仲裁员，再由该被指定的两名仲裁员指定第三名仲裁员。仲裁员的指定均应符合仲裁庭的仲裁规则。

（十七）权益的转让

内容：联营体任何一方转让其在联营体内权益的规定。

说明：联营体任何一方未经他方当事人的书面同意，不得以任何方式转让其在联营体中的全部或任何部分权益。

有意转让其全部或部分资产权益的当事人，应在转让日前一个合理的时间（如 84 天）

向他方当事人提出此种转让意向的书面通知。

当联营体的一方进行权益转让时，非转让的当事人有权按照不低于任何非联营方提出的价格和条件，优先购买所转让的权益。

被转让方应签署本合同并受本合同的约束后，转让始能生效。同时尽快更换新的资本缴纳证明，以反映联营体内各方新的权益所有权关系。

（十八）其他

内容：不可抗力；合同适用的法律及采用的语言；联营体各种货币资金的使用平衡；有关税收、财务和审计的规定；相关技术保密的规定；合同的生效日期；合同的排他性；发给联营体各成员的通知。

说明：不可抗力是指骚乱，战争，敌对行为，罢工，不可预料的经济灾难，运输或其他公共设施阻断或障碍，传染病，火灾，洪水，地震，风暴，潮水或其他自然灾害，以及当事人不能合理预见和不能控制的其他事件。

如果一方当事人因不可抗力不能履行本合同规定的义务，他应在规定的时间（一般为14天）内书面通知其他方当事人，并应在可能的情况下，采取措施，减少或消除不可抗力的影响，并在最可能短的时间内设法履行其因不可抗力而受到影响的义务。同时，由于无法履行或延迟履行义务而使他方蒙受的任何损失，均不承担责任。

适用的法律是指在履行合同中出现任何争议时须采用的法律。在中国境内注册的联营体，其联营合同应适用和符合已颁布的中国法律。如果没有可适用的中国法律，可采用国际法中通常可接受的标准和原则或国际惯例。

在中国注册的联营体是中国法律规定的法人，其合法权益、经营自主权和各方当事人在联营体中的权利应受中国有关法律法规的制约和保护，

应写明使用各种货币资金的原则，注意各种货币间的使用平衡，在失衡状态下如何进行调整等。如在中国注册的中外联营体，一般需要支出的费用可能包括国外培训联营体职员的费用；支付可能有的外籍人员工资和外国技术人员的费用；进口在中国（或工程项目所在国）无法获得相同质量规格并具有竞争条件的仪器设备等的支出；分红；可能有的联营体各种货币贷款的本金和利息；可能有的许可证使用费；以及联营体负担的其他费用支出。

联营体的财务账目应遵守注册地的法律法规。如在中国注册的中外联营体其税收、财务和审计的规定包括外汇汇出税，所得税，增值税等，另应说明纳税币种及税收优惠（分别列出免征，减征和优惠项目），办理进出口许可证等，上述内容均可以附件形式列入联营体合同。

联营体的信息保密内容包括：联营体的经营状况，客户名单，销售，价格和财务资料；转让的技术（包括对接触转让技术的人员要求）；合同终止后，有关的保密条款的有效性；泄密后的处罚措施（包括赔偿直接或间接的实际损害和商业机会损失价值）。

联营体合同可采用一种以上的语言编写，但应规定一种主导语言，以便出现相互矛盾时，以主导语言编写的合同为准。

合同的排他性是指联营体各成员必须保证联营期间不再与其他的实体公司在联营体的注册地组成合资企业经营与联营体相似的业务。

为便于发送联营体的有关通知和文件，应详细说明各成员，联营体，董事会，管理机

构的邮政地址及通知和文件的发送方式。如地址发生变更,应及时通知联营体和各成员。

由于联营体注册为新的法人,需要办理很多事宜,因此在成立初期,可设立筹备处,有关这方面的规定也应列入合同条款中。

三、其他形式联营体合同

(一) 投资入股型联营体合同 (Equity JV)

主要内容可参照法人型联营体合同,但是由于其未注册为新的法人,在出资方式和资金使用方面与法人型联营体有较大的区别,因此,在拟定合同条款时应注意下列问题:

(1) 联营体的名称及合法地址中应说明联营体主办公司的名称及办公地址。

(2) 出资条款应写明各方参与的股份并据此出资,提供或获取担保、保证金或保函以及分摊由于合同和工程实施而产生的或与之相关的权利、义务、风险、费用、损失和利益。

(3) 联营体的管理可采用以下方式

监管会 (Supervisory Board) ——联营体的最高权力机构,其责任可参照法人型联营体合同中董事会的责任条款。

主办公司 (Sponsor Company) ——代表联营体进行工作,但应受监管会领导。其主要承担组织、协调及合同管理的责任。

现场经理部 (Site Management) ——受主办公司的领导,保证按合同规定完成全部现场工作。

(4) 联营体的融资规定

1) 联营体运行所需资金应根据监管会的决定进行筹集,联营体获取资金的优先顺序如下:

· 业主的付款,包括预付款;

· 联营体从银行获取的贷款:在此情况下,如果银行要求各方提供保函,各方应单独地按各自在联营体中参与的股份比例以及按管理机构做出提供保函决定之日起的合理时间内提供该保函。

· 各方的出资:在监管会作出要求各方出资的规定时,各方应按各自在联营体中参与的股份比例缴纳其资金,并严格遵守所规定的出资方式和时间。

2) 为满足联营体起动的要求,可设置一笔起动资金,由各方按照各自参与的股份比例出资 (应说明,如不按时出资,可按其违约处理)。

(5) 联营体的账目

1) 联营体在现场设立账簿,商务总经理和总会计师负责对记入账簿的账目进行共同批准。

2) 项目所在地的银行账户应由现场经理部根据管理机构批准的权限管理。

3) 联营体各方均有权检查账目,但需提前一定的时间通知主办公司、现场经理部和其他各方。

4) 工程结束时,所有账目和记录必须妥善保存在监管会决定的地方,由此发生的费用由联营体承担。

(6) 利润分配和亏损分担

1) 合同完成并在满足下列条件后,剩余的所有利润应按各方参与股份共同分享。

· 提供并支付由于执行合同而发生的或与执行合同有关的所有费用;

・根据监管会的决定,对已向联营体提出的索赔,或联营体可预见到的索赔,提供适当的储备金;

・为监管会确定认为必要的任何不可预见事件提供储备金;

・偿还由银行和各方预支的所有金额。

原则上,当适用法律允许时,各方自行缴纳各自的所得税。

2) 监管会决定不再需要的任何储备金,应按 1) 的规定进行分配。

3) 如果合同的履行结果为亏损,各方有责任按参与股份比例对亏损进行分摊。

(二) 协作型联营体合同 (Cooperative JV)

此种联营体,合同当事人在注意自己经济利益的同时,还要注意共同经营的经济效益,服从组织机构或主办公司的统一管理,以实现协作的目的。在订立协作型联营体合同时,可参照投资入股合同型联营体的主要条款,但应注意:

(1) 联营体的名称及合法地址中应说明联营体主办公司的名称及办公地址。

(2) 应说明联营体各方,根据工程项目所在国的有关法规,本着互利互惠、共同发展的原则,通过友好协商,在不改变各自企业性质及隶属关系的前提下,同意组成联营体参加_____工程项目的投标和实施。

(3) 说明联营项目及具体分工。

(4) 联营各方的权力与义务条款应说明:

联营各方均是独立的经济实体,各自经营,独立核算,自负盈亏。联营体对各方的债务不负连带责任。

联营成员间的业务来往 (包括原材料供货,设备租赁,技术服务及技术转让等),须分别订立经济合同,实行内部优惠。

为实施合同项目,联营成员所需的同质同价产品和服务,应优先采用联营体内可获取的产品和服务。

联营成员各自的财产所有权、正常经济活动和合法收入受法律保护,联营体和其他联营成员不得干预和处理。

联营成员有独立进行其他经济活动的权力。

联营成员有服从组织机构统一管理的义务,不得以任何理由拒绝这种统一管理。

协作义务,联营成员在享有协作权利的同时,负有对其他联营成员提供协作的义务。为了实现共同的经济目的,要求联营体各方积极履行其合同义务,同时为联营体其他方履约创造条件。

第 2 节 租 赁 合 同

一、综述

(一) 租赁的概念

租赁 (Lease),从字义上来解释,"租"系指把物件供给他人使用而收取报酬,"赁"是指租用他人物件而支付费用。所谓"租赁",是指由物品所有者 (出租方,Lessor) 按照租赁合同的规定,在一定期限内将物品出租给使用者 (承租方,Lessee) 使用,承租方按期向出租方交纳一定的租金 (Rentals)。在此种交易中,出租方将物品的使用权出租给承租方,物品的所有权仍归出租方。

（二）租赁的类型

根据租赁贸易的特点，可划分为传统租赁和现代租赁。传统租赁是指出租方将自己已有财产出租给承租方。现代租赁则是以融物为其形式，以融资为其特征。现代租赁的当事人可能涉及出租方、承租方、供货方或设备的生产厂商，甚至涉及到金融机构。

现代租赁的方式有融资租赁、经营性租赁、衡平租赁以及其他方式的租赁。

融资租赁（Financing Lease），是由承租方自行向制造厂商或其他供货方选定需要的设备，确定其品种、规格、型号、交货条件等，然后由租赁公司在与承租方签订租赁协议后，向该制造厂商或其他供货方按已商洽好的条件，订购上述设备。

经营性租赁（Operating Lease），或称服务性租赁，适用于一些需要专门技术进行保养或技术更新较快的设备。所有维修保养和管理等工作，都由租赁公司负责，承租方可提前一定的时间向出租方发出通知，中途解约。这种租赁方式，出租方不仅要承担设备陈旧过时的风险，而且要承担租约期满，承租方不愿继续租用或承购设备，或中途解约的风险，故其租金要比融资租赁高。

衡平租赁（Leveraged Lease）又称杠杆租赁，是租赁公司在投资购买租赁设备时，可享有衡平权利益。即租赁公司在购买价格昂贵的设备时，只需自筹该项设备所需资金的一部分，通常为20%～40%，其余80%～60%的资金，则通过将该设备作为抵押品向金融机构贷款，然后将购进的设备租给承租方，并将收取租金的权利转让给贷款的金融机构。但该设备的所有权仍归租赁公司。这种租赁方式主要适用于价值巨大的租赁物件。

本书主要介绍传统租赁合同和融资租赁合同

（三）融资租赁与传统租赁的区别

1. 基本概念

传统财产租赁合同：财产租赁合同（Traditional Lease Contract）是出租方将财产交付承租方使用，承租方给付一定的租金，并于租赁关系终止后将承租的财产返还给出租方的协议。

融资租赁合同（Financing Lease Contact）是指出租方根据承租方对租赁物件的特定要求和选择的供货方及租赁委托，出资向供货方购买租赁物件并租给承租方使用，承租方支付租金，并可在租赁期届满时，在支付租赁物件的名义货价后取得租赁物件所有权，或签订续租，或退租的协议。

2. 融资租赁与传统租赁的区别

（1）交易的当事人：传统租赁的当事人只有出租方与承租方，而融资租赁的当事人则涉及出租方、承租方和供货方三方。

（2）租赁物的选择：传统租赁是出租方向承租方出租自己已有的租赁物，承租方对租赁物几乎没有选择权，融资租赁则是出租方根据承租方提供的租赁设备清单和选定的供货方购买租赁设备，供货方将设备运到承租方指定的供货地点，并由承租方验收和出具验收合格证书，出租方根据承租方的验收合格证书向供货方支付设备款，因此租赁物的选择权在承租方。

（3）租赁期满后租赁物的处理：传统租赁在租赁期满后，租赁物一般归还出租方，如需要则可续租；融资租赁在租赁期满后，承租方可选择退还、续租和留购。

（4）传统租赁只涉及租赁合同，而融资租赁则涉及租赁合同、购买合同等。

二、传统租赁合同

传统租赁合同具有如下特征：①在租赁合同存续期间，承租方只取得该租赁财产的使用权，所有权仍归出租方。②财产租赁合同的标的物是在租赁期满后承租方能够返还出租方的特定物，并且返还的是原物。③租赁合同是有偿合同。④出租方发生变更，原租赁合同的权利义务及于租赁财产新的所有人。

以下为传统租赁合同的主要条款，在签订租赁合同时，需根据租赁财产的特点，对条款的内容进行适当取舍和修改。

（一）传统租赁合同的主要条款

1. 合同开始部分

内容：双方当事人的名称；合同编号；签订地点；签订时间。

说明：除上述内容外，应说明签订该租赁合同所依据的法律。即加入下述内容：

"根据_____（法律），为明确出租方与承租方的权利义务关系，经双方协商一致签订本合同。"

2. 租赁财产

内容：租赁财产及附件的名称、数量、质量与用途；

说明：当事人在签订财产租赁合同时，应详细、具体地写出租赁财产的名称，必要时注明租赁财产的牌号、商标、品种、型号、等级等，以免因租赁财产的名称规定的不具体而使双方发生误解。

在对租赁合同中租赁财产的数量和质量作出规定时，应注意：

（1）应精确规定租赁财产的数量和计量单位。

（2）对租赁财产的质量标准也必须规定清楚，这是确保承租方得以正常使用租赁物的关键。如果租赁的标的物是机械设备，在以下几种情况下不得出租：

1) 起重机械经过鉴定已经报废；

2) 机械设备有缺陷；

3) 没有生产许可证的设备；

4) 已淘汰设备；

5) 专用设备无操作人员。

另外，在租赁合同期限较长时，要规定租赁财产因自然原因或正常使用造成的合理磨损和消耗标准，作为区分双方责任的主要依据。

租赁合同中还应写明租赁财产的用途，目的是为了保证承租方能够按照承租财产的性能正确、合理、合法地加以使用，避免由于使用不当使财产受到损失。

3. 租赁期限

内容：租赁期限；租赁期限的起算日期；延长租赁期限。

说明：合同中应规定租赁期限，它标志着出租方和承租方的权利与义务产生、存在和结束的时间，双方必须按这一期限履行合同义务。

有意延长租赁期限的一方，应在租赁期满前合同规定的时间内，向对方发出延长期限的意向通知。在双方达成一致意见后，应重新签订合同。

4. 租金

内容：租金标准，租金的交纳期限，租金支付方式和支付时间。

说明：租金是指承租方使用租赁财产而向出租方交纳的使用费和报酬。是租赁合同的重要条款。在合同中应明确规定租金的数额和支付方法。在订立租金条款时应注意：

(1) 租金的标准：双方当事人应本着平等互利、等价有偿的原则，协商确定租金标准。构成租金的费用包括：租赁财产的维修费、折旧费、投资的法定利息、需缴纳的税费、必要的管理费、保险费和合理的利润等。

(2) 租金的支付及结算方式：租金通常以货币支付，但双方也可在合同中约定以其他物件进行支付。在以货币支付时，应在合同中对租金的结算方式、结算银行、银行账号等作出规定。

(3) 租金的支付时间：应明确规定租金支付的具体时间、支付的期限、每次支付的数额。如需预付租金也应在合同中写明。

5. 各当事人的权利义务

内容：合同规定双方应享受的权利和应履行的合同义务。

说明：出租方的一般权利义务：

(1) 有权按合同的有关规定，收取租金；
(2) 按时将合格的租赁财产交承租方使用；
(3) 维修租赁财产，保证租赁财产在租赁期内能够正常使用；
(4) 租赁期满后，按合同规定时间返还承租方提供的押金或其他担保。
(5) 在承租方未经同意已将租赁财产进行了任何改装时，出租方有权要求恢复原状；不能恢复原状时，有权要求承租方赔偿由此改装造成的损失。

承租方的一般权利义务：

(1) 按合同规定交付租金；
(2) 按合同规定，正当使用租赁财产；
(3) 不得随意将租赁财产转让给任何第三者，确需进行转租时，须征得出租方的同意；
(4) 合同期满或终止时，返还出租方原租赁财产；
(5) 未经出租方同意，承租方不得将租赁财产进行任何改装。

6. 维修保养

内容：租赁期间租赁财产的保管责任，维修保养责任，维修费用等。

说明：租赁期间，承租方应对租赁财产妥善保管，租赁财产退还时，双方要进行检查验收。

除合同另有规定外，租赁财产的必要修理均应由出租方负责，这是因为租赁合同本身要求出租方应承担租赁财产符合使用标准的义务，因此在正常使用情况下，发生零件、附件的合理磨损致使租赁财产不能正常使用时，出租方应及时更换和维修。如出租方不及时履行维修义务，承租方可代为修理。代为修理的费用应从租金中扣除，当扣除租金不足以抵消修理费时，出租方应补偿给承租方差额部分。

双方对租赁财产应协商确定《租赁财产缺损赔偿及维修收费办法》，在出现租赁财产发生损坏、缺少、维修保养等问题时，可依据此办法处理。《租赁财产缺损赔偿及维修收费办法》一般应包括如下内容：

(1) 正常使用下，对租赁财产的维修保养责任和费用；

(2) 由于非正常使用造成租赁财产发生损坏、缺少时的维修责任和赔偿计算方法；
(3) 区分正常使用和非正常使用租赁财产的标准；
(4) 返还租赁财产的验收标准等。

7. 押金

内容：押金的具体数额、用途、退还，出租方扣除押金的规定。

说明：押金是为了保证承租方严格履行租赁合同，由出租方向承租方收取的经双方商定的一定数额的保证金。双方也可协商确定其他的担保方式。

租赁期间不得以押金抵作租金。租赁期满，扣除应付租赁财产缺损赔偿金后，押金余额退还承租方。

合同中应写明租赁财产缺损赔偿金的计算方法。

8. 变更

内容：出租方与承租方的变更；租赁合同内容的变更。

说明：在租赁期间，出租方如将租赁财产所有权转移给任何第三方，不必征求承租方的同意，但应正式通知承租方所有权的转移情况。在所有权转移后，租赁物新的所有权方即成为本合同的当然出租方，享有原出租方享有的权利，同时也应承担原出租方的各项义务。

在租赁期间，承租方不得将租赁财产转让、转租给任何第三方使用，也不可变卖或作为抵押品。如果承租方为了便利工作等原因需要将租赁财产转租时，应事先征得出租方的同意，并且不得利用转租进行违法活动。

租赁合同内容的任何变更，必须经过双方协商并达成一致意见后，以签订补充协议的方式进行合同内容的增加、修改或删减。

9. 违约

内容：明确规定双方的违约责任；一方违约时，另一方应享有的权利；违约金的计算方法；违约赔偿的限额。

说明：一般违约责任如下：

(1) 出租方违约责任

1）未按时间提供租赁财产；
2）未按质量提供租赁财产；
3）未按数量提供租赁财产；
4）未按合同规定委派合格的技术人员提供技术服务，未能保证租赁财产的正常使用。

在上述任一情况下，则视为出租方违约。在出租方违约时，致使承租方不能如期正常使用或在租赁期内不能正常使用租赁财产，出租方应向承租方支付一定数额的违约金。如果合同规定的违约金不足以补偿承租方由此产生的经济损失时，出租方应另外向承租方支付差额部分的赔偿金

(2) 承租方违约责任

1）不按时交纳租金；
2）逾期不归还租赁财产；
3）将租赁财产转让、转租或将租赁财产变卖、抵押；
4）其他违返合同的行为。如使用财产不当，或擅自拆改租赁财产等。

在上述情况下，则视为承租方违约。在承租方违约时，出租方有权解除合同，限期按质按量收回租赁财产，并且承租方应向出租方支付一定数额的违约赔偿金。

在不按时交纳租金时，出租方有权追索欠款，并获得相应的利息补偿，同时还享有合同规定的其他权力。

10. 争议的解决

内容：争议解决的程序、方式。

说明：在双方利益发生冲突时，必然产生争议。应在合同中明确规定争议的解决方式，包括争议解决的程序、地点，争议处理过程中采用的语言等。

友好解决是处理争议的最佳方式，但这种方法不是万能的，故应规定友好解决的期限。在规定期限内不能友好解决时，可采用合同规定的解决争议的其他方式。

11. 其他

内容：适用法律、语言以及双方商定的其他约定事项。

说明：适用的法律，编写合同的语言，合同的生效以及合同正、副本份数和备案等。本合同未尽事宜，应经双方共同协商，作出补充规定。

双方当事人签字、盖章。

（二）财产租赁合同的附件

财产租赁合同的附件是指《租赁财产缺损赔偿及维修收费办法》，该办法应由双方协商制定，并作为财产租赁合同的一部分，对双方均具约束力。该《办法》的内容应达到在出现租赁财产缺损时，能明确区分责任，顺利解决争议。

三、融资租赁

融资租赁分为国内融资租赁和国际融资租赁。国内融资租赁是指租赁关系的当事人、标的物和权利义务的发生均在一国境内的租赁。国际融资租赁从广义上说是指租赁关系的当事人、标的物和权利义务的发生这几项因素中至少有一项是分属不同国家的租赁；狭义上，仅指出租方与承租方分属不同的国家的租赁。

融资租赁合同的主要内容：

1. 合同开始部分

内容：合同编号、签订日期、地点。

出租方：名称、国别、办公地点（包括电话、传真号码）。

承租方：名称、国别、办公地点（包括电话、传真号码）。

双方经协商一致，自愿就以下条款签订本融资租赁合同，合同一经签订，在法律上对双方均具有约束力，任何方无权单方面解约。

2. 租赁物件

内容：租赁物件的名称、规格、型号、技术要求、数量及其使用地点；租赁物件的购买、交货和验收。

说明：租赁物件是指由承租方选定的以租用、留购为目的，出租方融资向承租方选定的供货方购买的技术设备。

承租方必须向出租方提供必要的各种文件和担保函。

出租方和承租方共同参加有关的订货谈判，并与供货方（或生产厂商）共同商定租赁物件的价格、交货期、交货方、交货地点、支付方式等商务条款，承租方与供货方（或生产厂商）商定租赁物件的名称、规格、型号、数量、质量、技术标准、技术服务及设备品质保证等技术条款。出租方主签购买合同，承租方则副签。

如果供货方（或生产厂商）或出租方不能如期交付租赁物件，需规定拖期供货责任，以及何种情况下，不承担责任。

出租方融资购买租赁物件，并办理进口许可证及进行有关支付。

应明确规定租赁物件在运抵安装和使用地点后，承租方根据购买合同的规定对租赁物件进行商检的具体开始时间和结束时间，并规定将商检结果在规定的时间内书面通知出租方。如果承租方不能在规定的期限内验收完毕，则将被视为租赁物件已按合同规定完整地由承租方验收完毕。

供货方（或生产厂商）延迟交货，提交的租赁物件与购买合同不符或在合同保证期内发生质量问题，则可在合同中规定：出租方在接到承租方附有公证机构证明的书面通知后，有责任协助承租方按购买合同的规定向供货方进行交涉或提出索赔等事宜。

3. 合同期限

内容：合同期限；合同期限的起算日期；还租期限。

说明：合同期限，指从合同生效之日至出租方收到承租方所有应付的租金和应付的其他一切款项后出具租赁物件所有权转移证明书之日。

合同中应明确规定租赁期限，一般按年计算。租赁期限是对租赁项目进行评价时主要考虑的因素之一。租赁期限一般为租赁物件使用年限的75%，一般不少于5年。

租赁期限一般以租赁物件的收据交付之日为起算日。

还租期限，指从还租期限起算日（货到目的港日或其他商定的日期），至最后一期租金应付日止。双方可以商定还租期限的长短。

在整个合同有效期内，除非另有规定，双方当事人不得单方面无故解约。

4. 租金

内容：租金的构成；租赁费率；租金的数额、支付方式、支付地点、起租日期、支付的货币和租金支付频率，提前或延迟偿还租金规定以及手续费和保证金等。

说明：（1）租金由以下几部分构成：①出租方为承租方购买租赁物件和向承租方交货所发生的购置成本（包括物件的价格、运费、保险费）；②租前息，指从出租方支付上述费用的支付日至还租期限起算日止所产生的利息；③双方商定的一致同意计入成本的其他费用。

（2）租赁费率：由融资成本利率、融资手续费率、风险费率和出租方应得的收益率组成。国际金融市场的浮动利率决定融资成本利率。

在合同中有两种租赁费率，一是签订合同之日确定的暂定租赁费率；一是开立信用证之日确定的固定租赁费率，其在还租期内固定不变。

《租金概算表》是出租方和承租方为签订本合同，根据预算成本和暂定租赁费率计算的财务预算表，只具有暂时性。承租方在还租期限内实际支付的租金是根据实际成本和还租期限内的固定租赁费率计算，并在《实际应付租金通知书》中作出规定的金额。除计算错误外，不论租赁物件使用与否，承租方均应以该通知书中写明的日期、金额、币种等向出租方支付租金。

（3）租金的支付方式：主要指还租期限内，租金支付的时间间隔期和具体的租金金额。

间隔期可以采用月、季、半年或年；如承租方提前偿还租金，则应至少提前一个月与出租方协商有关提前偿还的事项。如承租方未能按期偿还租金，应缴纳迟付利息，具体办法在租赁合同中应有明确规定。

（4）手续费和保证金：融资租赁交易，从融通资金、购买租赁物件到租赁期满租赁物件的最终处理的全部过程，出租方会产生一大笔各种手续费，常要求承租方承担一定比例的手续费。手续费的比例通常为购买合同CIF价的1.5%～3%，承租方一定要根据自己资金、外汇等实际情况，在签约前，商定承担的金额和支付的具体时间。

租赁保证金：是为了保证承租方严格履行合同义务，承租方应在签约后按《租金概算表》中规定的金额向出租方交付租赁保证金，一般不超过购买租赁物件成本的20%。如果承租方违反合同，则将从保证金中抵扣承租方应支付给出租方的款项。租赁保证金不计利息，在租赁期满时归还承租方或抵作最后一期租金的全部或一部分。

5. 租赁物件的所有权和使用权

内容：租赁物件的所有权和使用权；租赁物件所有权的转移。

说明：在本合同期限内，出租方拥有租赁物件的所有权，而承租方享有使用权。承租方除非征得出租方的书面同意，不得有转让、转租、抵押租赁物件或将其投资给第三者及其他任何侵犯租赁物件所有权的行为，也不得将租赁物件迁离合同中规定的使用场所或允许他人使用。

为保障承租方对租赁物件的使用权，在合同期限内，如任何第三者由于出租方的原因对租赁物件提出任何权力主张，概由出租方负责。承租方的使用权不得受到影响。

承租方负责保管、维修和保养租赁物件，并承担全部费用；承租方应为出租方在租赁期间内检查租赁物件的完好程度和使用情况提供方便；如果需要，由承租方与供货方或制造厂家签订租赁物件的维修保养合同。租赁物件本身及其设置、保管、使用、维修等发生的一切费用、税款等均由承租方承担。

在上述过程中，因租赁物件本身及其设置、保管、使用等原因致使第三者遭受损害或在租赁期间，因承租方责任事故导致租赁物件受损时，承租方应负赔偿责任。

租赁期满，在承租方向出租方付清全部租金和其他款项，并再向出租方支付租赁物件的名义货价后，由出租方向承租方出据租赁物件所有权转移证明书，租赁物件的所有权即转归承租方所有。

6. 租赁物件的质量

内容：租赁物件的质量品质；技术性能。

说明：出租方在有关租赁物件的质量品质、技术性能、适用与否方面对承租方不承担任何责任。购买合同有专门条款规定供货商就合同货物的技术质量等问题直接对承租方负责；合同货物直接交付承租方，由承租方在目的港接收货物并验收。

如出现质量问题，出租方应根据承租方的书面要求和提交的有关证据、证明材料等，依据购买合同及时向供货方索赔或采取其他补救措施。索赔、仲裁等所产生的一切结果均由承租方承担或享有，所需一切费用也由承租方承担。无论采取何种措施、最终结果如何，均不能因此免除承租方按期缴纳租金的义务。

如因出租方原因未能向供货方索赔或索赔失败，其直接损失由出租方承担，但在此种情况下，不能影响租赁合同的继续履行。

7. 租赁物件的灭失及损毁

内容：租赁物件的灭失及损毁的风险承担，出现租赁物件的灭失及损毁时的处理程序。

说明：在本合同期限内，承租方承担租赁物件灭失或损毁的风险。不管发生任何情况，承租方均需按期交付租金。

如租赁物件灭失或损毁，承租方应立即通知出租方，出租方可选择下列方式之一，由承租方负责处理并承担一切费用：

（1）将租赁物件复原或修理至可完全正常使用的状态；

（2）更换与租赁物件同等状态和性能的物件；

（3）租赁物件灭失或损毁至无法修理的程度时，承租方应向出租方支付合同规定的损失赔偿金额，同时，出租方应将租赁物件（以其现状）的所有权，以及包括对任何第三者的权利转让给承租方。

8. 保险

内容：保险范围；保险期限；保险事故

说明：合同应明确规定租赁物件必须保险以及应投保的险种。一般地，出租方应对租赁物件投保财产险，并使之在还租期限内持续有效，如需要，可加保安装险、对第三者损害事故责任险等。保险费由承租方负担，计入实际成本。

保险期限应从货到目的港之日起至合同期满日止。

如果发生保险事故，承租方应在事故发生后立即通知出租方和保险公司，并提供一切必要的证据和证明文件，以便出租方向保险公司索要保险金。取得的保险金应用于支付下列事项所需费用：

（1）将租赁物件复原或修理至可完全正常使用的状态；

（2）更换与租赁物件同等状态和性能的物件；

（3）租赁物件灭失或损毁至无法修理的程度时，承租方应向出租方支付合同规定的损失赔偿金额及其他应付给出租方的款项。

如果损失不在保险范围之内或保险金不足以弥补全部损失时，承租方承担一切经济后果，这是融资租赁的特点。

9. 违约

内容：双方的违约责任和赔偿方法。

说明：租赁合同一经签订，未经对方书面同意，任何一方不得单方面变更或中途终止合同。

出租方违约：因出租方原因，造成租赁合同不能履行、不能完全履行、延迟履行或履行不符合约定条件，出租方应对此负责并赔偿承租方因此而受到的直接损失。

承租方违约：如承租方不按期支付租金或违反本合同的其他条款，出租方有权终止租赁合同；要求承租方即时付清租金和其他利息；或收回租赁物件自行处置，所得款项抵作承租方应付租金和迟付租金的利息，不足部分由承租方赔偿。尽管出租方采取了上述措施，但并不因此免除本合同下承租方的任何责任和义务。

10. 权利的转让和抵押

内容：出租方进行权利转让时的规定

说明：在本合同期内，出租方有权将本合同赋予其的全部或部分权利转让给第三者，或提供租赁物件作为抵押,承租方不得有任何异议。

但出租方的上述转让不得影响承租方在本合同条件下的任何权利和义务。出租方对其权利的转让和抵押应及时通知承租方。

11. 重大变故的处理

内容:重大变故的定义;发生重大变故后的处理。

说明:承租方如发生关闭、停产、合并、分立、破产等情况,均属重大变故,须立即通知出租方,此种情况下承租方将被视为违约。

承租方和担保人的法定地址、法定代表人等发生变化,不影响本合同的执行,但应立即通知出租方。

12. 担保

内容:提供担保的担保人;担保人的责任。

说明:由承租方委托为本合同承租方的担保人应向出租方出具不可撤消的租金担保函(担保函的格式可以附件形式列在合同中)。承租方负责将本合同的复印件转交担保人。担保人对承租方不能按时交付租金或其他违约行为,应负督促承租方履行合同之责,并代付所欠租金。

13. 争议的解决

内容:争议的解决程序;友好解决方式和仲裁裁决。

说明:租赁合同双方当事人以及合同的担保人应协商争议的解决方式,并在合同中作出明确规定。

合同中一般包括如下内容:"有关本合同的一切争议,双方首先应根据本合同规定进行友好协商解决,如协商不能解决时,可采取提交仲裁的方法或向法院提起诉讼"。(合同中应写明将要提交仲裁的机构名称,仲裁地点等或提起诉讼的法院的名称和地址等)。

14. 合同的更改

内容:合同变更程序,变更后的法律效力。

说明:对本合同进行的任何修改、补充、或变更,必须以书面形式经双方或双方的授权代理人签字后,作为本合同的组成部分,对双方均具约束力。

15. 其他

内容:合同适用的语言和合同附件;合同的生效;合同末尾由双方签字。

说明:本合同必不可少的附件包括融资租赁委托书,不可撤消的租金担保函,购买合同,"租金概算表","实际应付租金通知书",承租方提供的批准文件和证明材料等。

应说明合同适用的语言,如果合同采用两种以上语言编写,应规定一种主导语言,在发生相互矛盾时,以主导语言为准。

一般地,合同在经双方或双方的授权代理人签字后生效。合同正本一式两份,出租方和承租方各执一份。

四、签订租赁合同时应注意的事项

租赁合同是在双方本着互利互惠原则,并在充分协商合同内容,达成一致意见,履行书面手续后,才能成立。租赁合同的签订必须遵守有关的法律法规。为避免和减少合同纠纷,合同当事人在签约前应注意:

1. 审查对方当事人的主体资格

租赁业务的当事人一般具有法人资格，但有时也可以是自然人。关于出租方和承租方的资格，已公布的法律尚无特别限定，故在签订租赁合同时，双方对此应给予考虑。

2. 审查对方当事人的履约能力和资信情况

承租方应善于利用租赁市场竞争激烈的特点，把握住时机，针对需租用的设备，认真选择经营对口而条件又比较优越的租赁公司。

由于出租方要承担承租方在丧失支付租金的能力时无法收回资金的风险，因而承租方的资信好坏至关重要。如果承租方资信状况良好，有一定的实力，则其对市场的应变能力强，对履行租赁合同就比较有保证。反之则需慎重。

3. 租赁物件的选择

在融资租赁合同中，承租方必须对租赁物件的技术性能和是否符合自己的需求，负全部责任。因此，承租方必须对准备租用设备的设计、结构、性能、使用寿命、价格和交货日期等进行详细了解，作出慎重选择。在必要时，可请有关专业咨询机构帮助选择定货。

4. 租赁物件的交货期须与承租方的生产准备工作相衔接

承租方在签订租赁合同时，应妥善安排租赁物件的交货期，使其与企业的其他配套设施和各项准备工作相衔接。

第3节 国际劳务合同

一、概述

（一）劳务人员的职业分类

市场供需关系，决定了劳务人员的职业分类。为了对劳动力进行科学化、标准化管理，对社会各种职业进行分类是必要的，国际劳工组织（International Labor Organization）编制的《出国劳务人员职业分类》（Occupational Classification of Workers in Migration）共将劳务人员按职衔（Occupational Titles）分为908种职业，涉及到多种行业。而且，对每一种职业名称进行了定义性的解释，说明该职衔的性质和目的，并指出该职衔与其他名称相近职衔的区别。劳务人员的职业分类有助于供需双方在签订劳务合同时避免因在职业名称理解上的偏差而发生麻烦。

就建筑业的情况而言，出国劳务人员主要是专业技术人员（高级和一般技术人员），管理人员和工人（熟练和非熟练工人）。专业技术人员如建筑师，土木工程师，设计工程师等，熟练工人如木工，砌砖工等，非熟练工人指一般未经过技术培训的工人。

（二）劳务合同的类型

劳务合同可以是劳动力本人与雇主直接签订，也可以通过双方劳务代理机构签订。因此，劳务合同的类型按合同当事人所属国籍和其权力与义务关系的发生地，可分为国内劳务合同和国际劳务合同。

(1) 国内劳务合同是指签订合同的当事人（雇主和劳务人员），双方权力与义务关系的发生均在同一国境内的劳务合同。

(2) 国际劳务合同是指签订合同的当事人（雇主和劳务人员）分属不同的国家，或合同当事人具有同一国家的国籍，但其权力与义务关系发生在另一个国家的劳务合同。

我国劳务资源丰富，是世界主要的劳务输出国之一。本节从劳务代理机构的角度讲述劳务合同内容；对不需劳务代理的劳动力，在直接与雇主签订劳务合同时也可参考相关内容。

二、劳务合同条件

劳务合同是由劳务输出国的劳务人员和劳务输入国的雇主签订的确定劳动服务关系和明确双方权利和责任的一种具有法律效力的协议。在具体运作时，可由劳务输出国的劳务输出代理机构代表雇主与劳务人员签订劳务合同，但雇主应对代理机构进行相应的授权委托。

劳务合同的订立必须以国际公约和有关法律法规为基础：

(1) 国际劳工组织通过的保护临时流动劳务及其家属权益的国际公约和建议书。作为国际劳工组织的成员国，只要是双方国家批准参加的国际公约和建议书，凡是涉及到外派劳务人员合法权益的条款，在谈判时均可引用。

(2) 我国的《劳动法》及《对外承包工程和劳务合作管理条例》。

(3) 劳务输入国的有关法律、法规。

(一) 劳务合同的主要内容

1. 合同当事人

内容：劳务人员及其雇主双方的姓名、地址；本合同签订的时间。

说明：如果通过劳务代理机构进行劳务输出或输入，则应同时应写明代理机构的名称、地址。

2. 合同期限

内容：规定合同期限、合同的生效日期和劳务的试用期限，试用期满后的处理规定等。

说明：应明确说明合同的期限（Duration of Contract），一般为两年，或根据项目工期确定合同期限。经双方协商可延长合同期，合同中应规定延长合同期限的程序。

合同的生效日期一般从劳务人员自来源地出发前往就业地点的日期开始计算，即劳务人员出境时合同生效，合同期限起算日即为合同的生效日。

关于劳务的试用期（Probation Period），这也是劳务合同的主要条款。劳务试用期一般为三个月。劳务输出方往往从有利于己方考虑，希望对此不作出明确规定。因为劳务人员经常由于生活和工作条件的变化（如工作要求变更、熟悉新的机械设备等），需要一段较长的时间才能适应，故在较短的试用期内，可能难以满足雇主的要求。如果雇主一定要求规定试用期时，应仔细斟酌在试用期满后，对不符合要求的人员的处理规定，一般可采取调换工种或降级使用等方法，应尽可能避免终止雇用合同。另外在合同中应规定，因试用不合格而终止合同时，哪一方负责劳务人员返回来源地的交通费。

3. 工作内容和工作时间

内容：应明确规定工作的范围，工作地点（Place of Employment），工作日（Working Days）和工作时间（Working Hours）。

说明：应明确规定劳务人员的工作范围，最好能规定工作的具体内容，承担的职位等。同时应列明工作地点。

工作日是指每周工作几天。因此，在合同中应写明每周工作的天数（通常每周不超过6天，有的国家的惯例是在公司办公室工作5天，在施工现场工作6天）。工作时间是指每天工作小时数的最高限度（以小时计，一般不超过8小时）和每周工作小时数的最高限度

（以小时计，一般不应超过 48 小时）。例如新加坡法律规定，工人每周工作六天，每周工作总时数不超过 44 小时。上述时间均指正常工作时间（午饭时间除外）。

雇主应该每周为劳务人员提供至少一天带薪假日。

凡由于非劳务人员责任造成的停工，应计为工作时间，应照付给工资。

切记在工作时间上，一定要参照劳务输入国的有关法律法规。由于劳务人员不可能对劳务输入国相关法律有透彻的了解，必要时可就有关内容进行咨询。

4. 假日和休假

内容：当地节假日、每周休息日和年度休假规定。

说明：应具体说明按照劳务输入国的政府规定，每周的休息日是那一天。另应说明劳务人员应享受劳务输入国政府颁布的法定节假日。

劳务人员每工作期满一年，应享受为期多少天（一般为 20 天）的回国年度休假及谁承担往返旅费。劳务人员工作不满一年，其休假天数可按工作月数作适当折减。

到达工作地点和本合同期满离开工作地点回来源地前，应享有的假期。

5. 工作报酬

内容：工资、额外津贴和小费，加班报酬和假日工作报酬。

说明：应明确规定劳务人员的基本工资金额，以及应享受的其他福利，如住房津贴、伙食津贴、交通补贴和其他补贴。劳务人员的工资应为上述各项的总和。

许多国家都规定了劳务人员的最低工资标准，在签订合同时应注意劳务人员的工资不应低于劳务输入国法律规定的最低工资标准。

应规定工资的支付方式，并应说明以何种货币支付工资（最好以美元支付）。如果雇主要求以当地币支付部分工资时，要确定出当地币和美元的比例。确定当地币所占比例时主要考虑在当地的费用支出。

考虑到通货膨胀的影响以及劳务人员工效和技能的提高，应要求雇主进行适当的工资调整，即给予一定的工资年递增是合理的。

工资支付的起止日期应从劳务人员从来源地出发之日始或从劳务人员抵达项目所在国之日始至离开项目所在国之日止。起止时间最好不要写成从到达"项目工地"始至离开"项目工地"止，此种写法对劳务人员不利。

应写明每月工资的具体支付时间，支付方式。如果雇主延期支付工资，应按延迟天数向劳务人员支付利息。每延迟一天支付的利息一般不少于工资总额的千分之一。

每月加班工作时间的最高限度：加班时间是指八小时以外以及每周工作时间超过工作时间最高限度的工作小时。主要考虑加班时间过多，将影响工作效率，且由于过度疲劳，易发生安全事故，因此对加班的最高限度作出规定。

加班费用（Overtime Pay）：平日加班应为正常工作每小时工资乘以系数 1.5；节假日加班应为正常工作每小时工资乘以系数 2.0。

正常工作每小时工资计算方法：

合同工资（年）/（52 周×每周工作时间最高限度小时数）。

6. 住宿和膳食

内容：提供的住宿条件和免费提供膳食或膳食津贴。

说明：雇主应免费提供适宜的住房（对使用面积可做出具体说明）及厨房和厨房用具

（可视实际情况决定是否在合同中列明厨房用具的名称），并免费提供水、暖、电、燃料等。

对雇主是否免费提供膳食或膳食津贴也应作出说明。在提供膳食津贴时，需考虑项目所在国食品价格以及采购和运输条件。

7. 劳保和福利

内容：职工安全保护（Occupational Safety Provisions），医疗福利，社会保险。

说明：雇主应为劳务人员免费提供一般劳保用品和专用劳保用品，并应免费提供工作所需的各种工具。

雇主应为劳务人员在整个合同期间因病或因工伤提供免费医疗、药品和住院治疗（应说明是否免费提供牙科医疗服务，因为在一些国家，习惯上不为牙病患者提供免费医疗）。

因病或因工伤休假期间的工资如何支付。一般地，劳务人员非因行为不端而患病或发生工伤应享受有薪病假，但应持有医生签发的病假证明。如该人员被确认短期内不能痊愈，建议回来源地治疗，雇主应将其送回来源地并负担由项目所在国至来源地的交通费用。如果因行为不端而患病或非因工作而受伤，则不享受有薪病假。如需返回来源地治疗，雇主将不承担其有关交通费用。

雇主应为所有劳务人员投保人身意外险，费用由雇主承担。

8. 旅费和交通费用

内容：劳务人员前往和离开项目所在国的国际旅费，在项目所在国内平日上下班的交通费。

说明：劳务来源地的劳务输出代理机构应按本国政府的有关规定办理人员出入本国国境的一切必要手续，并承担有关费用。

劳务输入代理机构应按项目所在国的有关规定办理人员出入其国境、居留及工作许可等一切必要的手续，并承担有关费用。

写明办理上述手续需提供的全部必要的证件及其他具体事宜。

雇主应承担人员从劳务来源地至工作地点的往返路费以及免费提供人员从项目所在国的驻地至工作地点间的上、下班交通工具或相应的交通费用。

由于劳务人员出国工作时间较长，需携带一些必需的生活用品，其行李重量往往超过航空公司提供的 20 千克免费行李，建议雇主和劳务人员双方分担超重部分的费用。

在下列情况下，雇主应提供劳务人员返回来源地的交通费：①本合同期满终止；②雇主没有正当理由而终止本合同；③劳务人员因受伤或疾病不能继续工作；④非劳务人员的过失而使本合同终止。

9. 缴税

内容：缴税种类的缴税责任。

说明：应对劳务输出国和输入国对劳务人员征收有关税费的缴税责任作出明确说明。

一般劳务来源地的代理机构应负责缴纳劳务来源地政府的一切税费，雇主应负责缴纳项目所在国政府所征收的一切税费。

10. 预付工资

内容：预付工资额及其回收。

说明：雇主在劳务人员抵达工地后，应向劳务人员以当地币支付一定金额的预付工资作为劳务人员的生活安置费，该笔费用可分几次从劳务人员的薪金中扣回。合同中对是否给予预付工资，预付工资的金额以及扣回方法应做出具体规定。

有些雇主的习惯作法是劳务合同中对此不作规定，劳务人员抵达工作地点后，可从公司内借少量生活费，随后从支付给劳务人员的工资中分一至两次扣回。

11. 合同延期

内容：合同延期和合同延期后劳务人员的工资调整。

说明：如需延长劳务人员工作期限，则应在本合同期满之前的一定时间（至少提前一个月），经双方协商就有关内容达成一致时（主要指劳务人员延期后的工资和福利待遇），可延长合同期限。

12. 终止合同

内容：期满终止合同和中途终止合同的规定，以及合同终止后的费用结算。

说明：终止合同分为期满自然终止合同和由于某种原因中途终止合同。除非有正当理由，任何一方都不能单方面终止合同。否则，应付赔偿责任。

不可抗力因素：如战争、自然灾害、雇主公司破产、停产、停业或其他原因等，一方要求终止合同时，应在终止合同的事件发生后立即通知对方，并且双方就劳务人员的补偿问题达成协议时，可终止合同。

上述战争是指国家间或国家内部之间的武装敌对行动。如果发生战争，雇主应将劳务人员转移到安全地方，并尽快运送回国，雇主应承担由此产生的全部费用。

雇主应根据有关的战争期间对劳务的保护法令，向劳务人员提供与劳务服务相关的工伤、疾病或死亡的补偿救济金。

关于终止合同的其他说明，见本节第（三）部分示例第六条。

13. 职责和义务

内容：劳务人员的职责和义务。（视需要也可同时列出雇主的一般义务）。

说明：劳务人员应该遵守项目所在国的有关法律法规，尊重该国的风俗和习惯；

劳务人员应该严格遵守雇主公司的规章制度，严格执行本合同，不准罢工或以其他形式怠工；

保守雇主秘密（商业和产业秘密）；

合同期内，不可在外兼职或另行求职；

合同期满，必须按时返回来源地，不得以任何理由滞留不归。

14. 遗体的处理

内容：遗体的处理和处理费用。

说明：劳务人员在合同期间如因病或因工伤死亡，雇主应负责其遗体的妥善处理并承担死者遗物运回其来源地的费用。

15. 争议的解决

内容：争议解决方式和程序。

说明：凡因执行本合同所发生的或与本合同有关的争议，双方应通过友好协商解决；如果未能友好解决，可提交仲裁。双方签订合同时应协商确定出现争议时的仲裁地点并写入合同。仲裁裁决是终局的，对双方都有约束力。

在我国签订的劳务供应合同中，选择仲裁地点有以下三种方式：

（1）在中国由中国对外经济贸易仲裁委员会仲裁；

(2) 由在被诉方所在国境内的仲裁机构进行仲裁；

(3) 在双方同意的第三国进行仲裁。在采用该种方式仲裁时，最好选择瑞典斯德哥尔摩国际商会进行仲裁，因我国与该商会有仲裁业务关系，且对其仲裁规则和业务程序比较了解。因此在选择仲裁地时应慎重。

关于该条款可采用如下写法：

"凡因执行本合同所发生的或与本合同有关的一切争议，双方应通过友好协商解决，如果未能友好协商解决，应提交设在瑞典斯德哥尔摩的国际商会，根据该商会的仲裁程序和规则进行仲裁。仲裁裁决是终局的，对双方均有约束力。"

16. 其他

内容：编写合同的语言，适用的法律等。

说明：应规定劳务合同编写的语言。采用两种以上语言编写时，应规定以哪种语言为准。以及合同适用的法律等。

（二）劳务合同保证书

保 证 书

本保证书被视为雇主和劳务人员已阅读了上述协议并完全理解了协议各条款，双方同意上述条款与劳务人员的注册申请表组成他们的全部协议。承诺履行本劳务合同中的全部条款和规定。

双方自愿地于_____年_____月_____日在_____签署此保证。

签字雇主_____劳务人员_____

（三）劳务合同示例

雇 用 合 同

本合同由雇主和雇员双方缔结并实施。雇主是_____，其办公地址为_____。雇员是_____，单身/已婚，是合法年龄的菲律宾人，其住址为_____。双方达成下列雇用条款和条件。

第一条 基本条款

1. 雇员来源地_____
2. 就业地点_____
3. 雇员的职位或级别_____
4. 基本月工资_____

（每月应支付的工资为_____。续签合同时，根据公司的工资等级自动调整工资金额。）

5. 正常工作时间_____小时（午饭时间除外）
6. 加班费

(1) 正常加班_____

(2) 星期日或指定休息日或官方假日_____

7. 全薪假日

(1) 假期_____（或不休假，发给报酬）

(2) 病假_____

8. 合同期_____

从雇员自来源地出发去就业地点开始。合同可以按雇主和雇员的选择延长合同期限。

9. 特殊津贴_____

第二条 雇主应向雇员

1. 提供至就业地点的免费交通。在下列情况下，提供雇员返回来源地的交通费：

（1）本合同期满终止；

（2）雇主没有正当理由而终止合同；

（3）雇员因为受伤或疾病不能继续工作；

（4）非雇员的过失导致本合同终止。

2. 免费提供伙食或发给伙食费_____美元；免费提供合适的住宿；免费提供洗衣设施。

3. 免费提供急诊和牙科医疗服务包括药费。

4. 根据_____法以及战争保护（无论何时适用）的有关法律，向劳务人员提供与服务相关的工伤、疾病或死亡的补偿救济金。（战争是指国家间或国家内部之间的武装敌对行动。如果发生战争，雇主应将劳务人员转移到安全地方，并尽快运送回国，雇主承担由此产生的全部费用。）

5. 提供公司补助金，补助金额等于公司发给相同工作岗位其他工人的补助金。

第三条 如果雇员死亡，雇主应承担费用将雇员的遗体及其个人财物运回菲律宾交给死者亲属。如果具体条件不可能将遗体运回菲律宾，在事先与死者的直系亲属协商后，或同最近的菲律宾劳务专员、使领馆或菲律宾海外就业署协商后妥善处理。

第四条 雇员应遵守_____国的有关法律，尊重该国的风俗和习惯。雇员应该遵守雇主公司的规章制度。

第五条 义务汇款

雇员应将每月工资的_____％通过菲律宾的银行系统汇寄给他在菲律宾的受益人（姓名）_____，（关系）_____，地址是_____。雇主应对雇员汇出所挣的外汇给予帮助和监督。

第六条 合同终止

除非有正当理由，任何一方都不能单方面终止合同。

雇主可能以下列理由终止劳务合同：雇员的行为不端、智力或体力衰弱、不服从管理、嗜酒、煽动判乱或颠覆活动、闹事或煽动闹事以及违反_____国的法律等。

雇员可能以下列理由终止劳务合同：雇主对雇员严重的污辱，残酷的不能容忍的折磨以及违反合同条款和条件。

雇主可能以其他理由终止合同，但需提前 30 天以书面或其他形式通知雇员，并向雇员支付终止雇用补助金相当于 30 天的工资。如果不是由于雇员的原因终止劳务合同，雇主还应向雇员另外支付离职补助金相当于 1 个月的基本工资，服务满 6 个月按一年计算。

第七条 纠纷的解决

雇员有关劳务合同的索赔和申诉将依照公司的有关政策、规则和规定进行处理。如果雇员对雇主的决定有异议，应在菲律宾海外就业署的代表或离就业地点最近的菲律宾驻外使、领馆代表参与下，友好协商解决。如果未能友好协商解决，应该提交由控告方选择的在_____（地区）的或在菲律宾的相应的政府机构裁决。

第八条 适用法律

本合同未尽事宜，按照_____国的有关法律办理。

本合同于 19_____年_____月_____日在菲律宾马尼拉签字。

雇主（签字）_____ 雇员（签字）_____

三、订合同应注意的问题

(1) 有选择地使用合同条款，对于不同的项目所在国的具体情况，可对前述的合同条款内容进行增加、修改和删除。

(2) 劳务市场千变万化，因此订立合同要考虑当时的市场行情，同时要考虑到既要使合同于己有利，又要具备一定的竞争性。因此，合同谈判要具有一定的灵活性，最好在不损害己方根本利益的前提下促成与对方的合作。这就需要准备让步性的备选方案。

如：国外雇用工人往往有试用期（无试用期对我方有利），由于语言和自然环境变化，试用期内我国工人可能不易达到对方的要求，如需规定试用期，可考虑期满后如不满意可调换工种或工程，如必须解雇，应说明返程路费由谁负担。

(3) 有关合同条款的补充和修改，必须经过双方的协商，形成书面文件由双方的授权代表签字生效，并成为劳务合同的组成部分。

第4节 国际技术转让合同

一、概述

技术合同是法人之间、法人与非法人组织之间、法人与公民之间以及公民之间，就技术开发、技术转让、技术咨询和技术服务所订立的确定双方权力与义务关系的协议。从上述技术合同的概念可以得知：技术合同包括技术开发合同、技术转让合同、技术咨询合同和技术服务合同。本部分主要介绍国际技术转让合同。

国际技术转让（Technology Transfer）可以定义为一个国家或一个企业对技术知识的购买、融合和使用，但不是开发新技术。其目的是促进本国某一产业的技术进步。技术转让是国际间技术转移的一种方式。所转让的技术知识一定是某一项新的或较新的技术成果，而不是利用公开的技术知识为对方提供咨询服务。

(一) 国际技术转让合同的概念和种类

技术转让合同是指当事人双方就专利申请权的转让、专利权的转让、专利实施许可和非专利技术转让的目的，明确相互权力义务关系的协议。因此，技术转让合同可分为专利申请权转让合同，专利权转让合同，专利实施许可合同和非专利技术转让合同。

(1) 专利权转让合同是指专利权所有人将其依法享有的专利技术转让给另一方当事人并收取一定报酬的合同。

(2) 专利申请权转让合同是指发明人或设计人在就其发明创造成果申请专利之前，将其申请专利的权力转让给受让方并收取一定报酬的合同。

(3) 专利实施许可合同按专利实施范围的不同分为独占实施许可合同、排他实施许可合同和普通实施许可合同。在签定合同时，必须在合同条款中明确列出专利技术实施的地域范围和时间期限，专利实施许可合同只有在专利权的存续期间内有效。

(4) 非专利技术转让合同是指转让方（Assigner）将拥有的非专利技术成果提供给受让方（Assignee），明确相互之间非专利技术成果的使用权、转让权，受让方支付约定使用费所订立的合同。

(二) 国际技术转让的五个基本过程

1. 技术转让的可行性评价

首先要对将要转让的技术进行可行性评价，这也是对技术进行选择的第一步。作为技术的受让方（或称业主）要根据本国、本地区、本公司的发展需要以及能力和资金等因素对转让的技术作出选择。

2. 选择技术的转让形式

技术转让形式可分为所有权转让和使用权转让。对同一技术转让所有权的价格要高于转让使用权的价格。

3. 改进转让技术，以满足其可转让性；

技术的受让方要高度重视技术在转让过程中的改进，努力使技术适应环境。如果没有这种改进，一旦技术援助终止，则原制定的转让计划将难以实现。不但影响实现项目的预期成果，而且对国际技术转让者的声誉会产生不利影响。

4. 将转让技术并入公司的全盘业务

在技术转让过程中，技术的消化吸收是转让工作中的重要组成。只有当转让技术与技术受让方公司的技术和管理达到有机结合，成为该公司正常作业系统和作业过程必不可少的一部分，并能为其发展战略提供支持时，才算是被完全消化吸收了。

5. 实施转让技术并进行转让技术管理

为了保证转让技术在实施过程中获得成功，不仅要学会运用和掌握该种技术，而且要学会创新和推广，赋予其更强的生命力。因此，作为技术的受让方要同时对管理技术进行开发和引进，向其工作人员提供适当的制度、工具和技术，确保对新技术的吸收、应用和发展。

二、技术转让合同的主要条款

技术转让合同可分为专利申请权转让合同，专利权转让合同，专利实施许可合同和非专利技术转让合同，他们各有自己的特点，因此，在签定转让合同时，应根据合同的不同类型，将下述技术转让合同的内容进行修改、增加或删减。

（一）技术转让合同的开始部分

内容：应写明技术转让合同签订的日期，签订地点，合同当事人名称和办公地点，签订合同所依据的法律和技术转让项目的名称。

说明：上述内容示例如下：

"本合同由以下各方于_____年_____月_____日，在_____（签订地名称）制定并签订：

（合作各方的国籍、名称、联系地址）

双方根据_____（国家）的法律，就_____（项目名称）转让，经协商一致达成如下协议："

（下接合同条款）。

（二）技术转让合同的主要内容

1. 项目名称

内容：技术转让项目的名称。

说明：项目名称中应说明是技术转让项目。

2. 名词和术语，合同语言

内容：专用技术名词和术语的定义和解释；编写合同的语言。

说明：技术转让合同的内容具有很强的专业性，为防止双方在理解上的不同而发生争议，应在合同中对一些专业性名词术语和简化符号，作出确切的解释。

应规定编写合同的语言，当多于一种语言编写合同时应规定一种主导语言。在两种语言编写的合同出现歧义时，应以主导语言编写的合同为准。

3. 关于转让技术

内容：转让技术的名称及基本内容、要求和工业化程度，转让的有效期

说明：转让技术的基本内容包括：提供与实施转让技术有关的技术资料、技术指导或技术服务。应规定提供技术资料和进行技术指导或技术服务的具体的时间、地点。

例如提供技术资料，可在合同中列进下述内容：

"技术的转让方自合同生效之日起_____天内，在_____（地点），以_____方式向技术的受让方提供下述资料："

如果转让的是一种专利技术，则转让的有效期不能超出专利技术的有效期。对于与他人共有专利权的专利技术，在转让时必须获得其他共有人的同意，否则，只能转让其在专利技术中所占有的份额。

如果专利技术转让是转让专利技术的所有权，则在合同生效后，受让方成为该项专利技术的新的所有者，而转让方则不再享有所有权；如果在转让前转让方已实施了专利技术或与第三方签定了专利实施许可协议，对此种情况如何处理应在转让合同中做出明确说明。

合同中应规定使用转让技术的范围。

4. 进度计划及履行方式

内容：实施技术转让的进度安排

说明：履行技术转让合同的具体时间安排，包括提供技术资料、技术指导和技术服务的时间、地点安排及其他的具体要求，如人员培训计划，试运行计划和正式投产计划等。

5. 合同期限

内容：合同生效日期和合同期限。

说明：应根据项目的具体情况规定合同的生效条件，生效日期。

合同的生效日期一般从合同签定日开始生效。合同期限从合同生效日开始计算。

6. 义务和责任

内容：双方在技术转让过程中应履行的义务和应负的责任。

说明：（1）技术转让方的义务和责任

1）应按照合同规定的内容、方式、时间和地点，提供技术资料并进行技术指导；

2）转让方应保证所转让技术的可靠性和实用性，能够在合同规定的生产领域内应用和取得预期的效果；

3）承担合同规定的保密义务。转让方对于受让方的技术背景情况以及所转让的技术应予以保密。

如果技术转让方未能履行上述义务，则视为违约，应负违约责任，受让方有权解除合同，违约方应向受让方支付违约赔偿金。

（2）技术受让方的义务和责任

1）在合同规定的范围内使用该项技术，不得私自扩大使用范围；

2）按照合同的有关规定支付使用费；

3) 承担合同约定的对受让技术的严格保密义务。

如果技术受让方未能履行上述义务,则视为违约,应负违约责任,技术转让方有权解除合同,并要求受让方返还技术资料以及支付违约赔偿金。

7. 保密

内容:技术资料的保密范围;保密责任;保密期限;泄密后的赔偿。

说明:这是技术转让合同不可缺少的重要条款,技术转让合同中涉及开发研究过程中积累起来的各种数据、资料,转让方提供的原始数据和资料,现有的技术状况等。因此应通过双方协商,在合同中对技术的保密范围、保密事项、保密起止时间以及违反保密责任等作出明确规定。

8. 技术指导

内容:技术指导或技术服务的具体内容。

说明:根据所转让的技术确定相应的技术指导和技术服务的内容,包含技术指导和技术服务的时间、地点、方式和费用。

9. 风险

内容:风险;风险分担。

说明:风险是指在具体实施转让技术时未能达到合同中规定的目标。此时,需要分析造成目标失控的原因,分清主观(如组织、协调不力)和客观(如现有物质设备不合格等)原因,也可请本技术领域的专家进行评定。合同中应列明风险责任如何承担等内容。

10. 技术转让的法定手续

内容:办理技术转让的法定手续;双方办理有关手续的分工。

说明:合同中应写明需办理哪些法定手续和由谁办理。

在外国办理技术转让手续时,应遵守项目所在国和技术转让方所在国的有关技术转让的法律和规定。

根据我国的专利法,只有在办理了下列手续后,双方签定的技术转让合同才构成有效合同:

(1) 全民所有制单位,在转让其专利技术时,必须取得上级主管机关的书面批准。

(2) 中国的单位和个人向外国人转让其专利技术时,必须取得国务院有关主管部门的书面批准。

(3) 当事人订立的书面合同还须经专利局登记并公告。

11. 验收标准和方法

内容:验收依据的标准和验收方法;验收的时间;参加验收的专家资格。

说明:合同中应规定验收的标准,验收采用的方法,由谁出具技术项目验收证明。

根据转让方提供的技术规范,双方商定验收标准和方法并将其列入合同中。具体的验收方法可采用组织有关部门进行鉴定或专家评定。但在合同中最好规定参加验收的部门或专家的资质。

验收应在试生产一段时间(合同中应给出确切的时间期限)后进行,验收应达到合同中规定的技术指标。

12. 合同价格和支付

内容:技术转让的合同价格以及支付方式、支付时间。

说明：合同价款的确定应考虑技术成果应用后的经济效益和社会效益（包括持续年限），开发成本，技术成果的工业化程度，转让方享有的技术权益，承担责任的大小等因素。

支付方式可采取一次总付，一次总算分期支付，按利润百分比提成支付，按销售额百分比提成支付等方式。一次总付和一次总算分期支付应规定具体的支付时间，其他支付方式应规定支付的期限。

在按利润百分比或销售额百分比提成支付时，合同中应明确规定利润或销售额的计算方法。

另应说明支付的币种及金额。

13. 技术改进

内容：技术转让成果的后续改进和分享办法。

说明：后续改进是指在本合同有效期内，任何一方或双方就合同所转让的技术成果所做的革新和改进。双方应在合同中约定，转让技术成果的后续改进由哪一方承担完成，以及后续改进成果属于哪一方。同时，可写明改进成果的分享办法。

14. 合同的变更和终止

内容：合同变更程序；合同终止；合同终止后的清算。

说明：合同签订后，非经双方协商同意，任何一方不得擅自变更或终止合同。除非由于下列情况，使得合同履行已成为不可能或不必要时，当事人一方有权通知另一方终止合同：

(1) 另一方违反合同；或

(2) 不可抗力；或

(3) 所转让的技术已被他人公开。

因上述原因终止合同时，当事人一方应向对方发出书面通知，同时说明终止合同的具体原因，并出具令对方满意的有关的证明资料和证据。

在合同中应规定上述三种情况中任一情况下解除合同后的责任分担和赔偿方法。

15. 违约

内容：违约及违约赔偿金的计算办法。

说明：双方商定违约条款的有关内容，并明确列入合同。同时，规定在一方违约时，另一方可享受的权利。

转让方违约：①不按照合同约定转让技术；②转让方超越合同约定范围，擅自向第三方转让该种技术；③违反合同的保密规定，造成泄密，使受让方产生损失。

受让方违约：①未按照合同约定及时支付使用费；②受让方超越合同约定范围，擅自允许第三方使用该种技术；③违反合同的保密规定，造成泄密，使技术转让方产生损失。

在发生上述违约情况时，违约方应向对方支付违约赔偿金。

双方可协商确定违约赔偿金额，该金额一般不超过合同价款。违约方在支付违约赔偿金后，一般不再计算其他损失赔偿。

特殊情况下，合同中也可增加如下条款："违约方给对方造成的损失金额超过违约赔偿金额时，应补偿对方超过违约赔偿金额的那部分款额。"

双方也可在合同中作出如下规定："违约赔偿金额可按违约方给对方造成的实际损失计算，即该赔偿额应相当于受损失方的收益减少额或支出增加额。"

16. 争议的解决

内容：争议的解决程序和解决争议的方式。

说明：在履行合同义务过程中，由于存在多种难以预测的不确定性，常常会发生争议。因此双方应在合同中规定在出现争议时的解决程序和方法。

解决程序中应包括：①在争议事件出现后合同规定的时间内，当事人一方可向对方当事人发出通知，并说明事件发生的原因、可能造成的后果以及对方当事人应负的责任。②对方当事人应在合同规定的时间内作出回答等。

在诸多解决争议的方式中，应首先采用双方友好协商解决和请中间人进行调解方式解决争议。在上述友好解决未果的情况下，可提交仲裁。在合同中应规定双方选定的仲裁地点和仲裁规则。仲裁裁决是终局的，对双方均具有约束力。

中国国内各当事人间的争议，可根据技术合同法和仲裁法等予以解决。

17. 合同附件

内容：合同附件；合同附件的法律效力。

说明：当事人双方可经过协商确定下列与履行合同有关的资料以附件形式列入合同，构成合同的一部分，其与合同的其他条款具有同等法律效力：

技术背景资料、技术转让可行性论证、技术评价报告、技术标准、技术规范、项目任务书和计划书、图纸、有关的表格、数据照片以及其他与履行合同有关的资料。

18. 其他

内容：适用的法律；以及其他双方商定的事宜。如中介方、定金、财产抵押、担保等。

说明：合同如果是通过中介机构介绍签定的，则中介合同应以附件形式成为本合同的一部分。合同中应写明中介方的权利、义务、服务费以及服务费的支付方式。

委托代理人签定本合同时，应出具委托证书。

三、订合同的注意事项

（1）国际间技术转让应注意遵循有关的国家法律和法规，切记在进行技术转让时，必须办理有关的法律手续，否则，签定的技术转让合同将是一个无效合同。

（2）技术转让是为了促进本地区或本公司的技术进步，因此，在签订技术转让合同前，必须对转让技术作出可行性评价以确保转让技术具有长期的生命活力，使技术的受让方能从中获利。

第5节 代 理 协 议

一、综述

（一）代理人的作用

（1）代理人（Agent）是国际承包商在新环境下，获得工程项目的主要信息来源。

代理人可以及时获得当地大型项目的招标信息，并且可以跟踪一些潜在招标项目的进展状况，可以随时向业主宣传公司的经营能力和业绩，甚至可直接引见公司代表与业主洽谈。

（2）代理人可提供与实施工程项目有关的法律、经济和政治情况

代理人可向国际承包商提供与实施工程项目有关的各种法律规定、经济和政治情况。如

提供与实施工程有关的当地材料和设备的价格、劳务水平和价格、国家的各种税收及税收优惠，货物进出口的规定等。这些资料将有助于承包商进行合理的投标报价。

(3) 代理人提供其他服务

如代理人可通过对当地目前局势和今后一定时期的发展前景作出分析后，对公司在当地的业务提出合理化建议，供公司领导层决策时参考。还可以为公司介绍一些当地的技术人员或信誉较高的咨询公司参与本公司的业务，以及可以代表承包商在承包商的授权范围内，办理日常事宜等。

由代理人提供的各种服务均应在协议中写明服务的范围。

(二) 代理协议的概念

代理协议（Agency Agreement）实际上是一种委托合同，是指当事人双方约定一方为另一方处理事务的协议。本文称其为委托人（Principal）和代理人（Agent）。依据代理协议，代理人应以委托人的名义办理所委托的事宜，而委托人则应对代理人所进行的合法委托事务的法律后果承担责任。

二、代理协议的主要内容

1. 代理协议开始部分

内容：双方当事人的名称、国籍、注册地址以及代表人的姓名、职称和联系地址；代理协议的签订日期和地点等。

说明：一般地代理人和委托人均应为法人，因此协议中应写明双方公司的全称以及合法的注册地址。

应写明代理协议的目的、性质、实施的范围和双方的愿望。

示例：

"本协议由以下各方于_____年_____月_____日，在_____（签订协议地名）制定并签订：

(1)（委托人名称、国籍、办公地址）为委托人

(2)（代理人名称、国籍、办公地址）为代理人

委托人具有从事本领域各项工作的合法权力。希望在_____（地区名称）委任一名唯一代理，代表其处理在与其所从事的工作领域相关的地区的全部事宜。

代理人愿意接受委托人的委托，作为委托人在该地区从事本领域工作的唯一代理，并且愿意在本地区内向委托人提供本协议条款和条件下委托人所要求的帮助。

为此，现在各方就如下事项达成协议："

2. 委托和授权

内容：委托事项；授权范围。

说明：应写明委托人委托的每一事项。

委托代理应具有排他性，即应在协议中写明代理人是该地区的唯一代理（Exclusive Agency）。

应规定代理人的权限范围并出具权力委托书。

示例：

"委托人在本协议期间，对以下事项在此委任代理人为该地区的唯一代理和负责人，而代理人在此根据本协议条款和条件接受委托人的委任：

（1）为委托人在本领域的工作提交投标书；
（2）保证投标书的安全；以及
（3）双方商定的其他委托事务。

没有委托人的事先书面同意，代理人无权以委托人的名义签定任何合同或承担任何义务或工作。"

3. 服务

内容：代理人可提供的服务内容。

说明：服务的内容多少涉及到代理费用，因此，双方应在协商并达成一致意见后，将代理人应提供的服务内容详细列出。这有助于避免协议执行过程中的争议。

另外对代理人提供协议中未列入的服务内容也应作出相应说明。

示例：

"本协议期间，代理人代表委托人在本地区为其活动提供下列服务（仅就委托方所要求的服务而言），并且提供双方达成协议的此类其他服务：

（1）向委托人提供潜在的雇主、咨询人、其他承包商以及政府当局的信息；

（2）向委托人提供市场和其他信息，包括有关的法律法规和为获得资格预审正确方法以及其他编制合同文件和实施合同所必需的其他规则；

（3）在本地区帮助委托人办理其获得和实施合同所必需的政府当局的任何执照、证书或许可；

（4）在所有与将货物、设备和材料进口到本地区相关的事宜方面提供帮助和提出建议；在与此相关的海关手续方面，在安排从当地目的港到交货地的运输方面以及在设备和材料再出口（如有的话）方面提供帮助；在准备工作上提供帮助并递交和办理全部或部分免除海关关税或其他评估的所有申请（如有的话）。"

4. 代理费用

内容：代理费用；代理费用的支付方式。

说明：一般地，代理费用不应超过当地法律有关代理费的规定或当地的惯例。代理费的比例一般为合同额的 0.5%～5%。在政府对代理未作出规定的国家，只好根据提供的服务和当地的惯例确定代理费用。

实际上，对代理费用有规定的国家，代理人所要求的代理费用经常比政府规定高得多。这时委托人应与代理人充分协商取得一致。不得已时，在协议中可规定补偿全部或部分对办理委托事务所发生的费用，即可在协议中，加入如下内容：

"在进行采购、履行协议、或提供上述协议规定的其他服务方面，使代理人发生了费用，只要事先已征得委托人的书面同意，可按支出凭据向委托人报销。可按月或按季进行报销。"

关于代理费用的支付方式应在合同中事先约定。在协议中最好加入"只有在委托人获得工程合同并收到工程业主的付款之后，才按比例支付代理费用"等内容。代理费用应分几次支付。

示例：

"考虑到代理人在本地区提供的此类服务，委托人同意向代理人支付代理费用，代理费用额按委托人与第三方在本协议期间协商确定将由委托人在本地区实施的一个或多个合同额的百分比计算。当委托人收到实施这些合同的每一笔款项时，应按相同的币种和上述的百分比,并以代理协议所规定的支付方式向代理人支付代理费用。

委托人应在收到每一笔合同支付款额的30天内(或在双方商定的其他时间内)向代理人支付代理费用。代理费由委托人直接付给代理人指定的银行账号或按照代理人随时书面要求的其他方式支付。"

5. 协议期限

内容:协议期限;协议的生效日期;协议期限的延长。

说明:要注意协议期限与工程项目合同期限间的协调。

协议期限的起算日期和协议的生效日期可能不同,应分别写明。

协议的生效日期一般为协议的签订日期,即从协议签订日开始生效,并且应在协议终止之前持续有效。

示例:

"本协议期限为_____(月)。从本协议生效日开始计算。

无论本协议期满与否,本协议应在委托人与任何第三方签定的合同实施期间持续有效,直到完成该合同的全部工作。

协议期满时,任何一方可在协议终止日前60天向对方发出要求延期的书面通知,经双方商定可延长协议期限。"

6. 保密

内容:保密资料的范围、种类;保密期限。

说明:由一方提供给另一方的无论何种性质的所有信息和资料,双方均应严格保密。没有获得提供信息和资料方的明确同意,不应该向任何第三方透露。

必要时可对泄密后果作出相应规定。

7. 义务和责任

内容:双方的义务和责任。

说明:应详细列出在协议期间双方应履行的义务和应尽的职责。双方的一般义务和责任如下所述:

代理人的义务和责任

(1) 依据协议规定,亲自办理事务。要求代理人在其授权范围内,亲自办理事务,没有委托人的事先同意,代理人不得将被委托的事务进行再次委托。

(2) 按约定时间和方式报告有关委托事务的进展情况,并提交必要的证明文件。

(3) 办理委托事务中所得收益应及时转移给委托人。

(4) 应代表和维护委托人的利益,努力获得工程合同。

委托人的义务和责任:

(1) 承担代理人在其授权范围内办理委托事务的法律责任;

(2) 预支和返还给代理人办理委托事务所需的日常费用开支;

(3) 按协议规定及时支付代理费用。

同时,为了避免对代理人的不正当行为或违法行为承担责任,在协议中最好写明"除非有委托人的书面指示,委托人对代理人所进行的各种活动不承担任何道义和法律上的责任;代理人不得以委托人的名义从事非法活动或对外承担任何义务。

8. 代理协议终止

内容：协议终止的条件；协议终止后的善后事宜。

说明：如发生下列情况之一，可终止协议：

(1) 任何一方当事人终止协议，提出终止协议方应赔偿对方的损失。

(2) 任何一方当事人丧失履约能力。如其法人资格被撤销，破产等。

发生上述事件后，提出终止协议方，应立即通知对方，并应采取必要的措施减少由此造成的损失。

协议中应明确规定赔偿金额。

9. 其他

内容：协议使用的语言；适用的法律；争议的解决；以及双方商定的其他事宜。

说明：应规定协议使用的语言。如采用多于一种语言编写本协议时，应规定一种主导语言，在出现相互矛盾时，以主导语言编写的协议文本为准。同时，应说明相互间发送的通知和来往信函均应使用与本协议相同的语言。

应规定适用的法律。

争议解决：在出现争议时，双方应友好协商解决。友好解决不成，可向双方商定的仲裁机构申请仲裁。仲裁机构的名称也可列入协议中。

三、其他注意事项

不同的国家对代理行为有不同的规定，同时由于对协议语言理解上的偏差，经常会产生争议。因此，在签订代理协议和履行协议过程中，双方应注意：

(1) 代理协议中对代理人的授权范围必须明确，否则代理人在办理所委托事务时，可能会产生偏差，给他人造成损失。委托人对该损失负有不可推卸的责任。

(2) 在履行代理协议过程中，委托人如发现代理人的代理行为违法，则应立即向代理人发出表示反对的书面通知，以免为代理人的违法行为承担责任。

(3) 在一些国家，代理协议需报政府有关部门登记注册，故协议不宜过于繁琐。但为了避免协议过于简单而在履行过程中产生争议，可再签订一份补充协议，并应说明该补充协议作为原协议的一部分，与原协议同时生效，具有同等法律效力。

思 考 题

1. 承包商为获得工程项目，经常相互联合共同组成联营体进行项目投标。试简述联营体的类型及其主要区别。

2. 在实施项目过程中，各种类型联营体如何进行经营核算？联营体各成员如何分担经营中的风险？

3. 融资租赁是现代租赁的一种主要方式，其在国际工程承包中的作用越来越显著。试述融资租赁合同的基本概念和融资租赁的基本程序。

4. 在劳务合同中如何合理规定劳务人员的工作时间、节假日及报酬？

5. 技术转让合同中的转让方式有哪些？如何对转让技术的实施结果进行评价？

6. 代理协议中代理人的职责有哪些？在寻找代理人时应注意什么？

第10章 国际工程项目的合同管理

本章首先对"合同管理"的概念进行了讨论,指出合同管理应从合同签订前的准备工作、合同实施阶段的工作以及协作精神三个方面来完整地理解。然后比较详细地从业主方和承包商方的角度对合同管理各阶段的工作内容包括风险管理和索赔管理进行了讨论。对项目实施阶段业主、工程师和承包商的主要职责进行了分析和比较,最后讨论了争端产生的原因及如何正确地对待和处理争端。

第1节 合同管理概论

一、合同管理的概念

(一) 合同

合同是一个契约。国际工程合同是指不同国家的有关法人之间为了实现在某个工程项目中的特定目的而签订的确定相互权利和义务关系的协议。合同文件包括在合同协议书中指明的全部文件;一般包括合同协议书及其附件、合同条件、投标书、中标函、技术规范、图纸、工程量表以及其他列入合同协议书中的文件(如FIDIC"桔皮书"中还包括业主的要求,承包商的建议书,附录等)。

AIA.编制的A201合同条件中还规定合同实施后所发出的修改命令(包括由各方签署的对合同的书面补充;变更命令;施工变更指示;由建筑师发布的书面的次要工程变更等)也属于合同文件。

总之,工程合同包括工程项目的全部合同文件以及这些文件包含的内容。

(二) 合同管理

合同管理指参与项目各方均应在合同实施过程中自觉地、认真严格地遵守所签订的合同的各项规定和要求,按照各自的职责,行使各自的权力、履行各自的义务、维护各方的权利,发扬协作精神,处理好"伙伴关系",做好各项管理工作,使项目目标得到完整的体现。

虽然合同是有关双方的一个协议,包括若干合同文件,但合同管理的深层涵义,应该引伸到合同协议签订之前,从下面三个方面来理解合同管理,才能做好合同管理工作:

1. 做好合同签订前的各项准备工作

虽然合同尚未签订,但合同签订前各方的准备工作(特别是业主一方)对做好合同管理至关重要。这些准备工作包括合同文件草案的准备、各项招标工作的准备,做好评标工作,特别是要做好合同签订前的谈判和合同文稿的最终定稿。

合同中既要体现出在商务上和技术上的要求,有严谨明确的项目实施程序,又要明确合同双方的义务和权利。对风险的管理要按照合理分担的精神体现到合同条件中去。

业主方的另一个重要准备工作即是选择好工程师(或业主代表,CM经理等)。工程师可以由进行工程前期各项工作的咨询设计公司选派，也可以由另一家咨询公司选派，最好能提前选定工程师，以使他们能够参与合同的制定（包括谈判，签约等）过程，依据他们的经验，提出合理化建议，使合同的各项规定更为完善。

承包商一方在合同签订前的准备工作主要是制定投标战略，作好市场调研，在买到招标文件之后，要认真细心地分析研究招标文件，以便比较好地理解业主方的招标要求。在此基础上，一方面可以对招标文件中不完善以至错误之处向业主方提出建议，另一方面也必须做好风险分析，对招标文件中不合理的规定提出自己的建议，并力争在合同谈判中对这些规定进行适当的修改。

2. 合同实施阶段

这一阶段是实现合同内容的重要阶段，也是一个相当长的时期。在这个阶段中合同管理的具体内容十分丰富，将在以下两节中比较详细地分析讨论。

3. 提倡协作精神

合同实施过程中应该提倡项目中各方的协作精神，共同实现合同的既定目标。在合同条件中，合同双方的权利和义务有时表现为相互间存在矛盾，相互制约的关系，但实际上，实现合同标的必然是一个相互协作解决矛盾的过程，在这个过程中工程师起着十分重要的协调作用。一个成功的项目，必定是业主、承包商以及工程师按照一种项目伙伴关系（Partnership），以协作的团队精神（Team Spirit）来共同努力完成项目，目前国外在国际工程合同管理中，非常注意提倡这种精神。

二、本章的主要内容

由于合同双方的职责，权利和义务是不同的，本章中将分别介绍业主方和承包商方在合同管理中各个阶段的工作内容，包括各方的风险管理和索赔管理。同时也对工程师的职责、权限和工作内容进行分析和介绍。

最后对在项目实施阶段合同各方（业主、工程师、承包商）主要职责进行分析和比较，同时讨论争端产生的主要原因以及如何减少争端，如何处理"伙伴关系"，以使项目顺利完成。

由于在国际上存在如第1、3章所述的众多的合同模式，不可能一一论述，本章以世界银行国际招标的工程采购项目、单价与子项包干混合式合同、业主聘用工程师、采用FIDIC"红皮书"进行合同管理的模式为主线进行论述。

第2节 业主方的合同管理

在本节中，首先简要地论述业主对一个工程项目的前期管理，讨论选择咨询公司以及咨询人员的原则；之后再较详细地介绍在项目实施期的管理中业主方以及协助业主进行项目管理的咨询（监理）工程师的职责和分工。由于在"国际工程管理教学丛书"中有二本专著对在项目实施过程中的风险管理与索赔管理进行了讨论，本节中仅从业主方的合同管理角度对之进行概括性的讨论。此外，还对业主方在合同管理中的一些具体问题进行介绍。

一、业主方对项目前期的管理

（一）项目前期管理工作的重要性

一个国际工程在项目前期阶段（有时称投资前阶段）的各项管理工作十分重要。项目前期阶段的工作内容一般包括地区开发、行业发展规划、项目选定阶段的机会研究、预可行性研究以及可行性研究，最后通过项目评估来确定项目，这些工作对于把握住投资机会，对项目进行科学地，实事求是地分析和评估，从而正确地立项十分重要。因为如果立项错误则会对项目实施过程中的合同管理特别是投产运行造成极大的困难和损失。

做好上述工作的关键有两点：一是选择一家高水平的咨询公司来从事这些投资前的各项工作，以便能得到一份符合客观实际的可行性研究报告；二是业主应该客观地、实事求是地根据评估的结果和自己融资能力来决定项目是否立项。

（二）选择高水平的咨询

在国外，业主对一个工程项目的研究、决策与管理主要依靠咨询公司。国外的咨询业是一个十分兴旺发达的产业。咨询服务是以信息为基础，依靠专家的知识、经验和技能对客户委托的问题进行分析和研究，提出建议、方案和措施，并在需要时协助实施的一种高层次、智力密集型的服务。由于项目管理的重要性，特别是投资前阶段各项工作的重要性，国外业主在选择咨询合同时首先考虑的是咨询公司的能力、经验和信誉，而不是报价。国外有许多咨询公司专门为业主服务，有的甚至公司名称就是"业主服务"（Owner Services），其服务内容范围广泛，可提供单项咨询服务，也可作为业主代理人为项目开发和实施的全过程进行工作，下面介绍工程咨询公司的服务范围：

1. 前期阶段
   - 设计招标文件与合同文件的编制
   - 确定项目设计目标、预算与进度要求
   - 项目计划的审阅和管理
   - 参加地方政府的项目有关各方的会议

2. 设计阶段
   - 设计管理与协调
   - 成本估算与预算
   - 更新预算方案
   - 进度计划安排
   - 运用价值工程（Value Engineering）提出改进设计的建议
   - 设计审查与监督
   - 施工可行性审核
   - 施工规划：建议承包方式
   - 施工招标文件编制

3. 采购阶段
   - 申报批准手续
   - 施工采购：审阅施工招标文件，主持标前会议，评审承包商的投标，协助业主进行合同谈判等

4. 施工阶段
   - 施工监理规划
   - 现场监理
   - 支付申请审查

- 提出替代方案或审查承包商的实施替代方案
- 质量控制
- 施工图设计审查
- 变更与索赔管理

(三)选定项目的实施方式

在第一和第三章中对项目的多种实施方式已有介绍,业主在确定项目立项时,应请咨询公司提出方案,经分析比较后确定项目实施模式。

项目立项后的实施工作可由原来承担前期咨询工作的公司继续承担,这种方式的优点是咨询公司对项目的各项资料比较熟悉,工作思路连贯,进度可以加快,总的报价可以稍低。如果咨询公司事先知道只由该公司承担立项前的工作,则可能因这阶段工作费用较低而不愿意接受;第二种方式是将立项后的工作交另一家咨询公司承担,这种方式的优点是可由第二家公司对立项前的咨询报告进行客观的评价,提出改进方案,收到集思广益的效果,但缺点是进度可能稍慢,费用可能稍高。在实践中采用哪种方式主要看业主一方对咨询公司的了解和信任程度,咨询工作的质量以及咨询公司的信誉,而费用往往不是决定性的因素。

(四)办理批准手续

在项目通过评估立项,已确定项目地点之后,应办理与工程建设项目规划以及有关的法律和地方法规规定的各项批准手续。

(五)选择CM经理的原则和方法

CM经理是采用CM方式进行工程项目管理时的核心角色。选定CM经理的原则也是重资质而轻报价。下面介绍根据美国总承包商协会(AGC)推荐的选择CM经理的一般原则和方法。

1. CM经理的一般资格

选择CM经理时,主要应考虑以下因素:

- CM经理以前完成的在设计范围和复杂程度方面类似项目的成功的先例;
- 曾经得到过CM经理的工程管理服务的业主、建筑师以及工程师的建议(根据他在合作中表现出的领导才能,履行义务的主动性,以及和谐相处的品质);
- CM经理曾经采用过的进行工程项目的规划、组织和监督的管理系统的成功实例,包括初步估算、预算、进度计划及成本控制;
- CM经理在使用价值工程方面的经验,以便在满足设计的前提下创造最优的效益;
- CM经理内部职员的总体素质,尤其是将派到该项目的职员的素质,在公司内部获得具有知识的人才的能力;
- CM经理在当地建筑业中的信誉以及公司在工程各阶段的竞标能力,按进度计划交付材料和设备的能力,获得最大生产率和工作质量的能力;
- CM经理按照当地、州、国家的法律和惯例建立有效的劳资关系的能力,并应具有当地劳工事务方面的知识;
- CM经理的法律知识,包括联邦、州及当地有关安全、环境和能源保护方面的法律和法规,以及对该项目有直接影响的其他法规;
- 在财务报表中反映出的CM经理的财务支付能力,在项目实施过程中保证财务状况稳定所必需的流动资本以及在业主要求时，CM 经理保证不突破预算价格的能力；

· 为保护项目各方的权益，CM 经理具有完成最有效的全过程保险计划的知识和能力；

· 如果对工程项目有利，CM 经理具备依靠其公司自身力量完成工程实施的能力。

由以上 11 条要求可以看出 CM 经理是精明强干、懂技术、有经验、熟悉经济、法律，又善于管理的高水平的管理人才。

2. 选择程序

选择 CM 经理的程序如下：

（1）初步考虑和排队选择

1）通过对愿为该项目服务的公司中的 CM 经理人选进行初步考察。随后对那些被认为最具资格的公司进行单独会见。

2）为了得到候选人经过仔细考虑的回答，业主应尽可能全面地提供有关工程项目的下列信息：

项目名称和地点；建筑师/工程师（如已选定）；附有概念设计的工程概况，包括建筑面积及不同建筑区域的功能；预计的工程造价范围；筹资方式——公共或私人资金；需要的建筑工程管理服务的范围；服务开始和结束的时间安排。

3）在初步考察时，对 CM 经理进行资格审查的项目大致应包括以下内容：公司名称和背景；目前在建项目；最近的经历：作为 CM 经理，负责过的项目类型；作为总承包商，承包过的项目类型，包括业主和建筑师的评语及项目的概况。

4）在考察了每一位候选人的资格，过去的经历等详细情况后，业主应与候选人进行最后会见。

（2）最后会见

每次会见除每个公司进行情况陈述外，应留出时间提问，要求澄清某些问题或回答新的问题。

（3）最终选定

业主应根据评选委员会预先制定的加权原则对公司进行排序，随后书面要求前两名公司提出报价。该报价应列出酬金所包含的各项内容以及在酬金之外可报销的成本。业主可使用 AGC 文件《业主和 CM 经理协议书标准格式》，其中规定了哪些成本可报销，哪些将包含酬金之内。酬金是作出最终选定所考虑的因素之一，但不是决定因素。酬金水平反映所提供的服务的质量，参与项目的职员的能力，提供的管理的质量及公司的声誉。酬金水平也与项目的复杂程度，施工时间及财务风险水平有关。

如果要得到全面的称职的建筑工程管理服务，业主应选择一家在建筑工程领域具备真实可靠的能力的、公认的合格的总承包商。

二、业主方对项目实施期的管理

（一）业主方管理的一般职责

一个工程项目在评估立项之后，即进入实施期，实施期一般指项目的勘测、设计、专题研究，招标投标，施工设备采购、安装，直至调试竣工验收，在这个阶段业主方对项目管理应负的职责主要包括：

1. 设计阶段

(1) 委托咨询设计公司进行工程设计，包括有关的勘测及专题研究工作。
(2) 对咨询设计公司提出的设计方案进行审查，选择和确定。
(3) 对咨询设计公司编制的招标文件进行审查和批准。
(4) 选择在项目施工期实行的施工管理方式、选定监理公司或 CM 经理，或业主代表等。
(5) 采用招标或议标方式，进行项目施工前期的各项准备工作，如征地拆迁、进场道路修建、水和电的供应等。

在设计阶段业主一方要特别注意的问题是：

· 地基勘测工作及地基设计方案的正确性，基础是任何建筑最重要的部位，如果地基勘探资料数据不正确，可导致建筑物基础部位设计的错误，危及整个建筑物的安全。

· 设计方案选后，应要求咨询设计公司精心设计，尽可能避免和减少在招标之后，在工程已开工的情况下进行设计变更。

地基勘探的失误以及开工后设计图纸的变更将为承包商提供极好的索赔机会，从而影响业主一方的投资控制和进度控制。因此业主一方在进行设计阶段的合同管理时，重点要抓地基勘测和设计的质量。可以组织专家或其他咨询公司认真地进行审查，也可组织专家采用价值工程方法对设计方案进行改进。总之，宁可在设计阶段放慢一点进度，工作做细致一些，以避免开工后的变更和索赔。尽管出现了大的设计问题时可依据咨询合同向咨询公司或保险公司索赔，但很难弥补对业主造成的损害。

2. 施工阶段

当一个工程开工之后，现场具体的监督和管理工作全部都交给工程师负责了，但是业主也应指定业主代表负责与工程师和承包商的联系，处理执行合同中的有关具体事宜。对一些重要的问题，如工程的变更、支付、工期的延长等，均应由业主负责审批。

下面介绍在施工阶段业主一方的职责：

(1) 将任命的业主代表和工程师（必要时可撤换）以书面形式通知承包商，如系国际贷款项目还应该通知贷款方。
(2) 继续抓紧完成施工开始前未完成的工程用地征用手续以及移民等工作。
(3) 批准承包商转让部分工程权益的申请（如有时），批准履约保证和承保人，批准承包商提交的保险单和保险公司。
(4) 负责项目的融资以保证工程项目的顺利实施。
(5) 在承包商有关手续齐备后，及时向承包商拨付有关款项。如工程预付款、设备和材料预付款，每月的月结算，最终结算等。这是业主最主要的义务。
(6) 及时签发工程变更命令（包括批准由工程师与承包商协商的这些变更的单价和总价）。
(7) 批准经工程师研究后提出建议并上报的工程延期报告。
(8) 负责为承包商开证明信，以便承包商为工程的进口材料、工程设备以及承包商的施工装备等办理海关、税收等有关手续。
(9) 协助承包商（特别是外国承包商）解决生活物资供应、材料供应、运输等问题。
(10) 对承包商的信函及时给予答复。
(11) 负责编制并向上级及外资贷款单位送报财务年度用款计划，财务结算及各种统计报表等。

（12）负责组成验收委员会进行各区段和整个工程的初步验收和最终竣工验收，签发有关证书。

（13）解决合同中的纠纷，如需对合同条款进行必要的变动和修改，需与承包商协商。

（14）如果承包商违约，业主有权终止合同并授权其他人去完成合同。

（二）工程师在合同管理中的地位与职责

工程师即 FIDIC "红皮书"、"黄皮书"中的工程师。工程师受业主聘用为其监理工程，进行合同管理，他是业主和承包商合同之外的第三方，是独立的法人单位。

工程师对合同的监督管理与承包商在实施工程时的管理的方法和要求都不一样。承包商是工程的具体实施者，他需要制定详细的施工进度和施工方法，研究人力、机械的配合和调度，安排各个部位施工的先后次序以及按照合同要求进行质量管理，以保证高速优质地完成工程。工程师则不去具体地安排施工和研究如何保证质量的具体措施，而是宏观上控制施工进度，按承包商在开工时提交的施工进度计划以及月计划、周计划进行检查督促，对施工质量则是按照合同中技术规范，图纸内的要求去进行检查验收。工程师可以向承包商提出建议，但并不对如何保证质量负责，工程师提出的建议是否采纳，由承包商自己决定，因为他要对工程质量和进度负责。对于成本问题，承包商要精心研究如何去降低成本，提高利润率。而工程师主要是按照合同规定，特别是工程量表的规定，严格为业主把住支付这一关，并且防止承包商的不合理的索赔要求，工程师的具体职责是在合同条件中规定的，如果业主要对工程师的某些职权作出限制，他应在合同专用条件中作出明确规定。

1. 工程师的职责综述

工程师的职责也可以概括为进行合同管理，负责进行工程的进度控制、质量控制、投资控制以及做好协调工作。具体的职责如下：

（1）协助业主评审投标文件，提出决标建议，并协助业主与中标者谈判，商签承包合同。

（2）在工程合同实施过程中，按照合同要求，全面负责对工程的监督、管理和检查，协调现场各承包商之间的关系，负责对合同文件的解释和说明，处理矛盾，以确保合同的圆满执行。

（3）审批承包商申请的分包报告，并要求承包商在所订的分包合同中应包括合同条件中规定的保护业主利益的条件。但分包商的工作应由承包商进行直接的管理，承包商必须按照与业主签订的合同中的图纸、技术规程及合同条款的要求管理分包商。对质量等有关重要问题验收时应得到工程师的认可和批准。

（4）进度控制。监督检查承包商的施工进度，审查承包商的施工组织设计，施工方案和施工进度实施计划以及工程各阶段或各分部工程的进度实施计划并监督实施，督促承包商按期或提前完成工程。按照合同条件主动处理工期延长问题，或接受承包商的申请，处理有关工期延长问题。审批承包商报送的各分部工程的施工方案、特殊技术措施和安全措施。必要时发出暂停施工命令和复工命令并处理由此而引起的问题。

下面三条主要是技术管理和质量控制。

（5）帮助承包商正确理解设计意图，负责有关工程图纸的解释、变更和说明，发出图纸变更命令，提供新的补充的图纸，在现场解决施工期间出现的设计问题。根据合同要求承包商进行部分永久工程的设计或要求承包商提交施工详图，对这些图纸工程师均应审核批准。处理因设计图纸供应不及时或修改引起的拖延工期及索赔等问题。

负责提供原始基准点、基准线和参考标高，审核检查并批准承包商的测量放样结果。

（6）监督承包商认真贯彻执行合同中的技术规范、施工要求和图纸上的规定，以确保工程质量能满足合同要求。制定各类对承包商进行施工质量检查的补充规定，或审查、修改和批准由承包商提交的质量检查要求和规定。及时检查工程质量，特别是基础工程和隐蔽工程。指定试验单位或批准承包商申报的试验单位，检查批准承包商的各项实验室及现场试验成果。及时签发现场或其他有关试验的验收合格证书。

（7）严格检查材料、设备质量，批准、检查承包商的定货（包括厂家，货物样品、规格等），指定或批准材料检验单位，检查或抽查进场材料和设备（包括配件，半成品的数量和质量）。

（8）投资控制。负责审核承包商提交的每月完成的工程量及相应的月结算财务报表，处理价格调整中有关问题并审查签署月支付证书，及时报业主审核、支付。

（9）处理好索赔是投资控制的另一个重要方面，当承包商违约时，代表业主向承包商索赔，同时处理承包商提出的各类索赔。索赔问题均应与业主和承包商协商后，提出处理意见。如果业主或承包商中的任一方对工程师的决定不满意，可以提交仲裁。

（10）人员考核。承包商派去工地管理工程的施工项目经理，须经工程师批准。工程师有权考查承包商进场人员的素质，包括技术水平、工作能力、工作态度等。工程师有权随时撤换不称职的施工项目经理和不听从管理的工作人员。

（11）审核承包商要求将有关设备、施工机械、材料等物品进、出海关的报告，并及时向业主发出要求办理海关手续的公函，督促业主及时向海关发出有关公函。

（12）工程师应记录施工日记，保存一份质量检查记录，以作为每月结算及日后查核时用。工程师还应根据积累的工程资料，整理工程档案（如监理合同有该项要求时）。

（13）在工程快结束时，核实竣工工程量，以便进行工程的最终支付。参加竣工验收或受业主委托负责组织并参加竣工验收。

（14）签发合同条款中规定的各类证书与报表。

（15）定期向业主提供工程情况报告（一般每月一次）并根据工地发生的实际情况及时向业主呈报工程变更报告，以便业主签发变更命令。

（16）协助调解业主和承包商之间的各种矛盾。当承包商或业主违约时，按合同条款的规定，处理各类有关问题。

（17）处理施工中的各种意外事件（如不可预见的自然灾害等）引起的问题。

2. 三个层次工程监理人员的职责

在 FIDIC "红皮书"以及 ICE 编制的合同条件中，都将工程监理人员分为三个层次，即工程师，工程师代表及助理。下面比较详细地讨论在执行监理任务时，这三个层次各自的职权和分工。

（1）工程师是指由少数级别比较高，经验比较丰富的人员组成的委员会或小组，行使合同中规定的工程师的职权。大部分工程师这一层的成员不常驻工地，只是不定期去工地考察处理重大问题以及审批驻地工程师呈报的各类报告，和业主研究决定有关重要事宜。下述有关的重要问题必须由工程师亲自处理，（有的需报业主批准）这类问题包含：

- 签发工程开工令。
- 批准合同分包。
- 撤换不称职的承包商的施工项目经理和（或）工作人员。
- 签发移交证书、缺陷责任证书、最终报表、最终证书等。
- 批准承包商递交的部分永久工程设计图纸和图纸变更。
- 签发各类付款证书，使用暂定金额，对补充工程预算、承包商申请的索赔以及法规变更引起的价格调整等问题提出意见，上报业主批准。
- 就工期延长、工程的局部或全部暂停、变更命令（包括增减项目、工期变更、决定价格等）等问题提出意见，上报业主批准。
- 处理特殊风险引起的问题。
- 按合同条款规定处理承包商违约或业主违约有关问题。
- 协调和处理争端引起的要求仲裁有关的问题。
- 其他。

(2) 工程师代表指工程师指派常驻工地，代表他行使所委托的那部分职权的人员，通常称为"驻地工程师"（Resident Engineer）。工程师指派工程师代表可以按两种方式指派：一种是按专业分工，如工地现场施工，钻探灌浆，实验室工作等；另一种则按区段，如将一个合同的高速公路分成几个区段。为了能及时解决工地发生的各类问题，工程师可以考虑将下列全部或部分职责和职权委托给工程师代表：

- 澄清各合同文件的不一致之处。
- 处理不利的外界障碍或条件引起的问题。
- 发出补充图纸和有关指示，解释图纸。
- 为承包商提供测量所需的基准点、基准线和参考标高，以便工程放线，检查承包商的测量放样结果。
- 检查施工的材料、工程设备和工艺、并进行现场每一个工序的施工验收。
- 指示承包商处理有关现场的化石、文物等问题。
- 计量完工的工程。
- 检查承包商负责的工地安全、保卫和环保措施。
- 保存实验和计量记录。
- 完成竣工图纸（如监理合同有此要求）。
- 处理运输和道路有关的问题。
- 处理承包商的劳务出现的各类问题。
- 向工程师呈报每月付款证书，事先校核证书中的工程量及价格（包括价格调整的计算）。
- 要求承包商制定修改进度计划并进行检查，在进度拖延时，向承包商发出赶工令。
- 在需要时，命令承包商按"计日工"进行某些工作。
- 处理夜间和公休日工作问题。
- 出于保护工程或安全的原因，需要马上采取行动时，安排紧急补救工作和或暂停工程。
- 缺陷责任期内检查承包商应完成的扫尾工作和缺陷修补工作，处理缺陷和调查有关问题。
- 呈报承包商设备申请进出口的报告。
- 就补充工程预算上书工程师。
- 防止和减少承包商的索赔。研究承包商的索赔要求并提出建议上书工程师。
- 主持工地会议，发布会议记录，保存与承包商往来的所有公函。
- 处理"指定分包商"有关问题。
- 与实施合同有关各方打交道，并保存来往公函。
- 协调工地中各承包商之间的关系。
- 其他。

(3) 助理。工程师或工程师代表可指派助理协助他进行一部分工作。这些工作一般是：
- 工地施工现场值班，监督承包商现场施工质量。
- 派往工地以外的设备制造厂家监督工程设备的用料和加工制造过程。
- 派往工地内或工地之外的预制构件或施工用料（如混凝土）加工厂监督保证加工质量。
- 其他。

三、业主方的风险管理

关于国际工程的风险管理在"国际工程管理教学丛书"中有专著论述，在这里仅从业主方合同管理的角度，对项目决策阶段（立项实施前）和项目实施阶段两个阶段的风险进行简要地分析。

(一) 风险管理概述

1. 风险的概念

"风险"是一种可以通过分析，推算出其概率分布的不确定性事件，其结果可能是产生损失或收益。用函数式表示如下：

$$风险 = f（事件发生的概率分布，事件可能产生的损失或收益）$$

2. 风险管理的一般特点

(1) 风险管理的对象是指那些可以求出其概率分布的事件。

(2) 风险的普遍性。一个工程项目在实施中的风险往往是客观存在的。项目各方都可能遇到风险。也都应该合理地承担一部分风险。

(3) 风险贯穿在项目实施的全过程之中，通过风险管理有的风险可以减少或不造成损失，而在项目实施过程中又可能出现新的风险，因而风险管理应该贯穿在项目实施的全过程。

(4) 风险一般会造成损失，但如风险管理成功也可能有所收益，即所谓风险利用（或叫投机风险），但无论合同那一方都不愿把自已的效益建立在投机风险上，而只是在管理风险过程中应该有意识地研究利用风险。

下面我们谈到的风险管理主要从防止风险造成的损失这一角度来分析。

3. 风险管理的内容

风险管理一般包括下列几个步骤：

(1) 风险辨识（Risk Identification）。即按照某一种风险分类的方法、将可能发生的风险因素列出、进行初步的归纳分析。

(2) 风险评估（Risk Evaluation）。即采用适当的理论方法、结合过去类似风险发生的信息、分析发生损失的概率分布、还应争取定量评估风险可能造成的损失。

为做好风险评估、应收集足够数量的历史资料、或通过向相关领域的专家进行问卷调查等方法来获取信息、建立风险评估模型、再对风险进行综合评估。

(3) 风险的控制与管理（Risk Control and Management）。包括：主动控制风险、降低风险发生的可能性，减弱风险带来损失，进行风险防范，采用规避或转移风险的措施或自留部分风险等。

下文主要是对各阶段业主方的风险辨识和风险控制与管理进行简要的讨论。风险评估应结合具体项目，采用相应的评估方法。

(二) 风险因素分析

风险因素就是指可能产生风险的各类问题和原因。分析风险因素是风险管理的第一步，一个善于驾驭风险的管理者必须对一个项目所可能遇到的风险因素有一个比较全面的、深刻的认识。

1. 项目决策阶段业主方的风险因素分析

从提高项目的效益，避免和减少失误来看，项目决策阶段的风险管理比实施阶段更为重要。业主方在项目决策阶段一般可能遇到下列一些风险因素：

(1) 投资环境风险，包括：
- 投资所在国政治环境稳定与否。
- 当地政府有关外国投资的法律、法规、各项政策的健全与否以及稳定性。
- 当地政府的投资导向意图。
- 当地政府是否腐化。
- 投资国基础设施落后。

(2) 市场风险，包括：
- 项目建成后的效益，影响效益的因素。
- 国际和国内市场发展趋势，产品销售前景。
- 同类产品的竞争。

(3) 融资风险，包括：
- 投资估算不准确。
- 融资方案不可靠，资金不落实。
- 融资方案中的外汇风险，包括汇率变化，项目所在国外汇政策变化（如汇出限制等）。
- 物价上涨引起投资膨胀。

(4) 设计与技术风险，包括：
- 设计单位的水平，能否达到所要求的技术水平。
- 要求采用的新技术、新工艺、新设备是否与项目所在国的生产和管理水平相匹配，是否适合当地国情。
- 当地的原材料供应（包括数量和质量）是否能满足新技术和新工艺的要求。如果必须采用进口原料，相应带来的各种风险。

(5) 资源风险，包括：

- 地质资源储量未探明。
- 地质资源的质量达不到设计要求。

(6) 地质风险，包括：
- 地质勘探的面积和取样不足。
- 地质情况复杂地区的各种意外变化。

(7) 布局安全风险，包括：
- 项目本身防火、防尘、防毒、防辐射、防噪声、防污染、防爆炸等方面的风险。
- 项目周围环境的不安全和干扰因素。

(8) 不可抗力风险，包括：
- 天灾；
- 战争、入侵、禁运等；
- 革命、暴动、军事政变等；
- 核爆炸；
- 暴乱、骚乱等。

(9) 其他风险。

2. 项目实施阶段业主方的风险因素分析

(1) 业主方管理水平低，不能按照合同及时地、恰当地处理工程实施过程中发生的各类问题。如不能及时办理批准手续，不能按时征地拆迁及做好开工前的准备工作等，均将导致承包商索赔。

(2) 业主方选择监理失误
- 工程师不胜任项目管理工作，不能按照合同及时地、恰当地处理工程实施中发生的各类问题。
- 工程师渎职，不负责任造成的各种损失。
- 少数工程师以权谋私，行为腐败，或被承包商拉拢腐蚀所造成的损失和风险。

(3) 设计引起的各种风险
- 设计依据的有关基础资料（包括地质、水文、气象等方面）不正确，引起开工后的大量变更，导致承包商的大量索赔。
- 设计图纸（包括图纸变更）供应不及时，使工程实施停工待图，导致承包商的工期及其他索赔，使工程竣工延误。

虽然上述监理或设计一方造成重大失误时，业主方可根据协议要求补偿或事先进行责任保险，但补偿和保险都很难弥补对业主一方所造成的损失。

(4) 融资风险
- 在项目实施阶段资金不落实、原承诺贷款单位或上级单位由于各种原因不能及时提供资金。
- 在国外投资时，手中外汇贬值。
- 贷款后不能及时归还引起的问题。

(5) 业主方负责供应的设备和材料的风险
- 设备、材料质量不合格。
- 设备、材料未能按计划运达工地。

- 设备未能及时配套供应。

(6) 承包商水平低引起的风险
- 不能保证工程质量。
- 工期拖期。

虽然业主可采取没收履约保证、驱逐承包商的工地项目经理、以及按承包商违约驱逐承包商、另找一家承包商施工等措施，但业主方将在工期和费用方面蒙受重大损失。

(7) 承包商及供货商的各种索赔（具体的索赔内容详见下一节）。

(8) 通货膨胀的风险。

(9) 不可抗力风险（内容同前）。

(三) 业主方的风险管理措施

业主方的风险管理是很重要的，只有通过风险管理才能为项目的实施创造一个稳定的环境，最大限度地减少或消除对项目实施的干扰，降低工程的总成本，保证质量和工期，使项目按要求竣工，不但保证项目产生良好的效益，且能使效益得到稳定的增长。

业主方在风险管理中要依靠咨询、设计和工程师，但业主本身一定要有比较强烈的风险意识，特别是在重大决策时注意分析风险因素，确定并采取防范措施，这样才能正确地管理风险。

业主方的风险管理应由前期抓起，即由投资机会研究、可行性研究和设计抓起，在这个阶段完善财务和工程进度计划，在项目开始阶段"风险控制/成本率"最高。"风险控制/成本率"指的是风险控制和成本的比率，即花费较低的成本，能对项目风险进行较好的控制，示意图见图10-1，由图中可以看出越是在前期，风险控制花费的成本越低、效果越好。

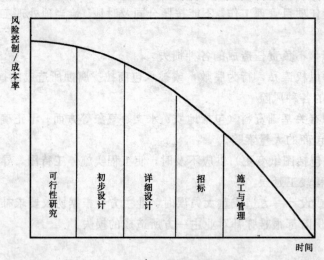

图 10-1　风险控制/成本曲线

业主方的风险管理措施分为风险预防、风险降低、风险转移和风险自留四方面，分述如下：

1. 风险预防 (Risk Prevention)

主要指业主方在工程项目立项决策时，认真分析风险，对于风险发生频率高、可能造成严重损失的项目不予批准，或采用其他替代方案。对已发现的风险苗头采取及时的预防措施。

2. 风险降低

可以通过修改原设计方案，或是增加合作者和入股人来降低和分散风险。

3. 风险转移

对于不易控制的风险，业主方一般可采用两种转移方法：

(1) 通过签订协议书或合同将风险转移给设计方或承包商，但是如果对方有经验时，可能导致较高的报价。

(2) 保险，即对可能遇见的风险去投保，这是防范风险最主要的方式。对于咨询、设计或监理公司，可要求他们去投职业责任保险(Professional Liability Insurance)，在这些公司由于疏忽或工作中的错误（如设计错误）而引起损失时，由保险公司进行赔偿。对承包商，可要求他们去投保工程一切险，第三方保险等。

目前在国际上，比较提倡由业主去保险，因为由各个承包商去分别投保有以下缺点：

1) 各个承包商投保保单包括的范围不统一，既可能重复，又可能漏保。

2) 保险费大幅度增加。当分开保险，且每一个保单涉及的范围较小时，保险人谈判时的地位就比较弱，此时保险费会大幅度增加。

3) 分散投保时，各承包商缺乏讨价还价能力，因而就可能接受比较高的免赔额。

4) 业主不能控制索赔。在发生索赔事件时，由承包商和保险公司去谈判，业主不能控制。

由于以上原因，特别是大型复杂的工程项目，常采用由业主控制工程总保险的方法，即保单以业主和所有参与工程项目各承包商的联合名义投保。这样由于保险额大，保险公司就愿意接受低保险费，规定比较优惠的免赔额，也可以避免某些项目漏保以及索赔时不同保险公司之间的争执。业主一方保险可使处理索赔问题只面对一个公司。业主一方在工程开工前就知道工程的总保险费用和保险条件，对防范有关的风险做到心中有数。

此外，对于一个大型的复杂的、风险大的工程项目，往往由保险公司组成联合体进行保险，以分散每家保险公司的风险，此时，往往一个工程项目只能安排总体保险方式。

4. 风险自留

即使对风险进行了认真的分析与研究，但总是有一部分风险是不可预见的，因而业主方对这种自留风险只有采用在预算中自留风险费的方法，以应付不测事件。

四、业主方的索赔管理

(一) 索赔管理概述

1. 索赔的定义和概念

Longman 辞典对索赔(claim)一词所下的定义为：作为合法的所有者，根据自己权利提出的有关某一资格、财产、金钱等方面的要求。

美国 AIA 文件 A201"土木工程施工合同通用条件"(1987年版) 中 4.3 款对索赔的定义为：索赔是由某一方为维护其权利而提出的要求或主张以期对合同条款进行调整或解释，进行支付，延长工期或对其他合同条款的放宽。"索赔"亦指业主与承包商之间由合同引起的，或与合同有关的其他争议及问题。

claim 一词也可译为权利要求、权利主张、债权、所有权等。在工程项目管理中，索赔的概念不是指一般的权利要求，而是指合同一方由于尽了比合同中规定的义务之外更多的义务，或是自身的权益受到损害时，向合同另一方提出的对自身权利的补偿要求。也就是说，不包括完成原合同规定的义务所得到的权利。

根据上述定义与概念，当业主和承包商中的任一方多尽了义务或自身的权益受到损害时，均可向对方提出索赔。由之可见，索赔一词不仅适用于承包商对业主，也适用于业主对承包商。对于业主向承包商的索赔，在国内外有两类提法：一类把业主对承包商的索赔称作"反索赔"（Counter claim 或 Defence against claim），英文原意是"逆向索赔"、"防范索赔"，实际是指当承包商向业主提出索赔时，业主方对承包商索赔的策略性反措施，或曰防范措施，包括向承包商进行的交叉索赔，反索赔也指在承包商未向业主提出索赔的情况下，当业主利益受到损害时可对承包商进行的索赔；另一类是不论承包商对业主或业主对承包商提出自己权利补偿要求时，均称为索赔，FIDIC 及 AIA 编写的各类合同条件中均采用此提法。本书中一般采用后一提法。

2. 索赔的特点

（1）索赔作为具有法律意义的权利主张，在工程承包活动中，其主体是双向的或多向的。业主与订合同的若干承包商之间，承包商与分包商、供应商之间，均存在相互间索赔的可能性。

（2）索赔必须以法律和合同为依据。工程承包合同和合同所应适用的准据法规定了工程承包合同当事人之间的权利义务关系。只有一方违约或者违法，才可能构成对他方法律权利和经济利益的损害，因而受到损害的一方也才有可能向违约方提出索赔要求。

（3）索赔必须建立在违约事实和损害后果都已经客观存在的基础上，违约事实可以表现为违约方的作为或不作为，而其后果是给守约方造成了明确的经济利益上的损害，或时间的损失，以虚拟的损害事实提出索赔要求是不能成立的。

（4）索赔应当采用明示的方式。即索赔应该反映在书面文件上，索赔的内容和要求的范围应该是明确而又肯定的，不能含糊其词，模棱两可。

（5）索赔的结果一般是索赔方应获得付款或者其他形式的赔偿。

（二）索赔的依据和程序

1. 索赔的依据

在发生违约事实和损害后果的情况下，受损害的当事人一方应该有充分的根据，才能通过索赔的方式取得赔偿。在实践中，无论是索赔，还是反索赔，基本上都是围绕着违约事实是否存在这一前提进行的。索赔的依据包括：

（1）合同和合同文件

工程承包合同是工程承包当事人间最基本的约定文件。应当指出，不论国内有关部委的合同示范文本，或是国际上权威性组织的合同文件样本，只有正式编入有关工程项目合同的条款才能作为索赔的依据。

（2）施工文件和有关资料

施工文件有一部分是属于合同文件的，如图纸、技术规范等。有一些虽然不是正式的合同文件，但它客观地反映了工程施工活动的记录，也是索赔的重要依据。主要包括：

1）施工前与施工过程中编制的工程进度表；

2）每周的施工计划和每日的各项施工记录；

3）会议记录，重要事件应根据会议内容写成会议纪要，由双方签字确认；

4）由承包方提出的各类施工备忘录；
5）来往信函；
6）由工程师检查签字批准的各类工程检查记录和竣工验收报告；
7）工程施工录像和照像资料；
8）各类财务单据，包括工资单据，发票，收据等；
9）现场气象纪录；
10）市场信息资料；
11）其他资料。

从法律上讲，施工文件得到工程师或工程师代表和承包商的确认，才能构成索赔的依据。

（3）前期索赔文件

前期索赔主要是研究和解决在招标过程中，投标人投标后至签订承包合同前这一期间所发生的索赔问题。一方面业主在投标人中标后，可能会提出超出原招标文件范围的要求，或者要求增加不合理的合同条款，致使双方无法签订或迟延签订工程承包合同，给中标方造成经济损失。另一方面，投标人在投标有效期内可能要求撤消投标，或提出严重背离招标文件的要求，拒签合同，单方毁标，给招标单位造成损害。这些事实都会构成前期索赔，而与之有关的招标与投标文件（包括投标保证）以及招标所应适用的法律是前期索赔的依据。

（4）法律与法规

一般来说，业主往往依循本国法律的规定，要求在工程承包合同中确认本国有关的民商法律和法规作为合同的准据法，并据以对合同进行解释。此外，工程项目所在国的公司法、海关法、税法、劳动法、环境保护法等法律都会直接影响工程承包活动。当任一方违背这些法律或法规时，或在某一规定日期之后发生的法律或法规变更，均可引起索赔。

2. 索赔的程序

索赔是承包工程实施过程中经常发生的问题，过去常常拖到引起索赔的事件发生后很长时期甚至拖到工程结束后才讨论索赔，依据的记录和资料也不完整，因而很容易产生分歧和争论不休，为此 FIDIC 在"红皮书"第 4 版中规定了一套对业主和承包商都有利的关于索赔的程序。这个规定的程序是用于承包商向业主方要求索赔的，在第七章第二节、十四中已有详细介绍，此处不再赘述。

业主方向承包商一方索赔的程序则相对比较简单，或直接由向承包商的支付中扣除（如误期损害赔偿费），或在扣除前由工程师与承包商协商并在决定后书面通知承包商（如要求承包商赶工时的工程师加班费）。

（三）业主方的索赔管理措施

业主方的索赔管理应该前伸到项目的勘测设计、招投标和合同谈判与签订阶段，这一阶段工作中要有明确的防范风险、减少承包商索赔机会的思路，做到防患于未然。

1. 加强合同管理工作，防止和减少承包商的索赔

"加强合同管理工作"应理解为包括做好咨询、设计和招标文件的准备等各项前期工作，因为合同文件的前期准备工作对管好索赔至关重要。

（1）把好勘测设计关，尽量减少开工后的设计变更

勘测工作的充分性和正确性对搞好设计和预防开工后的索赔十分重要。在合同条件中一般均明确规定，业主方应对提供的水文地质等原始资料的正确性负责。如果原始资料有错，必然会给施工造成困难和延误，使承包商有机会索赔。在进行设计工作时，首先要认真审查工程项目的设计方案，包括类型和尺寸；其次是工程的质量标准，要规定得合理而明确；第三就是工程的数量，施工顺序和时间安排，总之在将设计图纸和规范等编入招标文件之后，就不宜作大的变更，任何设计变更都将为承包商提供极好的索赔机遇。在国外一般招标时仅提供初步设计，而将详细设计交由承包商去做，因而在初步设计中就要把好上述三方面的关口。

(2) 编好招标文件

招标文件是签订合同的基础，在进行设计工作的同时，编好招标文件十分重要。这里仅由索赔管理的角度再强调以下几点：

1) 合同中各个文件的内容要一致，尽量避免和减少相互之间的矛盾处以减少索赔事由。

2) 文件用语要推敲，要严谨，以便在产生争端时易于判断。

3) 要注意资料可靠，能详细、客观地反映实际情况。

4) 要注意比较公正地处理业主和承包商的利益，风险合理分担。只有在十分必要时才加上限制索赔条款（Disclaimer clauses），如"业主对地质资料的准确性不负责任，承包商认为必要时可自行勘察"，这样就将风险转移给承包商。但这类条款的增多势必引起承包商在投标时加大风险费，抬高报价。

5) 对于价值高及工程量大的项目可要求承包商投标时提交"单价分析表"，以备评标和日后处理索赔时用。

(3) 做好评标，签订好合同

1) 评标时要对"特低标"慎重处理，特低标似乎可为业主节省投资，但也往往是引起索赔的一个原因。在评标时可利用"单价分析表"等对报价进行仔细的分析，如某一投标人大部分报价不合理，则不应被选中标。

2) 在合同谈判时防止承包商修改合同条款的要求。承包商在投标时发现的招标文件的某些问题往往在合同谈判时提出要求修改，此时业主方应由索赔管理角度进行仔细的分析，当然对合理的建议也应采纳。

(4) 慎重选择业主自营项目

除非业主自营时可以大量节约投资，保证质量，一般不应确定过多的业主自营项目。对自营项目要加强管理，因为自营项目在供货时间、质量、设备配套等方面任一个环节出问题均会给承包商造成索赔机会。

(5) 保险

应尽可能依靠保险转移风险，如业主方负责保险时，在工程变更时要及时补办保险，以便在发生投保范围内的风险时可向保险公司索赔。

2. 业主要善于依靠工程师来处理索赔

工程师是受业主之托管理合同的，业主方在索赔管理中也应善于依靠工程师。

(1) 工程师为业主管理索赔包括处理承包商要求的索赔和代表业主向承包商索赔，在这里我们先讨论如何处理承包商要求的索赔。

工程师在处理索赔时，起到一个咨询顾问作用。一般说来，工程咨询只有建议权而无决策权，但是业主可以而且应该在确定工程师的职责权限时，考虑将某一限定款额或工期以下的索赔授权工程师作出决定，这个权限应在合同条件的专用条件中明确规定，使承包商在投标时即知晓，而对较大的款数或工期索赔，工程师在处理索赔时一方面调查事实和证据，另一方面倾听业主和承包商双方的意见，起到一个缓冲和协调的作用，避免和减少业主和承包商之间面对面的冲突。一般工程师在充分调研的基础上，总是先和业主商定可以给予承包商索赔的限额，再去和承包商谈判，如在限额之内，即可作出决定，否则，再在双方之间协调。

(2) 工程师应及时地向业主递交如何处理承包商的索赔的建议书。建议书内容一般包括：

1) 承包商申请索赔内容的摘要，包括要求索赔的事由、金额、时间、依据等。

2) 处理该索赔事项有关的合同依据（列出有关条款序号和内容）和法律依据，有关证据和材料。

3) 与承包商的索赔要求相对应的工程师的计算方案，计算方法和数据，并列表对比。

4) 工程师对该项索赔的处理方案的正式建议。

5) 各种附件，主要是承包商的索赔申请报告和依据以及其他证明材料等。

如果业主在合同专用条件中规定了工程师可作决定的索赔数额，在作出处理后也应参照上述建议书向业主备案。

(3) 在为业主进行索赔管理时，工程师应做到以下几点：

1) 要有防范风险意识，防患于未然，要分析合同，列出承包商可能要求索赔的各种可能性，在管理中注意防范，如督促设计人员及时提供图纸，尽量减少变更等。

2) 加强责任心，做好现场记录和监理日记，以便在承包商提出索赔时有自己的记录和依据。

3) 要认真学习和研究合同文件，特别是合同条件，在出现索赔事件之后，要及时进行调研，弄清事实，保存证据，才有可能根据合同提出有理有据、公正合理的建议。

总之，处理承包商的索赔是工程师的一项日常的重要工作，也是对工程师素质和水平的一个考验。业主一方面要依靠工程师，另一方面也应对工程师提出明确具体的要求。如能采用计算机项目管理软件管理索赔则可大大提高管理水平。

(四) 业主方向承包商索赔的内容和有关条款

在承包商未按照合同要求实施工程时，除了工程师可向承包商发出批评或警告，要求承包商及时改正外，在许多情况下工程师可代表业主根据合同向承包商提出索赔。

1. 业主方向承包商索赔的内容

在发生下列承包商未按合同要求实施工程、损害业主权益或违约的情况时，业主可索赔费用和（或）利润。

(1) 工程进度太慢，要求承包商赶工时，索赔工程师的加班费。

(2) 合同工期已到而未完工，索赔误期损害赔偿费。

(3) 质量不满足合同要求时，如：

1) 不按工程师的指示拆除不合格的工程，不进行返工时；

2) 不按工程师的指示在缺陷责任期内修复缺陷时；

此时业主可找另一家公司完成此类工作,而向承包商索赔成本及利润用以支付。

3) 由于工程不合格被拒绝接受,在承包商自费修复后,业主可索赔重新检验费。

(4) 未按合同要求办理保险:如在合同中要求承包商办理保险时,有两种支付办法:一种是在工程量表中列明办理各种保险时的保险费;另一种是不在工程量表中列明,此时不言而喻承包商应将保险费列入间接费。在承包商未按合同要求办理保险,且在工程量表中未列明保险费时,业主可在下面两种情况下索赔:

1) 由业主去办理在合同中要求承包商办理的保险;

2) 由于合同变更或其他原因造成工程施工的性质、范围或进度计划等方面发生变化,承包商未按合同要求去及时办理保险,由此造成的损失或损害。

(5) 未按合同条件要求采取合理措施,造成运输道路、桥梁的破坏。

(6) 未按合同条件要求无故不向指定分包商支付时。

(7) 由于变更等原因,最终结算价超过合同价的某一百分比(如15%),而又给予了承包商合理的工期补偿时。

(8) 严重违背合同(如进度一拖再拖,质量经常不合格等),工程师一再警告而没有明显改进时,业主可没收履约保函(但此时业主方一定要有确切的事实依据和证据,否则承包商可起诉)。

(9) 当承包商在签订分包合同时,未按合同条件中的要求写入保护业主权益的条款,致使业主权益受到损害时。

2. 业主方向承包商索赔的有关条款与方式

索赔可采取由工程师通知承包商或直接扣款的方式,现参照FIDIC"红皮书"(1987年第4版1992年修订版),将业主可依据向承包商索赔的条款号,索赔内容及采用的方式列入表10-1中。

业主可向承包商索赔的有关条款表　　　　表10-1

序号	条款号	索赔内容		方式	
		费用	利润	工程师通知	直接扣款
1	10.3	√	√	√	
2	25.2	√	√	√	
3	25.3	√			√
4	25.4	√	√	√	
5	30.1 30.3 30.4	√	√	√	
6	37.4	√	√	√	
7	39.2	√		√	
8	46.1	√		√	
9	47.1 47.2	√			√
10	49.2	√		√	
11	52.3		√	√	
12	59.5	√	√		√
13	63.1	√		√	
14	63.3	√	√	√	
15	64.1	√		√	
16	65.8	√		√	
17	70.1	√		√	
18	70.2	√		√	

第3节 承包商的合同管理

在本节中，首先介绍承包商一方在合同签订前的准备工作，然后重点介绍在合同实施阶段承包商的合同管理，之后对风险管理和索赔管理两个问题从承包商合同管理的角度进行了讨论。

一、承包商方在合同签订前的准备工作

承包商一方在合同签订前的两项主要任务是：争取中标和通过谈判签订一份比较理想的合同，这两项任务均非易事。下面主要从签订一份比较理想的合同的角度出发，讨论几个问题。

（一）投标阶段

又可分为两个阶段

1. 资格预审阶段

能否通过资格预审是承包商能否参与投标的第一关，承包商申报资格预审时的注意事项如下：

（1）注意积累资料。资格预审的内容实际上即是公司的现实情况，特别是财务能力和工程经验，因而应在平日即建立一个供资格预审专用的小信息库，将有关资料存储在内并及时补充完善。到填写某个项目的资格预审文件时，将基本信息调出来，再针对业主的要求加以修改补充即可。

（2）在投标决策阶段，即在进行市场开发调研阶段，要注意搜索信息，如发现合适的项目，应及早动手作资格预审准备，并应及早针对该类项目的一般资格预审要求，参照一般的资格预审评分办法（如亚洲开发银行的办法）给自己公司评分，这样可以提前发现问题，研究对策。如发现财务能力不足或施工经验不够，可及早动手寻找联营体伙伴；又如施工机械力量不足则可考虑寻找施工机械力量强的分包商或联营体伙伴或采购新机械等。

（4）做好递交资格预审表后的跟踪工作，可通过代理人或当地联营体伙伴公司跟踪，特大项目还可依靠大使馆的力量跟踪，以便及时发现问题，补充资料。

（5）资格预审时，对如果投标中标后要采取的措施（如派往工地的管理人员、投入的施工机械等）能达到要求即可，不宜作过高、过多、不切实际的承诺。

2. 投标报价阶段

以下从合同管理角度讨论投标时应注意的事项：

（1）写一份投标备忘录。在投标过程中，投标小组必定要对招标文件进行反复细致而深入的研究，这时应将发现的问题归纳分为三大类：

1）第一类问题是在投标过程中必须要求业主澄清的。如总价包干合同中工程量表漏项或某些工程量偏少、或某些问题含糊不清。这些情况可能导致开工后的风险，对投标人明显不利，必须在投标过程中及时质询，要求书面澄清。

2）第二类问题是某些合同条件或规范要求过于苛刻或不合理、投标人希望能够修改这些不合理的规定，以便在合同实施阶段使自己处于比较有利的地位。

3）第三类问题是可以在投标时加以利用的或在合同实施阶段可以用来索赔的，这类问题一般在投标时是不提的。

投标组组长应将组员发现的问题归纳后单独写成一份备忘录。第一类问题应及时书面质询；第二类问题留到合同谈判时用；第三类问题留给负责工程实施的工地经理参考。

(2) 订好 JV 协议。如果和外国公司或国内公司组成 JV 投标时，一定要事先认真订好 JV 协议，包括 JV 各方的职责、权限、权利、义务等。要注意的是我方公司人员一定要担任最高领导层和各执行部门的领导职务（不论正手或副手）并且要有职有权，这对我国公司学习外国公司的管理经验十分重要。千万不能只提供职员和劳务。订好 JV 协议对于谈判签订合同和执行合同十分重要。JV 协议的副本要交给业主。有关 JV 协议的详细内容参见第 9 章第 1 节。

(3) 要设立专门的小组仔细研究招标文件中技术规范及图纸等方面的技术问题，包括业主提供的原始技术资料、数据是否够用，是否正确，技术要求是否合理，本公司的技术水平能否满足要求，有哪些技术方面的风险等。据之才能制定出切实可行的施工规划和施工方法。

还要吸收有设计经验的工程师参加投标，以便准备备选方案，要做到方案有特色，为业主节约投资，能提前投产或改善使用条件，这对中标非常有帮助。但技术绝窍不能泄露，防止他人利用。

(4) 投标时要有专人或聘请当地律师研究项目所在国有关法律，如合同法、税法、海关法、劳务法、外汇管理法、仲裁法等。这不但对确定合理的投标报价很重要，也为以后的合同实施（包括索赔）打下基础。

(5) 投标报价时一般不能投"赔本标"，不能随意设想"靠低价中标、靠索赔赚钱"，因为靠索赔赚钱是一件很不容易的事，它必须具备很多条件，如项目所在国法制比较健全，业主资金来源比较可靠，工程师比较公正，而最重要的是承包商有一个很强的项目管理班子（下面还要详述）。所以投标时绝不能轻易地投赔本标，在采用不平衡报价时也不要轻易把某些子项做成赔本项目。

(6) 投标时一定要有物资管理专家参加。因为一个工程项目中，物资采购占费用的很大份额，物资管理专家参加可保证物资的供应并在物资采购这一重要环节中大量节约成本提高效益。

(7) 如未中标，及时索回投标保证。

(二) 合同谈判阶段

这一阶段一般是在投标人收到中标函后，此时由合同谈判小组在签订合同前就上述投标备忘录中的第二类问题与业主谈判。

谈判时应一个一个问题地谈判，要准备好几种谈判方案，要学会控制谈判进程和谈判气氛，还要准备回答业主方提出的问题。谈判时要根据实际情况（如一、二标之间报价的差距、业主的态度等）预先确定出那些问题是可以让步的，那些问题是宁可冒丢失投标保证金的风险也要坚持的。总之，制定谈判策略非常重要。如果谈判时业主方提出对招标文件内容进行修改，承包商方可以之作为谈判的筹码。

二、承包商方在项目实施阶段的合同管理

在合同实施阶段，承包商的中心任务就是按照合同的要求，认真负责地、保证质量地按规定的工期完成工程并负责维修。具体到承包商一方的施工管理，又大体上分为两个方面，一方面是承包商施工现场机构内部的各项管理；另一方面是按合同要求组织项目实施的各项管理。当然，这两方面不可能截然分开。

承包商施工现场机构内部的各项管理指的是承包商的现场施工项目经理可以自己作出决定并进行管理的事宜，如现场组织机构的设置和管理；人力资源和其他资源的配置和调度；承包商内部的财务管理，包括成本核算管理；工程施工质量保证体系的确定和管理等。除非涉及到执行合同事宜，业主和工程师不应也不宜干予这些内部管理，当然可以对承包商提出建议，但应由承包商作出决策。

按合同要求组织项目实施有关的管理，我们在这里叫做承包商的合同管理，本节只从合同管理角度对承包商在项目实施阶段的职责作一概括性的介绍和讨论。

（一）按时提交各类保证

如履约保证（有时在签订合同时即要求提交）、预付款保函等。

（二）按时开工

根据工程师的开工命令或合同条件规定的日期按时开工，否则会构成违约。

（三）提交施工进度实施计划

按合同的工作范围、技术规范、图纸要求在开工后规定时间内呈交的施工进度实施计划须经工程师同意，根据此计划负责组织现场施工，每月的施工进度计划亦须事先报工程师同意。

每周在工程师召开的会议上汇报工程进展情况及存在问题，提出解决办法经工程师同意执行。

如果工程师根据此施工进度实施计划进行检查后认为承包商的工程进度太慢，不符合施工期限要求时，工程师有权下令承包商赶工，由此引起的各种开支由承包商承担。如果承包商无视工程师的书面警告或不采取相应措施时，业主可认为承包商违约。

（四）保证工程质量

检验工程质量的标准是合同中的规范和图纸中的规定，承包商应制定各种有效措施保证工程质量，并且在需要时，根据工程师的指示，提出有关质量检查办法的建议，经工程师批准执行。承包商应负责按工程进度及工艺要求进行各项有关现场及实验室的试验，所有试验成果均须报工程师审核批准，但承包商应对试验成果的正确性负责。承包商应负责施工放样及测量。所有测量原始数据、图纸均须经工程师检查并签字批准，但承包商应对测量数据和图纸的正确性负责。

在订购材料之前，如工程师认为需要时，应将材料样品送工程师审核，或将材料送工程师指定的试验室进行检验，检验成果报请工程师审核批准。对进场材料承包商应随时抽样检验质量。

承包商应按合同要求，负责设备的采购检验、运输、验收、安装调试以及试运行。

如果工程师认为材料或工程设备有缺陷或不符合合同规定时，可拒收并要求承包商采取措施纠正；工程师也有权要求将不合格的材料或设备运走并用合格产品替换，或要求将之拆除并适当地重新施工。如果承包商拒不执行这些要求将构成违约。

（五）设计

承包商应根据合同规定或工程师的要求，进行全部（采用设计/建造与交钥匙合同时）或部分永久工程的设计或绘制施工详图，报工程师批准后实施，但承包商应对所设计的永久工程负责。

如果工程按批准的设计图纸施工后暴露出设计中的问题，在工程师要求时，承包商应拆除并重新施工，否则会构成违约。

（六）协调、分包与联营体

1. 协调

如果承包商是工地中主要的承包商时，则应按合同规定和工程师的要求为其他承包商及分包商提供方便和服务、但可以收取相应的费用。

2. 分包

按照合同规定，不得将整个工程分包出去，在开工后进行工程分包之前，一定要取得工程师（或业主代表）的同意，否则将构成违约。

在签订分包合同时，承包商应将合同条件中规定的，要求在签订分包合同时写入的保护业主权益的条款包括在分包合同中，否则所造成的对业主权益的损害由承包商负责补偿。

3. 联营体（JV）

如采用JV形式承包工程时，要写明JV中各成员共同的责任和各自的责任。

（七）保险

承包商应按合同条件中的要求及时办理保险（包括对自己的工作人员和施工机械的保险）。在工程条件发生变化（如延期、增加新项目等）时，也应及时去补办保险以免造成意外的损失。

（八）安全

承包商应按合同要求和工程师批准的安全计划，全面负责工地的安全工作，包括安装各种安全设施，采取安全措施等。同时要在移交证书颁发前保护工程、材料和未安装的工程设备。

（九）其他

1. 报表

（1）根据工程师的要求，每月报送进、出场机械设备的数量和型号；报送材料进场量和耗用量以及报送进、出场人员数。

（2）按工程所在国有关主管单位（包括海关、项目所在州、省有关机构），业主或工程师的要求，按时报送各类报表，办理各种手续。

2. 维修

负责施工机械的维护、保养和检修，以保证工程施工正常进行。

三、承包商的风险管理

（一）概述

国际工程承包是一项充满风险的事业。在国际承包市场上，承包商以报价的形式争取中标，拿到项目的过程竞争激烈。一个承包商，如果拿不到项目，就无利润可谈，如果仅仅拿到项目，但标价过低，或招标文件中有许多对承包商不利的条款，或投标时计算失误，或由于其他原因导致经营管理失败而亏损，久之则会导致承包商破产倒闭。有人称国际工程市场为"风险库"并不过分。据统计，国外的承包企业每年约有10%～15%破产倒闭，因而对每一个承包商来说，投标和经营管理的成败，也可以说是生死存亡之争。

但国际工程市场对各国家承包商仍然有着极大的吸引力，因为在国际工程承包中，风险和利润是并存的，没有脱离风险的纯利润，也不可能有无利润的纯风险。关键在于承包商能不能在投标和经营的过程中，善于识别、管理和控制风险。

一般从理论上说，业主方在编制招标文件时应努力做到风险合理分担，但实际上能做到这一点的业主很少。因此，承包商在中标承包后将承担大部分风险，风险管理的任务很重。

关于风险概念、风险管理的一般特色和内容在第2节中"业主方的风险管理"中已有阐述。下面着重分析一下承包商方可能遇到的风险因素，风险分析方法和风险管理措施。

（二）风险因素分析

国际工程和国内工程相比，风险要大得多。由于国外承包工程涉及到工程所在国的政治和经济形势，有关进口、出口、资金和劳务的政策和法律法规以及外汇管制办法等等，而且还可能遇到不熟悉的地理和气候条件、不同的技术要求和规范以及与当地政府部门的关系等问题，这就使国际承包商常常处于纷繁复杂且变化多端的环境中，因此可能产生风险的因素也极为广泛。

风险因素范围很广，内容很多。

从风险严峻程度来分，大致分为两类：第一类是特殊风险，也可以称之为非常风险。这主要是指业主所在国的风险，即由于内战、革命、暴动、军事政变或篡夺政权等原因，引起了政权更迭，从而有可能使项目合同作废，甚至没收承包商的财产等。虽然在合同条件中一般都规定这类风险属于业主应承担的风险，但政权更迭后，原有的政府被推翻，由原政府签订的一切合同均有可能被废除，因而承包商无处索赔。这类风险一般是"致命风险"，对承包商打击巨大，几乎是无法弥补的。第二类是特殊风险以外的各类风险，这些风险因素尽管有的可能造成较严重的危害，有的可能造成一般危害，但只要小心谨慎，采取必要的措施，有一些风险是可以转移、避免和防范的。

本节仅就特殊风险之外的风险，按风险的来源分为政治风险、经济风险、技术风险、商务及公共关系风险和管理方面风险五个方面来分析讨论国际工程承包中承包商方可能遇到的各种风险因素。

1. 政治风险

政治风险是指承包市场所处的不稳定的国家和地区的政治背景可能给承包商带来的严重损失。一般政治动乱都是有先兆的，承包商在投标决策阶段就应加强调查研究。政治风险大致有以下几个方面：

（1）战争和内乱。工程所在国发生局部短暂的战争或内乱，造成国内动乱、政权更迭、国内政治经济情况恶化、建设项目可能被终止或毁约；建设现场直接、间接遭到战争的破坏；或不得不中止施工，施工期限被迫拖延，成本增大；在骚乱期间，承包商为保护其生命财产而撤退回国或转移他处，从而被迫支付许多额外开支等。这些情况常使业主和承包商都遭到极大损失，承包商有时只得到极少的赔偿，有时甚至得不到赔偿。

（2）国有化，没收与征用。业主国家根据本国政治和经济需要，颁发国有化政策，强行将承包工程收归国有，且不代替原项目业主履行义务，导致承包商无处申诉。有时可能对外国公司强收差别税，禁止汇出利润或采取歧视政策。

（3）拒付债务。某些国家在财力枯竭情况下，对政府项目简单地废弃合同，拒付债务。有些政府可以使用主权豁免理论，使自己免受任何诉讼。

有些工程所在国政局发生根本性变化，原来执政对立面推翻旧政府，掌握政权，宣布不承认前政府的一切债务,致使承包商无法收取已完工而尚未支付的应付款额。

(4) 制裁与禁运。某些国际组织、西方大国对工程所在国实行制裁与禁运,可能对工程造成很大影响。

(5) 对外关系。业主国家与邻国关系好坏,其边境安全稳定与否,是否潜藏战争危险;业主国家与我国关系好坏,中国政府与工程所在国是否有某些涉及工程承包的协议。

(6) 业主国家社会管理、社会风气等方面。业主国家政府办事效率高低,政府官员廉洁与否,当地劳务素质,当地劳务的工会组织对外国公司的态度,是否常用罢工手段向雇主提出各种要求等,都将直接或间接地影响工程能否正常进行。

如某公司在 A 国承包一项工程,使用当地劳务,该国国内实行高福利政策,工人的工资待遇高。工程进行期间,该国物价上涨,工人通过罢工等手段,迫使承包商数次提高工资,而业主又不给予合理补偿。在与 A 国劳工部门交涉过程中,该部门往往偏袒劳工,频繁的罢工和涨工资给承包商造成很多困难和损失。

2. 经济风险

经济风险主要指承包市场所处的经济形势和项目所在国的经济实力及解决经济问题的能力,主要表现在付款方面。有些经济风险并不随具体工程项目而产生,但是一般均给承包商带来损失。经济风险主要有以下几个方面:

(1) 通货膨胀。通货膨胀是一个全球性问题,在某些发展中国家最为严重。如果合同中没有调价条款或调价条款笼统,必然会给承包商带来风险。

(2) 外汇风险。外汇风险涉及到一个很大的范围,工程承包中常遇到的外汇问题有:工程所在国外汇管制严格,限制承包商汇出外币;外汇浮动,当地币贬值;有的业主对外币延期付款,而利率很低,但承包商向银行贷款利率较高,因而倒贴利率差;有时订合同时所订的外汇比例太低,不够使用;或是订合同时选定的外汇贬值等。

为了保护自己,承包商通常要求工程付款应以某种较稳定的外汇硬通货计价或签合同时即固定汇率。如果难以获得业主同意,应有适当的保值条款。

如果会利用汇率波动也可以把风险转为利润。如 E 公司投标某电站工程,总报价为 1.2 亿第纳尔,外汇支付比例为 40%,以美元支付。美元与第纳尔按固定比值 1 美元=5 第纳尔,外汇支付额为 960 万美元。在谈判中,业主要求 E 公司降价 5%,即降至 1.14 亿第纳尔。该公司经研究接受业主要求,但要求增加 8% 的外汇比例,业主接受了新报价。施工期间,当地第纳尔与美元比值急剧下降,由原来 1:5 贬至 1:25。E 公司便从第二次报价增加的 134.4 万美元中拿出 51 万美元抛入市场,按 1 美元=25 第纳尔比率换取 1275 万第纳尔用于工程,实得收益为 1043.4 万美元,7203 万第纳尔,比第一次报价多得 83.4 万美元和 3 万第纳尔。该公司经过对当地金融市场进行深入研究,判定当地纳尔将可能大幅度贬值,因此采取降低总价而提高外汇支付比例的方法,取得成功。

(3) 保护主义。有些国家,特别是发展中国家,制订了保护其本国利益的措施(包括一些法律和规定)。概括起来有以下几个方面:

1) 规定合资公司中对外资股份的限制,以保证大部分利益归本国。

2) 对本国和外国公司招标条件不一视同仁。对外国公司的劳务、材料、设备的进入也附加种种限制。

3) 有些国家对本国和外国公司实行差别税收。

为了得标，外国承包商有时不得不屈从其规定，这就潜伏着经济风险。

（4）税收歧视。国际承包商到外国承包工程，必然被列为该工程所在国的义务纳税人，因此必须遵守所在国的税收法令、法规。但承包商经常面对的是工程所在国对外国承包商所实行的种种歧视政策。常常被索要税法规定以外的费用或种种摊派。

以上四类风险是与工程所在国及当时国际政治经济环境密切相关的，它们并不针对某一具体项目，而是对所有项目都产生影响，需要承包商对国际市场作全面深入而系统的分析研究。

下列风险是与承包工程项目各方工作有直接关系，但经济损失与收益的机遇并存，包括：

（5）物价上涨与价格调整风险。物价上涨风险是最常遇到的风险，在一些发展中国家则更为严重。有时虽有价格调整公式，但是包含的因素不全，或有关价格指数不能如实地反映情况或有限制性规定等。

（6）业主支付能力差，拖延付款。业主资金不足，支付能力差，以各种形式拖欠支付，如拖延每月支付而合同中未订有拖延支付如何处理的规定；或虽然有业主拖延支付时应支付利息的规定，但利率很低；或业主找借口拖延签发变更命令而使新增项目得不到支付；或业主在工程末期拖延支付最终结算工程款与发还保留金等。

（7）工程师的拖延或减扣。由于工程师工作效率低，拖延签署支付；或是工程师过于苛刻，有意拖延支付；或以各种借口减扣应支付的工程款。

（8）海关清关手续繁杂。有时承包商在合同执行过程中，大量物资需从国外进口，一方面，有的承包商不了解当地法规、政策；另一方面有些国家清关手续繁杂，海关办事效率低，工作人员作风不廉洁，以致造成物资供应不及时，影响工程施工，甚至造成工程拖期。

（9）分包。分包风险应从两方面分析：即作为承包商选择分包商可能出现的风险与作为分包商被总包商雇用时可能出现的风险。

承包商作为总包商选择分包商时，可能会遇到分包商违约，不能按时完成分包工程而使整个工程进展受到影响的风险，或者对分包商协调、组织工作做得不好而影响全局。特别是我国承包商常把工程某部分分包给国内有关施工单位，合同协议职责不清，风险责任不清，容易相互推委，有时分包单位派出人员从领导干部到工人的素质无法审查，也是造成经营管理不善的原因。

如果一个工程的分包商比较多，则容易引起许多干扰和连锁反应。如分包商工序的不合理搭接和配合；个别分包商违约或破产，从而使局部工程影响到整个工程等；

相反，如果作为分包商承揽分包合同，常遇到总包商盲目压价，转嫁合同风险或提出各类不合理的苛刻的条件要求分包商接受，使分包商处于被动地位。

（10）没收保函。这方面承包商可能遇到的风险有：

1）业主无理凭保函取款。这类风险通常发生在履约保函和维修保函上。如果由于业主方面原因而造成承包商无法正常履约，而业主却找借口向银行无理提取保函款。又如，一些工程完工后，由于设计或是业主方面的原因，运行结果未能达到标准，业主又借此向银行提取维修保函款。

以在科威特搞承包为例。中方在科威特承揽的分包工程和劳务合同无一例外需要向总包商开具无条件保函。这种无条件保函带来的风险是无底洞，原因有以下几点：①无条件保函的受益人不需要任何理由就可随意没收和部分提取保函金额；②受益人多是当地总包商（由于法律不健全，多偏袒当地承包商），总包商常常单纯从本身经济利益出发而不顾信誉；③受益人部分提取保函款后，15天内投保方必须补齐保函金额，总包商可再次提取，分包商须再次补齐。

FIDIC提倡使用有条件保函，如业主使用无条件保函，在订合同时，可以根据情况争取加入以下条文"业主在发现承包商有任何违约时，应在根据保函提出索赔之前给他一个补救的机会"，以此来限制业主权力，保护承包商的利益。

2) 失效的保函在未归还前，承包商仍面临风险。在一些中东国家，对保函有效期的认识模糊，尽管保函规定期限已到，但业主不及时归还，还可能使承包商遭到损失。

(11) 带资承包的风险。有些合同中，业主明确要求承包商带资承包，即采用先贷款，再支付的办法。但到工程开工后，业主拖延或无力支付，致使承包商不能及时收回资金。

有些业主要求垫付资金情况下，承包商一定要做到两条：

1) 要求业主为承包商的垫付资金开出银行担保。这样，如果业主赖账，承包商可以向担保银行提出索赔。

2) 确认业主的项目资金确有保证。在多数国家，这类工程发包时，银行都出具资金保证证明。承包商切记不要轻信业主的口头许诺或解释。

(12) 实物支付。有些合同中，业主提出以实物代替现金支付承包商工程款，这种实物通常在双方谈判期间确定价格和数量，这样对承包商来讲，就要承担实物销售换取现汇抵偿工程成本的风险，特别在盛产石油的中东阿拉伯国家，以石油替代现汇支付的项目较多；一般承接此类项目就要作充分市场调查，预测石油行市，考虑销售手段和途径，寻找可靠销售代理人，并对项目所在国业主、出口及市场等一系列渠道加以调查和研究。

3. 技术风险

(1) 地质地基条件。一般业主提供一定数量地质和地基条件资料，但不负责解释和分析，因而这方面的风险很大，如在施工过程中发现现场地质条件与设计出入很大，施工中遇到大量岩崩坍方等引起的超挖超填工作量和工期拖延等。

(2) 水文气候条件。这包括两方面，一方面指对工程所在国的自然气候条件估计不足所产生的问题，如严寒、酷暑、多雨等对施工的影响；另一方面是当地出现的异常气候，如特大暴雨、洪水、泥石流、塌方等。虽然按照一般的合同条件，后一类异常气候造成的工期拖延可以得以补偿，但财产损失很难全部得到补偿。

(3) 材料供应。一是质量不合格，没有质量检验证明，工程师不验收，因而引起返工或由于更换材料拖延工期。二是材料供应不及时（包含业主提供的材料或承包商自己采购的材料），因而引起停工、窝工，有时甚至引起连锁反应。

(4) 设备供应。同样有质量不合格和供应不及时两个问题，还有一个设备不配套的问题，如供货时缺件，或是未能按照安装顺序按期供货，或是机械设备运行状况不佳等。

(5) 技术规范。技术规范要求不合理或过于苛刻，工程量表中说明不明确或投标时未发现。

如某公司在中东某国承包某工程时，技术规范要求混凝土入仓温度为23℃，由于投标时间短促，未发现此问题。实际上该国每年5~10月天气异常炎热，一般室外温度可达45℃

以上,承包商经多方努力(如大量采购人造冰、以冰水拌和,晚间预冷骨料等)增加了不少成本,也只能达到28℃,后经过对工程师做工作,取得工程师的谅解,把入仓温度改为不超过30℃。

(6)提供设计图纸不及时。如由于咨询设计工程师工作的问题,提供图纸不及时,导致施工进度延误,以至窝工,而合同条件中又没有相应的补偿规定。

(7)工程变更。包括设计变更和工程量变更两个方面。变更常影响承包商原有的施工计划和安排,带来一系列新的问题。如果处理的好,在执行变更命令过程中,可向业主要求索赔,把风险转化为利润。如果遇到不讲理的业主或工程师,则会受到损失。

(8)运输问题。对于陆上运输要选择可靠的运输公司,订好运输合同,防止因材料或设备未按时运到工地而影响施工进度。对于海上运输,由于港口压船、卸货、海关验关等很容易引起时间耽误,影响施工。

(9)外文条款翻译引起的问题。由于翻译不懂专业、合同和招标文件所产生的各种翻译错误而又未被发现。

4. 公共关系等方面的风险

(1)与业主的关系。如业主工作效率低下,延误办理承包商的各种材料、设备、人员的进关手续,延误支付,拖延签发各种证书等。

(2)与工程师的关系。如不按进度计划要求发放施工图纸,已完工的工程得不到及时的确认或验收,或不及时确认进场材料等。

(3)联营体内各方的关系。联营体内的各家公司是临时性伙伴,彼此不了解,很容易产生公司之间或人员之间的矛盾,影响配合,影响施工。联营体协议订的不好,如职责、权利、义务等不明确,也会影响合作,联营体负责公司的工作作风和水平也影响工作。

(4)与工程所在国地方部门的关系。这里主要指工程所在地区的有关政府职能部门,如劳动局、税务局、统计局以至警察局等,如果关系处理不好也会招致麻烦和风险。

5. 管理方面的风险

(1)工地领导班子不胜任,不团结,项目经理不称职,不能及时解决所遇到的各类问题,不具备和业主、工程师打交道的能力。

(2)工人效率。特别是到一个生疏的国家和地区,雇用当地工人施工时,对当地工人的技术水平、工效以至当地的劳动法等,都应有仔细的调查了解。

(3)开工时的准备工作。由于订购的施工机械或材料未能及时运到工地,工地内通水、通电、交通等准备工作未做好引起的问题。

(4)施工机械维修条件。依赖当地维修条件,但不能满足要求,或备用件购置困难等。

(5)不了解的国家和地区可能引起的麻烦。在投标时因时间紧迫而未及细致考察工地以外的各种外部条件,如生活物品供应、运输、通讯等条件,而到开工后才发现,往往需要增加许多开支。

上述的种种风险因素很难全面概括国际承包工程中可能遇到的各类风险。值得再一次强调的是国际工程承包的每一位管理人员头脑中一定要有风险意识,要能及时发现风险苗头,力争防患于未然。

(三)承包商方的风险管理措施

在对风险进行分析和评价之后,对于风险极其严重的项目,多数承包商会主动放弃投标；对于潜伏严重风险的项目，除非能找到有效的回避措施，应采取谨慎的态度；而对于存在一般风险的项目，承包商应从工程实施全过程，全面地、认真地研究风险因素和可以采用的减轻风险、转移风险、控制损失的方法。

1. 风险的分析和防范必须贯穿在项目全过程

(1) 投标阶段。这一阶段如果细分还可分为资格预审阶段、研究投标报价阶段和递送投标文件阶段。

资格预审阶段只能根据对该国、该项目的粗略了解，对风险因素进行初步分析。将一些不清楚的风险因素作为投标时要重点调查研究的问题。

在投标报价阶段可以采用一种比较简明适用的方法——专家评分比较法来分析一个项目的风险，该方法主要找出各种潜在的风险并对风险后果作出定性估计，评价风险的后果及大小。

采用"专家评分比较法"分析风险的具体步骤如下：

第一步，由投标小组成员、有投标和工程施工经验的专家，最好还有去项目所在国工作过的工程师以及负责该项目的成员组成专家小组，共同就某一项目可能遇到的风险因素进行分析、讨论、分类，并分别为各个因素确定权数，以表征其对项目风险的影响程度。

第二步，将每个风险因素分为出现的可能性很大、比较大、中等、不大、较小这五个等级，并赋与各等级一个定量数值（如 1.0、0.8、0.6、0.4、0.2），由专家打分。

第三步，将每项风险因素的权数与等级分相乘，求出该项风险因素的得分。若干项风险因素得分之和即为此工程项目风险因素的总分。显然，总分越高说明风险越大。表10-2为用专家评分比较法对风险进行分析的示例，表中并未列出全部风险因素。

专家评分比较法分析风险 表 10-2

可能发生的风险因素	权数(W)	风险发生的可能性 C					WC
		很大 1.0	比较大 0.8	中等 0.6	不大 0.4	较小 0.2	
1. 物价上涨	0.15		√				0.12
2. 业主支付能力	0.10			√			0.06
⋮							⋮
10. 海洋运输问题	0.10			√			0.06

$\Sigma WC = 0.52$

ΣWC 叫风险度，表示一个项目的风险程度。由 $\Sigma WC = 0.52$，可说明该项目的风险属于中等水平，是一个可以投标的项目，风险费可以取中等水平。

根据对风险的分析，确定工程估价中风险费的高低，决定总报价，同时将对风险的分析送交项目投标决策人，以便研究决定是否递送投标文件。

(2) 合同谈判阶段。这一阶段要力争将风险因素发生的可能性减小，增加限制业主的条款，并且采用保险、分散风险等方法来减少风险。

(3) 合同实施阶段：项目经理及主要领导干部要经常对投标时开列的风险因素进行分析，特别是权数大，发生可能性大的因素，以主动防范风险的发生，同时注意研究投标时未估计到的风险。不断提高风险分析和防范的水平。

(4) 合同实施结束时。要专门对风险问题进行总结,以便不断提高本公司风险管理的水平。

2. 正确判断和确定风险因素

一个工程在投标时可能会发现许多类似风险的因素和问题,究竟哪一些是属于风险因素?哪一些不属于风险因素?这是进行风险分析时必须首先研究解决的问题。

风险因素是指那些有可能发生的潜在的危险,从而可能导致经济损失和时间损失的因素。

能够正确地估计和确认风险因素,首先在于深入细致地调查研究,包括对项目所在国和地区的政治形势、经济形势、业主资信、物资供应、交通运输、自然条件等方面的调查研究。其次是依赖投标人员的实践经验和知识面。因为一个项目投标牵涉到招标承包、工程技术、物资管理、合同、法律、金融、保险、贸易等许多方面的问题,因此,要有各方面的有经验的专家来参加分析研究。国外一些公司,对重要项目的风险评价,都要在由总经理主持的公司专门会议上,审议认可后才能实施。

在项目投标阶段会发现许多不确定因素,凡通过调查研究可以排除的或是根据合同条款可以在问题发生后通过索赔解决的,一般都不列为风险因素,例如图纸变更,工作范围变更引起的费用增加,都是可以根据合同条件向业主提出索赔的,都不应列为风险因素。

3. 风险的管理和措施防范

当一个公司在经过细致的调研和慎重的分析研究后,如果认为该国家或该项目存在"致命风险"时,可以不参加投标或在某些情况下故意投"高标"以体面地退出竞争,避免风险。

下面讨论的均指参加正常投标和签订合同情况下的风险管理和防范,主要可以从以下几个方面入手:

(1) 风险的回避

1) 充分利用合同条款。在投标阶段及时发现招标文件中可能招致风险的问题,争取在合同谈判阶段,通过修改、补充合同中有关规定或条款来解决。

例如,业主的招标文件中仅仅规定了月支付证书在工程师签字后业主应支付的期限,而未说明到期不支付怎么办,合同谈判时就应该加上如到期不支付应该支付利息的规定以及较高的利率。

增设风险防范条款。在工程承包合同中写进风险合同条款尤为重要。通常国际工程承包合同中都有不可抗力条款。但对于不可抗力的含义,各国的解释不同。例如,专制行为(如政府规定的全面性增加税收、物价上涨),在许多国家不被视为风险因素,但承包商又必须执行。如果不针对这类风险写入相应的补偿措施,承包商必然要受重大损失。一般来讲,关于人力不可抗拒和特殊风险,FIDIC 编制的有关条款是公正和合理的,得到各国业主和承包商的普遍接受,可以作为增设风险防范条款时的参考。

增设有关支付条款。例如,招标文件未列入调价公式,则应主动争取列入;对于签订合同后政府法令政策改变而引起的费用增加,可以要求业主按实际情况给予补偿等。

2) 外汇风险的回避。对外承包企业中的外汇风险主要表现在两方面,一是外汇收支过程中的汇兑损失,二是企业所持有的流动外汇现金的保值。为避免在这两方面遭受损失,应在签订合同前，考虑以下几种方法：

增设保值条款。在订合同时，如果合同用当地币计价，支付一定比例的外币，最好采用固定汇率以防范外汇风险。

选择有利的外币计价结算。包括两个内容：一是要选择国际金融市场上可自由兑换的货币，如美元、日元、英磅、德国马克等。这些货币一旦出现汇率风险可以立即兑换成另一种货币。二是要在可自由兑换货币中争取硬通货币，即汇价稳定或趋于上浮的货币。

使用多种货币计价结算。国际工程承包合同中有时采用几种货币组合支付的形式，这种作法能减轻双方的汇率风险，特别是只采用单一货币带来的风险。例如，80年代初中国某工程公司与意大利某公司签订了一项为期10年的工程承包合同，该合同采用美元、前西德马克和意大利里拉计价结算，其中美元占40%，前西德马克占50%，意大利里拉占10%，实质上使用了当时软（里拉）、中（马克）、硬（美元）三种货币，由于软硬货币的搭配使用，双方都达到不同程度的避免或减轻外汇风险的目的。

参加汇率保险。向保险公司投保汇率是一种可行的方法。虽然这样做要缴纳一笔保险费，但却可以避免因汇率剧降而吃大亏。采购机械设备时也可采用向不同国家采购，采用多种货币支付以分散和减少风险。

3）减少承包商资金的垫付。承包商在开工时一般都要购置一定的施工机械及修建临建工程。这笔费用越少越好，一旦遇到风险，可以进退自如。这笔投资如能控制在工程总价的15%以下，正常情况下不会有太大风险。因为工程总价中所含利润、风险费及设备折旧费往往不低于15%；反之，如果超过30%，则风险必将加大。一般情况下，承包商除使用公司原有设备材料外，还可以采用在当地租赁，指令分包商自带设备等措施来减少自身资金的垫付。

（2）风险的分散和转移

向分包商转移风险，这是国际承包商常用的转移风险方式。在分包合同中，通常要求分包商接受主合同文件中的各项合同条款，使分包商分担一部分风险。有的承包商直接把风险比较大的部分分包出去，将业主规定的误期损害赔偿费如数订入分包合同，将这项风险转移给分包商。一般国际通用的分包合同范本中有明确规定，熟悉国际惯例的分包商，都能接受这类条件。

（3）风险自留和控制风险损失

在投标报价中要考虑一定比例的风险费，在国内也叫不可预见费。这笔费用是对那些潜在风险的处理预备费，一般在工程总成本的4%～8%之间，对于一个工程而言，是取高限还是取低限，取决于风险分析的结果。

善于索赔也是避免风险损失的重要措施之一。

四、承包商的索赔管理

承包商的索赔管理是一件十分重要的工作，它关系到承包商的经济效益，进度和质量管理，甚至项目的成败。一个承包商既面对业主方，又面对众多的分包商，供应商，彼此之间都有一个向对方索赔和研究处理对方要求索赔的问题，因而索赔管理从一开始就应列入重要议事日程，使全体管理人员都具有索赔意识。

关于索赔的定义、概念、特点以及索赔的依据和程序，都在上一节中"业主方的索赔管理"一部分进行了讨论。下面着重分析承包商索赔管理中的几个问题。

（一）承包商的索赔管理措施

1. 建立精干而稳定的索赔管理小组

对一个工程项目来说，索赔是一件自始至终（往往延续到工程竣工之后）都不可中断的工作，一定要在组织上落实一个索赔管理小组，一般可设在合同管理部门内。

索赔管理小组的人员要精干而稳定，不能经常调动，以便系统地进行该项工作并积累经验，对索赔管理小组人员的素质要求包括：

(1) 知识结构方面。要熟悉合同文件，有一定的法律基础知识，和一定的施工经验，懂得工程成本分析计算方法。

(2) 外语水平方面。要能熟练地阅读理解外文合同文件和有关信函，有较高的口语水平，最好具有书写外文索赔函件的能力。

(3) 对一个索赔管理人员的素质要求。此处援引一位英国皇家工程师协会会员，资深年高的工程师的谈话。一个索赔管理人员：

1) 要敏感（sensitive）。有强烈的索赔意识，犹如踢足球前锋临门一脚那样的意识，一有机遇就要抓住。

2) 要深入（thorough）。唯有掌握事情的始末才能主动出击，对外可据理力争，对内可驾驭监督，如果事实不清楚，只能等待上帝恩赐。

3) 要耐心（patient）。要有韧性，一次不行，改天再谈，坚毅不拔，绝不气馁。

4) 要机智（tactful）。索赔涉及到合同双方，需要协商，要懂得适当让步，适可而止，要选择有利时机，懂得国际惯例，本着合作和解的精神，让大家都保持体面地达成协议。

2. 组织全体管理人员学习合同文件，使每一个人都建立索赔意识

(1) 一个工程的管理主要是依据合同进行管理，因而工地施工项目经理组织各个部门的管理人员学习合同文件十分重要。学习的目的一方面是为了承包商自己认真执行合同，另一方面则是要培养每一个管理人员的索赔意识，使他们会依据合同抓住每一个索赔的机遇。

合同条件中有一些是明示的可以索赔的条款，如工程师未能按承包商通知书中要求日期交给承包商有关图纸，从而造成施工延误及招致费用时，应给予承包商以工期和费用补偿。另一些合同条件隐含着可以索赔的机遇，如在一般情况下，承包商应按照合同条件中规定的"合同文件的优先次序"处理合同文件之间有矛盾的问题，但如在某一些部位，工程师的指示违背了合同文件的优先顺序并给承包商造成工期和费用损失时，承包商可提出索赔。因而在学习合同文件时，要深入而细致的理解合同条件中隐含的意思，从而可防止风险并抓住许多索赔机遇。

(2) 虽然索赔工作应由索赔管理小组统一管理，但每一个管理部门（如进度管理、成本管理、质量管理、物资管理、设计等部门）均应与索赔管理小组密切配合，提出索赔机会，研究索赔策略，进行索赔计算，以使通过索赔避免不必要的损失并增加效益，成为整个工地各个部门的重要工作。

3. 加强文档管理注意保存索赔资料和证据

索赔工作成败的关键之一是索赔的依据，有关索赔的资料和证据包含的详细内容在"业主方的索赔管理"一部分内已有详细介绍。在这里要强调的是文档保管的重要性。

一方面是项目组整个文档保管要有专人负责，从项目一开工即加强这方面的管理，另一方面则是索赔小组和各个有关部门对索赔依据的资料和证据都要专门建档保管，对与业

主方和与各个分包商、供应商的有关索赔资料都应分别建档，同时应采用合同管理信息系统进行辅助管理。

4. 抓住索赔机遇，及时申请索赔

在认真学习合同文件，提高每一个部门每一个人索赔意识的基础上，凡是发现的索赔机遇就应及时报索赔管理小组，经与有关领导研究后，及时提出。最好的索赔机遇就是业主方要求变更以及按照合同规定进行价格调整，当然还有许多其他的机遇，下面讨论几个认识问题。

(1) 早提索赔还是晚提索赔。FIDIC 编制的合同条件都要求在可索赔事件发生后 28 天内及时递交索赔申请意向书，以便工程师及时调查和处理。承包商一方不应顾虑害怕索赔会影响双方友好合作的气氛，只要是索赔确有证据即可。应该索赔的问题不要求索赔反而会被对方认为是管理水平低下无能的表现。

(2) 分散还是集中提交索赔报告。一般分散及时提交为好，以免业主方感到索赔额度过多。最好分散提出并督促业主方及时解决。

(3) 大额索赔与小额索赔。大额索赔肯定是要提的，对小额索赔可以采取如下策略：如合同条件规定了提交索赔报告期限，仍应及时提交；如未规定提交期限，则可几个月集中提一次，以便成批处理。如果总额度很大时可将小额索赔作为索赔谈判时的筹码，即放弃小的保大的，以使对方得到一些满足。

5. 写好索赔报告，重视索赔额计算和证据

写好索赔报告的原则是实事求是，以事实和合同规定为依据，抓住主要矛盾，说理性强。

索赔报告中关于费用和时间索赔计算要认真准确，一般采用合同工程量表中的单价，如需采用其他单价或价格，一定要有依据（如当地权威机构发布的或发票上的价格等）。关于工程量或工期计算也应实事求是。

支持索赔报告的各种证据要靠平日积累，发现索赔机遇时，应有意识地进行记录和收集资料。

6. 注意索赔谈判的策略和技巧

组织精干的，包括有关方面专家的谈判小组，谈判前做好谈判思想准备、方案准备和资料准备，掌握好谈判进程，注意原则性和灵活性，协调谈判气氛，镇定自若、保持冷静的头脑，心平气和地据理力争，避免不礼貌的提问，将会上谈判与会下公关活动相结合。关于谈判的详细论述参见《国际工程谈判》一书。

(二) 承包商方索赔应注意的事项

1. 认真履行合同，按时保质地完成工程

这一点对于在业主和工程师心目中树立承包商的良好形象十分重要，因为每一阶段按时并保证质量地完成工程的最大的受益人是业主。承包商对合同中规定的义务的认真履行可以为索赔打下一个良好的基础。即使在索赔谈判中遇到麻烦，只要不构成业主违约，承包商也应坚持正常施工。

2. 索赔工作中要依靠律师

最好本公司或项目组有律师能够长期参加索赔工作，否则应聘请当地律师定期来工地考察了解情况，协助审定有关合同、索赔信函等重要文件以保证这些文件符合当地法律。千

万不能等问题积累成堆时才找律师。

3. 必要时应聘请高水平的索赔专家

如果索赔数额大,而业主和工程师一方处理问题不通情达理时,则应考虑聘请高水平的索赔专家。在国外有一些公司和专家在这方面很有经验,一般索赔专家聘用费都很高,但是往往索赔专家能依据他们对法律和合同的理解及索赔经验,为承包商索赔的成功做出重要贡献。国外的许多承包商常常聘请索赔专家协助进行索赔。

4. 注意平日和业主、工程师建立友谊

在上述认真履地合同的基础上,平日应注意和业主、监理工程师建立个人间的友谊,这将十分有利于解决索赔和争端,可以把一些"谈判"变成个人之间的意见交换,使彼此的观点接近,再在正式谈判中确认。

(三) 承包商方向业主索赔的内容和有关条款

1. 承包商方向业主索赔的内容

当发生业主方要求增加工作内容、损害承包商权益或业主方违约时,承包商可视不同情况要求工期、费用和利润方面的索赔。这些情况可概括为以下一些方面:

(1) 工程变更

变更可引起索赔的内容一般包括工程项目或工程量的增加,工程性质、质量或类型的改变,工程标高、尺寸和位置的变化,各种附加工作以及规定的施工顺序和时间安排的改变,以上一般会引起工程费用增加和工期延长,可以据实要求索赔,在变更指令要求删减某些项目或工作量时,如造成承包商人员窝工和设备的积压时同样也可要求索赔。

(2) 国家或州、省的法令、法规,政令或法律在某一规定日期后发生变更,影响到承包商的成本计算或外汇使用、或汇出受到限制时,均可索赔。

(3) 物价上涨,一般可按照价格调整公式或合同中的有关其他规定在每次支付时索赔。

(4) 工期因素的影响

1) 非承包商方的原因造成的竣工期限的延长。如额外或附加的工作;或合同条件中提到的误期原因,或异常恶劣的气候条件;或业主造成的任何延误、干扰或阻碍等,不但可导致承包商的工期索赔,而且视具体情况可以索赔费用和利润。

2) 工程暂停所造成的承包商的工期、费用和利润损失以及随后的复工时的费用等。

3) 业主方要求承包商加速施工(Acceleration)时,承包商应与业主谈判加速施工的索赔补偿条件并用书面文字确定下来。

(5) 工程师的指示

工程师的指示大多是按照合同规定发布的,也可能有一些是未按照合同规定发布的,不论哪一类指示,均有可能为承包商提供索赔机遇,如

1) 要求补充图纸或补充进行合同中未规定的设计时;

2) 提供的测量原始数据有错误或地质水文资料有错误时;

3) 要求附加打孔或钻探工作时;

4) 要求采取措施保护化石和文物时;

5) 当咨询工程师的设计侵犯专利权时;

6) 要求剥露或开孔检查质量而检查后工程质量合格时;

7) 要求进行合同规定之外的检验时;

8）工程师纠正工程师代表的错误指示时；

9）其他（关于指示违背合同优先顺序和图纸延误前已提及）。

以上指示造成承包商增加工作量，延误工期或导致其他损害后果，承包商均可索赔。

（6）业主方未尽到应尽的义务。如土地规划未获批准，未能提供招标时许诺的开工准备工作，未及时给出施工场地及通道等，导致承包商的损失。

（7）有经验的承包商不可预见的各种问题，现场施工条件的变化。

（8）属于业主风险或特殊风险范围给承包商造成的损失。

（9）业主违约造成的各种不良后果。

（10）其他：如工程保险中未能从保险公司得到的补偿，业主雇用的其他承包商的干扰等。

2. 承包商可向业主索赔的有关条款

下面参照FIDIC"红皮书"（1987年第4版1992年修订版）将承包商可依据向业主索赔的条款号及索赔内容列入表10-3中。

承包商可向业主索赔的有关条款　　　　　表10-3

条款号	索赔内容			条款号	索赔内容		
	工期	费用	利润		工期	费用	利润
2.3	✓	✓	✓	40.2	✓	✓	✓
2.5	✓	✓	✓	40.3	✓	✓	✓
5.2	✓	✓	✓	42.2	✓	✓	✓
6.1	✓	✓		44.1	✓	✓	
6.4	✓	✓	✓	49.3		✓	
7.1	✓	✓	✓	50.1		✓	
11.1	✓	✓		51.1	✓	✓	✓
12.2	✓	✓		52.2	✓	✓	✓
17.1	✓	✓		52.3	✓	✓	✓
18.1	✓	✓	✓	59.4 (b)		✓	✓
20.3			✓	59.4 (c)		✓	✓
20.4	✓	✓	✓	60.5		✓	✓
22.3	✓	✓	✓	60.6		✓	✓
25.2		✓	✓	65.3	✓	✓	
25.4		✓		65.4		✓	
26.1	✓	✓		65.5	✓	✓	✓
27.1	✓	✓		65.8		✓	✓
28.1	✓	✓		69.1		✓	
30.3	✓	✓	✓	69.4	✓	✓	✓
31.2	✓	✓	✓	69.5	✓	✓	✓
36.2		✓		70.1		✓	
36.5	✓	✓	✓	70.2		✓	✓
38.2	✓	✓	✓	71.1	✓	✓	✓

（四）承包商方可索赔的费用

承包商方可索赔的费用一般应该基于工程投标报价所包括的内容，但也有一些不包含在内的，现将可索赔的费用内容简述如下：

（1）直接费：包括额外发生的（包括加速施工）人工费、材料费、机械折旧费及机械购置费、分包商费等。

（2）间接费：包括工地管理费、保函费、保险费、税金、贷款利息、业务费、临时工地设施费等。

（3）上级单位管理费。

（4）业主方原因延长工期的间接费等。

（5）业主拖延付款利息。

（6）交涉索赔发生的费用。

（7）利润。

（8）其他。

第4节 项目实施阶段合同有关各方的关系

项目实施阶段是一个相当长的时期，这个期间合同有关各方如何根据合同的要求，尽到自己一方的主要职责和义务，如何正确地处理与其他各方的关系，减少矛盾与冲突，加强相互之间的理解，配合和协作，对于顺利地实施合同管理，高质量地按期完成工程项目并且成功地进行投资控制与成本管理，是十分重要的，这也是本节要讨论的问题。

一、业主、工程师和承包商在项目实施阶段合同管理中的主要职责

业主和承包商是合同的双方，而工程师则是受业主雇用来按照业主和承包商的合同进行项目管理的。从合同管理的角度看，各方的职责和义务是不同的，但目标又是一致的，下面对业主、工程师和承包商在合同管理中的主要职责采用列表形式进行对比分析，见表10-4。

业主、工程师、承包商在合同管理中的主要职责对比表　　　　表10-4

序号	合同内容	业　主	监理工程师	承　包　商
1	总的要求	□ 项目的立项、选定、融资和施工前期准备 □ 项目的合同方式与组织（选承包商，监理等） □ 决定监理职责权限	□ 受业主聘用，按业主和承包商签订的合同中授予的职责、权限对合同实施监督管理	□ 按合同要求，全面负责工程项目的具体实施、竣工和维修
2	进度管理	□ 进度管理主要依靠监理，但对开工、暂停、复工、特别是延期和工期索赔要审批 □ 可将较短的工期变更和索赔交由监理决定，报业主备案	□ 按承包商开工后送交的总进度计划，以及季、月、周进度计划，检查督促 □ 下开工令，下令暂停，复工、延期，对工期索赔提出具体建议报业主审批	□ 制定具体进度计划，研究各工程部位的施工安排，工种、机械的配合调度，以保证施工进度 □ 根据实际情况提交工期索赔报告

续表

序号	合同内容	业　主	监理工程师	承包商
3	质量管理	□ 定期了解检查工程质量,对重大事故进行研究 □ 平日主要依靠监理管理和检查工程质量	□ 审查承包商的重大施工方案并可提出建议,但保证质量措施由承包商决定 □ 拟定或批准质量检查办法 □ 严格对每道工序、每个部位、设备、材料的质量进行检查和检验,不合格的下令返工	□ 按规范要求拟定具体施工方案和措施,保证工程质量,对质量问题全面负责
4	造价管理	□ 审批监理审核后上报的支付表 □ 与监理讨论并批复有关索赔问题 □ 可将较小数额的支付或索赔交由监理决定,报业主备案	□ 按照合同规定特别是工程量表的规定严把支付关,审核后报业主审批 □ 研究索赔内容、计算索赔数额上报业主审批	□ 拟定具体措施,从人工、材料采购、机械使用以及内部管理等方面采取措施降低成本,提高利润率 □ 设立索赔组,适时申报索赔
5	风险管理	□ 注意研究重大风险的防范	□ 替业主把好风险关,进行经常性的风险分析,研究防范措施	□ 注意风险管理,做好风险防范
6	变更	□ 加强前期设计管理,尽量减少变更 □ 慎重确定必要的变更项目以及研究变更对工期价格的影响	□ 提出或审批变更建议,计算出对工期、价格的影响,报业主审批	□ 在需要时,向工程师业主提出变更建议 □ 执行工程师的变更命令 □ 抓紧变更时的索赔

二、工程实施中的矛盾与争端

(一)矛盾的普遍性

国际工程是一项跨国性的经济活动,参与方往往来自不止一个国家,彼此之间的文化背景不同,社会体制不同,民族习惯不同,在项目中所处的地位和经济利益也不同,因而合同中有关各方相互之间的矛盾和争端是时有发生的,如何处理好这些矛盾与争端就成为项目能否成功的关键因素,合同有关各方概莫能外。

要正确处理和解决矛盾首先要正确认识矛盾。矛盾是普遍存在的,是绝对的,这存在于事物发展的过程中,又贯串于一切过程的始终。如果我们认识到矛盾的普遍性和绝对性,又认识到国际工程合同有关各方有许多不同的背景,则对于从事这样一个风险的事业并敢于迎接挑战就会有充分的思想准备,并且应该潜心研究如何解决遇到的矛盾和争端。

(二)施工中产生争端的原因

根据美国建筑行业协会的争端预防与解决研究小组1991年对191个单位(业主与承包

商约各半）的调查，总结出项目施工阶段中产生争端的十大原因如下：

（1）不切实际地和不公正地将风险转移给那些尚无准备或无力承担此类风险的当事人的合同条款。

（2）将不切实际的希望寄托于那些没有足够财力去完成他们目标的当事人（一般指业主）。

（3）模糊不清的合同条件。

（4）承包商的投标价过低。

（5）项目有关各方之间交流太少。

（6）总承包商的管理、监督与协作不力。

（7）项目参与各方不愿意及时地处理变更和意外情况。

（8）项目参与各方缺少团队精神（Team Spirit）。

（9）项目中某些或全部当事人之间有敌对倾向。

（10）合同管理者想避免做出棘手的决定而将问题转给组织内部更高的权力机构或律师，而不是在项目这一级范围内主动解决问题。

这些原因在国际工程实施中具有普遍性。

三、如何正确认识与解决合同管理中的矛盾与争端

（一）合同有关各方对解决矛盾和争端应有正确的认识

如何解决这些矛盾与争端，笔者认为各方最重要的应解决以下几个认识问题：

1. 业主方

（1）为了减少和解决好矛盾和争端，业主必须准备一份高水平的招标文件（相当于合同草案），除了要做到系统、完整、准确、明了以及在文件中各方职责分明、程序严谨外，最主要的即是要做到风险合理分担，也就是将项目风险分配给最有能力管理或控制风险的一方。合同条款要避免含混不清，特别是有关职责，义务和风险分担的条款应尽可能明确具体以便实际操作。

合同中还应该有激励措施。

（2）业主应该认识到，承包商虽然是为自己服务的，但在合同面前应是平等的伙伴，双方都必须按合同规定办事。

（3）业主应该恪守自己的职责，尽到自己的义务，其中最主要的义务即是按时地、合情合理地向承包商支付（包括索赔支付）。

（4）业主应该主动协调自己与承包商的关系，在合理范围内，积极支持承包商的工作，应该认识到承包商按时保质地完成项目的最大受益者是业主；如果双方之间矛盾重重致使项目质量不好或延误竣工时间，损失最大的也将是业主。

2. 承包商

（1）承包商在投标阶段要认真细致地调查市场情况，研究招标文件有关的各种资料以及现场情况，使自己的投标基于在投标价范围内能够完成项目任务的基础上。

（2）承包商在投标时要认真地进行风险分析，首先要研究业主方的项目资金来源是否可靠，研究合同中的各项支付条款是否合理、合同中有关风险分配是否合理，是否明确，有哪些隐含的风险，以便确定风险度以及考虑风险费和其他风险管理措施。

（3）承包商应该认识到自己的最重要的义务即是按时（或提前）向业主交付一个质量

符合合同要求的工程,也就是要想尽一切办法以确保工期和质量。这也是取得业主和工程师的信任并和他们建立良好关系的基础。

(4) 影响承包商、业主及工程师关系的因素除了认真地完成工程之外,就是如何处理索赔。索赔是承包商维护自己权益的一种措施,也是一种权利,但小题大作,漫天要价甚至欺骗式的索赔会损害自己的形象,影响与业主和工程师的关系,这将导致彼此之间缺乏信任感,也必将影响以后的索赔工作。因此应提倡依照合同,注意证据,实事求是的索赔。

3. 工程师

(1) 工程师受聘于业主,但工程师在受业主之托进行项目管理时,主要依据的是法律以及业主和承包商之间的合同。工程师应在合同规定的职责和权限范围之内尽职尽责地做好工作。

(2) 工程师不属于业主和承包商合同中的任一方,而是独立的、公正的第三方。独立的含义是独立于业主和承包商之外的独立法人单位,也不能和承包商、分包商、供应商等合同实施单位有任何经济关系。公正指的是在处理一切问题的时候应该严肃认真地按照有关法律和合同中的各项规定,根据实际情况,在充分听取业主和承包商双方的意见之后,作出自己的决定。合同中的各项规定和要求体现了业主的利益,因而按合同办事就体现了保护业主的利益。同时也应按照合同保护承包商的正当利益,因为合同中规定的承包商的利益是业主同意的。

(3) 工程师要充分发挥协调作用,在业主和承包商之间起一个润滑剂作用,应努力避免扩大矛盾,火上加油,而应尽量把矛盾和争端及时就地解决。

(二) 关于"伙伴关系"的讨论

1. "伙伴关系"的涵义

伙伴关系(Partnership)是指在为了合同的标的——完成工程项目这一共同目标,合同有关各方应该尽可能地密切配合,相互支持,相互谅解、友好地解决矛盾与争端,使工程项目能按时保质地完成。

项目的保质按时完成对业主方来说,可以尽快投产、取得多方面的效益;对承包商来说,项目的完成一方面可得到一定的经济收益,另一方面也为公司创了声誉,积累了经验、培养了人才,为今后开发市场打下了基础;对工程师同样也是经济收益与信誉双丰收。所以"伙伴关系"正是基于完成项目,项目有关各方均应有较大的收获的思想为指导的。

2. 矛盾的处理

有了"伙伴关系"这一指导思想就要求各方采取正确的态度和方法来处理矛盾。

在实施国际工程项目过程中,矛盾是不可避免的,解决矛盾很多时候要通过斗争的,但在这里笔者要强调的是,要一手持"盾",即要有防范风险的思想,防范对方一切不合理的,苛刻的要求和作法;一手持"矛",这个"矛"就是在合同中自己一方可以利用的条款和规定。正确的斗争方法就是学会利用合同来防范风险并保护和争取合理的权益。

按照伙伴关系解决矛盾的正当途径是依靠合同和事实进行说理,讲究公关技巧和方式方法。

在平日注意要相互尊重,尊重对方的职权,不干预不该管的工作,如工程师的任务是质量检查和验收,对承包商的施工管理可以提出建议,但不应干预承包商采用什么具体方法和措施去保证质量。

要相互信任和建立个人友谊、平日多交流、以便互相理解。

解决矛盾和争端的步骤一般应该是先私下讨论、协商，尽可能坦诚地交换意见，依靠工程师的协调，友好解决，实在行不通时再通过 DRB（或 DAB）解决，而尽量避免矛盾激化走向仲裁或诉讼。在国际工程同行中有这样一句话："不理想的友好解决也胜似诉诸法律"（A poor settlement is better than a good lawsuit.），这并不是否定仲裁或诉讼这些法律手段，而是提倡按照伙伴关系、团队精神以及"双赢"（Win-Win）的思想去管理项目，去友好地解决矛盾和争端。

思 考 题

1. 合同管理的基本概念是什么？
2. 为什么抓好项目实施前的各项工作对管理好合同十分重要？
3. 业主方合同管理的一般职责有哪些？
4. 业主方风险管理应抓住哪些环节？
5. 业主方索赔管理包括什么内容？应注意什么问题？
6. 承包商在签订合同前应做好什么工作？
7. 承包商有哪些风险防范措施？
8. 承包商的索赔管理应抓住哪几个环节？
9. 除书上列举的以外，你还能补充一些国际工程中矛盾产生的原因吗？
10. 如何理解"团队精神"、"伙伴关系"与"双赢"思想？如何处理国际工程中的大量矛盾？

结　　论

在国际工程实践中学好和用好合同是管好工程项目的关键，是项目建设成败的关键，也是合同各方创造多方面效益的关键。学会用"伙伴关系"和"双赢"思想来解决矛盾是一种素质修养，也是一种领导艺术。

希望每一位正在从事和即将从事国际工程事业的朋友，都下功夫学习和研究国际上通用的各类合同范本和你正在从事的工程项目的合同（特别是合同条件），努力把自己培养成我国十分稀缺，而又迫切需要的人才——国际工程合同管理专家。

参 考 文 献

1. The World Bank. Standard Bidding Documents: Procurement of Works, 1995
2. The World Bank. Standard Bidding Documents: Procurement of Goods, 1995
3. The World Bank. Standard Form of Contract, Consultants Services, Complex Time-based Assignments, 1995
4. The World Bank. Standard Form of Contract, Consultants Services, Lump Sum Remuneration, 1995
5. The World Bank. Guidelines: Selection and Employment of Consultants by World Bank Borrowers, 1997
6. FIDIC. Guide to the Use of Conditions of Contract for Works of Civil Engineering Construction, 1989
7. FIDIC. Guide to the Client/Consultant Model Services Agreement, 1990
8. FIDIC. Guide to the Use of Conditions of Contract for Electrical and Mechanical Works, 1989
9. FIDIC. Guide to the Use of Conditions of Contract for Design-Build and Turnkey, 1996
10. FIDIC. Conditions of Subcontract for Works of Civil Engineering Construction (1st Edition), 1994
11. AIA. General Conditions of the Contract for Construction (A201), 1997
12. ICE. Conditions of Contract (6th Edition), 1991
13. Keith Collier. Construction Contracts. RESTON PUBLISHING COMPANY, INC., 1991
14. Richard H. Clough, Glenn A. Aears. Construction Contracting. JOHN WILEY & SONS. INC., 1994
15. CCS/OWNER SERVICES, INC. Sample Owner Representation Contract, 1996
16. G. A. Smith. Beyond ADR-Dispute Reduction in the Construction Industry through Realistic Contract Risk Allocation. International Symposium for The Organization and Management of Construction, Vol. 2, 1996
17. 中华人民共和国财政部. 国际复兴开发银行贷款和国际开发协会贷款采购指南 (1996年). 北京：清华大学出版社，1997
18. 中华人民共和国财政部. 土建工程国际竞争性招标文件. 北京：清华大学出版社，1997
19. 中华人民共和国财政部. 货物采购国际竞争性招标文件. 北京：清华大学出版社，1997
20. 汤礼智. 国际工程承包总论. 北京：中国建筑工业出版社，1997
21. 何伯森. 国际工程招标与投标. 北京：水利电力出版社，1994
22. 何伯森. 工程项目管理的国际惯例. 天津大学管理学院国际工程管理研究所，1997

跋

中国国际经济合作学会会长　王西陶

"国际工程管理教学丛书"是适用于大学的教科书，也适用于在职干部的继续教育。今年出版一部分，争取1997年出齐。它的出版和使用，能适应当今世界和平与发展的大趋势，能迎接21世纪我国对外工程咨询、承包和劳务合作事业大发展。

国际工程事业是比较能发挥我国优势的产业，也是改革开放后我国在国际经济活动中新崛起的重要产业，定会随着改革开放的不断扩大，在新世纪获得更大发展。同时，这套丛书不仅对国际工程咨询和承包有重要意义，对我国援外工程项目的实施，以及外国在华投资工程与贷款工程的实施，均有实际意义。期望已久的、我国各大学培养的外向性复合型人才将于本世纪末开始诞生，将会更加得力地参与国际经济合作与竞争。

我们所说的外向性复合型人才是：具有建设项目工程技术理论基础，掌握现代化管理手段，精通一门外语，掌握与国际工程有关的法律、合同与经营策略，能满足国际工程管理多方面需要的人才。当然首先必须是热爱祖国、热爱社会主义、勇于献身于国际经济建设的人才，才能真正发挥作用。

这套丛书是由有关部委的单位、中国国际经济合作学会、中国对外承包商会、有关高校和一些对外公司组成的国际工程管理教学丛书编写委员会组织编写的。初定出版20分册。编委会组织了国内有经验的专家和知名学者担任各分册的主编，曾召开过多次会议，讨论和审定各主编拟定的编写大纲，力求既能将各位专家学者多年来在创造性劳动中的研究成果纳入丛书，又能使这套丛书系统、完整、准确、实用。同时也邀请国外学者参与丛书的编著，这些均会给国际工程管理专业的建设打下良好的基础。以前，我们也曾编撰过一些教材与专著，在当时均起了很好的作用，有些作品在今后长时期内仍会发挥好的作用。所不同的是：这套丛书论述得更加详尽，内容更加充实，问题探讨得更加深入，又补充了过去从未论述过的一些内容，填补了空白，大大提高了可操作性，对实际工作定会大有好处。

最后，我代表编委会感谢国家教委、外经贸部、建设部等各级领导的支持与帮助。感谢中国水利电力对外公司、中国建筑工程总公司、中国国际工程咨询公司、中国木土工程公司、中国公路桥梁建设总公司、中国建筑业协会工程项目管理专业委员会、中国建筑工业出版社等单位，在这套丛书编辑出版过程中给我们大力协助并予以资助。还要感谢各分册主编以及参与编书的专家教授们的辛勤劳动，以及以何伯森教授为首的编委会秘书组作了大量的、有益的组织联络工作。

这套丛书，鉴于我们是初次组织编写，经验不足，会有许多缺点与不妥之处，希望批评指正，以便再版时修正。

1996年7月30日